REVUE AFRICAINE DES SCIENCES JURIDIQUES
AFRICAN JOURNAL OF LAW

UNIVERSITÉ DE YAOUNDÉ II
SCIENTIA ARTES INGENIUM
THE UNIVERSITY OF YAOUNDE II

Doctrine

N° 1/2015

UNE PUBLICATION DE L'UNIVERSITÉ DE YAOUNDÉ II
Faculté des Sciences Juridiques et Politiques

RASJ

L'Harmattan

UNIVERSITE DE YAOUNDE II

UNIVERSITY OF YAOUNDF II

FACULTÉ DES SCIENCES JURIDIQUES ET POLITIQUES

FACULTY OF LAWS AND POLITICAL SCIENCES

ORGANISATION DE LA REVUE AFRICAINE DE SCIENCES JURIDIQUES

5-7, rue de l'Ecole-Polytechnique, 75005 Paris

http://www.harmattan.fr
diffusion.harmattan@wanadoo.fr
harmattan1@wanadoo.fr

ISBN : 978-2-343-07346-0
EAN : 9782343073460

Sommaire

I.

DROIT PRIVÉ

LE DOUBLE VISAGE DE LA PROTECTION DE LA POSSESSION DE L'IMMEUBLE D'AUTRUI EN DROIT CAMEROUNAIS

(*Chronique d'une évolution sur fond d'influence de la théorie des droits fondamentaux*)

Dominique Junior ZAMBO ZAMBO[1]

Résumé. Le régime de la protection immobilière a été introduit au Cameroun à la faveur de la réception du Code Napoléon pendant la période coloniale. Les fondements et les traits caractéristiques de cette protection sont sensiblement restés les mêmes qu'en droit français jusqu'en 1974. À partir de cette date, des réformes successives du droit foncier, couronnées par l'affirmation de certaines certitudes dans la Constitution dont la réforme du 18 janvier 1996 a fait du droit de propriété un droit fondamental, vont conduire à la reconfiguration du régime de protection de l'immeuble, dans l'hypothèse originale où cet immeuble appartient à autrui.

D'une part, la suppression de l'usucapion et l'érection du titre foncier en preuve unique de la propriété, doublées de l'influence de la constitutionnalisation de ce droit, vont significativement amoindrir et entourer de contraintes la protection de l'immeuble approprié par un particulier, l'enjeu étant de rester dans l'orbite des exigences découlant du principe de l'intangibilité des droits fondamentaux. D'autre part, l'étatisation de la majeure partie des terres camerounaises, qui non seulement a affecté les droits coutumiers antérieurs – présentant également d'un point de vue substantiel un caractère fondamental – par le rejet de la notion de "propriété coutumière", mais également vidé de leur substance les fondements initiaux de la protection possessoire, va conduire le législateur, non sans quelques discriminations déplorables, à renforcer la protection de l'emprise de fait dont on peut se prévaloir sur un immeuble étatique, l'État,

[1] *Docteur en droit, Ph.D, Chargé de Cours, Faculté des Sciences Juridiques et Politiques, Université de Yaoundé II-Soa (Cameroun).*

contrairement à la personne humaine, n'étant pas considéré comme créancier des droits fondamentaux.

À l'arrivée, la nouvelle orientation du régime de la protection possessoire immobilière en droit positif camerounais sur fond d'influence de la question des droits fondamentaux a débouché sur sa "janusarition", situation originale par rapport au droit français qui crédite peut-être la thèse controversée de l'autonomie des droits africains.

INTRODUCTION

Deux idées, au moins, pourraient caractériser l'intitulé principal de la présente étude. D'abord, il est structuré autour d'un entrelacement d'oppositions conceptuelles[2] et catégorielles[3] implicites. Ensuite, il apparaît, sous un rapport systémique, épistémologiquement troublant[4].

Sur la première idée et au plan conceptuel, un premier parallèle juxtapose[5] cognitivement les notions de propriété et de possession, la

[2] Les concepts juridiques sont des « *des représentations mentales générales des objets* ». L'étude du concept juridique suppose d'une part l'identification des éléments qui le composent (exemple, ainsi qu'on le verra, pour le concept de possession le *corpus* et l'*animus*) et d'autre part, la caractérisation des liens variables entre les éléments constitutifs. Il peut s'agir d'un cumul (par exemple entre le *corpus* et l'*animus* dans la possession), d'une alternative, d'une réciprocité (cas du contrat synallagmatique), d'un rapport de causalité (fait dommageable et dommage dans la responsabilité), etc. Cf. Bergel (J.-L.), *Théorie générale du droit*, Paris, Dalloz, 4e éd. 2003, n°s181-184 ; Roubier (P.), *Théorie générale du droit*, Paris, Dalloz, 2e éd. 1951, rééd. 2005, n°3.

[3] Les catégories juridiques renvoient à « *des ensembles de droits, de choses, de personnes, de faits ou d'actes ayant entre eux des traits communs caractéristiques et obéissant à un régime commun* ». Cf. Bergel (J.-L.), *ibid.*

[4] *Troublant* venant de *trouble* dont l'un des sillons du champ sémantique enseigne qu'il s'agit d'un « *désordre dans les choses extérieures* ». Cf. Degeest (A.), *Le Petit lexique de la sérénité*, Paris, Médiaspaul, 1999, p.73. Ce qui reviendrait à dire que l'énoncé thématique retenu insinuerait un désordre au sein du système juridique camerounais. Nous allons essayer de dire pourquoi. V. infra.

[5] L'opposition mérite sans doute d'être nuancée. Dans la conception civiliste, la possession ne se conçoit qu'insérée dans le cadre des droits réels. En effet, et ainsi qu'on l'a écrit : « *la possession est certes une situation de fait, mais qui n'est pas véritablement autonome. Elle n'est prise en considération que parce qu'elle manifeste l'exercice d'un droit (...)* ». V. P. Ortscheidt,

première étant considérée comme un pouvoir de droit sur une chose[6] ; la seconde y caractérisant des prérogatives de fait[7].

"Possession et clause de réserve de propriété en droits français et allemand", RIDC, Vol. 35, n°4, octobre-décembre 1983, p. 768-769.

[6] V. par exemple : W. Dross, *Droit des biens*, Paris, Montchrestien, 2012, coll. « Domat / droit privé », 460 p., spéc., p.15 et ss. ; G. Cornu, *Droit civil. Introduction, les personnes, les biens*, Paris, Montchrestien, 11e éd., 2003, coll. « Domat / droit privé », p. 427 et ss. Parce qu'elle implique un pouvoir juridique sur une chose, la propriété est un droit (subjectif). L'article 544 du Code civil y voit notamment « *le droit de jouir et de disposer des choses de la manière la plus absolue, pourvu qu'on n'en fasse pas un usage prohibé par les lois ou par les règlements* ». Cette définition civiliste a permis la mise en évidence, d'une part des attributs du droit de propriété et, d'autre part, les caractères qui lui sont attachés. Ainsi, les auteurs s'accordent pour admettre que le droit de propriété confère à son titulaire trois principaux attributs : le droit d'user de la chose ou *jus utendi* ou *usus* ; le droit de jouir de la chose, c'est-à-dire de percevoir, conserver ou consommer les fruits qu'elle génère, encore appelé le *jus fruendi* ou *fructus* ; et le droit de disposer de la chose, le *jus abutendi* ou *abusus* qui autorise le propriétaire de la chose, en sa qualité de maître absolu « *d'assouvir, sur la chose, sa volonté de puissance* », selon la formule du doyen Cornu. Cf. G. Cornu, *op.cit.*, p. 437, n° 1021.

Ces prérogatives sont complétées et renforcées par trois principaux caractères, à savoir que :

- le droit de propriété est absolu. L'absolutisme signifiant ici, pour faire bref, que tout ce qui n'est pas interdit par la loi au propriétaire lui est permis ; sa liberté est donc le principe ;
- le droit de propriété est perpétuel. La perpétuité implique d'abord que le droit de propriété n'est pas viager, mais héréditaire, en ce qu'il ne s'éteint pas à la mort de son titulaire, mais passe aux héritiers. Il est donc transmissible à cause de la mort de génération en génération. Elle signifie ensuite que le droit de propriété est imprescriptible. Si cette imprescriptibilité est à nuancer en droit français, par exemple, où la propriété immobilière s'acquiert par usucapion, elle fait véritablement sens en droit camerounais où ce mode d'acquisition est exclu depuis la réforme foncière de juillet 1974. Et même la survivance de l'usucapion en matière mobilière ici est sans incidence, puisque c'est moins le droit de propriété que l'on perd que l'action en revendication qui se trouve prescrite selon les différents délais (3 ans ou 30 ans). La propriété est enfin perpétuelle en ce qu'elle est inviolable et incessible par la force (article 545 du Code civil) ;
- le droit de propriété est exclusif. L'exclusivité du droit de propriété signifie que la chose, une fois appropriée, appartient individuellement, privativement et exclusivement à un seul (le propriétaire). Autrement dit, la chose appropriée est propre, non commune et privative. C'est donc un monopole qui met normalement le propriétaire à l'abri des interventions des tiers qui ne peuvent ni user, ni jouir, ni abuser de la chose. C'est l'atteinte, admise et organisée par le droit positif, à ce caractère du droit de propriété que la réflexion essaye d'interroger.

[7] W. Dross, *Droit des biens*, Paris, Montchrestien, 2012, coll. « Domat / droit privé », p.15 et ss. ; G. Cornu, *Droit civil. Introduction, les personnes, les biens*, Paris, Montchrestien, 11e

éd., 2003, coll. « Domat / droit privé », p. 427 et ss. La possession est définie par l'article 2228 du Code civil (2255 du texte français) comme *« la détention ou la jouissance d'une chose ou d'un droit que nous tenons ou que nous exerçons par nous-mêmes, ou par un autre qui le tient ou l'exerce en notre nom »*. Jugée *« descriptive, superficielle et plus généreuse sur les modalités que sur l'essentiel »* par la doctrine (cf. G. Cornu, *op.cit.*, p. 471 n° 1124), la définition légale qui distingue la possession (des biens corporels) et la quasi-possession (des droits) a été affinée par elle. *« Exercice sur une chose d'un pouvoir de fait qui correspond, dans sa manifestation extérieure, à l'exercice d'un droit »* sous la plume de Planiol et Ripert (Planiol et Ripert, T. III, Les Biens, par Picard, 2e éd. 1952, n° 143 et ss.) ; *« fait d'exercer volontairement les prérogatives d'un droit, indépendamment du point de savoir si l'on est juridiquement le véritable titulaire de ce droit »* selon Colin, Capitant et Julliot de la Morandière (cités par G. Cornu, ibid.), la possession a récemment été définie comme étant *« l'exercice d'un droit indépendamment de la question de sa titularité »*, cf. W. Dross, *op. cit.*, p. 198, n° 234. Les deux dernières définitions appellent deux observations. Premièrement, elles atténuent sensiblement l'idée aussi traditionnelle que répandue selon laquelle ce sont les droits réels (le droit de propriété notamment) qui sont susceptibles de possession, en ce que les droits de créance le sont également. Deuxièmement, elles invitent à se départir de l'image courante qui veut que le possesseur ne soit pas le propriétaire ou le titulaire du droit exercé, mais un usurpateur. Cette question est indifférente. La possession ainsi définie se compose de deux éléments entretenant un rapport de cumul. Le premier élément, le *corpus* possessoire, est objectif et traduit la maîtrise réelle de la chose possédée par l'accomplissement des actes d'exercice d'un droit (actes matériels d'usage), sans que les actes juridiques (détention d'un acte de notoriété, un procès-verbal de bornage et une attestation certifiant le paiement de l'impôt foncier, baux, aliénation, etc.) ou les actions en justice soient autosuffisants pour caractériser le *corpus* possessoire. V. par exemple, Civ. 13 déc. 1948, D. 1949, p. 72 ; et en droit français : Civ. 3e, 03 oct. 1990 ; Bull. III, n° 179, D. 1990, IR., 235; Cass.3e Civ., 13 janv.1999, n° 96-22188, Bull.Civ. III, n° 12; JCP G1999, I. 175, obs. H. Périnet-Marquet (insuffisance de l'action en justice); Cass. 3eCiv. 12 nov. 2008, n° 07-15392, 07-15896 et 07-16090 (insuffisance du seul exercice d'une action en bornage). L'exercice des actes matériels caractérisant le *corpus* possessoire peut être le fait du possesseur lui-même (*possessio corpore suo*) ou, par le mécanisme de la représentation, le fait d'un tiers (*possessio copore alieno*). Le second élément, l'*animus*, est psychologique ou intentionnel et correspond à l'état d'esprit du possesseur qui entend se conduire comme le véritable titulaire du droit dont le *corpus* caractérise les actes matériels d'exercice. En d'autres termes, le *corpus* témoigne de l'exercice d'un droit et l'*animus* caractérise le droit exercé. Cette identification du droit exercé à partir de l'*animus* rend celui-ci en principe fixe. La fixité de l'*animus* est consacrée par deux textes du droit camerounais. D'une part, l'article 2240 du Code civil (2270 du texte français) énonce que *« [l'] on ne peut prescrire contre son titre en ce sens que l'on ne peut point se changer à soi-même la cause et le principe de sa possession »*, même si on peut posséder au-delà de son titre. V. Cass, 3e civ., 4 déc. 1991, n°89-14921 ; Bull. Civ. III, n°306 ; JCP N 1993, II, 274, note M. Camoz). D'autre part, l'article 2231 (2257 du texte français) dispose que : *« quand on a commencé à posséder pour*

La seconde distinction conceptuelle qui résulte d'ailleurs implicitement de la précédente oppose le droit au fait, puisqu'il vient d'être énoncé que la propriété est un droit et la possession un fait. S'agissant d'abord du droit, il est devenu classique d'énoncer qu'il est au moins susceptible de deux sens, selon qu'il est défini du point de vue de l'objet du droit (droit objectif) et du point de vue du sujet de droit (droit subjectif)[8]. S'agissant ensuite du terme

autrui, on est toujours présumé, posséder au même titre, s'il n'y a preuve du contraire ». Le principe de l'intangibilité de l'*animus* n'est toutefois pas absolu, puisque l'*animus* peut se trouver modifié dans deux cas de figure retenus par l'article 2238 du Code civil (2268 du texte français) sous la qualification de « *titre.... interverti* ». Il y a d'abord interversion de titre lorsque, en raison d'une cause venant d'un tiers, l'*animus* du possesseur change de nature. Ainsi le locataire (détenteur précaire) qui achète l'immeuble ne va plus le posséder avec une âme de locataire, mais *animus domini.* Il y a ensuite interversion de titre lorsqu'il y a une contradiction non équivoque opposée au droit du véritable propriétaire, étant entendu que la seule inexécution des obligations contractuelles ne suffit pas à caractériser la contradiction constitutive d'interversion de titre. Il n'y aura pas interversion de titre, par exemple, en cas de non-paiement des loyers pendant quarante-quatre ans (Cass. 3e civ., 27 sept. 2006, n° 05-14561 ; Bull.Civ. III, n° 191 ; ou en cas de non-restitution de la chose au propriétaire après la jouissance (Cass.. 1re Civ., 15 févr. 1965, Bull. Civ. I, n° 17, RTD Civ. 1965, p.677, obs. J.-D. Bredin.) Pour fonder la protection possessoire, *corpus* et *animus* doivent présenter certaines qualités sur lesquelles nous reviendrons. V. infra. La preuve de l'*animus* résulte de la présomption posée par l'article 2230 du Code civil (2256 du texte français) qui veut qu'*«on est toujours présumé posséder pour soi, et à titre de propriétaire (...)* ». La présomption est cependant simple.

[8] Appréhendé objectivement, le droit est un ensemble de règles de conduite socialement édictées et sanctionnées, qui s'imposent aux membres de la société. Le droit subjectif quant à lui est une prérogative individuelle reconnue et sanctionnée par le droit objectif qui permet à son titulaire de faire, d'exiger ou d'interdire, quelque chose dans son propre intérêt ou, parfois, dans l'intérêt d'autrui. V. G. Cornu, *Vocabulaire juridique (Association Henri Capitant)*, Paris, PUF, 9e éd., 2011, p. 370-371. Conférant à son titulaire en termes de prérogatives la trilogie *usus, fructus* et *abusus*, le droit de propriété est assurément un droit subjectif. Mais on sait que la catégorie de droit subjectif comprend deux grands sous-ensembles que sont les droits extrapatrimoniaux (insusceptibles d'être évalués en argent) et les droits patrimoniaux. Or, les droits patrimoniaux, abstraction faite des droits intellectuels, sont personnels (lorsque le commerce juridique qui en résulte implique deux personnes, un créancier – d'où l'expression également usitée de droit de créance – et un débiteur) ou réels (lorsqu'ils établissent un rapport de droit entre une personne et une chose). Le droit de propriété est un droit réel.

fait, bien que les juristes l'appréhendent aussi restrictivement[9], nous mobilisons pour la circonstance la signification générale qui, admise par opposition du droit[10], y voit l'*« ensemble des réalités physiques, économiques, sociales ou individuelles considérées, abstraction faite de leur qualification et de leurs conséquences juridiques, comme des phénomènes bruts, des matérialités relativement à l'ordre juridique »*[11]. S'insérant dans cette acception générale, l'idée de possession peut cependant se rétrécir puisqu'elle est susceptible d'être regardée comme un fait juridique, en raison des conséquences de droit que le droit positif en tire.

Au plan catégoriel, la possession étudiée est celle s'exerçant sur les immeubles, encore qu'il s'agisse d'immeuble par nature, à l'exclusion des meubles[12]. La raison est que l'évolution qu'a connue le droit camerounais en

---

[9] Ainsi en est-il, par exemple, de la notion de fait juridique opposée à celle d'acte juridique. Celle-ci désigne toute manifestation de volonté accomplie aux fins de produire un effet juridique, celle-là se réduit à ne recouvrir que les événements auxquels la loi attache des effets de droit indépendamment de la volonté d'une personne ainsi que l'illustre la théorie de la responsabilité civile délictuelle construite sur la base des articles 1382 et ss. du Code civil. On connaît aussi, en droit administratif, la notion de fait du prince qui désigne une mesure prise par une personne administrative et qui cause à ses cocontractants un préjudice dont ceux-ci sont en droit d'obtenir réparation sous la forme d'une indemnité au moins partiellement compensatrice. Sur le fait et ses acceptions, v. par exemple L. Leveneur, "Le fait", APD, Tome 35 (vocabulaire fondamental du droit), 1990, p. 143 et ss.

[10] Même si cette opposition n'est qu'intellectuelle, car dans la réalité ainsi que la suite de ces lignes le montrera, le fait est très souvent l'objet de l'application du droit, et ce même lorsqu'il est né en marge du droit. F. L. Leveneur, *op.cit.* ; spéc. p. 145 et 157-162.

[11] G. Cornu, *Vocabulaire juridique...*, *op.cit.*, p. 444.

[12] On sait selon l'article 516 du Code civil que *« tous les biens sont meubles ou immeubles »*. La *summa divisio* des biens est assise sur un critère physique, celui de leur mobilité. Les meubles (par nature) sont ainsi, d'après l'article 528 du Code civil, *« les corps qui peuvent se transporter, d'un lieu à un autre, soit qu'ils se meuvent par eux-mêmes, soit qu'ils ne puissent changer de place que par l'effet d'une force étrangère »*. On connaît, à côté des meubles par nature, les meubles par détermination de la loi à l'instar des parts sociales (art. 529), les propriétés incorporelles ou les rentes ; les meubles par l'objet auquel ils s'appliquent dans lesquels se rangent les droits réels mobiliers (droits appartenant à un tiers sur la chose d'autrui), les créances mobilières, les actions mobilières ; les meubles par anticipation qui sont des biens qui ont encore, pour quelque temps, une attache avec un fonds, mais qui sont destinés à être prochainement détachés. En revanche, tout ce qui ne peut être déplacé est un immeuble. L'article 517 du Code civil énonce que *« les biens sont immeubles, ou par*

1974[13] à travers la suppression de la prescription acquisitive[14] des biens n'a pas affecté les meubles qui demeurent de ce fait usucapables[15]. Le régime de

---

leur nature, ou par leur destination, ou par l'objet auquel ils s'appliquent ». Selon le Code civil :
- sont immeubles par nature : les fonds de terre ; les biens incorporés au sol (les bâtiments et autres constructions, les moulins à vent ou à eau fixés sur piliers et faisant partie des bâtiments), les végétaux et les arbres. V. article 518 et ss.
- sont immeubles par destination, soit les objets que le propriétaire d'un fonds y a placés pour le service et l'exploitation du fonds (v. énumération illustrative de l'article 524 du Code civil), soit tous les effets mobiliers que le propriétaire a attachés au fonds à perpétuelle demeure (v. article 524 *in fine*).
- sont immeubles, par l'objet auquel ils s'appliquent : les droits réels immobiliers dont un tiers peut être investi sur l'immeuble d'autrui (usufruit, servitudes, droits d'usage et d'habitation, emphytéose, etc. V. respectivement les articles 526, 625 et 636, 936 et ss. du Code civil) ; les créances immobilières (bien que très rares en pratique en raison du principe de la transmission immédiate de la propriété *solo consensu*) ; les actions immobilières qu'il s'agisse d'actions pétitoires ou d'actions possessoires. Sur l'ensemble, V. G. Cornu, *Droit civil...*, op.cit., 393-400, n°s 905-916, W. Dross, *op.cit.*, p. 277 et ss.

[13] La réforme foncière de juillet 1974 a en effet, à côté de la concession, fait de l'immatriculation directe le mécanisme d'acquisition initiale de la propriété immobilière en droit camerounais désormais officiellement certifiée par l'existence, au profit du propriétaire, d'un titre foncier. Sur l'ensemble, on consultera utilement A. Tientcheu Njiako, *Droits réels et domaine national au Cameroun*, Yaoundé, PUA, 2005, 486 p. spéc. p. 61 et ss., et *Le titre foncier au Cameroun*, Yaoundé, ARIKA, 2009, 326 p. ; J. Goudem, *Les politiques foncières et domaniales du Cameroun : de l'ère précoloniale à nos jours*, thèse, Doctorat Ph.D., Université de Yaoundé II, 2010, 515 p. ; A.-D. Tjouen, *Droits domaniaux et techniques foncières, en droit camerounais (Étude d'une réforme législative)*, Paris, Economica, coll. La vie du droit en Afrique », 1982, 209 p., spéc., pp. 141 et ss. Ce dernier auteur écrit notamment que *« l'institution de l'immatriculation comme mode unique de preuve et d'accession à la propriété immobilière est l'œuvre du législateur de 1974* », p.141.

[14] V. infra.

[15] On sait que les couleurs du tableau de la protection de la possession mobilière vont en s'intensifiant. D'abord, la possession d'un bien meuble non approprié conduit à son acquisition immédiate par le mécanisme de l'occupation (meubles sans maître à l'exception de ceux provenant d'une succession, et meubles volontairement abandonnés, acquis à l'inventeur), exclusion faite des choses perdues qui obéissent à un autre régime. Ensuite, les meubles appropriés sont acquis au possesseur par usucapion passé un délai de trente ans au bout duquel le véritable propriétaire se trouve évincé avec la précision que pour les trésors (bien meuble dissimulé volontairement par un propriétaire originaire dont on ignore l'identité lors de sa découverte) et si le propriétaire ne se manifeste pas, la moitié est attribuée en propriété à l'inventeur et l'autre moitié au propriétaire du bien dans lequel il

la protection de la possession mobilière demeure donc classique, et seule la situation des immeubles mérite, sur le terrain de la protection possessoire, d'être examinée, l'effet acquisitif, qui en constitue le joyau sous d'autres cieux[16], ayant ici disparu en cette matière.

Ainsi circonscrit, un double paradoxe enveloppe notre sujet. En premier lieu, la définition de la possession a mis en évidence le fait que cette institution était prise en compte indépendamment de la question de la titularité du droit possédé, en ce sens que l'on ne cherche pas à savoir si le possesseur est le véritable titulaire du droit sur lequel il exerce une emprise ou s'il n'est qu'un usurpateur[17]. À la vérité, l'étude des fondements classiques de la possession, en matière immobilière notamment, montre même que le possesseur est protégé parce qu'il est présumé être le titulaire du droit qu'il exerce, jusqu'à preuve du contraire[18]. La protection dont il

---

était dissimulé. Cf. Article 516 du Code civil. Enfin, les meubles, même appropriés, sont immédiatement acquis si le possesseur est de bonne foi et justifie d'un juste titre. C'est le sens de la règle *« en fait de meuble, la possession vaut titre »* de l'article 2279 (2276 du texte français), *« vaut »* signifiant doublement « présume » (fonction probatoire) et « confère » (fonction acquisitive). La présomption ne tombe qu'en cas de meuble volé ou perdu, la victime disposant alors d'un délai préfix de trois ans pour le revendiquer en quelques mains qu'il se trouve, action en revendication qui ne peut toutefois triompher, lorsque le possesseur actuel du meuble l'a acheté dans une foire, un marché, une vente publique ou d'un marchand vendant les choses pareilles, que si le propriétaire originaire rembourse le prix au possesseur. Cf. Art. 2279 (2) et 2280 du Code civil.

[16] Sur cet effet acquisitif en droit français par exemple : G. Cornu, *Droit Civil…*, *op.cit.*, p. 635-648, n°s 1558-1590 ; W. Dross, *op.cit.*, p. 225-240.

[17] En droit français, une loi du 9 juillet 1975 a rajouté deux derniers articles au Code civil : les articles 2282 et 2283. Le premier de ces textes dispose que *« la possession est protégée, sans avoir égard au fond du droit, contre le trouble qui l'affecte ou la menace »*.

[18] Deux arguments essentiels fondent la protection (judiciaire) autonome de la possession immobilière. D'une part, la possession correspondant à l'état apparent des choses, à l'ordre établi, à ce qui est vécu, la protéger revient à protéger la paix publique, la stabilité des situations acquises, gage de la sécurité juridique. Il s'agit *in fine* de protéger l'intérêt général. Le raisonnement est voisin de celui qui légitime l'usucapion dans la mesure où il est aisé d'admettre que le droit trop longtemps démenti par le fait doit s'incliner afin que la paix sociale, même établie à l'encontre du droit soit préservée, les faits démontrent en matière d'usucapion que le bien n'avait pas été attribué par la société à qui en avait véritablement besoin. L'usucapion devient alors un instrument de justice distributive. En second lieu, on avance l'idée que la possession possessoire aboutit généralement et concrètement à la protection, des droits eux-mêmes, car d'un point de vue statistique, celui qui exerce un

bénéficie est alors d'autant mieux admise que l'on ignore qu'il n'est pas le propriétaire que l'on pense *a priori* protéger. Le paradoxe naît du maintien d'une telle protection même dans l'hypothèse où l'on sait, ainsi que le laisse penser le thème, qu'il n'est manifestement pas le propriétaire de l'immeuble qu'il possède, puisque celui-ci appartient à autrui[19].

En second lieu et en rapport avec la précédente idée, paradoxale est également l'organisation d'un quelconque mode de protection de l'auteur de l'atteinte faite au droit de propriété d'autrui dans un système où le droit de propriété a un caractère fondamental parce que constitutionnellement garanti et consacré dans certains instruments internationaux relatifs aux droits de l'Homme ; textes supérieurs qui tracent les limites des atteintes dont il peut être l'objet[20]. En effet, les dispositions constitutionnelles par exemple, outre qu'elles consacrent, contrairement au Code civil, l'*usus*[21], elles, à la suite de celui-ci, font de l'expropriation pour cause d'utilité publique la seule véritable atteinte permise au droit de propriété. Dans un tel contexte, l'énoncé du support thématique de cette réflexion semble, même sans regard approfondi, vivre en mauvaise intelligence avec les dispositions pertinentes de la loi fondamentale.

À l'appui de ce double paradoxe, un doute pourrait être jeté sur l'intérêt même de l'étude, d'autant plus que le régime juridique de la protection

---

droit en est presque toujours le titulaire légitime. V. G. Cornu, *Droit civil…*, *op.cit.*, p. 481, W. Dross, *op.cit.*, p. 211. Par comparaison, on peut indiquer que la *ratio legis* de la protection mobilière notamment l'effet acquisitif de la règle posée par l'article 2279 est d'essence économique. La solution est en effet justifiée par le fait que l'enrichissement des nations passe par le développement économique, lequel exige une mise en confiance de l'acheteur qui risque d'être mis à mal si, systématiquement et postérieurement à la transaction, il peut être évincé de sa propriété sur revendication du véritable propriétaire. Il y a donc lieu de sécuriser les échanges, gage de leur rapidité et de leur fréquence. W. Dross, *op.cit.*, p. 241.

[19] La notion d'autrui doit être entendue largement et viser tout sujet de droit jouissant d'une personnalité juridique distincte de celle du possesseur. Il pourra donc s'agir d'une personne privée ou d'une personne publique (l'État en l'occurrence).

[20] Une disposition du préambule de la Constitution camerounaise telle que révisée le 18 janvier 1996 énonce que : « *la propriété est le droit d'user, de jouir et de disposer des biens garantis à chacun par la loi. Nul ne saurait en être privé si ce n'est pour cause d'utilité publique et sous la condition d'une indemnisation…* »

[21] En plus du *fructus* et de l'*abusus*.

possessoire immobilière hérité du Code civil (français)[22] semble, alors que le paradigme des droits fondamentaux commence à s'enraciner en droit positif, avoir connu une régression à la faveur de la réforme du régime foncier de l'État au début des années 70[23]. En effet, le législateur de 1974, outre qu'il a marqué sa répugnance pour l'usucapion des immeubles[24] et manifesté son hostilité à celui qui s'est autorisé de mettre en valeur un immeuble approprié par un particulier[25], il a étatisé la quasi-totalité des terres du Cameroun, en supprimant le concept de *« propriété foncière coutumière »*[26] d'une part, et en

---

[22] On sait qu'ici, la protection de la possession immobilière emprunte trois principales voies. Il y a d'abord la protection du fait possessoire en lui-même par l'institutionnalisation des actions possessoires brillant par leur autonomie (V. infra). Il y a ensuite la mutation du fait possessoire en véritable droit à travers l'effet acquisitif de la possession qui transforme l'auteur d'une possession utile d'un immeuble en propriétaire au bout d'un délai de 30 ans, délai abrégé (prescription décennale)lorsque la possession utile d'un immeuble se conjugue avec l'existence d'un juste titre et de la bonne foi. Enfin, il y a les principes de l'attribution des fruits au possesseur (article 549 du Code civil) et de l'indemnisation du possesseur de bonne foi évincé lorsqu'il est auteur de mises en valeur (Art. 555 du Code civil).

[23] Cette réforme est intervenue en juillet 1974 et a abouti à la prise de deux ordonnances (par la suite ratifiées par l'Assemblée nationale) et de textes d'application subséquents. Il s'agit de :

- l'Ordonnance n° 74-1 du 06 juillet 1974 fixant le régime foncier, modifiée et complétée par l'Ordonnance n° 77-1 du 10 janvier 1977, la loi n° 80/21 du 14 juillet 1980 et par une autre loi du 26 novembre 1983 ;
- l'Ordonnance n° 74-2 du 06 juillet 1974 fixant le régime domanial, modifiée et complétée par l'Ordonnance n° 77-2 du 10 janvier 1977. Cf. *Régime foncier et domanial au Cameroun*, Publication du ministère des Domaines et des Affaires foncières, janvier 2008. Le volet pénal de cette réforme a été mis en place en 1980 à travers la loi n° 80/22 du 14 juillet 1980 portant répression des atteintes à la propriété foncière et domaniale.

[24] Par la promotion exclusive de l'immatriculation et du titrement.

[25] L'article 3 de la loi n° 80-22 du 14 juillet 1980 préc., dispose notamment que : *« (...) En outre la mise en valeur réalisée sur ledit terrain* [d'autrui] *sous forme de plantations, de constructions ou d'ouvrages de quelque nature que ce soit, est acquise de plein droit au propriétaire, sans aucune indemnité pour l'occupant.*

Si le propriétaire du fonds exige la suppression des constructions, plantations ou ouvrages, celle-ci est exécutée aux frais de l'occupant et sans aucune indemnité pour ce dernier, qui peut en outre être condamné à des dommages et intérêts pour le préjudice éventuellement subi par le propriétaire du fonds » !

[26] Cf. J. Goudem, thèse préc., p.45-46, S. Nguiffo, P. E. Kenfack et N. Mballa, "L'incidence des lois foncières historiques et modernes sur les droits fonciers des communautés locales et autochtones du Cameroun", in *Les droits fonciers et les peuples des*

faisant émerger un domaine national[27] dont on montrera qu'il est en réalité un domaine "étatique". Pourquoi étudier une institution dont il ne reste apparemment plus grand-chose, pourrait-on s'interroger. À la vérité, les choses méritent d'être nuancées, car il survit en droit camerounais un régime de protection du fait de possession, bien qu'influencé par le caractère fondamental du droit de propriété appelant une protection à la hauteur de son statut. En réalité, avec les réformes intervenues dans cette matière, on est même parvenu à l'instauration d'une protection duale, sur fond d'asymétrie, de la protection possessoire, le dédoublement apparaissant comme une conséquence de l'influence de la théorie des droits fondamentaux dans la construction du régime de protection du possesseur.

Sous ce rapport, une interrogation majeure surgit : dans quelle mesure est-il possible d'affirmer que le rayonnement de la théorie des droits fondamentaux[28], nécessairement prise en compte[29] lors des réformes

---

forêts d'Afrique, perspectives historiques, juridiques et anthropologiques", *Forest People Programm*, Janvier 2009, disponible sur : www.forestpeople.org. Cette catégorie avait été instituée au Cameroun à la faveur du décret impérial du 15 juin 1896 créant le domaine foncier de l'État colonial (article 3). Elle sera confirmée dans la loi du 17 juin 1959 portant organisation domaniale et foncière.

[27] Comprenant plus de 70% du territoire national, les dépendances qui le constituent sont classées en deux catégories : 1) les terrains d'habitation, les terres de culture, de plantation, de pâturage et de parcours dont l'occupation se traduit par une emprise évidente de l'homme sur la terre et une mise en valeur probante ; 2) les terres libres de toute occupation effective. Cf. Article 15 de l'Ordonnance n° 74/1 du 06 juillet 1974, préc.

[28] Pour Etienne Picard, «*les droits fondamentaux sont des droits assez essentiels pour fonder et déterminer, plus ou moins directement, les grandes structures de l'ordre juridique tout entier en ses catégories, dans lequel et par lesquelles ils cherchent à se donner ainsi les moyens multiples de leurs garanties et de leur réalisation* ». Cf. E. Picard, "L'émergence des droits fondamentaux en France", AJDA, juillet-août 1998 (numéro spécial), p. 8. Cette définition est intéressante dans la mesure où c'est la force agissante de l'essentialité des droits fondamentaux qui va, ainsi qu'on va le voir, sur la base de données objectives et subjectives, favoriser l'instauration d'une dualité de régime de la protection de la possession des immeubles selon qu'ils sont privatifs ou domaniaux, dominée par la volonté d'assurer la réalisation des droits et la protection de ce qu'ils ont d'essentiel. Sur la théorie des droits fondamentaux en général, on consultera par exemple : R. Cabrillac (dir.), *Libertés et droits fondamentaux*, Paris, Dalloz, 2013, 13e éd., 1001 p., X. Bioy, *Droits fondamentaux et libertés publiques*, Paris, LGDJ., 2014, 3e éd., 814 p., L. Favoreu et (Autres), *Droits et libertés fondamentaux*, Paris, Dalloz, 2012, 6e éd., 720 p., H. Oberdorff, *Droits de l'homme et libertés fondamentales*, Paris, LGDJ., coll. « Manuels », 2013, 4e éd., 576 p.

successives du droit foncier camerounais, a conduit à l'établissement d'une dualité de régime de protection de la possession dans l'hypothèse particulière où cette possession défie le droit de propriété d'autrui, par ailleurs constitutionnellement garanti ?

L'étude du droit positif camerounais impose une distinction fondamentale. Sans avoir totalement remis la protection possessoire appliquée à l'immeuble d'autrui en question, en raison de ce que bien que fondamental, le droit de propriété n'en demeure pas moins un droit conditionnel, il décide d'abord que si l'immeuble possédé a été individuellement approprié, le caractère fondamental du droit de propriété commande que la protection dont le possesseur peut bénéficier ne remette pas en cause ce qui fait l'essence même de ce droit, et notamment que le propriétaire ne soit jamais évincé par le possesseur[30]. On comprendra alors

---

[29] La doctrine considérant que la *« question de la "fondamentalité" des droits (...) serait la marque de la "postmodernité" »*. V. Burgorgue-Larsen (L.), "Les concepts de liberté publique et de droit fondamental", in Auby (J.-B.) (dir.), *L'influence du droit européen sur les catégories du droit public*, Paris, Dalloz, coll. « Thèmes et Commentaires », 2010, p. 389. Cette marque semble si incontestable et si répandue que l'on estime qu'elle a forgé une nouvelle posture intellectuelle lorsqu'on cherche à résoudre juridiquement un problème. Il s'agit de ce que la doctrine a qualifié de « ius *panfondamentalisme (...) consistant à n'envisager les problèmes juridiques qu'à travers le prisme des droits fondamentaux* ». Cf. E. Carpentier et J. Tremeau, "La confrontation de la loi à la Constitution par le juge ordinaire. Qu'en pensez-vous ? À propos de CE, ORD. REF., 21 nov. 2005, *Boisvert* et CE, Ass., 16 déc. 2005, *Syndicat National des huissiers de justice*", in *Mélanges en l'honneur de Louis Favoreu : Renouveau du Droit constitutionnel*, Paris, Dalloz, 2007, p. 558.

[30] Certes, on pouvait discuter du fondement constitutionnel du reflux de l'usucapion avant la réforme constitutionnelle du 18 janvier 1996 en raison de l'incertitude sur la juridicité du préambule de la Constitution en droit positif camerounais. Mais ce débat est désormais clos. La protection n'aboutira jamais à l'usucapion qui est en réalité une forme d'expropriation pour cause d'utilité privée. Il semble qu'en supprimant l'usucapion le législateur camerounais a entendu se prononcer dans le sens de son illégitimité, contrairement au juge européen ou français. En effet, la Cour européenne des Droits de l'Homme (CEDH), en Grande chambre, a décidé, à propos d'une loi anglaise prévoyant une prescription acquisitive par l'écoulement d'un délai de 12 ans, qu'il n'y avait pas atteinte au droit au respect des biens, la question ressortissant à la marge d'appréciation des États. Cf. CEDH, Gde Ch., 30 août 2007, J.A. Pye (Oxford) Ltd/RV : Req. n° 44302/02 ; RTD Civ. 2007, p 727, obs. J.-P. Marguénaud. La Cour de cassation, dans le même sens, a refusé de transmettre au Conseil constitutionnel, comme non sérieuse, la question propriétaire de constitutionnalité relative à la légitimité de la prescription : Cass, 3eCiv., 17

que la protection du possesseur soit devenue résiduelle dans ce cas de figure. Ensuite, si l'immeuble possédé est un immeuble domanial et relève notamment du domaine national, l'antériorité de principe des droits fonciers du possesseur actuel – qui peuvent également se révéler substantiellement fondamentaux – par rapport à cet autrui d'un genre particulier qu'est l'État[31] et dont on conçoit difficilement qu'il soit directement attributaire ou créancier des droits fondamentaux à l'instar de l'être humain, semble avoir commandé une protection plus énergique. Il y a ainsi lieu d'approfondir ces deux axes en examinant tour à tour l'affaiblissement de la protection de la possession de l'immeuble approprié par un particulier (I) et le renforcement de la protection de la possession de l'immeuble domanial (II).

I- L'AFFAIBLISSEMENT DE LA PROTECTION DE LA POSSESSION DE L'IMMEUBLE APPROPRIE PAR UN PARTICULIER

Cet affaiblissement découle de ce que la circonstance selon laquelle il existe sur l'immeuble objet de possession digne de protection un droit de caractère fondamental dont il faut conserver la substance pour qu'il continue à faire sens, a conduit le législateur à amputer la protection possessoire de ses principaux éléments (A). Ce faisant le législateur a tenu à se conformer à l'impératif de respecter l'intangibilité des droits fondamentaux (B).

A- L'INSTAURATION D'UNE PROTECTION RESTRICTIVE DE LA POSSESSION COMPATIBLE AVEC L'EXISTENCE DU DROIT DE PROPRIÉTÉ EN TANT QUE DROIT FONDAMENTAL

La protection de la possession est ainsi peinte pour deux raisons. D'abord, l'idée de reconnaissance, c'est-à-dire de non-remise de cause du

---

juin 2011 : n° 11-40014, cité par W. Dross, *op.cit.*, p. 226, note 27 *in fine*. Certains auteurs camerounais sont cependant favorables à la réintégration de l'usucapion en droit positif. V. par exemple, A. Tientcheu Njiako, *Droits réels et…*, *op.cit.*, p. 357 et ss., J. Goudem, préc., p. 109.

[31] Les terres nationalisées en 1974 ayant coutumièrement appartenu à des collectivités villageoises et leurs membres. On verra cependant qu'il y aura comme une sorte de rupture du principe de l'égalité de tous devant la loi, les possesseurs postérieurs à 1974 ne bénéficiant pas de la même protection.

droit de propriété du particulier, implique nécessairement que le principal en matière de protection des droits sur l'immeuble est dans l'intérêt du propriétaire. Par déduction, les traits de la protection du simple possesseur vont apparaître comme secondaires ou subsidiaires (1). Ensuite, même lorsque le droit positif choisit de traiter la question de la protection de la possession sans évoquer celle de propriété, l'on s'apercevra que les solutions retenues sont en réalité fragiles (2).

1- La subsidiarité de la protection avec reconnaissance du droit de propriété du particulier

À condition de satisfaire aux conditions plus ou moins rigoureuses imposées par le législateur, le possesseur de l'immeuble d'autrui que le véritable propriétaire est en train d'évincer ne peut prétendre qu'à des droits très limités.

S'agissant d'abord des conditions requises pour que le possesseur soit protégé, elles sont au nombre de deux : l'exigence du juste titre doit se combiner avec celle de la bonne foi.

Pour ce qui est du juste titre, il faut noter qu'en droit comparé, français notamment, l'existence du juste titre (conjuguée avec celle de la bonne foi) sur la tête du possesseur d'un immeuble conduit à une usucapion abrégée dans un délai de dix ans. Contribuant à la production d'un effet aussi puissant, le juste titre se devait d'être clarifié par le droit positif au triple point de vue de son contenu, de ses caractères et de sa preuve.

Du point de vue de la notion, le juste titre[32] a été défini comme l'acte juridique qui aurait investi l'ayant cause du droit sur l'immeuble s'il était émané du véritable propriétaire[33]. S'agissant des caractères du juste titre, il

---

[32] « Titre » désigne ici le *« negotium »* (et non l'*instrumentum*). C'est l'opération juridique qui a été la cause, efficiente du droit, l'adjectif *juste* puisant simplement sa sève dans l'histoire, aucune idée de justice n'étant de mise ici. V. W. Dross, *Droit des biens*, *op.cit.* p. 236, G. Cornu, *Droit civil…*, *op.cit.*, p. 645, n° 1581.

[33] La doctrine française invite à prendre garde de l'étroitesse de l'alinéa 2 de l'article 2272 du Code civil qui réduit le juste titre à un titre translatif de propriété, corroboré en cela par la jurisprudence : *« le juste titre est celui, considéré en soi, qui est de nature à transférer la propriété à la partie qui invoque la prescription »*. Cass. 3e Civ., 13 janv. 1999, n° 96-19735 ; Bull. Civ. III n° 13 ; JC.P.G. 1999, I, 175, n° 5, obs. H. Périnet-Marquet. La possession étant l'exercice d'un droit, le juste titre peut concerner tant le droit réel démembré qu'un

est fréquemment soutenu que celui-ci doit avoir une nature translative[34]. L'ambivalence de ce caractère a été mise en évidence par la doctrine, en ce sens qu'il est à la fois trop large[35] et trop étroit[36] même si on s'accorde à dire que le juste titre ne couvre pas les actes de portée simplement déclarative, à l'instar de l'acte de partage d'une indivision[37].

Le titre ainsi caractérisé ne doit pas être vicié pour produire un quelconque effet. L'article 2273 du Code civil français a ainsi expressément exclu les titres nuls, en raison d'un défaut de forme même si le principe du consensualisme dans les actes juridiques limite ce vice aux seuls actes solennels[38]. Cette étroitesse a conduit la jurisprudence, non sans

---

droit de créance portant sur l'immeuble. W. Dross, *Droit des biens*, *op.cit.*, p. 236-237. Dans tous les cas, celui qui a transmis le droit au possesseur actuel ne l'avait pas. L'acquisition s'est faite *a non domino*. Or, *nemo plus juris ad alium transfere potest quam ipse habet.*

[34] Ne constituent par exemple pas des justes titres, la promesse unilatérale d'achat non acceptée (C-A. Paris, 3 octobre 1990, Juris Data n° 1990-023853), la promesse de porte-fort (Cass. 3eCiv., 12 juin 2003, n° 01-14817), l'extrait de plan cadastral (CA. Toulouse, 6 mars 2006, Juris-Data n° 2006-299645), le procès-verbal de bornage (CA Aix-en-Provence : 23 oct. 2001. Juris-Data n° 2001-163317), le règlement de copropriété (Cass. 3eCiv., 5 oct., 1994, n° 94-15926 ; Bull. Civ. III n° 167 ; J.C.P.G 1995, I, 3835, n° 1, obs. H. Périnet-Marquet ; Défrénois 1995, p. 804, obs. Ch. Atias, RTD Civ. 1996, p. 426, obs. F. Zenati).

[35] Il est trop large parce qu'en réalité, seuls les actes opérant une transmission à titre particulier (qu'ils soient à titre onéreux ou gratuit, entre vifs ou à cause de mort) peuvent constituer un juste titre, à l'exclusion des transmissions à titre universel, en raison du principe de la continuation de la personne du défunt par les héritiers qui fait qu'il ne se produit aucune rupture entre la possession de ceux-ci et celle de leur auteur. En conséquence, c'est du point de vue du défunt qu'il faut apprécier le titre.

[36] La restriction résulte du fait que le juste titre peut tout aussi bien être translatif que constitutif de droit. Ce dernier cas renvoie par exemple à l'hypothèse dans laquelle on obtient d'un tiers la constitution d'un droit réel sur un immeuble qui n'a pas pour conséquence la transmission d'un droit en dépit de l'existence d'un juste titre.

[37] Il faut, *a fortiori*, admettre qu'un acte qui n'a jamais eu d'existence ou qui a été anéanti ne puisse constituer un titre.

[38] Ceux où la forme non satisfaite était exigée *ad validatatem*, à l'exclusion des cas où l'exigence de forme ne l'était qu'*ad probationem*. Tel est en tout le régime en ce qui concerne les immeubles en droit camerounais où l'article 8 de l'ordonnance n°74/1 préc. dispose que *: « les actes constitutifs, translatifs ou extinctifs de droits réels immobiliers doivent à peine de nullité, être établis en la forme notariée ».*

l'approbation de la doctrine[39], à étendre ce texte aux nullités de fond à condition qu'il s'agisse d'une cause de nullité absolue[40]. Quant à la preuve du juste titre, le principe est qu'il appartient au possesseur qui s'en prévaut d'en prouver l'existence selon les règles de droit commun, au besoin par tout moyen[41]. Le juste titre, par pure logique, devra être antérieur à la possession puisqu'il est censé la fonder.

À ce stade du propos, la question qui se pose est dès lors de savoir si ces exigences attachées au juste titre fondateur de l'usucapion abrégée des immeubles en droit français sont les mêmes lorsque, loin de viser les mêmes résultats, il s'agit simplement de prendre en compte le fait possessoire qu'est en train de briser l'action pétitoire. Et si la question se pose, c'est parce que l'article 550 du Code civil en vigueur au Cameroun prend en compte le fait possessoire[42] en présence du véritable propriétaire qu'à la condition qu'outre la bonne foi, il puisse faire valoir un titre translatif de propriété.

Il est admis que le titre exigé dans cette hypothèse ne s'entend pas comme en matière d'usucapion immobilière ou mobilière. En effet, le caractère subsidiaire de la protection d'une possession désormais neutralisée commande un assouplissement de la rigueur du régime du titre dont se prévaut le possesseur évincé. La protection ne portant pas sur le principal qu'est l'immeuble lui-même, mais plutôt sur les accessoires, ce qui importe c'est que le titre ait pu laisser croire au possesseur qu'il était en droit de conserver les accessoires attachés à l'immeuble objet de la possession. Il en résulte, ainsi que le souligne la doctrine, que *« non seulement la nature du titre, mais encore les vices qui l'affectent (défaut de droit de l'auteur, nullité, etc.) n'ont pas d'importance en tant que tels »*[43]. Sont donc tolérés, en plus des actes translatifs ou constitutifs, les actes simplement déclaratifs et même

---

[39] Par exemple : W. Dross, *Droit des biens*, *op.cit.*, p. 238 ; G. Cornu, *Droit civil…*, *op.cit.*, p. 645, n° 1583 ; A. Tientcheu Njiako, *Droits réels et domaine…*, *op.cit.*, p. 428

[40] V. Cass. Req., 9 avr. 1906, D.P. 1907, I, p. 406.

[41] L'article 1341 du Code civil ne s'appliquant pas nécessairement puisqu'il ne s'agit pas pour le possesseur d'établir une quelconque obligation à la charge du (propriétaire) revendicateur.

[42] V. infra.

[43] W. Dross, *op.cit.*, p. 250.

putatifs[44]. Cette souplesse[45] ne produit l'effet escompté que si elle se combine avec un certain état d'esprit de la part du possesseur.

En ce qui concerne la bonne foi, présence du véritable propriétaire, la loi ne protège le possesseur muni d'un titre que « *dans le cas où il possède la bonne foi* »[46]. La bonne foi souligne l'ignorance du possesseur quant au vice qui affecte son titre[47]. Il faut, dans cette hypothèse, supposer que le titre translatif (ou constitutif, voire déclaratif et putatif) est affecté d'un vice qui l'a empêché de produire son effet[48]. La notion de vice, contrairement à ce qui se passe en matière de « juste titre » pris en compte dans le domaine de l'usucapion abrégée des immeubles, est largement entendue par la jurisprudence puisqu'elle y intègre la nullité de l'acte, l'absence de droit de l'auteur du possesseur, les causes de résolution[49].

Dans tous les cas, ce qui importe est que le possesseur ait fait erreur[50], qu'il se soit cru, à tort, dans son droit. Le droit positif assouplit considérablement en cette matière la notion de bonne foi, car elle recouvre certes la situation où le possesseur croyait aux droits de son auteur, mais également les situations où il croyait en la validité de l'acte. Fondée sur une erreur qui vicie son titre, la bonne foi, en bonne logique, cesse dès que les vices du titre sont connus au possesseur. Sauf preuve du contraire, on admet que la bonne foi cesse à partir du moment où, le *verus dominus* signifie sa demande en revendication au possesseur[51]. Notons enfin que sur le plan probatoire, le Code civil dispense le possesseur muni d'un titre d'avoir à rapporter la preuve de sa bonne foi, l'article 2268 énonçant de manière

---

[44] Ceux qui n'ont aucune existence juridique véritable et n'existent que dans l'esprit du possesseur à l'instar d'un testament révoqué par un autre, mais ultérieur.

[45] Elle est également à l'origine de l'hésitation quant à l'exigence d'une possession utile, c'est-à-dire paisible, publique, continue et non équivoque. V. infra.

[46] Article 549 du Code civil.

[47] L'article 550 du Code civil énonce à cet effet que « *le possesseur est de bonne foi quand il possède (...) en vertu d'un titre translatif de propriété dont il ignore les vices* ».

[48] G. Cornu, *Droit civil, op.cit.*, p. 487, n° 1182.

[49] V. par exemple s'agissant de la résolution : Civ. 3e, 27 nov. 2002, D. 2003, IR. 40 ; JCP, 2003. IV. 1137.

[50] L'erreur pouvant être de droit ou de fait.

[51] Cass. 3e Civ. 27 nov. 2002, préc. : Cass. 3eCiv., 28 Juin 1983, G-P. 1984, I. Pan. 28, obs. Piedelièvre; Cass. 1ère Civ. 19 avril 1977, n° 75-14 966; Bull. Civ. I, n° 176.

sentencielle que la bonne foi se présume. Ce régime probatoire de la bonne foi permet d'ailleurs de la distinguer du « titre » dont le possesseur doit prouver l'existence pour prétendre bénéficier des bienfaits de la loi[52].

S'agissant ensuite du contenu même de la possession, bien que sensiblement amoindrie, la protection du possesseur muni d'un titre et justifiant d'une bonne foi, vis-à-vis duquel triomphe le *verus dominus*, présente néanmoins l'avantage de prendre en compte le passé de la fin et la fin du passé.

La prise en compte du passé de la fin signifie que l'éviction du possesseur éligible à la protection malgré le triomphe du droit de propriété ne doit en aucun cas être empreinte de quelque rétroactivité. La rétroactivité étant entendue comme le retour au *statu quo ante*, le principe de son interdiction procède de ce que, contraint de faire cesser son emprise de fait sur l'immeuble à l'avenir pour que s'affirme l'emprise de droit, le possesseur concerné conservera néanmoins les fruits de l'immeuble qu'il aura perçus. En effet, l'article 549 du Code civil permet au possesseur qui remplit les conditions précédemment énoncées et dont le pouvoir, au demeurant non fondé en droit, prend fin avec la revendication triomphante du véritable propriétaire, de conserver les fruits générés par l'immeuble jusqu'au moment où les vices de son titre lui sont connus. Le doyen Cornu peut ainsi affirmer que *« cette dispense de restitution est, spécifiquement, le bienfait que la loi accorde au possesseur, en raison de sa bonne foi »*[53].

Cette solution qui est assise sur une présomption de consommation légitime des fruits[54] et qui cohabite mal avec la règle *accessorium sequitur principale*, mérite d'être bien circonscrite pour être mieux comprise.

En premier lieu, la solution, convient-il de le préciser, ne concerne que les fruits, à l'exclusion des produits. On sait que les fruits sont les biens de toutes sortes (somme d'argent, biens en nature) que fournissent et

---

[52] Point n'est besoin de préciser que le possesseur de mauvaise foi ne sera pas éligible au régime de faveur mis en place par le législateur (cf. article 549 du Code civil ainsi que l'article 3 de la loi n° 80/22 du 14 juillet 1980, préc.) : *inclusione unius fit exclusio alterius* ; *qui dicit de uno, negat de altero*.

[53] G. Cornu, *Droit civil…*, *op.cit.*, p. 485, n° 1173.

[54] Ce qui est normalement leur destination économique.

rapportent périodiquement certaines choses dites frugifères sans que la substance de celles-ci soit entamée[55]. C'est ce critère de la périodicité de la production et de la conservation de la chose qui permet de distinguer le fruit du produit d'un bien. Aussi, destinés à être consommés (ce que la loi suppose ou présume qu'il a fait), les fruits, qu'ils soient naturels[56], industriels[57] ou civils[58], ne seront-ils pas restitués au propriétaire de l'immeuble. La loi, non sans fiction, considère ainsi que le possesseur a été propriétaire du point de vue du *fructus* jusqu'à la date de la revendication du *verus dominus.* En second lieu, seuls les fruits effectivement perçus peuvent être conservés par le possesseur évincé. Cette règle prend un relief particulier s'agissant des fruits civils qui, bien qu'échus avant la survenance de la mauvaise foi du possesseur, mais perçus après celle-ci, ne sont pas acquis au possesseur et devront être restitués au propriétaire[59].

La prise en compte de la fin d'un passé quant à elle veut dire que la protection prend en compte l'avenir de la possession. L'avenir dont il est question ne signifie nullement maintien de la possession. Au contraire, le possesseur est protégé dans cette hypothèse parce que le fait possessoire sera désormais supprimé et qu'il y a lieu de tenir compte de l'éviction à intervenir. Le possesseur aura droit au remboursement des frais par lui engagés pour d'éventuelles constructions ou pour la conservation de l'immeuble ou son amélioration.

Dans cette perspective, l'article 548 du Code civil précise d'abord que *« les fruits produits par la chose n'appartiennent au propriétaire qu'à la charge de rembourser les frais des labours, travaux et semences »*, frais dont la valeur est estimée à la date du remboursement[60]. Ensuite, en présence d'un possesseur de bonne foi qui a fait des constructions ou des plantations sur l'immeuble, la loi rend l'accession obligatoire au propriétaire[61]. En d'autres termes, le

[55] *Vocabulaire juridique, op.cit.*, 479 ; G. Cornu, *Droit civil…, op.cit.*, p. 414, W. Dross, *Droit des biens, op.cit.*, p. 23 et ss.
[56] Qui sont, d'après l'article 583 du Code civil, le produit spontané de la terre.
[57] Qui résultent du travail de l'homme (produits agricoles).
[58] Qui renvoient aux loyers (des maisons), aux intérêts des sommes exigibles, etc.
[59] C'est le sens qu'il convient de donner à l'article 586 du Code civil qui dispose que *« les fruits civils sont réputés s'acquérir jour par jour ».*
[60] G. Cornu, *Droit civil …, op.cit.*, p. 486, note 22.
[61] W. Dross, *Droit des biens, op.cit.*, p. 331, n° 403, G. Cornu, *Droit civil …, op.cit.*, p. 573.

propriétaire triomphant ne peut pas exiger du possesseur de bonne foi évincé le rétablissement de l'état antérieur de lieux comme c'est le cas avec le possesseur de mauvaise foi[62]. L'article 555(4) du Code civil pose en effet que *« si les plantations, constructions et ouvrages ont été faits par un tiers évincé, qui n'aurait pas été condamné à la restitution des fruits, attendu sa bonne foi, le propriétaire ne pourra demander la suppression desdits ouvrages, plantations et constructions »*. La seule alternative que la loi lui laisse est dans l'intérêt du possesseur évincé : soit il lui rembourse la valeur des matériaux et le prix de la main-d'œuvre ; soit il lui paye une somme égale à celle dont l'immeuble a augmenté de valeur.

Il apparaît ainsi que le législateur considère qu'un véritable quasi-contrat a existé entre le possesseur de bonne foi et le propriétaire[63]. Il s'agirait d'un enrichissement sans cause qui renvoie à la situation où il y a enrichissement d'une personne aux dépens d'une autre sans raison juridique : l'accroissement d'un patrimoine (celui du propriétaire par le fait du possesseur) conduit, sans raison juridique, à l'appauvrissement corrélatif d'un autre (celui du possesseur). La demande en justice par laquelle le possesseur sollicitera l'indemnisation pourrait alors s'assimiler à l'action d'*in rem verso*, traditionnellement ouverte à l'appauvri.

Comme on peut le constater, l'affirmation du droit de propriété justifie que la protection du possesseur évincé ne soit qu'accessoire. Il est pourtant des situations où le droit positif s'intéresse à la possession sans considération de la propriété. Une curiosité sur fond d'analogie pousse alors à apprécier la protection dont bénéficie la possession dans cette hypothèse. On s'apercevra que bien qu'envisagée de façon autonome, la protection est en réalité fragile.

---

[62] Article 555(2); article 3(2) de la loi n° 80/22, préc., (lecture *a contrario*).

[63] Qu'on peut définir, au-delà de la formule *« décevante »* du Code civil (cf. F. Terré (et autres), *Doit civil. Les obligations*, Paris, Dalloz, 10e éd., 2009, p.1029, n°1026) dont l'article 1371 voit dans les quasi-contrats *« les faits purement volontaires de l'homme, dont il résulte un engagement quelconque envers un tiers, et quelques fois un engagement réciproque des deux parties »*, comme un fait juridique, source extracontractuelle d'obligation, plus spécifiquement d'une obligation (de remboursement, de restitution, d'indemnisation) qui naît, pour celui qui en profite, d'un fait accompli par une autre personne, en dehors de tout contrat, de toute obligation, de toute libéralité et donc de tout fondement juridique. Cf. *Vocabulaire juridique…*, *op.cit.*, p. 829-830.

2- La fragilité de la protection de la possession avec ignorance du droit de propriété

S'il est vrai que la suppression de l'usucapion et l'affirmation du droit de propriété comme droit fondamental digne de protection *es* qualité n'ont pas, comme on pouvait le craindre, entièrement supprimé l'autonomie de la protection de la possession, ces évolutions ont néanmoins débouché sur sa fragilisation. Deux idées attestent de cette conclusion : la protection par le juge civil apparaît désormais précaire ; la protection par le juge pénal a quant à elle reculé.

Sur la première idée d'abord. L'opposition entre le droit et le fait[64] en matière de maîtrise d'un immeuble avait conduit les rédacteurs du Code civil à envisager, au plan civil, un régime de protection du fait possessoire sans considération du droit de propriété. Le système du Code civil, imparfait (incomplet), a été mis en cohérence par la jurisprudence[65]. Il importe d'en montrer la consistance. Cependant, quelle que fût la valeur de la protection du fait possessoire, un éventuel triomphe de l'action consécutive du propriétaire était de nature à tout remettre en cause, comme si protection possessoire indépendamment du droit de propriété rimait avec victoire provisoire.

La protection civile de la possession s'est traduite par la consécration par la jurisprudence au profit du possesseur de trois actions en justice, à juste titre qualifiées d'actions possessoires. Et pour bien marquer leur autonomie, on a également consacré, au plan procédural, le principe répartiteur du « non-cumul du possessoire et du pétitoire » dont on a montré qu'il était applicable en droit camerounais, bien qu'il n'y soit consacré par aucun texte[66].

---

[64] V. Supra, introduction.

[65] V. A. Tientcheu Njiako, *Droits réels…*, *op.cit.*, p. 407.

[66] A. Minkoa She, "La place de la possession en droit foncier camerounais", communication aux travaux camerounais de l'Association Henri Capitant, Yaoundé, 1991, p. 439-463. La règle en revanche trouve son siège en droit français dans l'article 1265 du Code de procédure civile.

Les actions possessoires d'abord. Elles sont au nombre de trois : la complainte, la dénonciation de nouvel œuvre et la réintégration[67]. La complainte et la dénonciation de nouvelle œuvre brillent par leur concordance à la seule différence que la première vise à répondre à un trouble actuel, alors que la seconde vise à anticiper la survenance d'un trouble futur. La réintégration quant à elle cherche à mettre un terme à un trouble possessoire particulièrement grave comme l'est la dépossession violente[68].

L'étude des actions possessoires invite à cerner leur domaine, les caractères de la possession susceptible de les fonder, la nature du trouble possessoire qu'elles sanctionnent et enfin les règles de délai gouvernant leur exercice.

Du point de vue du champ d'application, le domaine des actions possessoires n'a pas la même ampleur que la possession en ce sens qu'elles ne s'appliquent qu'aux immeubles, à l'exclusion des meubles, choses viles déjà suffisamment protégées en considération du fond du droit à travers l'action en revendication[69]. En revanche, tout droit portant sur un immeuble est en principe susceptible d'être protégé[70]. S'agissant des servitudes, si le problème

---

[67] Anciennement dénommée la « réintégrande ». Il convient cependant de préciser que la qualification procédurale de l'une de ces actions par le demandeur n'a pas de signification particulière pour les tribunaux. Par exemple, si le demandeur a mal nommé son action, il appartiendra au juge de rétablir son exacte qualification : cass 1re Civ., 11 juin 1960, Aff. Buisson ; Bull. Civ. I, n° 320. Dans le même ordre d'idées, la décision des juges du fond qui ont fait droit à la réintégration en l'absence de voies de fait ne sera pas censurée par la Cour de cassation dès lors qu'il ressort de leurs constatations que le demandeur justifiait d'une possession annale qui l'aurait assuré de triompher également en exerçant la complainte : Cass. Civ., 17 nov. 1857, D.P. 1858, I., p. 72.

[68] Dans ce cas, il faut avant toute chose et immédiatement rétablir le possesseur dans la situation qui était la sienne avant la voie de fait : *spoliatus ante omnia restituentus*, enseigne la sagesse romaine.

[69] C.A. d'Aix-en-Provence, 19 déc. 1950, JCP. G. 1951, II. 6491, note Pierraud, espèce dans laquelle la victime d'un trouble possessoire sur un meuble (véhicule) a été obligée d'agir sur le fond du droit alors qu'elle a avoué n'être pas la propriétaire du meuble !

[70] Est ainsi protégé celui qui possède un immeuble avec un *animus* de propriétaire, de nu-propriétaire, d'usufruitier, d'indivisaire, de titulaire d'un droit réel démembré à l'instar du droit d'usage. Pour des illustrations jurisprudentielles, v. W. Dross, *Droit des biens…*, *op.cit…*, p. 213.

ne se pose pas pour celles qui sont continues et apparentes – donc susceptibles de possession –, la jurisprudence n'étend la solution de principe aux servitudes discontinues et non apparentes que lorsque le demandeur peut justifier d'un titre à leur égard[71]. Enfin et bien que critiqué par la doctrine classique, le bénéfice des actions possessoires est aujourd'hui étendu au titulaire de droits personnels, à l'instar du preneur d'un bail[72].

Du point de vue des caractères de la possession, on sait qu'habituellement une possession utile ou non viciée – donc digne de protection –, doit remplir quatre caractères selon l'article 2229 du Code civil (article 2261 du texte français) : elle doit être continue[73] et non interrompue[74], paisible[75], publique[76] et non équivoque[77]. Les textes internes

---

[71] V. par exemple en droit français : Cass. 3eCiv., 10 mai 1976, n° 74-14011 ; Bull. Civ. III, n° 197 ; Cass. 3e Civ., 18 janv. 1983, n° 81-16474 ; Bull. Civ. IIIn° 13 ; Cass. 3e Civ., 28 juin 1989, n° 88-11364 ; Bull. Civ. III n° 149. La dérogation tiendrait au fait que la production d'un titre aboutit au renversement de la présomption de tolérance qui rend les servitudes discontinues et non apparentes non susceptibles de possession. V. W. Dross, "La fonction ambiguë de l'action possessoire", Defrénois 2006, p. 127 et ss., spéc. n°s 16-22 et 42-45.

[72] C'est du moins la solution retenue par le législateur français depuis 1975. Cf. Article 2278(2) du Code civil. Et sur cette extension, on lira avec profit, G. Goubeaux, "L'extension de la protection possessoire au bénéfice des détenteurs", Defrénois, 1976, p. 374 et ss.

[73] La possession est continue lorsque les actes matériels ou juridiques ont été accomplis aux époques auxquelles le titulaire du droit aurait normalement agi. La jurisprudence affirme alors que pour qu'elle soit continue, il faut que la possession ait été *« exercée dans toutes les occasions comme à tous les moments où elle devait l'être d'après la nature de la chose possédée, sans intervalles anormaux assez prolongés pour constituer des lacunes et rendre la possession discontinue »* : Cass. Civ., 11 janv. 1950, D. 1950, Jur., p. 125, note Lenoan, espèce dans laquelle la possession d'une haie est devenue discontinue pour n'avoir pas été taillée pendant 9 ans alors qu'elle était appelée à l'être tous les 6 ans. En tout état de cause, l'article 2234 du Code civil (2264 du texte français) consacre le principe de la présomption de la continuité de la possession.

[74] Ce qui signifie que le possesseur ne doit pas cesser d'exercer le droit qu'il prétend avoir. Et comme le note la doctrine, *« l'interruption de la possession doit être distinguée de sa discontinuité. La discontinuité interdit la possession d'être caractérisée. Une possession discontinue n'a jamais existé ; faute de corpus suffisant (...). En revanche, la possession est interrompue lorsqu'après avoir été caractérisée par des actes d'exercice suffisant, le possesseur s'abstient d'agir »*. V. W. Dross, *Droit des biens*, *op.cit.*, p. 203, note 17. L'interruption peut être la résultante d'une contradiction faite par un tiers qui prive le possesseur de la

sont muets sur la qualité de la possession apte à fonder l'exercice des actions possessoires. En droit comparé, français notamment, les articles 2279 du Code civil et 1264 du Code de procédure civile se contentent d'exiger une possession paisible appréciée au moment de l'entrée en possession[78] et ayant duré au moins un an[79]. La jurisprudence, approuvée par la doctrine[80], est moins souple, car exigeant une possession non viciée[81]. La différence d'attitude entre le législateur et la jurisprudence trahit, une opposition des fondements de la protection possessoire distincte chez l'un par rapport à l'autre. Pour le premier en effet, l'institution d'un juge du possessoire est d'abord un instrument de protection de la paix publique, alors que pour le second, l'analogie avec les exigences requises en matière d'usucapion s'agissant des caractères de la possession fait de la protection par le juge du possessoire un mécanisme au profit du droit à prescrire. L'usucapion des immeubles ayant été supprimée au Cameroun, il est tentant de souscrire à l'interprétation du législateur français. Mais la bonne foi du possesseur sera requise. Ce qui est moins contraignant puisqu'elle se présume.

En ce qui concerne les troubles possessoires, il est exigé que le trouble fondateur de l'action soit de nature à témoigner chez son auteur une

---

jouissance du droit pendant plus d'un an, délai pendant de celui de l'exercice des actions possessoires (v. infra). On s'interroge toutefois si l'interruption peut résulter du fait du possesseur lui-même. La tendance est que le droit de propriété ne se perdant pas par le non-usage, la possession se maintiendra *solo animo* tant qu'un tiers ne l'aura pas contredite, v. W. Dross, *ibid.*, n° 242.

[75] Qui interdit que celui qui exerce un droit par la force puisse prétendre à la possession. Mais la violence est un vice à la fois temporaire (la possession redevient utile dès que la violence a cessé) et relatif (la possession n'est exclue qu'envers qui la violence est exercée).

[76] Qui postule l'exercice du droit possédé au grand jour.

[77] Affectant plutôt l'*animus*, est équivoque la possession pour laquelle les actes accomplis sur la chose peuvent s'expliquer autrement que par la prétention de leur auteur à exercer un droit sur celle-ci.

[78] Cass. 3e Civ., 15 fév.1968, Aff.Arcon ; Bull. Civ. III n° 54; RTD Civ.1968, p. 740, obs. J.-D. Bredin.

[79] Condition écartée s'agissant de la réintégration en raison du caractère violent de la dépossession.

[80] W. Dross, *Droit des biens*, *op.cit.*, n° 257.

[81] *« La possession, pour servir de base à la complainte, doit présenter, sauf la différence de durée, les mêmes caractères que pour opérer prescription »*, Cass. Civ., 12 mars 1924, D.H. 1924, p. 334, Cass. 3e Civ., 23 mai 2002, n° 01-01355 ; Cass. 3e Civ., 02 déc. 2003, n° 02-16483.

prétention contraire au droit que le possesseur entend exercer sur l'immeuble[82]. Dans la complainte, le trouble actuel peut être matériel ou juridique[83]. Dans la dénonciation de nouvelle œuvre, on vise les travaux qui, s'ils étaient achevés, causeraient un trouble qui n'existe pas actuellement. La réintégration quant à elle n'est ouverte qu'en cas de dépossession par voie de fait, que la jurisprudence assimile souvent à la violence[84]. Enfin, l'auteur du trouble doit être une personne autre que celle dont le possesseur tient son droit, le juge du possessoire ne pouvant départager les litigants sans aller au fond du droit[85].

Pour ce qui est enfin du délai d'exercice des actions possessoires, elles doivent être exercées l'année du trouble, à peine de forclusion puisqu'il s'agit d'un délai de prescription[86], qu'il ne faut pas confondre avec l'exigence d'une possession annale[87].

La règle du non-cumul du possessoire et du pétitoire ensuite. Cette règle, manifestation procédurale du mutisme sur le droit de propriété, commande non seulement au juge du possessoire de ne jamais se prononcer sur les droits des parties sur l'immeuble[88], mais encore de ne pas avoir à se

---

[82] La Cour de cassation a eu à affirmer qu' *« on doit considérer comme trouble donnant lieu à l'action possessoire tout fait matériel ou tout acte juridique qui, soit directement et par lui-même, soit indirectement et par voie de conséquence constitue ou implique une prétention contraire à la possession d'autrui »*, Cass. Civ., 11 janv. 1910, S. 1910, I, p.318.

[83] Les travaux entrepris sur le fonds constituent un trouble matériel alors qu'une demande en justice ou un acte extrajudiciaire peuvent constituer des troubles juridiques.

[84] En théorie, on peut distinguer les deux. Le professeur Dross pense à cet effet qu'alors que la violence *« est provoquée par la résistance de celui qui exerce l'entreprise actuelle sur le fonds* [la voie de fait] *peut être réalisée sans rencontrer aucune résistance »*. W. Dross, *Droit des biens*, *op.cit.*, p. 215, note 26. La jurisprudence parle de *« voies de fait (...) d'une nature assez grave pour compromettre la paix publique »*. Cass. Civ., 1er mars 1938, G.P. 1938, 1, p. 728 ; Cass. 1re Civ., 7 juillet 1954, D. 1954, p. 661.

[85] *« L'inexécution d'une convention ne peut donner lieu à l'exercice d'une action possessoire (...) »*. Cass. Civ., 18 janvier 1949, S. 1950, p. 147, et en droit français Cass 3e Civ., 10 janv. 2006, n° 04-1989.

[86] Cass. 3e Civ., 21 févr.2007, n° 06-12457, Bull.Civ. III n° 26.

[87] Qui n'est exigé que pour la complainte et la dénonciation de nouvelle œuvre.

[88] Il est par exemple interdit au juge du possessoire de se prononcer sur l'existence ou non d'une servitude, Cass. 3e Civ., 20 févr. 2007, n° 06-11420 ; sur l'acquisition d'un droit par usucapion trentenaire, Cass. 3e Civ., 20 nov. 1972, n° 71-11447, Bull. Civ. III n° 577 ; sur

préoccuper du fond du droit pour vider sa saisine au possessoire. Le juge n'est cependant pas interdit de procéder à la vérification des titres pour apprécier si les conditions de la protection possessoire sont réunies.

Le juge n'est pas le seul adressataire de la règle du non-cumul. Elle interdit également aux parties, après avoir exercé une action au fond, d'agir au possessoire[89]. La règle s'explique par la logique : celui qui a succombé au pétitoire ne peut plus critiquer une possession fondée sur un jugement auquel il est partie. En revanche, rien n'interdit à celui qui a perdu au possessoire d'agir ensuite au fond du droit, sous la seule condition qu'il ait exécuté la décision rendue au possessoire, sous peine d'irrecevabilité de sa demande au fond[90]. En dépit de ces précautions qui sont dans l'intérêt du triomphant au possessoire, on voit poindre à l'horizon le risque de voir sa victoire être remise en cause.

En effet, les actions possessoires qu'on exercera dans le délai contraignant d'un an ont pour (modeste ?) ambition de mettre un terme à trouble fait à la possession ou à le prévenir. À travers elles, le juge ne se prononce jamais sur le fond du droit que le possesseur prétend exercer et que lui conteste le défendeur à l'action possessoire. L'apaisement matériel et/ou juridique dont bénéficie le possesseur triomphant peut apparaître comme une victoire provisoire, exposée qu'elle est aux effets destructeurs d'une contre-offensive pétitoire au dénouement heureux. Deux raisons peuvent permettre de soutenir cette idée de précarité de la protection par les actions possessoires. D'une part, l'irrévocabilité de la voie possessoire n'est pas absolue et ne joue en réalité qu'à sens unique. D'autre part, les problèmes probatoires ne se posent pas devant le prétoire pétitoire camerounais avec la même acuité que devant le juge français, par exemple.

En premier lieu, le possible anéantissement des acquis de la protection à travers les actions possessoires part de l'idée que le revendicateur de l'immeuble qui était défendeur à l'action possessoire est fondé, malgré la décision qui le condamne à mettre un terme au trouble causé à la possession

---

le droit de propriété du demandeur, Cass. 3e Civ., 20 nov. 1973, n° 72-13610 ; Bull. Civ. III, n° 585.

[89] Article 1266 du Code de procédure civile français (CPCF).

[90] Article 1267 du CPCF.

du demandeur, à agir sur le fond du droit, après qu'il a exécuté la décision du juge du possessoire. Cette contre-attaque peut conduire à une reconnaissance de la légitimité de sa prétention sur l'immeuble litigieux qui aura pour conséquence l'éviction du possesseur triomphant d'hier à son profit.

En second lieu et contrairement à la situation en droit français où la preuve du droit de propriété est une « *question diabolique* »[91], les choses seront très aisées, sur le terrain probatoire, pour le revendicateur agissant au pétitoire. En effet, le droit camerounais a institué depuis la réforme de 1974, un mode exclusif de preuve du droit de propriété sur un immeuble.

Il s'agit de l'existence, au profit de celui qui se prévaut d'un tel droit, d'un titre foncier[92]. Obtenu à la suite d'une procédure d'immatriculation et apparaissant comme un titre légal de propriété, le titre foncier est si significativement défini par le législateur comme « *la certification officielle de la propriété immobilière*[93] » et, à ce titre, a un « *caractère « inattaquable, intangible et définitif* »[94]. Il suffira alors au demandeur à l'action pétitoire d'établir devant le juge qu'un titre foncier existe en son nom pour triompher et vider de toute leur substance les retombées de la protection par les actions possessoires.

Comme on peut le constater, dans un système où la suppression de l'usucapion et son corollaire qu'est l'érection du titre foncier en preuve

---

[91] W. Dross, *Droit des biens*, *op.cit.*, p. 49, n° 46. On sait qu'en droit français les anciens auteurs ont ainsi qualifié la preuve de la propriété parce que le titre d'acquisition dérivée (écrit, testament) n'a fait que transmettre le bien et n'établit le droit de propriété que si l'on parvient à établir que le premier aliénateur du bien en était le véritable propriétaire. Ce qui dans la plupart des cas est difficile, sinon impossible. L'acte translatif ici jouera le rôle d'une présomption simple de propriété alors que le titre foncier au Cameroun joue le rôle d'une preuve irréfutable de l'existence du droit de propriété au profit de son détenteur. La force probatoire sera à l'image des titres d'acquisition légale que sont l'usucapion (en droit français) et dans certains cas l'apparence (par application de la maxime *error communis facit jus*).

[92] Sur le titre foncier en général, on consultera utilement A. Tientcheu Njiako, *Le titre foncier au Cameroun*, Yaoundé, Arika, 2009, 326 p.

[93] Article 1er de décret n° 76/165 du 27 avril 1976 fixant les conditions d'obtention du titre foncier, modifié et complété par le décret n° 2005/481 du 16 décembre 2005.

[94] *Ibid.*

exclusive du droit de propriété se conjuguent avec la possibilité d'ester au pétitoire quelle que soit l'issue de l'action possessoire, la protection de la possession de l'immeuble par le juge civil sans considération du droit de propriété d'autrui donne, à bien des égards, l'image d'un parapluie perméable[95].

La seconde idée ensuite. Elle procède de ce qu'à la sympathie initiale du législateur pénal à l'égard du possesseur semble s'être ultérieurement substituée une orientation empreinte de sévérité.

L'ambition de protéger le simple possesseur d'un immeuble sans considération du propriétaire a été plus explicite chez le législateur pénal de la première génération, celui du lendemain des indépendances. En effet, l'article 239 du Code pénal dispose de manière claire et explicite qu' « *Est puni d'un emprisonnement de quinze jours à un an celui qui, dans des conditions susceptibles de troubler la paix publique, pénètre sur des terres occupées paisiblement par autrui, même si elles lui appartiennent* »[96].

Ce texte appelle quelques remarques. Il est d'abord évident qu'il vise indiscutablement l'emprise de fait paisible sur un immeuble sans égard au droit légitime sur ledit immeuble. Il s'agit en d'autres termes de la protection possessoire, car ainsi qu'on l'a écrit, avec ce texte, « *le législateur a voulu protéger, non pas la propriété elle-même, mais la paix publique, marquant ainsi son adhésion sur la thèse de Savigny pour qui la protection possessoire est, avant tout, le maintien de l'ordre social* »[97]. Ensuite, il va de soi que l'hypothèse visée par l'article 239 du Code pénal, si elle peut concerner le propriétaire à qui il est loisible d'agir au possessoire, est avant tout significative lorsqu'il est possible de distinguer entre propriétaire et possesseur. Ce dernier bénéficie en effet de la protection du législateur répressif même s'il est établi que l'immeuble paisiblement occupé par le

---

[95] En ce sens que d'une part, le bon sens commandera toujours qu'on agisse au pétitoire si l'on est muni d'un titre foncier garantissant à lui seul le succès de l'action, et d'autre part que la validité du titre foncier ne pouvant être remise en cause devant le juge saisi, le fait possessoire initialement protégé ne pourra, quelle que soit la solidité de la forteresse dans laquelle il aura été enfermé, que céder devant le droit de propriété.

[96] Cette infraction est qualifiée de trouble de jouissance.

[97] A. Minkoa She, *Droits de l'homme et droit pénal au Cameroun*, Paris, Economica, 1999, p. 137, n° 300.

bénéficiaire de la mesure est privativement approprié par une autre personne, par hypothèse auteur du trouble[98]. Enfin, on admettra, au regard de ce qui précède, que la bonne foi ou la mauvaise foi n'ont aucun rôle à jouer en cette matière et demeurent donc indifférentes.

Il se dégage de ce qui précède que le législateur pénal de la première génération a appréhendé objectivement la possession pour la protéger, sans se soucier des considérations subjectives. C'est ce qui lui a permis de protéger pénalement n'importe quel possesseur à la seule condition qu'il occupe paisiblement l'immeuble. On peut cependant s'interroger s'il n'y a pas lieu de nuancer cette lecture, surtout avec l'intervention du législateur de la deuxième génération qui est entré en action en 1980 et qui semble avoir opté pour une régression en matière de possession possessoire.

En effet, une compréhension juste des dispositions de l'article 239 postule qu'elles soient aujourd'hui mises en miroir avec celles de la loi n° 80/22 du 14 juillet 1980 portant répression des atteintes à la propriété foncière[99]. L'article 2 de cette loi dispose en effet que : « *sont passibles d'une amende de 50.000 à 200.000 frs et d'un emprisonnement de 2 mois à 3 ans ou d'une de ces peines seulement : a) ceux qui exploitent ou se maintiennent sur un terrain sans autorisation du propriétaire (...)* ». L'articulation de ces dispositions avec celles de l'article 239 du Code pénal sur fond des principes *specialia generalibus derogant* et *lex posterior priori derogat* peut conduire à tirer certaines conséquences.

Premièrement, le possesseur paisible qui veut se prévaloir de l'article 239 du Code pénal est certain d'avoir gain de cause si le trouble émane, non du propriétaire de l'immeuble, mais d'un tiers. Deuxièmement, en revanche, les choses devront être plus nuancées si l'auteur du trouble à qui le possesseur veut opposer l'article 239 est le véritable propriétaire. En effet, en

[98] Le trouble possessoire saisi par le juge pénal peut indistinctement émaner du véritable propriétaire ou d'un tiers. La loi n'accorde aucune importance à cette qualité. La Cour suprême a eu à le souligner dans un arrêt en date du 18 août 1983 en énonçant que « *la propriété du terrain n'est pas un élément constitutif du délit de trouble de jouissance* ». C.S. n° 281/P du 18 août 1983, inédit. Cet arrêt est important, car il établit que la question de la propriété est extérieure à l'infraction et n'est ni un fait justificatif ni une question préjudicielle qui obligerait le juge pénal à surseoir à statuer.

[99] Précitée.

appliquant séparément l'article 239 du Code pénal et l'article 2(a) de la loi de 1980, on aboutira à une situation absurde dans laquelle le juge inflige au propriétaire la peine de 15 jours à un an pour trouble de jouissance, et au possesseur celle de 2 mois à 3 ans (ou l'amende) pour atteinte à la propriété foncière. L'absurdité de cette solution invite donc à prendre les deux dispositions en compte.

On pourrait alors énoncer que le trouble de jouissance ne peut prospérer contre le propriétaire qu'à la condition que le possesseur établisse qu'il est entré en possession paisible de l'immeuble sur autorisation du véritable propriétaire. Certes le propriétaire ne pourra pas invoquer la restriction civiliste qui interdit, sur le fondement de l'article 2278 du Code civil (français), au juge possessoire de connaître des cas d'inexécution d'une convention (ici entre le possesseur et le propriétaire). Le fait est cependant que le recul de la protection pénale annoncée est loin de relever de la vision, car *in fine*, la possession protégée contre le propriétaire devra, en plus d'être paisible, être doublée de bonne foi, qui n'était pas exigée en 1967 lorsque le Code pénal entrait en vigueur. Rien n'interdit de penser que c'est l'obligation impérative de respecter le caractère intangible du droit de propriété qui a conduit le législateur pénal au rétropédalage qui vient d'être décrit.

B- LA RESTRICTION DE LA PROTECTION DE LA POSSESSION DE L'IMMEUBLE APPROPRIÉ CONFORME À L'IDÉE D'INTANGIBILITÉ DU DROIT DE PROPRIÉTÉ

Il convient d'abord de situer la notion même de possession de l'immeuble d'autrui dans la problématique de l'intangibilité des droits fondamentaux, étant donné que le droit de propriété remis en cause ici appartient à cette catégorie (1). Nous pourrons ensuite montrer que le régime de protection de la possession d'un pareil immeuble tel qu'organisé par le législateur s'est gardé de méconnaître le principe de l'intangibilité des droits fondamentaux appliqué en l'espèce au droit de propriété (2).

1- La possession de l'immeuble approprié et la problématique de l'intangibilité des droits fondamentaux

La question de l'intangibilité des droits fondamentaux fait incontestablement partie de celles qui occupent le haut du pavé dans la doctrine consacrée à cette matière[100]. L'intangibilité suppose en matière de protection des droits fondamentaux *«la mise en place de barrières infranchissables, de limites irréductibles »*[101] débouchant sur la constitution d'un *« noyau dur »* ou d'un *« noyau intangible »*[102] dont la protection est absolue. La difficulté consiste donc à isoler ou à identifier le noyau intangible sur le double plan global et spécifique digne de protection absolue[103] ou, pour reprendre un auteur[104], à rechercher d'une *part « le noyau intangible des droits de l'homme »*[105], et d'autre part *« le noyau intangible d'un droit de l'homme »*[106].

---

[100] V. par exemple, outre les références déjà indiquées plus haut : A. Minkoa She, *Droits de l'homme et droit pénal au Cameroun*, Paris, Economica, 1999, p. 64-68 ; A.D. Olinga, " Vers une garantie constitutionnelle crédible des droits fondamentaux", *in La Réforme constitutionnelle du 18 janvier 1996. Aspects juridiques et politiques*, Yaoundé, Friedrich Ebert, 1996, p. 320 et ss. ; C.A. Morand, "Le noyau intangible des droits constitutionnels" in P. Meyer-Bish (dir.), *Le noyau intangible des droits de l'homme*, Fribourg, 1991, P. Lambert, "La protection des droits intangibles dans les situations de conflit armé", R.T.D.H, 2000, p. 241-259 ; C. Katz, "Pour la proclamation par la communauté internationale d'un noyau intangible des droits de l'homme", RTDH, 1996, p. 541-553. La question de l'intangibilité des droits fondamentaux est si importante que certains en appellent à une *« proclamation par la communauté internationale d'un noyau intangible des droits de l'homme »*, (v. C. Kats), *op.cit.*, p. 541). Certains instruments juridiques internationaux et nationaux ont visiblement entendu cet appel. On peut à titre illustratif mentionner :

- au plan international : l'article 4 para 2 du Pacte international relatif aux droits civils et politiques qui soustrait expressément certains droits au principe de la dérogeabilité ;
- au plan national : une disposition du préambule de la Constitution du 18 janvier 1996 énonce que : *« la liberté de culte et le libre exercice de sa pratique sont garantis »* ou encore l'article 19(2) de la Constitution allemande du 23 mai 1949 affirme qu'*« en aucun cas, il ne peut être prévu de limitations telles que la liberté en cause perde toute substance »*.

[101] C. Katz, *op.cit.*, p. 541.

[102] *Ibid.*, adde : A. Minkoa She, *Droits de l'homme…*, *op.cit.*, p. 65.

[103] Delmas-Marty (M.),"Légalité pénale et prééminence du droit selon la convention européenne de sauvegarde des droits de l'homme et des libertés fondamentales", in *Mélanges en l'honneur d'André Vitu*, Paris, Cujas, 1989, p. 151 et ss.

[104] V. A. Minkoa She, *Droits de l'Homme…*, *op.cit.*, p. 64, n° 138.

[105] Ce qui suppose que l'on cherche à isoler dans le corpus des droits de fondamentaux consacrés ceux qui sont à protection absolue.

[106] C'est-à-dire mettre en évidence le minimum irréductible au sein de chaque droit fondamental pour que celui-ci subsiste et conserve un sens, à faire la part de l'essentiel et du secondaire, de la substance et du secondaire. Cette seconde opération en bonne logique

Mise en miroir avec la question de l'intangibilité, la situation de prise en compte du fait de possession d'un immeuble sur lequel une autre personne se prévaut du droit fondamental de propriété, amène à s'interroger sur la conformité du droit positif avec un principe directeur du droit international des droits fondamentaux. La réponse à cette question dépend d'une part de celle de savoir si le droit de propriété fait partie du noyau dur des droits de l'homme et d'autre part si la protection dont bénéficie le possesseur vide le droit de propriété d'autrui de toute sa substance.

Sur le premier point, deux des principaux critères habituellement mis en avant pour l'identification du noyau dur des droits fondamentaux inclinent à exclure le droit de propriété de son assiette. Il s'agit d'abord du critère tiré du mode d'aménagement de la protection du droit fondamental examiné qui, entre autres, prend en compte le fait que dans sa formulation, la norme qui reconnaît le droit en cause prévoit ou non des exceptions[107]. Or, il est incontestable que les dispositions relatives au droit de propriété[108] en font un droit *« objet de restrictions et/ou de dérogations (...) donc susceptible d'application imparfaite »*.[109] On peut ainsi estimer que la protection de la possession de l'immeuble d'autrui est constitutionnellement fondée, en ce qu'elle participe de la garantie de l'utilité publique et sociale. Sous ce rapport, elle ne paraît pas être en porte-à-faux avec le principe d'intangibilité, mais conduit à ne pas intégrer le droit de propriété dans le noyau dur des droits fondamentaux. Il s'agit ensuite du critère de la dignité humaine dont la propriété ne constitue forcément pas le premier instrument de protection. Une restriction ou une dérogation dont elle est l'objet ne

---

semble ne concerner que les droits fondamentaux conditionnels, c'est-à-dire ceux qui sont susceptibles de faire l'objet de restrictions ou d'aménagement qui en réduisent la portée.

[107] R. Badinter et B. Genevois, "Normes de valeur constitutionnelle et protection des droits fondamentaux", RUDH, 1990, p. 266.

[108] Les dispositions du préambule de la Constitution du 18 janvier 1996 énoncent que : *« La propriété est le droit d'user, de jouir et de disposer des biens garantis à chacun par la loi. Nul ne saurait en être privé si ce n'est pour cause d'utilité publique et sous la condition d'une indemnisation dont les modalités sont fixées par la loi ; le droit de propriété ne saurait être exercé contrairement à l'utilité publique, sociale ou de manière à porter préjudice à la sûreté, à la liberté, à l'existence ou à la propriété d'autrui »*. La formulation qui ne va pas sans rappeler les dispositions de l'article 544 du Code civil fait du droit de propriété un droit conditionnel ou à protection relative.

[109] A. Minkoa She, *Droits de l'homme...*, *op.cit.*, p. 66.

marquerait pas pour ainsi dire « *une rupture de dignité humaine* »[110], confirmant qu'ici on est en dehors du noyau dur des droits fondamentaux.

Sur le second point, il s'agit de vérifier si les éléments constitutifs de la protection possessoire franchissent le seuil objectif en deçà duquel le droit de propriété sur l'immeuble possédé perd toute signification et toute portée. À la vérité, la protection assurée au possesseur de l'immeuble appartenant à autrui ne viole pas la limite au-delà de laquelle c'est la substance même du droit de propriété qui serait atteinte. En l'organisant ainsi, le droit positif camerounais semble avoir marqué son adhésion au respect du principe de l'intangibilité singulière du droit fondamental de propriété.

2- L'option du respect de l'intangibilité du droit de propriété en matière de protection de la possession de l'immeuble approprié

On sait que la substance du droit de propriété est faite des trois attributs que ce droit confère à son titulaire et que sont l'*usus*, le *fructus* et l'*abusus*. Ces attributs sont renforcés par les trois caractères que sont l'absolutisme, l'exclusivité et la perpétuité. Entre ces attributs et ces caractères, le droit positif a déterminé ce qui est véritablement substantiel et ce qui l'est moins. On s'apercevra, dans un cas comme dans l'autre, que l'essentiel est sauf.

S'agissant d'abord des attributs, le droit positif a estimé que c'est l'*abusus* qui constituait l'essentiel, l'*usus* et le *fructus* lui apparaissant comme accessoires. Pour cette raison, il admet volontiers que le possesseur a valablement eu le droit d'user de l'immeuble d'autrui et ne s'oppose pas à l'idée qu'il a tiré avantage des conséquences de ce "droit d'usage" de la chose d'autrui à travers l'interdiction de l'enrichissement sans cause du propriétaire à ses dépens. Dans le même ordre d'idées, "le droit d'usage" de la chose d'autrui justifie qu'on protège pénalement et/ou civilement le possesseur contre les troubles possessoires émanant même du propriétaire. Parce qu'il le trouve également non substantiel, le législateur admet le "droit de jouir" des fruits générés par l'immeuble d'autrui à travers l'interdiction de l'éviction rétroactive du possesseur déduite du principe de la conservation des fruits.

En revanche, l'*abusus* semble représenter le cœur même du droit de propriété au point où le possesseur ne peut jamais passer sur l'immeuble

[110] C. Katz, *op.cit.*, p. 544.

qu'il possède un acte de disposition. La raison est que l'érection du titre foncier, que détient par hypothèse le propriétaire, en mode exclusif de preuve de la propriété immobilière fait qu'il sera impossible au simple possesseur d'accomplir un quelconque acte translatif de propriété. Un tel acte empruntant en droit camerounais la forme notariée, les vérifications procédurales permettront de découvrir que le sollicitant n'est pas le véritable propriétaire. Contrairement à ce qui se passe en matière mobilière, en fait d'immeuble, possession ne vaut pas titre. Ainsi de par l'*abusus*, l'immeuble approprié, même possédé par autrui, demeure dans le chef du propriétaire et sur cette base, il peut à tout instant évincer le possesseur. En maintenant ainsi l'*abusus* entre les seules mains du propriétaire de l'immeuble possédé, le législateur protège en réalité le noyau intangible du droit de propriété.

Quant aux caractères, on peut remarquer que seul le caractère perpétuel apparaît substantiel au législateur, l'absolutisme et l'exclusivité étant accessoires à ses yeux. En effet, l'absolutisme est accessoire parce que, en présence du fait de possession, le propriétaire n'est pas autorisé à tout faire. Il ne peut par exemple pas troubler la possession par autrui de son immeuble sous peine de s'exposer au civil aux actions possessoires et au pénal à l'action pour trouble de jouissance. L'exclusivité l'est encore davantage puisque c'est elle que contredit le fait de possession pris en compte par le droit positif.

Le cas du caractère perpétuel tranche avec les précédents. C'est lui que le législateur a estimé primordial et donc insusceptible de dérogation d'aucune sorte, à l'instar de celle qu'aurait constituée la perte du droit de propriété par l'écoulement du temps. La solution ici a consisté en la suppression pure et simple de l'usucapion, préservant ainsi le noyau dur des caractères du droit de propriété dont on voit qu'il n'est pas, comme s'agissant des attributs, une question de quantité, mais de qualité. En tout état de cause, l'*abusus* et la perpétuité constitueraient donc en matière de propriété *«l'irréductible de l'irréductible »*[111].

Une chose est donc certaine, le caractère fondamental du droit de propriété reconnu à une personne ne pouvait qu'amoindrir et dans certains cas complètement diluer les composantes classiques de la protection possessoire. Cela n'est pas aussi déchirant que l'aurait été une infra-

[111] C. Katz, *op.cit.*, p. 545.

protection du possesseur d'un immeuble appartenant ou géré par la puissance publique, et sur lequel il peut se prévaloir de droits antérieurs à ceux de l'État. Option heureusement rejetée par le droit positif camerounais.

II- LE RENFORCEMENT DE LA PROTECTION DE LA POSSESSION DE L'IMMEUBLE DOMANIAL

Bien que le droit camerounais classe les terres en quatre grandes masses : le domaine public, le domaine national, le domaine privé de l'État (et ses démembrements) et le domaine privé des particuliers[112], la doctrine limite le domanial à *« tout ce qui touche à la propriété de l'État »*[113]. Parler ainsi de la possession de l'immeuble domanial signifie exercice par une personne privée d'une emprise de fait sur un immeuble qui, sans appartenir à un particulier, est la propriété de cet autre sujet de droit qu'est l'État ou toute autre personne morale de droit public[114]. Mais en raison de l'inappropriabilité du

---

[112] Sur l'ensemble, v. par exemple A. D. Tjouen, préc. ; A. Tientcheu Njiako, *Droits réels et…*, *op.cit.*, p. 9 et ss. ; J. Goudem, *Les politiques foncières…*, thèse préc.

[113] A. Tientcheu Njiako, *Droits réels…*, *op.cit.*, p. 11.

[114] *Stricto sensu*, cette remarque préliminaire devrait conduire à considérer que ne sont visés que les immeubles appartenant au domaine privé de l'État ou à celui de ses démembrements en ceci que, d'une part le domaine public regroupant les immeubles (et les meubles) qui par nature ou par destination, sont affectés soit à l'usage direct du public, soit aux services publics (Art. 2 de l'Ord. n°74/2, préc.). D'autre part, en ce que le domaine national serait celui de la nation tout entière et non celui de l'État. L'observation n'est pas exacte. Premièrement, la gestion du domaine public revient à l'État. Il peut en déclasser les dépendances et les intégrer dans son domaine privé ou dans celui des autres collectivités publiques. Il en est ainsi le propriétaire de fait. Deuxièmement, il a été démontré dans la doctrine constitutionnelle classique que *« la nation se confond avec l'État »* (cf. M. Kamto, *Pouvoir et droit Afrique noire (Essai sur les fondements du constitutionnalisme dans les États d'Afrique Noire Francophone*, Paris, LGDJ, 1987, p. 432). L'État apparaissant sous ce rapport comme la projection de la notion de nation (du reste en construction), il ne s'agit nullement d'un raccourci trompeur que de dire que le domaine national est le domaine de l'État, qui en assure la gestion. Car, affirme le Professeur Kamto, *« quand on parle de Nation camerounaise (…), on fait en réalité référence à l'État du Cameroun… »*, *op.cit.*, p. 433. Pour illustrer la qualité de propriétaire de l'État par rapport au domaine national, on peut relever que son pouvoir légal de gestion lui confère les trois prérogatives que sont l'*usus* (il peut lui-même utiliser les dépendances du domaine national sans autorisation de qui que ce soit), le *fructus* (il peut jouir des fruits que ce domaine génère) et l'*abusus* (il peut accomplir des actes de disposition à l'instar de l'incorporation des dépendances issues de ce domaine dans son domaine privé).

domaine public et de son affectation à la satisfaction de l'intérêt général, nous approuvons son exclusion du champ de la protection possessoire, un intérêt particulier ne pouvant (devant ?) être protégé contre l'intérêt général[115]. Par ailleurs, les biens domaniaux privés obéissant au régime de droit commun des immeubles privatifs précédemment étudié, ils seront passés sous silence ici. Ces précisions invitent en conséquence à examiner la protection de la possession de l'immeuble relevant du domaine national[116] en établissant d'abord son caractère renforcé (A) et en démontrant ensuite que c'est la théorie des droits fondamentaux qui permet de comprendre le traitement de faveur dont bénéficie le possesseur (B).

A- LA MANIFESTATION DU RENFORCEMENT DE LA PROTECTION DE LA POSSESSION DE L'IMMEUBLE DOMANIAL

Le renforcement s'explique d'abord par le fait que le législateur ne considère plus la possession de l'immeuble domanial comme un simple fait, mais y voit désormais un véritable droit (1). Il s'explique ensuite en raison de ce que ce droit nouveau, parce qu'inférieur au droit de propriété peut, contrairement à ce qui est admis s'agissant de la possession de l'immeuble privativement approprié, être converti en celui-ci (2).

---

[115] Mais d'une part, rien n'interdit, comme en droit français, aux particuliers qui exercent une emprise sur un immeuble faisant partie du domaine public d'agir au possessoire (civil ou pénal) contre un trouble apporté par un autre particulier. Cf. Cass. 3e Civ., 27 nov.1991, n° 90-11614, Bull. Civ. III n° 287. D'autre part, rien n'interdit que l'on reconnaisse des droits à l'occupant du domaine public. V. par exemple, Ch. Lavialle,"L'occupation sans titre du domaine public", AJDA, n°12, Déc. 1981, p. 563-578. Toutefois, la raison de la primauté de l'intérêt général sur l'intérêt particulier pour refuser au possesseur particulier d'opposer son emprise matérielle sur le domaine public semble ne permettre aucune dérogation. Telle n'est pas le cas de celle qui fonde un tel refus sur le privilège de juridiction de l'Administration, dans la mesure où le privilège étant écarté en cas de voie de fait (compétence du juge judiciaire), l'exercice de la « réintégrande » contre l'Administration serait possible. Cf. Cass. 3e Civ., 25 sept. 2002, n° 00-16006 ; Bull. Civ. III n° 168. V.W. Dross, *Droit des biens*, *op.cit.*, p. 212-213.

[116] La restriction est en réalité apparente. D'une part, le domaine national représente 70% des terres camerounaises (cf. A. Tientcheu Njiako, *Droits réels…*, *op.cit.*, p.15), les emprises de fait y sont en conséquence plus systématiques. D'autre part, il est le creuset des terres coutumières sur lesquelles les individus avaient des droits fonciers antérieurs à leur étatisation, droits fonciers que l'État a voulu compenser par un système énergique de protection de la possession.

1- L'affirmation du "droit de possession" de l'immeuble domanial par le législateur

Conscient sans aucun doute de l'inopportunité de la solution qui aurait consisté à purger de tout droit les dépendances du domaine national, qu'il vient de lui attribuer, alors que les communautés villageoises y tenaient des droits fonciers suffisamment anciens, le législateur de 1974 a imposé à l'État la reconnaissance desdits droits à travers la consécration "du droit de possession" dont on verra plus tard les attributs et les caractères[117]. L'article 17(2) de l'Ordonnance n° 74/1[118] qui est le siège de cette consécration dispose à cet effet que : *« les collectivités coutumières, leurs membres ou toute autre personne de nationalité camerounaise qui, à la date d'entrée en vigueur de la présente ordonnance, occupent ou exploitent paisiblement des dépendances de la première catégorie*[119]*(...) continueront à les occuper ou à les exploiter... »*. De par cet énoncé, l'État, attributaire du domaine national, est invité à prendre en compte le droit de possession nouvellement établi[120] et dont la remise en cause paraît exclue par le législateur[121]. Assurément, il y a eu un saut qualitatif en la matière parce que nous sommes passés d'une situation de fait à une situation de droit, réputée meilleure, car en matière de protection, entre le droit et le fait, la différence n'est pas que de degré, mais de nature.

---

[117] V. infra.

[118] Précité.

[119] À titre de rappel, le domaine national selon les dispositions de la même ordonnance comprend deux catégories. La première catégorie inclut *« les terrains d'habitation, les terres de culture, de plantation, de pâturage et de parcours dont l'occupation se traduit par une emprise évidente de l'homme sur la terre et une mise en valeur probante »* ; étant entendu que ne font pas partie du domaine national les terres du domaine public, les terres du domaine privé de l'État et des autres personnes morales de droit public, ainsi que les terres faisant l'objet d'un droit de propriété.

[120] Il faut remarquer que le glissement de catégorie procède d'une double démarche, à savoir, d'une part, le rejet de la notion de "propriété coutumière" et, d'autre part, l'application rétroactive des dispositions sur l'immatriculation et le titre foncier qui fait que toute personne qui n'a pas immatriculé un terrain et qui ne peut justifier d'un titre foncier attestant de sa propriété est réputée ne pas être propriétaire dudit terrain quand bien même elle aurait été ou a pu être considérée comme propriétaire avant la réforme. La possession apparaît alors comme l'institution de substitution.

[121] Si ce n'est comme en matière de propriété pour cause d'utilité publique.

L'article 17 de l'Ordonnance 74/1 appelle cependant deux remarques. Premièrement, le législateur l'a conçu non pas comme une règle de droit, abstraite et hypothétique, mais comme une décision, concrète et catégorique, tant sur le plan de l'objet que sur celui des sujets[122]. On voudrait dire par là que la rédaction choisie par le législateur rend possible l'identification exhaustive des personnes et des choses visées par son énoncé. C'est pour cette raison qu'elle pourrait être taxée de discriminatoire, dans la mesure où elle ne protégerait pas aujourd'hui, dans les mêmes conditions, ceux qui occupent ou exploitent paisiblement les dépendances du domaine national depuis quarante ans[123]. Il aurait suffi de supprimer le bout de

---

[122] On sait en effet selon P. Mayer qu'une règle de droit est abstraite « *lorsque l'ordre qu'elle énonce se rattache au caractère retenu* » par la disposition et qu'une règle est hypothétique parce que « *l'ordre contenu dans la règle* [et] *rattaché à un caractère présenté par une personne, une chose ou à un événement ne devient effectif que dans l'hypothèse où une personne, une chose ou un événement déterminé présentent ce caractère* ». Cf. P. Mayer, *La distinction entre règles et décisions et le droit international privé*, Paris, Dalloz, coll. « Bibliothèque de droit international privé », Vol. XVII, 1973, 244 p., spéc., n°s 56 et 59.

[123] Exploitation qui ne concerne que les dépendances de la seconde catégorie soumises au régime de la concession. Mais même en l'absence de concession, lorsque l'emprise de fait est dotée d'une certaine épaisseur dans le temps, le droit par pragmatisme et réalisme doit s'en saisir. C'est d'ailleurs à une solution similaire que conclut la doctrine camerounaise pour les terres, également de la seconde catégorie, mises en valeur entre l'entrée en vigueur des Ordonnances d'août 1974 et leurs textes d'application d'avril 1976, soit moins de deux ans, qui seraient éligibles à l'immatriculation directe, en raison de l'impossibilité de les soumettre au régime concessionnel, les mises en valeur ne pouvant précéder l'acte de concession. V. A.D. Tjouen, *Droits domaniaux…*, *op.cit.*, p. 149-151. Rien n'interdit de soumettre toutes les terres déjà mises en valeur au régime de l'immatriculation directe surtout dans un contexte où cette procédure serait vouée à la disparition (l'avant-projet de loi portant régime foncier du Cameroun paraissant vouloir faire de la concession, la seule forme d'accès à la propriété foncière, même si cette option ne recueille pas nos suffrages). L'esprit de la concession dans le contexte camerounais a en effet toujours visé à mettre de surfaces importantes à la disposition des promoteurs de projets de développement à caractère économique, social ou culturel. Or, l'immatriculation conduit à la reconnaissance de prérogatives déjà existantes sur la terre et socio-culturellement légitimée. Il serait en effet absurde de demander à une personne de solliciter une concession des 500 m^2 sur lesquels il entend bâtir sa demeure dans son village, motif pris de ce qu'il n'occupait effectivement pas cet espace, qu'il sait ancestral, avant août 1974. À défaut de rejeter l'orientation envisagée et que nous dénonçons, la solution de permettre l'immatriculation de toutes les terres

phrase *« à la date d'entrée en vigueur de la présente ordonnance »* pour que la décision devienne une règle[124]. Deuxièmement et par référence à ce qui précède, les faits possessoires dignes d'intérêt sont ceux antérieurs à l'entrée en vigueur de la réforme. Ceux postérieurs qui ne pourront porter que sur la deuxième catégorie du domaine national, ne pourront être pris en compte que sous les conditions plus rigides de l'ordonnance 74/1 en matière de concession et celle de la loi n° 80/22 du 14 juillet 1980 portant répression des atteintes à la propriété foncière et domaniale.

Au-delà de ces regrets, l'émergence du "droit de possession" au profit de l'auteur d'une emprise, hier de fait, aujourd'hui de droit, est une situation meilleure pour le titulaire de ce nouveau droit en ce qu'il est suffisamment protégé. La protection emprunte deux principales voies. D'une part, il y a admission des recours contre les troubles possessoires domaniaux. D'autre part, la dépossession est réparée.

S'agissant d'abord de l'admission des recours et sous réserve des remarques précédentes, l'État, c'est-à-dire les organes sanctionnateurs de son droit (juridictions) reçoivent les recours des possesseurs domaniaux contre les troubles des tiers. Il devrait également en être ainsi des recours dirigés contre les troubles imputables à la puissance publique. Il y a dans tous les cas lieu de distinguer entre le recours civil et le recours pénal.

S'agissant des recours au civil, la question est de savoir si le possesseur de l'immeuble domanial peut exercer les actions possessoires contre un particulier qui contredit sa possession. Le fond du droit n'étant pas examiné par le juge du possessoire, une réponse affirmative s'impose. En revanche, l'incompétence du juge administratif en matière d'actions possessoires et celle du juge judiciaire à juger l'État et ses démembrements n'ouvriraient la

---

comme solution transitoire, présentera au moins l'avantage de réparer la discrimination historique qu'a engendrée l'option de 1974 en faveur de la "décision" et non de la "règle".

[124] La doctrine avait déjà eu à percevoir un autre problème posé par la forme rédactionnelle choisie par le législateur. C'est celui du sort des terres mises en valeur entre le 05 août (date d'entrée en vigueur des ordonnances de 1974) et le 27 avril 1976 (date d'intervention des textes d'application des Ordonnances), le législateur étant resté muet sur leur sort. Sur l'ensemble, v. A.D. Tjouen, *Droits domaniaux…*, *op.cit.*, p. 149-151.

voie qu'à l'exercice de la réintégration qui va de pair avec la voie de fait, comme précédemment démontré[125].

Au plan pénal, le tiers auteur de troubles de jouissance sera certainement justiciable du juge répressif si son comportement fait l'objet d'une plainte du possesseur de l'immeuble domanial. Il est cependant incertain que la plainte du possesseur sur le fondement de l'article 2 de la loi de 1980 prospère devant le juge pénal. Ce texte[126] semble vouloir protéger exclusivement le propriétaire[127]. Par contre, l'hésitation est permise si l'infraction est imputable à un agent de l'État agissant *ès* qualité. En effet, en dépit de l'évolution, relevée[128], du droit positif camerounais vers la généralisation de la responsabilité pénale des personnes morales, l'interprétation actuelle paraît avoir une compréhension restrictive de la notion et y voit les collectivités privées auxquelles on pourrait, dans une certaine mesure, ajouter les groupements infraétatiques[129].

Quant à la réparation de la dépossession, commençons par rappeler que la dépossession intervient lorsque l'État décide d'incorporer la dépendance concernée à son domaine privé ou à celui des autres personnes morales de

---

[125] V. Supra. Et même si une telle compétence avait été admise, sa mise en œuvre aurait été difficile, le juge du possessoire ne statuant pas sur les troubles émanant de celui dont le possesseur tient son droit, comme précédemment souligné.

[126] Pour ses dispositions, v. supra, p.19.

[127] Le principe de l'interprétation stricte de la loi pénale commande alors de s'en tenir à la lettre de loi si elle est suffisamment claire.

[128] Cf. G. Ntono Tsimi, "Le Devenir de la responsabilité pénale des personnes morales en droit camerounais. Des dispositions spéciales vers un énoncé général ?", Arch. Pol. Crim., n° 33, 2011, p. 223-244.

[129] Dans tous les cas, la responsabilité pénale de l'État est (pour le moment ?) exclue. En effet, ainsi que l'écrit Jean Pradel, *« ayant le monopole de punir, l'État ne peut se punir lui-même »*. Cf. J. Pradel, *Droit pénal général*, Paris, Cujas, 18e éd., 2010, p. 432. La solution excluant l'État de la sphère de la responsabilité pénale n'est d'ailleurs pas une originalité camerounaise, puisque l'article 121-2, alinéa 1 du Code pénal français, par exemple et à titre de droit comparé, énonce *expressis verbis* que *« les personnes morales, à l'exclusion de l'État, sont pénalement responsables… »* L'alinéa 2 du même texte énonce quant à lui que *« les collectivités territoriales et leurs groupements ne sont pénalement responsables que des infractions commises dans l'exercice d'activités susceptibles de faire l'objet de conventions de délégation de service public »*. Sur le sens à donner à cette disposition, v. J. Pradel, *ibid.*

droit public, en vue de la réalisation d'un projet d'intérêt général[130]. Dans ce cas, le droit positif camerounais alloue au possesseur domanial une indemnité dite de *« déguerpissement »* qui doit correspondre *« à la valeur des constructions ou des cultures que supportait le terrain »*[131]. Le paiement de l'indemnité pour la dépossession d'un immeuble domanial pour cause d'utilité publique est d'ailleurs, dans l'esprit du législateur, comme un préalable nécessaire[132].

Ce qu'il est important de noter est que l'indemnité de déguerpissement apparaît comme la traduction pécuniaire de la prise en compte du fait possessoire puisqu'elle porte exclusivement sur les marqueurs qui témoignent de l'emprise *a domino* du déguerpi sur l'immeuble occupé : les constructions et les cultures, à l'exclusion de la terre nue. La logique est alors celle de l'article 544(4) du Code civil s'agissant du possesseur de l'immeuble privatif sans qu'il soit toutefois besoin ici, comme là-bas, de distinguer selon que celui qui a droit à l'indemnité d'éviction était de bonne ou de mauvaise foi[133].

Et pour les modes de réparation, le texte parlant d'une indemnité de déguerpissement, la réparation dont il est question empruntera d'abord une forme pécuniaire. Par ailleurs et bien que les textes soient muets sur la question, l'indemnité de déguerpissement sera calculée s'agissant de cultures conformément à l'annexe 3 du décret n° 2003/418/PM du 25 février 2003 fixant les tarifs des indemnités à allouer au propriétaire victime de destruction pour cause d'utilité publique de cultures et d'arbres cultivés[134]. De la même manière, la commission de constat et d'évaluation estimera,

---

[130] Article 19 du décret n° 76/166 du 27 avril 1976 fixant les modalités de gestion du domaine national. On remarquera au passage qu'il s'agit d'une dépossession pour cause d'utilité publique qui ne va pas sans rappeler l'expropriation pour la même cause.

[131] Article 23 du décret n° 76/166, préc.

[132] C'est du moins l'interprétation suggérée par une lecture *a contrario* de l'article 24 du décret n° 76/166 qui dispose que : *« l'État peut, compte tenu de l'urgence du projet, disposer de toute dépendance du domaine national avant le paiement de l'indemnité de déguerpissement »*.

[133] V. Supra.

[134] Ces mises en valeur étant constatées en matière d'incorporation par la même commission qu'en matière d'expropriation, la logique du raisonnement à part doit être poussée au bout.

toujours comme en matière d'expropriation pour cause d'utilité publique, la valeur des constructions édifiées.

La réparation peut également être faite en nature, en ce sens que l'État peut, par compensation en nature, substituer à l'indemnité de déguerpissement, une parcelle de terrain qui, contrairement à ce qui se passe en matière d'expropriation, ne sera ni de même nature, ni de même valeur, mais d'une valeur correspondant à celle des constructions et des cultures[135].

Au regard de ce qui précède, on note une certaine analogie entre la protection des possesseurs des immeubles privatifs et domaniaux avec toutefois quelques spécificités qui bonifient celle des derniers. La situation meilleure de ceux-ci est d'ailleurs plus nette en ce sens que dans certains cas, la différence n'est plus simplement de degré, mais véritablement de nature. C'est ce qui arrive lorsque la possession est transformée en propriété.

2- La conversion du "droit de possession" en droit de propriété

Non sans se contenter d'opérer ce nouveau saut qualitatif, le législateur camerounais en a allégé le régime et intensifié la protection du droit de propriété né de cette mutation.

Évoquons d'abord l'allégement du régime de conversion. À ce sujet, observons préalablement que la technique foncière mobilisée par le législateur camerounais pour transformer la possession de l'immeuble domanial est l'immatriculation. La doctrine la définit comme une *« opération juridique qui consiste à dégager de façon nettement définie les droits individuels de l'emprise communautaire et à les placer sous l'emprise du régime du Livre foncier »*[136]. L'étude de la procédure d'immatriculation[137] qui ne

[135] La distorsion s'explique par le fait que le possesseur déguerpi n'a jamais été propriétaire de la parcelle occupée. Mais quoi qu'il en soit, sa situation est meilleure dans ce cas que celle du possesseur évincé de l'immeuble privatif puisque celui-ci, à condition qu'il soit de bonne foi, ne peut prétendre qu'à une indemnisation en argent (vous avez dit *res vilis* !) alors que celui-là peut bénéficier d'un autre immeuble. C'est d'ailleurs la solution privilégiée par la Résolution 61/295 portant Déclaration des droits des autochtones dont l'article 28 (2) dispose que : *« sauf si les peuples concernés en décident d'une autre façon, l'indemnisation se fait sous forme de terres, de territoires et de ressources équivalents par leur qualité, leur étendue et leur régime juridique, ou d'une indemnité pécuniaire ou de toute autre réparation appropriée »*.

[136] A.D. Tjouen, *Droits domaniaux et techniques foncières…*, *op.cit.*, p. 133.

concerne que les immeubles de la première catégorie du domaine national[138] montre, par comparaison avec l'usucapion, que les règles de fond ont été assouplies et que les règles de forme ont quasiment été écartées.

L'idée d'assouplissement des règles de fond ne peut se comprendre que par comparaison des règles observées en matière d'usucapion. On sait que pour usucaper le droit de propriété, il faut prouver que l'on possède avec une âme de propriétaire, un *animus domini*. Le législateur camerounais aurait pu consacrer la même exigence en requérant de celui qui veut immatriculer un terrain qu'il établisse qu'en l'occupant ou en l'exploitant, il s'affirmait propriétaire[139]. Parce qu'une telle preuve aurait été difficile à rapporter, le législateur a choisi de simplifier les choses au possesseur de l'immeuble domanial en présumant son *animus domini*. Ce faisant, il s'est aligné sur une conception objective de la possession applicable à l'immeuble domanial.

La reconnaissance par présomption d'un *animus domini* au possesseur de l'immeuble domanial pour en favoriser l'acquisition par immatriculation, résulte d'une lecture fine de l'article 17(2) de l'Ordonnance n° 74/1. En effet, en écrivant que les possesseurs des dépendances de la première

---

[137] Sur cette procédure en général, v. par exemple : A.D. Tjouen, *Droits domaniaux…*, *op.cit.*, p. 133 et ss., A. Tientcheu Njiako, *Droits réels…*, *op.cit.*, p. 61 et ss., J. Goudem, thèse, *op.cit.*

[138] L'article 17(2) de l'Ordonnance n° 74/1 (préc.) pose à cet effet que *« les collectivités coutumières, leurs membres ou toutes autres personnes de nationalité camerounaise qui (…) occupent ou exploitent paisiblement des dépendances de la première catégorie (…) pourront, sur leur demande y obtenir des titres de propriété… »*. Ce texte semble faire de l'immatriculation une usucapion certifiée par le titre foncier. Il ne s'agit sans doute pas d'un point de vue isolé. En effet, ainsi que l'écrit un auteur, *« dans les systèmes fonciers où, comme celui camerounais, la possession fonde l'immatriculation, on peut estimer que par la volonté du législateur, les droits fonciers reconnus réguliers sont prescrits par ce biais, donc de façon indirecte »*. J. Goudem, thèse précitée, p. 109. Autant dire que l'immatriculation est une usucapion indirecte.

[139] D'autant plus que, comme déjà souligné, la possession ne s'applique pas, même en matière de droits réels, au seul droit de propriété. Le juge français a par exemple reconnu l'usucapion d'un droit de mitoyenneté (Cass. 3e Civ., 5 nov. 2003, n° 03-11668, Bull. Civ. III n° 191 ; JCPG, 2004. I. 125, n° 14, obs. H. Périnet-Marquet ; d'un usufruit (Cass. 1re Civ. 13 févr. 1963, aff. Leglot, Bull. Civ. I n° 103) ; d'un droit réel d'usage (Cass. 3e Civ., 15 mars 2000, n°97-16159), etc.

catégorie peuvent, à leur demande, obtenir des titres de propriété, le législateur présume irréfragablement qu'ils possédaient *a domino.* Il confirmait ainsi l'idée soutenue, en doctrine, selon laquelle la propriété est inhérente à toute tenure primitive ou coutumière[140].

Dans tous les cas, la situation du possesseur de l'immeuble domanial semble meilleure que celle du possesseur ordinaire en droit français qui usucape un immeuble, car contrairement à celui-ci, on ne demandera à celui-là que d'établir le *corpus*[141] et non l'*animus domini.* Et encore, le législateur camerounais ne paraît pas se soucier de la question de l'intensité du *corpus* possessoire pour disqualifier, comme dans le régime classique, le possesseur au corpus insuffisant[142]. Tous les possesseurs d'immeubles domaniaux visés par la "décision" de 1974 sont ainsi fondés à demander l'immatriculation, la notion de *« mise en valeur »* étant largement entendue en droit positif camerounais, si on en croit la doctrine[143].

Au-delà, cet assouplissement du fond de la possession traduit en réalité l'option pour une conception objective de celle-ci dont on sait qu'elle est plus protectrice. Il est en effet établi que deux théories de la possession sont envisageables. La première, dite "Française", inspirée par Savigny est subjective et ne conçoit la possession que si le *corpus* est accompagné d'un *animus* qui amène le possesseur à se considérer ou à s'affirmer comme le titulaire du droit qu'il exerce. La seconde, dite "allemande", et à laquelle le nom de Ihering est souvent attaché, ne fait pas de l'*animus* (*domini*) un élément constitutif de la possession. La différence entre les deux conceptions a par exemple comme conséquence qu'une notion comme la détention précaire est complètement ignorée[144] dans la conception objective, le droit allemand protégeant le détenteur précaire de la même manière que le droit français protège le possesseur.

---

[140] J. Goudem, thèse préc., p. 59.

[141] Les actes le caractérisant, nous l'avons critiqué, devant être antérieurs à la date du 05 août 1974, date d'entrée en vigueur des textes de la réforme foncière.

[142] W. Dross, *Droit des biens, op.cit.*, p. 199.

[143] V. AD. Tjouen, *Droits domaniaux et…, op.cit.*, pp. 146 et ss.

[144] G. Cornu, *Droit civil…, op.cit.*, p. 473, n° 1131 ; W. Dross, *Droit des biens, op.cit.*, p. 198 ; P. Ortscheid, "Possession et clause…", *op.cit.*, p.770.

Comme on peut le constater, le droit positif camerounais n'a pas voulu traiter la possession de l'immeuble domanial comme une possession ordinaire et a pour elle choisi l'autre face de la médaille philosophique de la notion en termes de conception.

Quant à l'idée du reflux des règles de forme, il est à noter que pour protéger efficacement le possesseur de l'immeuble domanial, le législateur a été moins exigeant s'agissant des règles de forme habituellement requises pour que le fait possessoire se transforme en droit de propriété. On peut l'apprécier tant du point de vue de la qualité de la possession susceptible de se convertir en propriété que de celui de sa durée.

S'agissant d'abord de la qualité de la possession, on sait que la possession permettant d'usucaper un immeuble doit être utile, c'est-à-dire continue et non interrompue, paisible, publique et non équivoque[145]. Ces caractères sont cumulativement exigés pour que le fait possessoire débouche sur un titre d'acquisition légal de l'immeuble. Ici encore, le législateur a aménagé un régime de faveur au possesseur de l'immeuble domanial qui souhaite transformer son emprise de fait en emprise légitime en n'exigeant pas de son fait qu'il remplisse tous les caractères précédemment évoqués. L'article 17(2) de l'Ordonnance n° 74/1 se contente d'exiger que la possession soit paisible. Or, quand on sait que la violence qui est le vice qui affecte ce caractère est essentiellement temporaire et relatif, on peut réaliser la générosité du législateur à l'égard du possesseur domanial. Dans la pratique, la paisibilité de la possession sera d'ailleurs présumée et il appartiendra à celui qui veut la contester d'établir le vice de violence devant l'autorité compétente.

Quant à la durée de la possession, aucune longueur particulière n'a été retenue par le législateur. Il s'est contenté d'exiger qu'elle soit antérieure au 5 août 1974. La seule réserve est relative à la conséquence discriminatoire à laquelle conduit l'option en faveur de la "décision" et non de la "règle"[146]. Mais si on le passe sous silence, le possesseur domanial ne devra pas prouver, comme en droit français, qu'il peut justifier d'une possession utile de trente ou de dix ans (selon le cas) pour devenir propriétaire. Mieux encore, le droit

---

[145] V. supra.

[146] V. supra.

de propriété dont il devient titulaire bénéficie d'un régime de protection particulier.

Intéressons-nous ensuite à la singularité de la protection du droit de propriété issue de la conversion du "droit de possession". Le particularisme dont il est question tient au fait qu'il s'agit d'un droit nouveau au sens de neuf et qui de ce fait est plus certain.

Premièrement la nouveauté. Comme on l'a écrit avec une extrême justesse, *«l'immatriculation a pour effet de faire table rase de tout le passé juridique de l'immeuble, de lui refaire en quelque sorte une virginité et d'attribuer à celui dont le nom a été inscrit au livre foncier un droit aussi complet et aussi certain que s'il s'agissait d'un premier occupant »*[147]. Par comparaison au régime de la transcription qui était en vigueur au Cameroun avant 1974, il y a assurément une évolution incontestable. En effet, la transcription ne modifie nullement le statut de l'immeuble, *« elle rend seulement public un acte portant constitution ou translation des droits réels immobiliers, lui donne date certaine et lui assure un rang de priorité, mais elle n'autorise personne à considérer comme régulière la transmission qu'elle constate et comme propriétaire la personne qu'elle désigne en cette qualité »*[148].

Sous ce rapport, on peut noter que le possesseur camerounais de l'immeuble domanial devient le titulaire initial du droit de propriété né de l'immatriculation. Avec l'immatriculation en effet, l'immeuble est admis à une vie juridique nouvelle, car la procédure observée en cette matière permet d'apurer l'immeuble de son passé et les droits non révélés ne peuvent plus être inscrits[149].

---

[147] J. Biyiha "L'intangibilité du titre foncier dans la législation du 06 juillet 1974 et ses textes subséquents d'application", Leçon inaugurale de rentrée solennelle de l'ENAM du 31 janvier 1995, in *Lex Lata*, n°013 du 15 avril 1995, p.10-12.

[148] A. Tientcheu Njiako, *Le titre foncier au Cameroun*, *op.cit.*, p. 90.

[149] On a ainsi estimé que *« l'immatriculation opère la purge de tous les faits matériels et juridiques liés d'une matière quelconque à l'immeuble concerné, avant l'immatriculation »*. Cf. A. Tientcheu Njiako, *Le titre foncier...*, *op.cit.*, p. 91. La jurisprudence considère d'ailleurs que la purge des droits non révélés est un principe d'ordre public et que la bonne foi du titulaire est totalement indifférente. V. par exemple : Cass. Civ. 21 décembre 1952, S.J, Tableau de jurisprudence 1957, p.18.

Le caractère nouveau confère ainsi au possesseur d'hier, propriétaire aujourd'hui, un double avantage. Premièrement, l'immeuble auquel s'applique son nouveau droit de propriété garantira une meilleure sécurité dans les transactions faites par le propriétaire en raison de sa virginité. Le nouveau propriétaire est ainsi titulaire d'un droit juridiquement plus fertile. Deuxièmement, la nouveauté du droit "dédiabolise" la question de la preuve, en ce sens qu'il sera plus facile de remonter au tout premier propriétaire, si bien que la nouveauté du droit est gage de sécurité juridique surtout qu'elle se combine avec sa certitude.

Deuxièmement la certitude. Cette certitude s'appréhende à un triple point de vue : celui du contenu du droit de propriété né de la conversion de la possession ; celui de sa preuve ; et celui de son irréversibilité.

Sur le premier point, on veut souligner que le droit de propriété résultant de la transformation de la possession de l'immeuble domanial est intrinsèquement complet. Il s'agit d'un droit de propriété de type quiritaire en ce sens qu'il est absolu, exclusif et perpétuel, tout en conférant à son titulaire l'*usus*, le *fructus* et l'*abusus*[150]. Autant dire que c'est un droit totalement parachevé.

Sur le deuxième point, le propriétaire pourra aisément rapporter la preuve de son droit puisque celui-ci est inscrit dans les livres fonciers et l'immatriculation aboutit à l'établissement d'un titre foncier dont on sait à présent qu'il est la certification officielle de la propriété. Il suffira ainsi au titulaire du droit, en cas de contestation, de démontrer l'existence d'un titre foncier en son nom sur l'immeuble querellé pour l'emporter sans autre forme de procès.

Sur le troisième point enfin, l'idée d'irréversibilité signifie que le droit de propriété dûment constaté par le titre foncier ne peut plus être remis en cause. En effet, ainsi que l'écrit un auteur, *« la situation juridique de l'immeuble telle qu'elle apparaît sur le titre foncier est définitivement établie. Toute remise en cause du droit de propriété tel qu'établi par le titre foncier, qu'elle soit fondée ou non, est dès lors déclarée irrecevable »*[151]. Cette irréversibilité du droit de propriété résulte de la lettre même de la loi.

---

150 V. supra

151 A. Tientcheu Njiako, *Le titre foncier au Cameroun*, *op.cit.*, p. 112.

L'article 1 (2) du décret n° 76/165 du 27 avril 1976 (modifié en 2005) fixant les conditions d'obtention du titre foncier énonce de façon sentencielle que *« le titre foncier est inattaquable, intangible et définitif »*[152]. Le nouveau droit de propriété existera toujours tel qu'il a été inscrit dans le Livre foncier. Comme on peut le constater, il n'y a aucune commune mesure en termes de protection entre le possesseur de l'immeuble d'un particulier et celui d'une dépendance du domaine national. Le chassé-croisé qui en résulte est dû au fait que celui-là est desservi le « ius *panfondamentalisme* » contrairement à celui-ci.

B- LA JUSTIFICATION DU RENFORCEMENT PAR LE RECOURS À LA THÉORIE DES DROITS FONDAMENTAUX

Il est assurément intéressant de comprendre le procédé qui a permis au législateur camerounais d'établir un régime de protection plus énergique de la pression d'un immeuble appartement, non pas à une personne privée, mais à l'État, personne morale de droit public certes, mais sujet de droit tout de même. La curiosité est d'autant piquante que, on vient de démontrer, l'option contraire a été privilégiée s'agissant de l'immeuble privativement approprié. Après analyse, on peut relever que c'est en ayant recours à une conception originale de la théorie des droits fondamentaux bâtie autour de deux logiques asymétriques que la dualité du régime de protection de la possession de l'immeuble d'autrui a été établie. D'une part, on a appliqué à la propriété de l'immeuble domanial une conception de la notion de titulaire des droits fondamentaux (1). D'autre part, on a soumis la possession de l'immeuble domanial par autrui à une compréhension extensive de la notion de source des droits fondamentaux (2).

1- L'application d'une conception restrictive de la notion de titulaire des droits fondamentaux à la propriété de l'immeuble domanial

[152] L'article 2(1) du même décret complète ces dispositions en affirmant que *« toute personne dont les droits ont été lésés par suite d'une immatriculation n'a pas de recours sur l'immeuble, mais seulement, en cas de dol, une action personnelle en dommages-intérêts contre l'auteur du dol »*. La seule atteinte admise par le législateur est le retrait du titre foncier par l'Administration lorsqu'elle a commis une faute résultant d'une irrégularité au cours de la procédure d'obtention du titre foncier. Et encore faut-il que le retrait intervienne dans le délai du recours contentieux. Autant dire que sauf ces cas de fraude du bénéficiaire, le retrait doit intervenir dans le délai maximum de deux mois. Cf. Article 2(3) et (5) du décret n° 76/165.

La question qui est en jeu ici est la suivante : les droits subjectifs identifiés et reconnus comme fondamentaux ont-ils ce caractère à l'égard de tous les sujets des droits qui en sont titulaires ? Et plus spécifiquement pour coller à notre sujet, le droit de propriété est-il considéré comme fondamental, quel que soit le sujet de droit qui s'en prévaut ?

Si la question se pose, c'est précisément parce que la qualité de sujet de droit, c'est-à-dire d'entité apte à intervenir dans le commerce juridique parce qu'on lui reconnaît la personnalité juridique, est attribuée aux personnes physiques, mais également aux personnes morales[153] à l'instar de l'État.

Une réponse affirmative paraît s'imposer à première vue dans la mesure où la capacité de jouissance qui est un des attributs de la qualité de sujet de droit n'est limitée que par une incapacité expressément formulée et conduit à jouir de tous les droits dont on est titulaire dans leur entière intégrité, c'est-à-dire dans leur essence et avec les caractères que le droit positif leur reconnaît. De cette interprétation, on devrait conclure que si le droit de propriété a un caractère fondamental et qu'il peut être attribué aux personnes physiques et aux personnes morales, cette attribution leur est faite sans détachement du caractère fondamental qui, en l'espèce, ferait corps avec le droit.

Il semble pourtant qu'il y a lieu de récuser cette interprétation, car les droits fondamentaux apparaissent en réalité comme des droits de l'Homme[154] que l'on a faits *« descendre (...) de l'empyrée du droit naturel,*

---

[153] Sur les personnes en droit, V. par exemple, G. Cornu *Droit civil, op.cit.*, p. 195 et ss ; F. Terré et D. Fenouillet, *Les personnes, la famille, les incapacités,* Dalloz, coll. Précis, 7e éd., 2005 ; B. Teyssie, *Les personnes,* 9e éd., Litec, 2005 ; J. Carbonnier, *Droit civil - Les personnes,* T. 1, Paris, PUF, coll. Quadrige, 2004 ; H. Mazeaud et (autres.), *Leçons de droit civil,* Montchrestien, T. 1, vol. 2, 8e éd., par Laroche-Gisserot, 1997.

[154] Que le *Vocabulaire juridique* définit comme *« des droits de l'homme en tant que tels, inhérents à l'être humain (homme ou femme) ; ensemble de facultés et prérogatives considérées comme appartenant naturellement à tout être humain dont le Droit public, notamment constitutionnel, s'attache à imposer à l'État le respect et la protection en conformité avec certains textes de portée universelle »* V. G. Cornu, *Vocabulaire juridique Association Henri Capitant,* Paris, PUF, 9e éd., p. 373. Le glissement conceptuel est noté par la doctrine. C'est ainsi qu'un auteur, après avoir défini les droits fondamentaux comme *« une catégorie des droits qui se distinguent soit par leur fondamentalité substantielle (matérielle) (...) soit par le caractère formel de leur fondamentalité en tant que droits inscrits dans la norme fondamentale (par exemple la Constitution) »* écrit que : *« une fois inscrits dans une Constitution nationale les*

pour les transmuer en règles des droits positifs »[155]. Ils ont donc historiquement été envisagés pour satisfaire aux besoins essentiels de l'Homme au sens d'être humain, indépendamment de sa reconnaissance comme sujet de droit, la qualité d'être humain étant autosuffisante. Sont donc exclus de leur sphère, les sujets de droit qui ne possèdent pas la qualité de l'être humain et singulièrement ici l'État.

On perçoit alors nettement l'influence de la théorie des droits fondamentaux restrictivement comprise du point de vue des attributaires desdits droits sur le législateur camerounais : il admet volontiers que l'État auquel on ne conteste pas la qualité de sujet de droit soit titulaire du droit de propriété sur des immeubles ; mais l'État n'étant pas un être humain, son droit de propriété n'a pas de caractère fondamental. Sous ce rapport, on peut ainsi mieux tolérer sa sous-protection lorsqu'il fait face à une emprise de fait que l'on a démontré qu'elle est désormais de droit, imputable à une personne, surtout lorsque celle-ci peut se prévaloir des droits antérieurs sur l'immeuble concerné, droits substantiellement fondamentaux d'après leurs sources.

2- L'application d'une conception extensive de la notion de source des droits fondamentaux à la possession de l'immeuble domanial

À bien suivre le législateur camerounais de 1974 et si l'on fait l'effort d'aller au-delà des mots[156], on se rend bien compte que le "droit de possession" qu'il affirme se substitue, peut-être avec une légère régression en termes de portée, mais incontestablement sans aucun doute, au "droit de propriété coutumière" désormais récusé[157]. Le processus de substitution indique clairement que les droits que les collectivités coutumières ou leurs membres ou toute autre personne, pourvu qu'elle soit de nationalité

droits de l'homme deviennent en même temps des « droits fondamentaux » à l'intérieur de la juridiction de cette constitution », v. V. Preuß "La garantie des droits « les droits horizontaux »", in M. Troper et D. Chagnollaud (dir.), *Traité international de droit constitutionnel*, Paris, Dalloz, 2012 tome 3 : Suprématie de la Constitution, p. 234.

155 A. Minkoa She, *Droits de l'homme ...*, *op.cit.*, p. 14, n° 20.

156 Rappelons que l'article 17 (2) de l'Ordonnance n°74/1 préc. dispose que *« les collectivités coutumières, leurs membres ou toute autre personne de nationalité camerounaise qui, à la date d'entrée en vigueur de la présente ordonnance occupent ou exploitent paisiblement des dépendances de la première catégorie (...) continueront... »*.

157 V. Supra.

camerounaise, ont sur les terres constituant aujourd'hui les dépendances du domaine national ne leur ont pas été conférées par le législateur de 1974, mais vraisemblablement par un droit non écrit qui ne peut être que la coutume[158] dont il ne fait point de doute qu'elle constitue une source du droit camerounais[159].

L'origine coutumière, donc antérieure, des droits des catégories de personnes visées à l'alinéa 2 de l'article 17 de l'Ordonnance n° 74/1 invite inéluctablement à se poser deux questions. D'abord, le renforcement de la protection des droits coutumiers sur les terres concernées par ce texte ne pouvant s'expliquer autrement que par leur caractère fondamental, la coutume bien qu'étant une source de droit autonome peut-elle être le siège de ce qui est fondamental ? Ensuite, et en cas de réponse affirmative à la précédente interrogative, quelle est la part de ces droits coutumiers sur la terre à laquelle aucune attente n'est permise ?

La première question se pose parce que l'on a généralement considéré du point de vue du droit interne que les *« droits fondamentaux sont essentiellement constitutionnels »*[160] et que sous ce rapport les règles internes

---

[158] On entend par coutume selon le *Vocabulaire juridique* (*op.cit.*) une *« norme de droit objectif fondée sur une tradition populaire qui prête à une pratique constante un caractère véritablement contraignant (...) ; véritable règle de droit (comme la loi), mais d'origine non étatique que la société a fait sienne par habitude (diuturnus usus) dans la conviction de son caractère obligatoire (opinio juris necessitatis) »* p. 280. Sur l'origine coutumière des droits fonciers des autochtones, v. par exemple S. Nguiffo, P. E. Kenfack et N. Mballa, "L'incidence des lois foncières historiques et modernes sur les droits fonciers des communautés locales et autochtones du Cameroun", in *Les droits fonciers et les peuples des forêts d'Afrique, perspectives historiques, juridiques et anthropologiques*", *Forest People Programm*, janvier 2009, disponible sur : www.forestpeople.org.

[159] Sur la coutume comme source du droit camerounais, on peut consulter : V. E. Bokalli, "La coutume, source de droit au Cameroun", RGD, n° 28, 1997, p. 37-69, C. Sietchoua Djuitchoko, "Du nouveau pour la coutume en droit positif camerounais : la constitutionnalisation de la coutume et ses conséquences", RJT, n° 34, 2000, p. 131-157, J. Fometeu, "Nul n'est censé ignorer la .... Coutume", *Lex Lata*, n° 17, 1995, p. 12-15, D. J. Zambo Zambo, *Le Droit applicable au Cameroun. Essai sur les conflits de lois dans le temps et dans l'espace*, thèse, Université de Yaoundé II, 2009, 620 p.

[160] V. E. Picard, "L'émergence des droits fondamentaux en France", AJDA, juillet août 1998 (numéro spécial), p.10.

autres que celles constitutionnelles sont disqualifiées pour arbitrer le fondamental.

Ce point de vue n'est cependant pas tout à fait exact, car s'il est souhaitable que les droits fondamentaux soient affirmés par la Constitution, logique purement formelle à travers laquelle ils bénéficieront des bienfaits attachés à son statut de norme des normes de l'ordonnancement juridique, il reste que l'on peut également expliquer le fondamental par une logique purement substantielle. Un auteur soutient dans cette perspective que *« la logique est substantielle lorsque c'est le caractère fondamental qui fonde sa constitutionnalité ; et elle est formelle lorsque c'est le caractère constitutionnel du droit qui justifie*[161] *sa fondamentalité »*[162]. Il en résulte et l'on a bien noté qu'*« aucune norme n'épuise la fondamentalité »*[163]. En conséquence, d'un point de vue substantiel, un droit fondamental peut s'originer dans une norme infra constitutionnelle à l'instar de la coutume, si bien que sa formalisation constitutionnelle aurait un caractère simplement déclaratif.

Il semble bien que le fondamental, s'agissant des droits coutumiers sur les dépendances du domaine national, participe de la logique substantielle. Ces droits portent en effet sur les liens que des peuples autochtones[164] entretiennent avec le sol et qui sont souvent regardés, d'un point de vue historico-culturel, comme sacrés[165], suscitant l'engouement de la

[161] C'est nous qui soulignons.

[162] E. Picard, "L'émergence des droits fondamentaux en France", AJDA, juillet août 1998 (numéro spécial), p.12.

[163] *Ibid.*, p. 10.

[164] L'énoncé de l'article 17 (2) de l'Ordonnance n°74/1 intègre en effet les deux définitions fréquemment retenues de la notion d'autochtone. On sait que littéralement le *Petit Robert* désigne par autochtone celui *« qui est issu du sol même où il habite, qui est censé n'être pas venu de l'immigration ou n'être pas que de passage »*. Le *Dictionnaire de droit international public* présente la population autochtone comme la *« population qui est originaire du territoire sur lequel elle réside, par opposition à la population immigrée »*. Cf. J. Salmon (dir.), *Dictionnaire de droit international public*, préface de G. Guillaume, Bruxelles, Bruylant/AAUF, coll. « Universités Francophones », 2001, p. 849

[165] Cf. par exemple, S. Meloné, *La parenté et la terre dans la stratégie de développement*, Paris, Klinsksieck, 1972, 210 p., P.-G. Pougoué, *La Famille et la terre. Essai de contribution à la systématisation du droit privé camerounais*, thèse, Bordeaux, 1977, 380 p., S. Nguiffo, P. E. Kenfack et N. Mballa, "L'incidence des lois foncières historiques et modernes sur les droits fonciers des communautés locales et autochtones du Cameroun", in *Les droits fonciers et les*

Communauté internationale[166], mais aussi la Constitution[167] à vouloir les protéger comme droits inaliénables, toutefois conditionnels. Si on peut se féliciter de la constitutionnalisation et de l'internationalisation des droits des autochtones ainsi que de la protection des droits antérieurs sur la terre de *« toute autre personne de nationalité camerounaise »* au nom du droit également fondamental d'établissement et de la liberté d'aller et venir ainsi que le recommandait la doctrine[168], on peut regretter une double discrimination. D'abord objective en ce que seuls les droits sur les dépendances de la première catégorie sont pris en compte, alors qu'il peut en exister sur celles de la seconde catégorie et conséquemment à limiter l'indemnisation en cas de déguerpissement au seul préjudice matériel basé sur la plus-value apportée au sol[169], à l'exclusion du préjudice *"culturel"*[170]. Subjectif ensuite, parce que comme déjà relevé[171], seuls les droits

---

peuples des forêts d'Afrique, perspectives historiques, juridiques et anthropologiques", *Forest People Programm*, janvier 2009, disponible sur : www.forestpeople.org.

[166] V. par exemple la Résolution de l'Assemblée Générale des Nations Unies 61/295 portant Déclaration des droits des peuples autochtones, A/RES/61/295, du 13 septembre 2007, spéc. Art. 8(b), 26, 27, 28.

[167] Le préambule de la Constitution du 18 janvier 1996 dispose que : *« l'État (...) préserve les droits des populations autochtones conformément à la loi »*.

[168] V. A. D. Olinga, "Vers une garantie constitutionnelle ...", *op.cit.*, p. 331.

[169] Et encore, le préjudice matériel n'est limité qu' aux constructions et aux cultures, sans considération du manque à gagner résultant de la non-prise en compte des activités de collecte, de ramassage, de cueillette et de chasse qui s'exercent sur les dépendances de la seconde catégorie et occupent une place importante dans le système de production des collectivités coutumières.

[170] On entend par là le préjudice résultant de la coupure du cordon avec les lieux où les populations autochtones ou solidement enracinées exercent l'ensemble de leurs droits immatériels. Préjudice résultant en cas de déguerpissement de la méconnaissance du *« droit de conserver et de renforcer les liens spirituels particuliers avec les terres, territoires, eaux et zones maritimes côtières et autres ressources qu'ils possèdent ou occupent et utilisent traditionnellement, d'assumer leurs responsabilités en la matière à l'égard des générations futures »* énoncé par l'article 25 de la Déclaration sur les droits des autochtones. Ce droit est parfois regardé comme *« sacré »*, v. S. Nguiffo, P. E. Kenfack et N. Mballa, "L'incidence des lois foncières historiques et modernes sur les droits fonciers des communautés locales et autochtones du Cameroun", in *Les droits fonciers et les peuples des forêts d'Afrique, perspectives historiques, juridiques et anthropologiques*", *Forest People Programm*, janvier 2009, disponible sur : www.forestpeople.org.

[171] V. supra.

maternalisés antérieurs à la date d'entrée en vigueur de l'Ordonnance 74/1 sont dignes de protection comme si ceux qui sont nés après cette date ont perdu leur autochtonie[172]. Une telle discrimination est en désaccord avec le droit international des droits de l'Homme et la Constitution.

Sur la seconde question, il résulte des textes de l'ordonnance que le "droit de possession", transmutation de la propriété coutumière d'hier est composé de deux attributs. Il s'agit premièrement du droit d'occupation qui rappelle l'*usus* parce qu'il paraît difficile d'imaginer une occupation passive. Il s'agit deuxièmement du droit d'exploitation qui apparaît comme le pendant du *fructus*, car généralement on tire profit d'une exploitation.

En revanche, en frappant de nullité la vente des terrains non immatriculés[173] et en rendant passible de peine d'emprisonnement et d'amende l'auteur d'une telle vente[174], le législateur semble exclure l'*abusus* de la sphère des attributs du "droit de possession". Est-ce à dire que les actes de disposition sont exclus en la matière ? Assurément non. La pratique a, en ce domaine, forgé deux parades[175]. Il y a d'une part, la technique de la promesse synallagmatique de vente[176] et la technique dite d'"abandon des droits coutumiers" qui est en réalité un cryptocontrat de vente de l'immeuble domanial possédé. En plus de ces attributs, le législateur a doté le "droit de possession" d'une quatrième prérogative, à savoir sa convertibilité en droit de propriété d'autre part. En regardant de près, seule cette dernière caractéristique constituerait l'irréductible de l'irréductible des

---

172 Cf. par exemple : J. Mouangué Kobila, "Droit de la participation politique des minorités et des populations autochtones. L'application de l'exigence constitutionnelle de la prise en compte des composantes sociologiques de la circonscription dans la constitution des listes des candidats aux élections au Cameroun", RFDC, 2008/3, n°75, pp. 629-664, A. Geslin, "La protection internationale des peuples autochtones : de la reconnaissance d'une identité transnationale autochtone à l'interculturalité normative", AFDI, CNRS, 2011, LVI (année 2010), p. 658-687 ; J.F. Bayart et (autres), "Autochtonie, démocratie et citoyenneté en Afrique", in *Critique Internationale*, n° 10, janvier 2001, p. 177-194.

173 Article 8 (2) de l'Ordonnance n°74/1, préc.

174 Article 8 (3) de l'Ordonnance n°74/1, préc.

175 Sur l'ensemble, v. V. L. Bahoken, "Les collectivités coutumières et le principe d'inaliénabilité des terres du domaine national de première catégorie : Réflexion à partir du droit foncier camerounais", RPSJC, n°000, p. 51-103.

176 Valable sous condition suspensive de l'immatriculation.V. A. D. Tjouen, *op.cit.*, p.194; V. L. Bahoken, *op.cit.*, pp. 88-89.

prérogatives coutumières sur la terre, puisque les autres admettent des dérogations. Ce qui est juste dans la mesure où du point de vue de la source substantielle, le possesseur coutumier est en réalité propriétaire.

Dans le même ordre d'idées, on peut *mutatis mutandis* appliquer au "droit de possession" les mêmes caractères qu'au droit de propriété, en précisant peut-être que l'exclusivité se combine avec la "collectivité", car c'est l'appartenance à la collectivité qui ouvre l'accès à la terre[177]. Mais les différents caractères sont ici de protection relative et semblent servir d'*« enveloppe molle »*[178] au noyau dur que constitue la "reconductibilité" du "droit de possession". En effet, ne tirant pas sa source de la loi, mais de la coutume, source autonome et en théorie égale de la loi dans les matières non légiférées, le "droit de possession" ne peut être supprimé par le législateur *stricto sensu*, mais peut-être par des textes supra législatifs. Ce qui est incertain, car on a vu qu'ils ont plutôt opté pour la protection des acquis en ce domaine.

CONCLUSION

On peut retenir de cette étude que les réformes du droit camerounais en matière foncière – donc immobilière – combinées avec la réaffirmation constitutionnelle du droit de propriété comme droit fondamental désormais digne de protection éminente telle que l'organise la théorie des droits fondamentaux, ne sont pas allées sans incidence sur le régime de protection de la possession d'un immeuble dans l'hypothèse particulière où celui-ci a été approprié par un sujet de droit. Cet impact, après avoir partiellement détaché le régime de cette protection de l'emprise du code Napoléon, a conduit à son dédoublement et à la rénovation de ses fondements.

---

[177] Cf. par exemple : S. Nguiffo, P. E. Kenfack et N. Mballa, "L'incidence des lois foncières historiques et modernes sur les droits fonciers des communautés locales et autochtones du Cameroun", in *Les droits fonciers et les peuples des forêts d'Afrique, perspectives historiques, juridiques et anthropologiques*", *Forest People Programm*, janvier 2009, disponible sur : www.forestpeople.org.

[178] A. Minkoa she, *Droits de l'homme …*, *op.cit.*, p.65.

Le système camerounais actuel en cette matière impose en effet de distinguer deux situations asymétriques. D'une part, si l'immeuble sur lequel s'exerce une emprise de fait a été individuellement approprié, le caractère fondamental du droit de propriété limite significativement l'étendue de la protection à laquelle peut prétendre le simple possesseur puis que, l'usucapion étant exclue, la prise en compte du droit du propriétaire rendra la protection possessoire subsidiaire et sa non-prise en compte la fera piquer par la mouche de la fragilité. Cette sous-protection se fonde sur la relativité de l'intangibilité du droit individuel de propriété procédant de ce que les dérogations apportées à certains attributs et caractères de ce droit n'en compromettent pas irrémédiablement l'essence. D'autre part, si l'immeuble possédé a un caractère domanial[179], c'est-à-dire qu'il appartient à l'État, la fondamentalité substantielle et l'antériorité des droits fonciers du possesseur actuel par rapport à l'État, à l'égard duquel le droit de propriété n'a pas un caractère fondamental, a conduit à l'instauration à son profit d'un régime de faveur qui, en plus d'intégrer le régime classique de la protection possessoire, la renforce à travers la consécration d'un mécanisme allégé de conversion de la possession en propriété. En cette matière, on peut simplement regretter une double discrimination objective et subjective qui s'articule mal avec les exigences constitutionnelles et internationales et qu'il conviendrait de corriger par une réécriture des dispositions arbitraires[180].

Au bout du compte, on peut constater que l'évolution du droit positif camerounais en matière de protection de la possession a conduit à la "janusarition" de celle-ci. Il s'agit d'une orientation originale par rapport au droit français dont le Cameroun a hérité de cette institution. Cette

[179] Il s'agit principalement du domaine national.

[180] La doctrine camerounaise n'est d'ailleurs pas contre la solution de la réécriture du texte. V. par exemple : V.L. Bahoken, "Les collectivités coutumières et le principe d'inaliénabilité des terres du domaine national de première catégorie : Réflexion à partir du droit foncier camerounais", RPSJC, n°000, p. 98 ; S. Nguiffo, P. E. Kenfack et N. Mballa, "L'incidence des lois foncières historiques et modernes sur les droits fonciers des communautés locales et autochtones du Cameroun", in *Les droits fonciers et les peuples des forêts d'Afrique, perspectives historiques, juridiques et anthropologiques*, *Forest People Programm*, janvier 2009, disponible sur : www.forestpeople.org.

originalité crédite peut-être davantage la thèse, du reste controversée[181], de l'autonomie des droits africains.

[181] Sur cette controverse en droit camerounais, v. par exemple : J.M. Bipoun Woum, "Recherches sur les aspects actuels de la réception du droit administratif en Afrique noire d'expression française : le cas du Cameroun", RJPIC, n°3, 1972, pp. 359-388, et "La représentation de l'Etat en justice au Cameroun", RCD, n°28, 1984, pp.17-57, spéc., pp.18-20 ; M. Ondoa, "Le droit administratif français en Afrique francophone : contribution à l'étude de la réception des droits étrangers en droit interne", RJPIC., n° décembre 2002, pp. 287-333, et *Introduction historique au droit camerounais : la formation initiale. Eléments pour une théorie de l'autonomie des droits africains*, Yaoundé, Les Editions L. K., 2013, 319 p.

LE DOL ENTRE DÉLIT CIVIL ET VICE DE CONSENTEMENT : PLAIDOYER POUR UN ÉQUILIBRAGE CONCEPTUEL

Eloie SOUPGUI[1]

Résumé/ Abstract

Aux termes de l'article 1116 alinéa 1er du Code civil, le dol est une cause de nullité du contrat si les manœuvres pratiquées par l'une des parties ont été déterminantes pour le consentement de l'autre partie. À son origine romaine, le dol était considéré comme un délit civil et le Code civil le sanctionne comme une atteinte à l'expression du consentement. Les deux conceptions – délit civil et vice de consentement – ont une influence inégale sur le régime juridique actuel du dol. En effet, l'analyse des dispositions légales révèle une inclinaison du balancier en faveur du délit civil. La réglementation est plus inspirée par la prise en compte de la déloyauté de l'auteur du comportement dolosif que par l'atteinte au consentement de la victime. L'objectif de la présente étude est d'envisager un équilibrage à travers une redéfinition des conditions et une clarification des sanctions du dol.

According to article 1116 of the Civil Code fraud is a cause of nullity of the contract if the maneuvers performed by one of the parties were crucial to the consent of the other party. Originally, Roman law considered it as a tort and civil code sanction as an infringement on the expression of consent. Both designs of fraud - tort and lack of consent - have unequal influence on the current legal regime. Indeed, the analysis of the legal provisions reveals an inclination of the balance in favor of tort. The legal regime is dominated by the consideration of the disloyalty of the author of the fraudulent behavior by achieving the consent of the victim. The objective of this study is to consider rebalancing through a redefinition of terms and clarification of the fraud penalties.

---

[1] Eloie SOUPGUI, chargé de cours à la Faculté des Sciences Juridiques et Politiques, Université de Yaoundé II- SOA (CAMEROUN).

Introduction

Le contrat rentre dans la catégorie des actes juridiques qui, par définition, sont des manifestations de la volonté individuelle ou collective dont les effets sont librement déterminés par les parties. Au terme de l'article 1108 du Code civil, quatre conditions sont nécessaires pour sa validité : le consentement des parties, la capacité juridique, un objet certain qui forme la matière de l'engagement et une cause licite dans l'obligation. Les parties contractantes sont supposées s'engager en connaissance de cause et doivent à cet effet exprimer librement leur consentement. Cependant, des obstacles peuvent entraver l'expression de leur volonté : l'erreur, le dol ou la violence. Ces vices de consentement prévus par le Code civil ont été progressivement recentrés par la jurisprudence dans le double souci de la protection du consentement des parties contractantes et de la préservation de la sécurité juridique des transactions.

L'erreur est admise à la condition qu'elle porte sur les « qualités substantielles » de la chose objet du contrat. Cette limitation permet d'éviter une remise en cause systématique des engagements, le constat étant établi que la majorité des personnes qui prennent des engagements ne serait pas prête à recommencer sous les mêmes conditions si l'occasion leur était offerte. La jurisprudence dispose d'un pouvoir souverain d'appréciation lui permettant de contrôler et de rejeter les demandes fantaisistes des personnes qui, regrettant d'avoir pris un engagement, excipent l'erreur dans l'espoir d'obtenir l'annulation de leur contrat[2]. À travers une interprétation restrictive de l'erreur, la jurisprudence montre le souci de préserver la sécurité juridique des transactions et surtout rappelle aux contractants leur devoir de s'informer, si nécessaire auprès d'un expert, avant de s'engager. Si ces derniers ne le font pas, par ignorance ou par négligence, ils ne pourront invoquer leur propre turpitude. La jurisprudence traite la violence illégitime avec la plus grande fermeté. En effet, contrairement à l'erreur, ce vice est largement admis qu'il provienne du cocontractant, d'un tiers et même de certains événements, qu'il soit exercé sur la victime, sur ses proches ou

[2] Pour les tribunaux, l'erreur est indifférente lorsqu'elle porte sur la valeur (Civ. I, 3 juillet 1996, Bull n° 287), les motifs (Cass. Civ. 1re, 13 février 2001) ou les qualités secondaires du contrat ; par conséquent, elle n'a aucune incidence sur sa validité.

même sur ses biens. Cette acception large témoigne de la volonté du législateur de protéger le consentement des parties contractantes.

Le dol, défini comme l'utilisation des manœuvres par l'une des parties pour amener l'autre à s'engager est le vice de consentement le plus redouté et le plus fréquent dans toute société où l'amour du prochain, les valeurs morales et éthiques s'éclipsent au profit des intérêts individuels et parfois égoïstes. En dépit du plaidoyer sur le solidarisme contractuel[3] qui devrait innerver toutes les étapes du processus, les acteurs sociaux manifestent un attachement viscéral à leurs intérêts qui les amène parfois à ignorer les droits légitimes de leurs partenaires contractuels. Dans cet état d'esprit, il est facile au stade de la formation du contrat de franchir le pas de la déloyauté en retenant une information décisive pour le cocontractant ou, plus grave, en communiquant des renseignements inexacts sur l'objet du contrat. Par abstention ou par action, le contractant se rend coupable de pratiques dolosives contre lesquelles le consentement de son cocontractant mérite une protection appropriée.

Si la protection du consentement est la finalité principale de la sanction de l'erreur et de la violence, on peut en douter pour le dol parce qu'il est inspiré d'une double conception s'expliquant par des raisons historiques. Le Droit romain, source d'inspiration du système actuel, ne connaissait pas la théorie des vices de consentement ; le dol était réprimé comme un délit, l'action en justice y relative de nature pénale et infamante remplissait une fonction indemnisatrice qui calquait la réparation sur le préjudice subi[4]. À partir de la Renaissance[5], les auteurs commencent à s'interroger plus sur l'altération du consentement que sur la consistance du délit qui en est la

---

[3]Entendu comme l'union des cocontractants en vue d'atteindre un but commun, le solidarisme contractuel suppose l'altruisme de l'un, qui doit prendre en considération, voire en charge, les intérêts de l'autre, lui consentant au besoin quelques sacrifices ; V. Ch. Jamin, « Plaidoyer pour le solidarisme contractuel », in *Le contrat au début du XXIe siècle*, Études offertes à J. Ghestin, LGDJ, 2001 ; D. Mazeaud, « Loyauté, solidarité, fraternité, la nouvelle devise contractuelle ? », in *L'avenir du droit*, Mélanges en hommage à F. Terré, Dalloz, 1999, p. 603 et s.

[4] G. Ripert, *La règle morale dans les obligations civiles*, LGDJ, 4e éd., 1949, no 47 ;

D. Deroussin, *Histoire du droit des obligations*, Économica, 2e éd., 2012, p. 514.

[5] La Renaissance commence à partir du XIVe siècle et se termine au XVIe siècle.

cause et un changement de perspective commence à s'opérer. À l'époque suivante, si la doctrine voit dans le dol un vice de convention qui s'oppose à la sincérité et à la bonne foi qui doivent régner dans les contrats, la notion de vice de consentement, faute de réflexion sur la qualité de l'altération engendrée par le dol, n'est pas encore nettement dégagée[6]. Les trois premiers projets de Code civil reprendront l'idée de vice de contrat et c'est finalement le projet de l'An VIII qui opérera le renversement des conceptions, le dol devenant un vice de la volonté. Le passage à un système de vices du consentement donnant lieu à une action en nullité de la convention est opéré par le Code et le « vice du contrat » fait place, dans la doctrine du XIXe siècle, aux « vices du consentement »[7].

Mais l'évolution n'a pas été radicale et la conception sanctionnatrice héritée du droit romain n'a pas totalement été abandonnée. Les deux conceptions coexistent et il se pose le problème de leurs degrés respectifs d'influence sur le régime juridique du dol dans les pays de tradition romano-germanique. Au regard de l'importance et de la légitimité des deux conceptions, on se serait attendu à une influence égalitaire. L'analyse des dispositions légales révèle plutôt une inclinaison du balancier en faveur du délit civil. Le régime juridique est plus dominé par la prise en compte de la déloyauté de l'auteur du comportement dolosif que par l'atteinte au consentement de la victime.

Dès lors, le problème de l'efficacité de la protection du consentement par le dol se pose, le choix du législateur l'ayant empêché de lui conférer le même rayonnement que les autres vices. Dans la perception actuelle du dol, le délit civil « fait ombrage » au vice de consentement.

---

[6] Au XVIe siècle, la conception n'est pas encore « vice du consentement de la victime du dol – annulation du contrat – restitution », mais « délit de l'auteur du dol – obligation d'indemniser la victime – décharge de la promesse » : si le contrat-promesse tombe, c'est parce que le dol est la source d'une obligation d'indemniser celui qui a promis ; dans cette conception qu'on pourrait dire « intermédiaire » entre le système romain et le système moderne, c'est le délit qui est cause de nullité, plus que le vice du consentement ; V. R.-J. Pothier, *Traité des obligations*, Orléans, 1761.

[7] V. M. Fabre-Magnan, *Droit des obligations, 1 – Contrat et engagement unilatéral*, PUF, 2004, p. 119.

L'objectif de la présente réflexion n'est pas de remettre en cause le caractère délictuel dont la prise en compte est justifiée, mais plutôt d'envisager un rééquilibrage à travers une revalorisation de l'aspect vice de consentement. Ce recentrage permettra d'améliorer la visibilité du dol – il sera perçu comme un vice intégral à l'instar des autres atteintes à l'expression de la volonté des parties – et de renforcer la protection de la volonté des parties.

La mise en évidence de l'aspect vice de consentement du dol présente des enjeux indéniables. Sur le plan théorique, bien que le dol soit traité comme un vice de consentement par le Code civil, ses conditions et ses effets renvoient davantage à son aspect délictuel. À notre sens, cette inadéquation semble inopportune parce que le dol peut être traité comme un vice de consentement à part entière sans préjudice de la prise en compte de son aspect délictuel. Sur le plan pratique, les tendances jurisprudentielles sur la question sont source de confusions ; à l'analyse de certaines décisions de justice, il n'est pas aisé de faire la distinction entre les sanctions de la formation et celles de l'exécution des contrats[8]. La nullité, sanction naturelle du dol, est de moins en moins sollicitée au profit des dommages et intérêts parfois accordés par les tribunaux dans des conditions de nature à remettre en cause la spécificité du dol. Ce glissement suscite des interrogations, notamment sur l'absorption du dol par la responsabilité civile[9], qui pourraient à terme remettre en cause la survie du dol ; d'où la nécessité de réaffirmer son autonomie et sa spécificité. Dans cette perspective, son recentrage comme une atteinte à l'expression de la volonté des parties contractantes peut s'opérer par une redéfinition de ses conditions (I) et une clarification de ses sanctions (II).

---

[8] V. notamment Cass. 1re civ., 4 oct. 1988, *Bull. civ. I,* n° 265 ; *D.* 1989, somm., p. 229, note J.-L. Aubert; 20. Cass. com., 28 juin 2005, n° 03-16794, *Bull. civ. IV,* n° 140 ; *D.* 2005, p. 2838, note S. Amrani Mekki ; *D.* 2006, p. 2774, note P. Chauvel.

[9] Lire notamment G. Lardeux, *L'absorption du dol par la responsabilité civile, RDCO* 2013-3-054, p. 1179 et s.; J. Ghestin, *Contre l'absorption du dol par la responsabilité civile, RDCO* 2013-3-054, p. 1162. et s. ; Ph. Rémy, *L'absorption du dol par la responsabilité civile pour ou contre ?, RDCO* 2013-3-057, p. 1195 et s. ; R. OLLARD, *De la fusion des dols pénal et civil ou de l'absorption du dol civil par la responsabilité pénale,* RDCO 2013-3, p. 1189.

I- Une redéfinition des conditions

Le dol traité comme un délit civil centré sur le comportement du cocontractant indélicat a été érigé en un vice de consentement, s'attachant ainsi aux conséquences de la tromperie sur l'expression de la volonté de la victime. Cette double conception qui innerve les législations dans les pays de tradition romano-germanique aurait justifié un recadrage des conditions pour en assurer une harmonieuse coexistence. Tel ne semble pas avoir été le cas, car les conditions d'admission restent focalisées sur le comportement du contractant fautif, ce qui accrédite la thèse de la prédominance de la conception délictuelle. Pour rétablir l'équilibre et protéger davantage le consentement des parties, il importe de prendre en compte le comportement de la victime (A) et admettre les manœuvres provenant des tiers (B).

A- Une reconsidération du comportement de la victime

L'article 1116 alinéa 1er du Code civil dispose que le dol est une cause de nullité de la convention lorsque les manœuvres pratiquées par l'une des parties sont telles qu'il est évident que, sans ces manœuvres, l'autre partie n'aurait pas contracté. L'utilisation, à deux reprises, du mot « manœuvres » a été interprétée comme une exigence d'actes extérieurs ou, à tout le moins, de paroles à l'origine de la tromperie, ce qui correspondait au demeurant à la conception que les rédacteurs du Code eux-mêmes avaient retenue de la notion[10]. En effet, la sanction du dol requiert l'existence d'un élément matériel et d'un élément intentionnel, preuve qu'il s'agit de réprimer d'abord un délit civil. Dans sa conception originelle, les actes extérieurs notamment la présentation de faux documents, les déclarations inexactes, les allégations mensongères constituent l'élément matériel alors que l'élément moral se traduit par l'intention manifeste de l'auteur d'induire son cocontractant en erreur. La victime du dol doit pouvoir, conformément à l'article 1116 alinéa 2, établir que par son attitude, son cocontractant avait l'intention de l'induire en erreur. Forte de ces considérations, la Cour de cassation a longtemps refusé d'admettre le dol par simple silence, alors même que la doctrine y était favorable dès le XIXe siècle[11].

---

[10] V. D. Daroussin, *Histoire du Droit des obligations*, Economica, 2007, p. 547.
[11] *Ibid.*

Puis l'évolution du droit des contrats, plus centré sur l'impératif de bonne foi, l'amènera à infléchir sa position. Par touches successives, elle va étendre le champ d'application du dol par une interprétation extensive des dispositions du Code civil : d'abord en admettant que le dol pouvait être constitué par simple réticence[12] et ensuite en reconnaissant que l'existence d'une réticence dolosive rend toujours excusable l'erreur provoquée[13]. Les projets de réforme en cours abondent dans le même sens, notamment le projet CATALA qui dispose en son article 1113-3 « l'erreur provoquée par le dol est toujours excusable. Elle est une cause de nullité alors même qu'elle porterait sur la valeur de la chose qui en est l'objet ou sur un simple motif du contrat ».

L'interprétation des dispositions sur le dol s'est exclusivement opérée en faveur du renforcement de la protection de la victime au détriment de son cocontractant. Cette tendance a eu pour conséquence l'incrimination systématique de l'auteur du comportement présumé dolosif. Par action ou par abstention, son intention délictuelle est présumée, bien que la preuve ne soit pas évidente dans certaines hypothèses. La protection accrue de la victime fait incliner le balancier en sa faveur dans la phase précontractuelle où l'équilibre devrait être recherché et maintenu. C'est la raison pour laquelle, il est opportun de procéder à un ajustement pour rétablir l'équilibre.

La prise en compte du comportement de la victime du dol dans le processus de formation du contrat permettrait d'opérer l'ajustement. En effet, toute personne qui projette un engagement est tenue de se renseigner au préalable au risque de se voir opposer la règle « *Nemo auditor propriam turpitudinem allegans » ; c*'est le devoir de renseignement qui pèse sur toutes les parties contractantes. Lorsqu'une information est accessible, le

---

[12] Depuis précisément Cass. 3e civ., 15 janv. 1971, n° 69-12180, Bull. civ. III, n° 38 ; RTD civ. 1971, p. 839, note Y. Loussouarn, *Les grands arrêts de la jurisprudence civile*, t. 2, Dalloz, 12e éd., 2008, n° 150 : « le dol peut être constitué par le silence d'une partie dissimulant au cocontractant un fait qui, s'il avait été connu de lui, l'aurait empêché de contracter. » Depuis lors, la jurisprudence a affiché une position constante jusqu'à l'arrêt Baldus qui semble infléchir la tendance.

[13] Cass. 3e civ., 21 févr. 2001, n° 98-20817, *Bull. civ.* III, n° 20.

contractant qui ne l'aura pas recherchée ne pourra pas par la suite invoquer un manquement de son cocontractant pour remettre en cause son engagement, car en l'espèce la victime a failli à son devoir de renseignement. Cependant, en vue de favoriser une relation contractuelle équilibrée, il a été instauré une obligation d'information dans les contrats présentant des spécifications techniques qu'un contractant profane normalement diligent ne pourrait connaître de lui-même. L'existence de l'obligation d'information est subordonnée à la légitimité de l'ignorance de l'autre partie, notamment lorsque l'une des parties est un professionnel et l'autre un profane.

La généralisation du devoir de renseignement à tous les contrats et la limitation de l'obligation d'information aux contrats spécifiques permettent de maintenir l'équilibre obligationnel entre les parties dans la phase précontractuelle. Cet équilibre est menacé par l'admission généralisée de la réticence dolosive et surtout la conception suscitée suivant laquelle « l'existence d'une réticence dolosive rend toujours excusable l'erreur provoquée ».

En effet, l'analyse du volet technique et conceptuel du dol par réticence suscite des réserves : en l'admettant, on quitte le champ de l'erreur provoquée pour celui de l'erreur spontanée qui profite au contractant. Il n'est plus reproché à l'auteur d'avoir trompé, mais plutôt de ne pas avoir détrompé son cocontractant. L'optique est inversée, car d'une obligation de ne pas mentir, on passe à une obligation d'informer, d'une faute en paroles ou par action à une faute par omission[14].

Si la réticence dolosive a été accueillie favorablement parce qu'elle permettait de sanctionner le contractant qui par son silence a induit la victime en erreur, on s'est très peu intéressé au comportement de la victime. En effet, la réticence d'une partie n'exonère pas l'autre de son devoir de renseignement en vertu duquel elle doit prendre toutes les informations utiles avant de s'engager. En matière contractuelle, chaque partie est appelée à défendre elle-même ses intérêts[15], avant d'attendre le salut de l'autre. Ce

---

[14] V. notamment G. Lardeux, *La réticence dolosive n'est pas un dol comme les autres*, D. 2012, p. 2987.

[15] Voir dans le caractère intentionnel du silence gardé un élément suffisant à fonder une obligation d'information revient alors à admettre qu'il incombe au cocontractant de

qui oblige les contractants à plus de vigilance qu'en matière délictuelle où, l'absence de contexte préalable ne permet pas à la victime de se prémunir contre la faute d'un tiers[16]. Si la réticence doit être sanctionnée alors que l'autre contractant aurait pu éviter par lui-même de se tromper, cela reviendrait à admettre d'annuler le contrat dans un cas où, en principe, l'article 1110 du Code civil s'y oppose, l'accent étant mis sur le seul vice de consentement qui annihile l'engagement sans plus exiger qu'à l'origine de l'erreur se trouve une faute caractérisée.

La passivité du contractant qui ne s'est pas renseigné alors qu'il pouvait le faire n'a pas pour origine première le silence gardé par l'autre, mais bien sa propre négligence. Dans ces conditions, l'erreur demeure spontanée et l'*errans* n'a pas été moins négligent qu'en l'absence de réticence. L'existence de celle-ci ne produit aucun changement et l'ignorance d'une partie ne saurait être reprochée à son cocontractant alors que c'est à elle-même qu'elle la doit en premier lieu. Il semble illogique d'admettre en cette hypothèse l'existence d'un dol lorsque le contractant s'est engagé en méconnaissance de cause ; c'est à lui-même qu'il doit en faire le reproche avant d'indexer son cocontractant[17]. La partie qui a négligé ses propres intérêts est la première responsable de ses déboires contractuels.

De ce qui précède, on est autorisé à conclure que tous les silences ne sont pas condamnables. Il convient de lutter contre ceux qui contreviennent à une obligation de parler qui, pour exister, exige que *l'errans* ait pu légitimement faire une confiance particulière à l'autre partie. C'est à cette condition que sa passivité devient excusable bien que l'information lui ait été accessible. À notre sens, le silence est une affaire d'espèce et ne conduit pas à dédouaner systématiquement le contractant de sa négligence. Si en s'abstenant le contractant a failli à son obligation d'information, il sera tenu

---

défendre les intérêts de l'autre que celui-là même. Obligation lui est faite de se substituer à l'autre partie dans la défense de ses intérêts au détriment des siennes propres. Ce qui est sans doute trop demander à la nature humaine, car cela revient à étendre aux relations contractuelles ordinaires la logique qui domine, cette fois légitimement, dans celles frappées du sceau d'une particulière confiance et qui fait naître alors une obligation de renseigner.

[16] G. Lardeux, *L'absorption du dol par la responsabilité civile*, *RDCO* 2013-3, p. 1182.

[17] J. Mouly parle « d'antinomie existant entre les devoirs de se renseigner et de renseigner l'autre », JCP G 2012. 981.

pour responsable du dol et devra réparer le préjudice causé à la victime. En revanche, si le préjudice subi est exclusivement dû à la passivité de la partie qui ne s'est pas informée, elle sera entièrement responsable, ce qui exonère son cocontractant. Cette dernière mérite d'être tenue pour responsable de ses propres turpitudes. C'est le sens notamment de l'arrêt Baldus[18] dans lequel la Cour de cassation française a refusé de casser l'arrêt au motif que l'acheteur n'était pas tenu d'une obligation d'information vis-à-vis du vendeur. Il en ressort que l'acquéreur, même professionnel, n'est pas tenu d'une obligation d'information au profit du vendeur sur la valeur du bien acquis.

L'hyper-protection de la partie présumée « faible » est une option qui, si l'on n'y prend garde, peut conduire à la déstabilisation de l'équilibre voulue à toutes les phases du processus contractuel. Bien que la comparaison comme méthode d'analyse recèle des limites, elle peut être source de précieux enseignements et le droit du travail offre une illustration édifiante. Cette branche du droit est née de la nécessité de protéger les travailleurs, car l'application des règles du droit commun aurait abouti à la perpétuation de l'exploitation de l'homme par l'homme après l'abolition de l'esclavage. C'est ainsi qu'entre autres mesures de protection, la tendance des premiers codes de travail était de laisser aux juges le pouvoir souverain pour l'octroi des dommages-intérêts en cas de licenciement abusif. Mais à l'épreuve des faits, les résultats ont été décevants ; la générosité excessive des juges vis-à-vis des travailleurs licenciés s'est révélée comme un réel danger pour l'économie et la paix sociale, car plusieurs entreprises frôlaient le dépôt du bilan après

[18] Civ. 1re, 3 mai 2000, *Bull. I,* n° 131. Une dame avait vendu, aux enchères, en 1986, cinquante photos dues à Baldus, au prix de 1 000 francs pièce. Elle prit ensuite l'initiative de retrouver l'acquéreur et de lui proposer, au même prix, quatre-vingt-cinq nouvelles photos. Or, celles-ci valaient en réalité bien plus, comme l'acquéreur le savait fort bien pour avoir revendu les premières entre-temps avec un substantiel bénéfice. Une Cour d'appel, estimant qu'il avait manqué à « l'obligation de bonne foi qui pèse sur tout contractant », l'avait condamné à verser un supplément du prix, calculé pour que la venderesse reçût l'exacte valeur des photos. Or, la Cour de cassation a sèchement cassé cet arrêt, reprochant à la Cour d'appel d'avoir ainsi statué « alors qu'aucune obligation d'information ne pesait sur l'acheteur ». V. notamment J. Mestre et B. Fages obs. sous Civ. 1re, 3 mai 2000, RTD civ. 2007. 335.

avoir payé des lourdes condamnations judiciaires[19]. C'est ce qui explique la tendance aujourd'hui généralisée à la limitation des droits dus aux travailleurs licenciés par les législations sociales[20].

En définitive, la divergence de jurisprudence sur la réticence dolosive traduit la difficulté à assimiler les manœuvres positives à la réticence dolosive[21]. S'il y a unanimité sur la nécessité de sanctionner toutes les attitudes insidieuses des contractants de mauvaise foi, il paraît aussi légitime de mettre chaque contractant devant ses responsabilités afin qu'il prenne les dispositions nécessaires pour préserver ses intérêts. La prise en compte du comportement de la victime permettrait de la tenir, au moins en partie, responsable du vice ayant entaché l'expression de son consentement. Ainsi, s'il est établi qu'elle aurait pu accéder elle-même à l'information qui s'avérait déterminante pour son consentement, son cocontractant sera exonéré et il sera tenu seul responsable de ce qu'elle veut reprocher à l'autre. Le contrat ne sera ni annulé ni révisé et la prétendue victime n'obtiendrait aucune réparation de son cocontractant. En revanche, il y aurait partage de responsabilité si à sa faute personnelle s'est ajouté le comportement fautif de son cocontractant. Dans ce cas, la réparation sera proportionnelle à la faute commise ; il s'agit d'une question de fait à laquelle les juges du fond sauront, comme à l'accoutumée, apporter une réponse appropriée en fonction des espèces.

La reconnaissance du dol par abstention s'explique par le souci de neutraliser toutes les atteintes à l'expression du consentement. Dans la même logique, les manœuvres provenant des personnes étrangères au contrat méritent une attention particulière.

---

19 Or, la fermeture d'une entreprise occasionne des pertes pluridimensionnelles : l'entrepreneur perd son investissement, les travailleurs leur emploi et l'État les impôts avec un accroissement du taux de chômage.

20 V. notamment les articles L1231-1 et suivants du Code de travail français et l'article 39 de la loi n° 92/007 du 14 août 1992 portant Code du travail en République du Cameroun.

21 Lire respectivement Cass. 3e civ., 15 janv. 1971, *Bull. civ.* III, n° 38 ; *RTD civ.* 1971, p. 839, note Y. Loussouarn et l'arrêt Baldus Civ. 1re, 3 mai 2000, JCP G 2001, II, 10510, note Ch. Jamin ; Defrénois 2000, p. 1110, obs. D. Mazeaud et p. 1114, obs. Ph. Delebecque ; RTD civ. 2000, p. 566, obs. J. Mestre et B. Fages.

B - L'admission des manœuvres provenant des tiers

Le dol ne constitue une cause de nullité que si les manœuvres proviennent de l'autre partie contractante. La jurisprudence a toujours sanctionné les pratiques dolosives provenant des personnes agissant à un titre quelconque pour le compte du cocontractant de la victime[22]. Cette solution est entérinée par les projets de réforme qui procèdent même à l'énumération des différentes qualités en vertu desquelles ces personnes peuvent agir[23].

En revanche, lorsque les manœuvres ayant conduit à la conclusion du contrat proviennent d'une personne qui n'a pas de lien juridique avec le cocontractant, la preuve de l'implication de ce dernier a toujours été exigée pour la sanction. Les projets de réformes entérinent cette solution, même s'ils présentent des différences légères. Le projet CATALA subordonne la sanction à la preuve de l'instigation ou de la complicité du cocontractant de la victime alors que le projet de la chancellerie est plus souple en exigeant simplement que le cocontractant ait eu connaissance et en ait tiré avantage. Si dans les deux hypothèses la mauvaise foi est exigée, il y a une différence de degré : dans le premier cas, la concertation entre le cocontractant et l'auteur des manœuvres est exigée alors que dans le second, il suffit que le cocontractant ait eu connaissance même sans avoir participé à la rouerie. Il tire simplement avantage d'une situation à laquelle il n'a nullement contribué.

L'hypothèse problématique est celle du contractant qui, sur la base des informations erronées reçues d'un tiers, signe un contrat vicié alors que son

---

22 Pour annuler une souscription à une augmentation de capital, les juges du fond ont estimé, à juste titre, que les manœuvres dolosives des dirigeants de la société ont été accomplies dans l'exercice de leurs fonctions et dans l'intérêt immédiat de leur société, celle-ci ayant tiré un profit manifeste des agissements dolosifs de ses représentants légaux ; Com. 27 nov. 1972 ; Gaz. Pal. 1973.1. 259, note Delaisi.

23 L'article 45 de l'avant-projet de réforme du droit des obligations dispose que « le dol est également constitué s'il émane du représentant, du gérant d'affaires, préposé ou porte-fort du cocontractant. Il l'est encore lorsqu'il émane d'un tiers si le cocontractant en a eu connaissance et en a tiré avantage ». Le projet CATALA dispose en son art. 1113-2 que «Le dol est semblablement constitué s'il émane du représentant, gérant d'affaires, préposé ou porte- fort du cocontractant, ou même d'un tiers sous l'instigation ou avec la complicité du cocontractant ».

partenaire ignore totalement les précédents de leur engagement. En effet, les personnes qui projettent un contrat se renseignent généralement auprès de plusieurs partenaires potentiels. Ce renseignement préalable est motivé entre autres par l'esprit de méfiance qui anime les acteurs et qui les amène à penser que leurs cocontractants pourraient utiliser des artifices adroits pour les amener à s'engager[24]. La multiplication des sources d'information est aussi motivée par la recherche du meilleur rapport qualité-prix. Dans ces démarches, ils obtiennent parfois chez un opérateur des renseignements inexacts sur lesquels ils se basent pour s'engager avec une autre personne. Certes, les informations erronées provenant d'un tiers sont inopposables au cocontractant et le contrat conclu ne peut être remis en cause que s'il est établi que les deux personnes sont de connivence. Dans le cas contraire, le contrat reste valable et produit entièrement ses effets. Il n'en demeure pas moins que le consentement de l'une des parties a été vicié et qu'elle subit une relation contractuelle déséquilibrée à cause de ce manquement qui a entaché sa formation. Dans le souci de protection du consentement, il est nécessaire de s'interroger sur l'indifférence actuellement affichée sur la question qui n'est pas une hypothèse d'école.

Comme il a été précédemment constaté, la réglementation en vigueur et les différents projets de réformes en France montrent que l'implication directe ou indirecte du cocontractant de la victime et l'intention délictuelle sont consubstantielles à la qualification de dol. Dans cet esprit, on peut comprendre la difficulté à admettre les manœuvres provenant des tiers sans lien de droit ou de fait avec le cocontractant dans le champ d'application du dol. Dans le même esprit, il conviendrait de conserver la recherche de l'intention délictuelle du tiers pour permettre au dol de conserver son double caractère de vice de consentement et de délit civil. Ceci permettrait de ne pas tomber dans l'excès inverse qui consisterait à promouvoir le « presque tout vice du consentement » alors que l'on condamne le système actuel du « presque tout délit civil ».

Les manœuvres des tiers pourraient être saisies par le dol et sanctionnées à travers l'erreur. Les déclarations mensongères du tiers ont provoqué

[24] Ces artifices adroits ne sont pas généralement sanctionnés parce qu'ils rentrent dans la catégorie du *dolus bonus*.

l'erreur de la victime dans la conclusion du contrat. Traditionnellement, les atteintes de cette nature rentrent dans la catégorie des erreurs indifférentes qui n'ont aucune incidence sur la validité du contrat. Dans notre optique, ces erreurs jadis indifférentes deviendraient excusables et la formulation suivante pourrait être retenue : « les manœuvres provenant d'un tiers rendent excusable l'erreur provoquée chez la victime ». L'appréhension et la sanction des manœuvres des tiers respectivement par le dol et l'erreur s'expliquent par le fait que les manœuvres et l'intention délictuelle doivent être à la base de l'erreur provoquée chez la victime.

Cependant, il est nécessaire d'encadrer l'innovation suggérée au risque de fragiliser le régime de l'erreur défini par le législateur et progressivement construit par la jurisprudence. Seuls méritent d'être retenus les actes positifs notamment les déclarations mensongères qui auraient amené le contractant à prendre des engagements. Il se posera aussi le problème de la preuve ; si la qualification de « manœuvres » suppose l'intention délictuelle de tromper, comment pourrait-on établir que le tiers qui a donné une information inexacte avait l'intention d'induire la victime en erreur ? Il s'agit d'une question de fait qui pourrait être appréciée souverainement par les juges du fond. Par exemple, si le tiers est un profane, on pourrait déduire qu'il était de bonne foi, car *a priori*, en donnant l'information, il ne comptait en tirer aucun avantage ; par conséquent, le contrat restera valable et produira ses effets. En revanche, s'il s'agit d'un professionnel, on pourrait déduire qu'en donnant des informations inexactes à la victime, il comptait l'appâter et la décider à conclure le contrat, mais cette dernière les a exploitées pour s'engager plutôt avec une autre personne. Le juge serait par conséquent fondé à l'annuler sur la demande de la victime. L'encadrement de la sanction est également un impératif ; la seule sanction concevable serait l'annulation du contrat, car il paraît illogique de condamner le cocontractant au paiement des dommages et intérêts pour des faits dont il n'est pas responsable. Il reviendra à la victime d'engager la responsabilité délictuelle du tiers en cause pour obtenir des dommages et intérêts en réparation du préjudice subi.

La prise en compte des manœuvres des tiers permettrait de protéger les parties contractantes à travers la neutralisation de toutes les manœuvres intentionnelles, quelles que soient leurs origines, qui pourraient entacher l'expression de leur volonté. Ainsi, le dol assurerait à la victime un niveau de protection comparable à celui de la violence. En effet, si la violence est une cause de nullité du contrat même lorsqu'elle provient de certains événements vécus par la victime, on comprend moins bien la raison pour laquelle, le dol ne constitue une cause de nullité que si les manœuvres dolosives proviennent du cocontractant de la victime. Certes, l'annulation du contrat porterait atteinte aux intérêts du cocontractant qui subirait un préjudice du fait de l'anéantissement du contrat pour des raisons qui lui sont étrangères. Mais la sécurité juridique des transactions n'en serait pas plus compromise qu'en cas d'annulation pour violence provenant d'un tiers ou de certains événements ou de sanction de l'erreur provoquée par la réticence dolosive.

En somme, la reconsidération du comportement de la victime et la sanction des manœuvres provenant des tiers permettraient la mise en évidence de l'aspect du vice de consentement dans le dol à travers ses conditions d'admission. Cet ajustement rééquilibrerait les deux courants – délit civil et vice de consentement – qui innervent le dol et permettent de le distinguer des autres vices de consentement. Dans la même perspective, la clarification des sanctions est nécessaire.

II- Une clarification des sanctions

Les manœuvres dolosives font l'objet d'une variété de sanctions dont les conditions spécifiques d'application ne sont pas précisées par le Code civil. Par conséquent, il y a des divergences jurisprudentielles sur la question et la doctrine elle-même divisée n'a pas procédé au recentrage[25]. La clarification qui permettrait de mettre en évidence la spécificité du dol peut s'opérer par le recadrage (1) et la proportionnalisation des sanctions (2).

A- Le recadrage des sanctions

Le dol est sanctionné par la nullité, les dommages-intérêts et la réduction du prix. L'annulation, sanction naturelle, peut être prononcée à la demande

[25] En guise d'illustration V. J. Ghestin, *Traité de droit civil, Le contrat, Formation*, LGDJ, 2e éd. 1988, n° 439, p. 482. Cass. 3e civ., 11 mai 2005, RTD civ. 2005, p. 590 et E. Savaux, *Résister à l'absorption du dol par la responsabilité, RDCO* 2013-3-058, p. 1201 et s. Cass. com., 7 juin 2011, RDC 2011, p. 1148, obs. Y.-M. Laithier.

de la victime – puisqu'il s'agit d'un cas de nullité relative – sur le fondement des articles 1109, 1116 et 1117 du Code civil lorsque les manœuvres, le mensonge ou la réticence ont déterminé la conclusion du contrat. Elle produit un effacement rétroactif du contrat. Pour revenir au *statu quo ante,* les parties doivent procéder aux restitutions réciproques s'il y a déjà eu un début d'exécution du contrat irrégulièrement formé. Cette sanction ne peut produire ses effets légaux que si elle est prononcée le plus tôt possible, au besoin avant tout début d'exécution du contrat ; ce qui n'est généralement pas le cas, car très souvent, c'est en cours d'exécution que la partie victime se rend compte de la duperie[26]. En plus, en ajoutant le temps des procédures judiciaires avec l'exercice des voies de recours, la décision finale et définitive intervient à un moment où l'annulation présente peu d'intérêt pour les parties en cause. Parfois, les investissements déjà réalisés par la victime avant la découverte du vice rendent difficile l'annulation du contrat, les parties ne pouvant plus être remises dans le *statu quo ante.* Les difficultés de mise en œuvre de la nullité expliquent la désaffection des victimes et les demandes de plus en plus fréquentes d'allocation des dommages-intérêts et de réduction du prix. Ce choix délibéré et majoritaire pose des difficultés relatives aux fondements des dommages et intérêts et au cumul de deux sanctions.

Lorsque la victime sollicite exclusivement l'allocation des dommages et intérêts, le juge doit-il apprécier la demande sur la base des dispositions du droit commun de la responsabilité ou des règles spécifiques du dol ? À notre sens, l'examen de la demande des dommages et intérêts relatifs au dol sur la base des dispositions générales du droit commun est un écueil à éviter. En effet, bien que de manière générale, tout fait qui cause à autrui un dommage oblige son auteur à le réparer. Dans certaines hypothèses, la responsabilité de l'auteur du dommage n'est engagée que sur le fondement d'une faute qualifiée. Il en va ainsi en matière de dol où les dommages-intérêts ne devraient être alloués à la victime que lorsque les faits remplissent les critères spécifiques au dol. C'est à juste titre que la Cour de cassation française jugea dans un arrêt rendu le 7 juin 2011 qu'ayant souverainement estimé qu'il n'était établi, ni l'intention du vendeur d'un fonds de commerce de tromper

---

[26]C'est pourquoi les délais d'action courent à compter de la découverte de la tromperie et non de la signature du contrat.

l'acheteur sur la qualification exacte d'une salariée dont le contrat de travail lui avait été transmis ni le caractère déterminant de l'information litigieuse sur les conditions de la vente, la Cour d'appel en a exactement déduit que la demande de dommages-intérêts, exclusivement fondée sur le dol, devait être rejetée[27].

La recherche de l'intention délictuelle est indispensable lorsque la victime demande exclusivement les dommages-intérêts ou la réduction du prix. La victime qui ne peut pas prouver que les éléments constitutifs du dol sont réunis, en l'occurrence la faute intentionnelle, devra formuler sa demande d'indemnisation sur un autre fondement, en l'occurrence les articles 1382 et 1383 du Code civil pour lesquels une faute quelconque suffit, tel un manquement non intentionnel à l'obligation d'information par imprudence ou par simple négligence. Ce qui permet de distinguer le dol de l'obligation d'information, le manquement à cette dernière ne pouvant donner lieu aux sanctions du dol que s'il est frauduleux ou intentionnel.

La victime du dol est-elle fondée à demander la réduction de ses engagements vis-à-vis de l'auteur et les dommages et intérêts ? Avant de se prononcer, il convient de prime abord de relever que les différentes sanctions du dol poursuivent des finalités distinctes. La nullité est destinée à anéantir le contrat vicié pour ramener les parties à leur statut antérieur et les dommages et intérêts réparent exclusivement le préjudice éventuellement causé à la victime. C'est la raison pour laquelle, sur le plan procédural, les deux chefs peuvent faire l'objet de deux demandes distinctes et indépendantes[28]. La réduction du prix permet de rééquilibrer le contrat par un ajustement des obligations des deux parties et pourrait intégrer, dans une certaine mesure, la réparation du préjudice subi par la victime. De ce qui précède, la réponse affirmative est justifiée par les finalités différentes des

[27]Cass. com., 7 juin 2011, *RDC* 2011, p. 1148, obs. Y.-M. Laithier. ; *RTD civ.* 2011, p. 533, obs. B. Fages.

[28] Dans le même sens, la troisième chambre civile de la Cour de cassation a jugé que la demande en nullité de la vente pour dol et la demande en réduction du prix de la vente par les victimes de ce dol n'ont pas le même objet et que la seconde ne peut être déclarée irrecevable comme se heurtant à l'autorité de la chose jugée sur la première et à la nécessité de présenter dans la même instance toutes les demandes fondées sur la même cause. Cass. 3e civ., 11 janvier 2012, n° 10-23141, JCP G 2012, n° 5, 442, note J. Ghestin et Y.-M. Serinet.

deux sanctions. Les dommages et intérêts réparent le préjudice causé à la victime et la réduction du prix est destinée à rééquilibrer le contrat par un ajustement des obligations des deux parties. Cette dernière permet de rendre à l'auteur d'un paiement partiellement injustifié ce qu'il a acquitté en trop[29]. Si les deux demandes sont adressées par la victime, le juge devrait s'y prononcer au risque que sa décision n'encoure la critique parce qu'il aura statué *infra petita*.

Pratiquement, le juge pourra directement intégrer les dommages-intérêts dans la réduction du prix, en tenant compte du préjudice subi dans la réduction des obligations de la victime, notamment le prix. Cette prise en compte doit ressortir expressément de sa décision parce qu'elle ne saurait être présumée. Si le montant additionné de la fraction injustifiée du prix et des dommages-intérêts est supérieur au montant du contrat payé au comptant, l'auteur du dol remboursera à sa victime un montant supérieur à ce qu'il aura reçu. Pour l'opération effectuée à crédit, ce montant viendra en déduction de ce qui reste dû par la victime du dol.

En définitive, le juge qui accueille favorablement les deux chefs de la demande ne viole pas le principe du « *non bis in idem* ». En revanche, si la victime ne sollicite que la réfaction du contrat, on supposera qu'elle n'a pas subi un préjudice autre que le « trop versé » dont elle réclame le remboursement. Par conséquent, l'auteur ne remboursera qu'une partie de ce qu'il a reçu au titre du contrat. Ces articulations nécessaires doivent être complétées par une proportionnalisation des sanctions.

B - La proportionnalisation des sanctions

Au fil du temps, le dol s'est révélé comme étant un terrain fertile à l'interprétation avec les difficultés d'encadrement et parfois des incohérences. Parmi les évolutions se trouve en bonne place la distinction établie entre le dol principal et le dol incident ; alors que dans le dol principal, sans les manœuvres l'autre partie n'aurait pas contracté, dans le dol incident, elle l'aurait néanmoins fait, mais à des conditions différentes. Si la nécessité de sanctionner le dol incident n'a jamais été remise en cause,

---

[29] V. en ce sens, T. Genicon, Cass. 3e civ., 6 juin 2012, *RDC 2012*, p. 1180 ; Cass. com., 14 mars 1972, n° 70-12659, *Bull. civ. IV*, n° 90 ; *D.* 1972, p. 653, note J. Ghestin.

la nature des sanctions a toujours alimenté la controverse. Bien qu'une partie de la doctrine et les différents projets de réformes soient favorables à l'application des mêmes sanctions aux deux variétés de dol, on peut néanmoins s'interroger sur l'intérêt de la distinction si les conséquences qui en découlent sont identiques. Après une tentative de distinction[30], les tribunaux sont revenus à l'identité des sanctions qui fait aujourd'hui l'objet d'une jurisprudence constante. Les victimes du dol, qu'il soit principal ou incident, peuvent solliciter l'annulation du contrat, l'allocation des dommages et intérêts ou la réduction de leur engagement. Les sanctions identiques s'expliqueraient notamment par la prise en compte exclusive du comportement de l'auteur pour l'appréciation du dol ; ce dernier voulait tout simplement tromper, peu importe qu'il ait réussi totalement (dol principal) ou partiellement (dol incident). C'est l'intention de tromper qui est sanctionnée, ce qui traduit la prédominance de l'aspect délictuel sur le vice de consentement.

Pourtant, en percevant le dol d'abord sous l'angle de l'atteinte à la volonté et en tenant compte du comportement de la victime, une solution différente pourrait être justifiée. Le dol principal et le dol incident altèrent le consentement à des degrés divers : alors que dans le premier la victime n'aurait pas contracté, dans le second elle l'aurait fait à des conditions différentes. Si elle avait pu néanmoins contracter, il convient de ne pas lui offrir l'opportunité de demander l'annulation de son engagement. Le dol incident est susceptible d'être utilisé comme un prétexte pour obtenir l'annulation du contrat pour des raisons inavouées. Il peut se trouver qu'en fonction des circonstances, le contrat ne présente plus le même intérêt pour le contractant ou qu'entre-temps, il ait découvert une solution plus avantageuse. Dans ces hypothèses, tous les moyens sont bons pour s'en débarrasser et le dol incident devient alors un bouclier d'une efficacité redoutable pour obtenir l'annulation. Ainsi, l'instrumentalisation du dol incident serait à redouter.

La sanction différente du dol incident s'inscrit dans la logique du rééquilibrage et elle permet aussi de prendre en compte l'attitude parfois

[30] Pour une illustration d'un arrêt affirmant que le dol incident, qui autorise la réduction du contrat, ne peut être sanctionné que par des dommages-intérêts, v. Cass. 1re civ., 22 déc. 1954, D. 1955, jur., p. 254).

reprochable de la victime. Très souvent, la réussite des manœuvres ayant abouti au dol incident est due au comportement de la victime qui au préalable n'a pas fourni les efforts nécessaires pour comprendre la portée de son engagement. En sanctionnant différemment le dol incident, la victime payerait dans une certaine mesure le prix de son comportement. Dans certains cas, si la victime du dol incident avait été vigilante, elle aurait découvert la supercherie et son cocontractant ne l'aurait pas induite partiellement en erreur. Elle aurait exigé des conditions équitables et le déséquilibre contractuel causé par le dol incident aurait été évité. L'auteur des manœuvres dolosives n'est pas moins pénalisé, car on lui impose un retrait du contrat des conditions qu'il voulait éviter par ses artifices.

Le dol incident se rapproche du *dolus bonus*[31] toléré par la jurisprudence bien qu'il soit aujourd'hui limité par les dispositions sur la publicité et la protection du consommateur. La ligne de démarcation entre les deux est difficile à tracer et il semble logique que leurs conséquences juridiques, à défaut de convergence, ne soient pas diamétralement opposées.

En définitive, le dol principal et le dol incident ne produisent pas les mêmes effets. Pour des raisons de proportionnalité, la différence de degré devrait justifier une différenciation des sanctions[32]. Dans cette perspective, deux options pourraient être explorées. La première consisterait à réserver la nullité au dol principal et à sanctionner le dol incident par la réduction des engagements, l'allocation des dommages-intérêts, ce qui permettrait de rétablir l'équilibre et réparer le préjudice éventuellement causé à la victime tout en préservant la sécurité juridique des transactions. Le dol incident n'ouvrirait pas la voie à l'annulation, ce qui aura l'avantage de sauver le contrat et d'imposer à l'auteur des conditions qu'elle n'avait pas souhaitées. La désaffection constatée des victimes vis-à-vis de la nullité importe peu, il s'agirait de supprimer simplement la possibilité de demander la nullité en cas de dol incident.

---

[31] Il s'agit d'exagérations usuelles dans les relations d'affaires. Certains auteurs l'ont assimilé à l'erreur inexcusable, mais d'autres préfèrent mettre l'accent sur le fait qu'il n'y a pas d'intention de tromper, condition nécessaire à la qualification de dol.

[32] A. Kenmogne Simo, *La sanction du dol ayant amené à contracter à des conditions différentes*, *RLDC* 2008/52, n° 3093, p. 54 et s. ; D. Bakouche, *La prétendue inconsistance de la distinction du dol principal et du dol incident*, *JCP G* 2012, n° 29, 851.

La seconde consisterait à maintenir la nullité pour le dol incident en imposant des conditions plus rigoureuses. C'est la solution retenue par le projet d'acte uniforme OHADA sur le droit des contrats ; pour que les manœuvres entraînent l'annulation du contrat, il faudrait qu'elles aient amené la victime à contracter dans des *« conditions substantiellement différentes »*. Cette option ouvre la voie à la casuistique et le débat portera sur le caractère substantiel ou non des manœuvres dans chaque espèce. Toutefois, il s'agit d'un inconvénient mineur, le juge étant habitué à trancher des questions similaires ; n'apprécie-t-il pas déjà le caractère substantiel de l'erreur ou le caractère déterminant des vices de manière générale[33] ?

Conclusion

Si la double nature fait l'originalité du dol, elle est en même temps source de difficultés. Le jeu de balancier incline en faveur du délit civil qui en l'état actuel, « fait ombrage » au vice de consentement. D'où la nécessité du recentrage qui permettrait d'améliorer sa visibilité comme vice de consentement sans remettre en cause son caractère délictuel. Ce recentrage pourrait s'opérer par la prise en compte du comportement de la victime et des manœuvres provenant des tiers. En effet, les manœuvres provenant des tiers échappent à l'emprise du dol alors qu'elles vicient le consentement autant que celles provenant du cocontractant et l'interprétation extensive de l'article 1116 du Code civil s'est opérée essentiellement en faveur de la victime du dol. La protection accrue de la victime a eu pour conséquence sa déresponsabilisation dans le processus de formation du contrat et l'alourdissement des obligations de son cocontractant. Par ailleurs, la clarification des sanctions est un impératif, car l'application actuelle des sanctions crée un risque de confusion avec les règles du droit commun de la responsabilité civile. Il conviendrait de préciser les conditions spécifiques d'allocation des dommages-intérêts relatifs au dol et de tirer toutes les conséquences de la distinction établie entre le dol principal et le dol incident en imposant des sanctions différentes. Ces réformes rééquilibreraient les deux conceptions qui inspirent le régime du dol et l'épargneraient de tout risque d'absorption par la responsabilité civile.

---

[33] A. Kenmogne Simo,, *op.cit.* p. 57.

L'URGENCE EN MATIÈRE DE RÉFÉRÉ EN DROIT CAMEROUNAIS

Ibrahim NDAM[1]

Résumé

La présente étude a pour objet de chercher à savoir si, en droit camerounais, l'urgence est suffisamment prise en compte en matière de référé aussi bien par le législateur que par le juge. L'analyse des règles de droit régissant tant le référé administratif que le référé judiciaire et de la pratique judiciaire en ces matières permet de faire le constat de la prise en compte insuffisante de l'urgence. Sans être évincée, puisqu'elle n'est pas totalement absente de la préoccupation du législateur et des juges, l'urgence est éclipsée aussi bien dans l'examen de la recevabilité de la demande en référé que dans le déroulement des instances de référé.

The present study aims to investigate whether, in Cameroonian law, the urgency is sufficiently considered in chambers by both the legislature and the judge. The analysis of the law governing interim administrative measures as the judicial and summary of judicial practice in these matters allows for the observation of the insufficient consideration of the emergency. Without being evicted because it is not totally absent from the concern of the legislature and the judiciary, the urgency is eclipsed also in the examination of the admissibility of the application for interim measures in the course of the interlocutory proceedings.

Introduction

Choisir de scruter l'urgence sous le prisme du référé en droit camerounais est un projet à la fois surprenant et délicat.

Le projet est surprenant parce que l'urgence constitue, en droit camerounais comme dans tout système juridique, la raison d'être, la

[1] Docteur en Droit privé, Chargé de Cours à la Faculté des Sciences Juridiques et Politiques, Université de Yaoundé II-Soa (Cameroun).

« mesure »[2] et, pour tout dire, *« l'âme du référé »*[3]. Le législateur camerounais a institué le référé, la procédure sur requête et le sursis à exécution des décisions administratives pour parer aux cas d'urgence[4]. La Cour suprême du Cameroun entérine le rôle important de l'urgence en matière de référé lorsqu'elle affirme que *« l'urgence constitue le fondement même de la décision de référé »*[5]. Le référé est une procédure d'urgence de caractère contradictoire par laquelle un juge unique exerçant en général une fonction présidentielle (président du tribunal administratif, président du tribunal de première instance ou le magistrat qu'ils délèguent), prend une décision n'ayant l'autorité de chose jugée qu'au provisoire et destinée à éviter que l'écoulement du temps ait pour conséquence de compromettre les droits du demandeur[6]. Le référé se distingue ainsi de la procédure sur requête qui, bien qu'étant aussi une procédure d'urgence, n'est pas contradictoire. En droit camerounais, le référé administratif et judiciaire est destiné à permettre au juge de prendre, dans l'attente du jugement au fond, des mesures provisoires que justifie la nature du différend, ou que l'intérêt du requérant comme celui d'une bonne administration de la justice recommande de ne pas différer[7].

---

[2] J.-F. BURGELIN, J.-M. COULON et M.-A. FRISON-ROCHE, « Le juge des référés au regard des principes procéduraux », *Recueil Dalloz*, 1995, n° 28.

[3] J.-M. AUBY et R. DRAGO, *Traité de contentieux administratif*, 3ᵉéd. t. 2, Paris, LGDJ, 1984, p. 48.

[4] Lire utilement en matière civile et commerciale l'article 182 du Code de procédure civile et commerciale (CPCC) et, en matière administrative, l'alinéa 1 de l'article 27 de la loi n°2006/022 du 29 décembre 2006 fixant l'organisation et le fonctionnement des tribunaux administratifs qui prévoient respectivement la possibilité de saisir le juge des référés *« Dans tous les cas d'urgence » ou «Dans les cas d'urgence »*.

[5] CS/CA, ordon. réf. n°7 du 3 juin 1978, LÉLÉ Gustave c/ État du Cameroun, inédite.

[6] Cf. articles 183 du CPCC et 27 de loi n°2006/022 du 29 déc. 2006, *op.cit.* Sur la définition du référé en droit français, v. notamment R. GUILLIEN et J. VINCENT (sous dir.), *Lexique des termes juridiques*, 13ᵉ éd. D. 2001, p. 468 et G. CORNU (sous dir.), *Vocabulaire juridique*, Association Henri Capitant, 9ᵉ éd. PUF « Quadrige », 2011, p. 864.

[7] En dehors de la distinction référé administratif et référé judiciaire et, dans ce dernier cas, du référé d'heure à heure et du référé ordinaire, le droit camerounais ne prévoit pas explicitement les différents types de référés que l'on retrouve par exemple en droit français. (Sur cette absence de distinction, v. par exemple J. FIPA, « Le référé devant les juridictions camerounaises », *Juridis Périodique* n° 38, avril- mai- juin 1999, p. 78). Le droit français prévoit notamment le référé-provision, le référé-suspension, le référé-liberté, le référé

Le projet est délicat en ceci qu'une pareille option conduit, à première vue, à la discussion et à la contestation ; il relève même aujourd'hui de la gageure. Trois principales raisons justifient cette délicatesse. Tout d'abord, l'urgence est au centre des débats théoriques nourris à la sève de points de vue antagonistes opposant les partisans de la thèse selon laquelle elle est une notion de *« pur fait »*[8] à ceux qui pensent qu'elle est une notion de droit[9]. Ensuite, une doctrine, bien que minoritaire, confond même l'urgence à l'état de nécessité[10]. Enfin, plusieurs travaux soulignent que l'urgence paraît « *indéfinissable* »[11] ou, tout au moins, *« difficile à cerner »*[12]. Cette difficulté se justifie amplement : l'urgence est spécifiquement une notion « *empreinte de subjectivité »*[13], complexe, opaque et ambiguë parce qu'elle est non seulement d'une *« malléabilité déconcertante »*[14], mais aussi variable dans le temps.

Malgré tout, l'urgence est une notion relevant à la fois du droit et du fait, et qui se démarque de la nécessité[15]. Elle relève à la fois du fait et du droit

---

précontractuel. Sur certains de ces référés, v. notamment B. POUJADE, « Le référé précontractuel », *RFDA* 2002, p. 279; Ch. A. DUBREUIL, « Le référé-provision, référé administratif au fond ? », *RFDA* 2007, p. 1005 ; V. OGIER-BERNAUD, « Le référé-suspension et la condition d'urgence », *RFDA* 2002, p. 284 et N. Cayrol, *Référé civil*, Rép. pr. civ. Dalloz, mai 2011, p. 1 et s.

[8] V. par exemple, Chr. GABOLDE, *Essai sur la notion d'urgence en droit administratif français*, Thèse, Paris, 1951, p. 71: « *La caractéristique dominante de l'urgence est d'être une notion de pur fait* ».

[9] L. NIZARD, *Les circonstances exceptionnelles dans la jurisprudence administrative*, thèse, Paris, *LGDJ*, 1962, p. 144 : « *L'urgence ne saurait se déduire des faits* ».

[10] Cf. par exemple L. NIZARD, *ibidem.*

[11] A. SALL, *La notion d'urgence en droit international*, thèse, Paris, PUS, Villeneuve, 1998, p. 29. Adde G. PAMBOU TCHIVOUNDA, « Recherche sur l'urgence en droit administratif français », *RDP*, 1983, p. 82 ; N. CAYROL, *Référé civil*, Rép. pr. civ., Dalloz, mai 2011, p. 43, n° 363.

[12] V. OGIER-BERNAUD, « Le référé-suspension et la condition de l'urgence », *RFDA* 2002, p. 284 et s. v. aussi Ph. JESTAZ, *L'urgence et les principes classiques du droit civil*, Thèse, Paris, LGDJ, 1968, p.7 : « *Définir l'urgence d'une façon rigoureuse est une entreprise vouée à l'échec* ».

[13] TPI Yaoundé -Ekounou, ordon. réf. n° 102/civ. 22 avr. 2010, ANGUISSA Alexis c/ BALLA Benoit.

[14] H. SOLUS et R. PERROT, *Droit judiciaire privé*, t. 3, 1991, n° 1274.

[15] Sur la démarcation de l'urgence de la nécessité, v. notamment R. PALLARD, *L'exception de nécessité en droit civil*, Paris, LGDJ, 1948, p. 246 ; P.-L.FRIER, *L'urgence*, thèse, Paris,

parce que sa constatation résulte pratiquement de la confrontation des faits aux règles de droit applicables. Certes, parfois *« l'urgence ne saurait exister sans nécessité ; mais elle présente un caractère spécifique en raison des éléments d'ordre temporel qui lui sont inhérents »*[16], d'autant plus que certains buts sont nécessaires sans être urgents. L'urgence est, par opposition aux notions conceptuelles, une *« notion fonctionnelle »*[17] : elle vaut plus pour son utilité pratique que pour son contenu formel. Par conséquent, l'étymologie n'apprend que fort peu ici ; ce qui lui donne un sens, c'est l'usage, car l'urgence n'est pas *« un pur mot »*[18], mais une idée ou un faisceau d'idées, une notion ouverte, prête à s'enrichir de tout l'imprévu du futur.

De la synthèse des tendances énoncées, l'urgence peut, en définitive, être définie comme le caractère d'une situation ou d'un état de fait ou de droit susceptible de causer ou de provoquer un préjudice irréparable ou difficilement réparable s'il n'y est porté remède à bref délai[19]. Ainsi présentée, l'urgence peut être préventive ou curative.

L'urgence est préventive lorsqu'elle tend à écarter une menace imminente ou à prévenir son arrivée. Elle permet de faire face à un péril éventuel ; les droits d'un justiciable étant simplement menacés de violation. La jurisprudence entérine cette définition préventive de l'urgence ; elle précise dans une espèce *« qu'il y a urgence toutes les fois qu'un retard dans la prise de la décision sollicitée par le plaideur entraînerait un préjudice irréparable »*[20]. En droit comparé, la Cour de cassation belge décide qu'il y a urgence *« dès que la crainte d'un préjudice d'une certaine gravité, voire d'inconvénient sérieux*

LGDJ, 1987, p. 129 ; Ph. JESTAZ, *L'urgence et les principes classiques du droit civil*, Thèse, Paris, LGDJ, 1968, p.7.

[16] P.-L. FRIER, *L'urgence, op cit.*, p. 129.

[17] Sur la confrontation des notions conceptuelles aux notions fonctionnelles, v. G. VEDEL, « De l'arrêt Septfonds à l'arrêt Barinstein », *JCP*, 1948-I-682 et « La juridiction compétente pour prévenir, faire cesser ou réparer la voie de fait administrative », *JCP*, 1950. I.851.

[18] G. VEDEL, « De l'arrêt Septfonds à l'arrêt Barinstein », *op.cit*, p. 682.

[19] Cf. B.-R. GUIMDO DONGMO, *Le juge administratif camerounais et l'urgence. Recherches sur la place de l'urgence dans le contentieux administratif camerounais*, thèse de Doctorat d'État, Université de Yaoundé II, 2004, p. 18.

[20] TPI de Bafang, ordon. réf. n° 27 du 25 mai 2007, NOUBICIER Léon c/ NGAMAKO Michel, *Juridis Périodique*, n° 78, avr.-juin, 2009, note Yvette KALIEU.

rend une décision immédiatement souhaitable »[21]. L'urgence est ici appréhendée par rapport à un préjudice éventuel dont l'imminence nécessite l'intervention immédiate du juge.

L'urgence est réparatrice lorsqu'elle tend à mettre fin à un préjudice déjà survenu et à réparer ses conséquences néfastes. Dans ce cas, elle peut conduire à l'édiction de mesures définitives, à la différence de l'urgence préventive qui implique la prescription de mesures provisoires. La comparaison la plus topique qui permet de comprendre facilement cette grille de lecture est, en droit pénal, la défense immédiate et parfois violente que légitime une agression injuste. L'on peut aussi évoquer, à titre de comparaison, l'intervention du médecin urgentiste : quand le sang coule ou que le cœur faiblit, il faut une intervention médicale instantanée pour sauver la vie. En droit civil et en droit administratif, c'est le juge des urgences, notamment le juge des référés, le juge des requêtes qui assure cette défense[22].

La distinction, urgence-préventive et urgence-réparatrice n'est pas parfaite, car il existe des situations où l'urgence est à la fois préventive et réparatrice. C'est notamment le cas lorsque le juge des référés est saisi pour faire cesser et prévenir les effets néfastes d'un trouble de jouissance d'un bien[23].

Bien plus, l'urgence est une condition de la procédure non seulement de référé, mais également des autres procédures accélérées, entre autres le sursis à exécution en droit administratif et la requête en droit civil. Du latin « *urgens, urgere* » qui signifie pousser ou presser, l'urgence indique d'après Gérard Cornu dans le *Vocabulaire juridique*, ce qui dans une situation donnée crée la nécessité d'agir et partant, ce qui est nécessaire de faire pour parer à cette situation[24]. L'urgence est donc fonction de la

---

[21]Cass. Belge, 21 mars 1985, *PAS*, I, 908.

[22] Le juge des référés du Tribunal de Première Instance de Yaoundé-Ekounou appréhende l'aspect réparateur de l'urgence en ces termes : « *l'urgence commence où... le droit d'une partie... est violé et où naît la nécessité impérieuse de faire cesser cette violation* ». V. ordon. réf. n° 102/Civ. du 22 avr. 2010, ANGUISSA Alexis c/ BALLA Benoit.

[23] V. par exemple TPI Yaoundé Centre administratif, ordon. réf. n^{os}172/ADD du 08 avr. 2011, WAFO Roger c/ NOAH et Mme NOAH née AVOMBA Cécile ; 245/C du 04 avr. 2013, ONANA ONANA Paul agissant pour le compte de ATANGANA ONANA Marcelin Robert c/ TAMBA Edouard Ghislain et YANGO Félix.

[24] G. CORNU (sous dir.), *Vocabulaire juridique*, *op.cit.*, p. 1045, v°« *Urgent* ».

situation de fait ou de droit à laquelle il faut parer, soit pour préserver les intérêts privés ou publics, soit pour éviter ou prévenir une dépréciation ou une aggravation. Elle diffère ainsi de la célérité. Si l'urgence est la caractéristique du litige ou de la situation de fait ou de droit, la célérité est celle de l'action judiciaire[25]. En dépit de cette distinction, l'urgence rime avec la célérité[26], de sorte que la lenteur est incompatible avec toute considération de l'urgence. C'est d'ailleurs dans le sens de la célérité qu'il convient de comprendre l'exigence légale selon laquelle en matière judiciaire, l'appel contre une ordonnance de référé doit être *« jugé d'urgence »*[27]. L'urgence peut être simple ou renforcée, et dans les deux cas, elle est attributive de pouvoirs au juge des référés. Lorsque l'urgence est simple, elle appelle une simple célérité justifiant une promptitude normale d'intervention du juge des référés dans le cadre du référé ordinaire. En revanche, lorsque l'urgence est renforcée, elle implique une extrême célérité justifiant une promptitude particulière d'intervention du juge des référés dans le cadre du référé d'heure à heure. L'urgence n'est pas seulement présente dans l'instance initiale de référé ; elle se retrouve aussi dans les instances qui en sont dérivées. Cela se comprend aisément : l'exercice d'une voie de recours contre une ordonnance de référé n'enlève pas la nature urgente à l'affaire.

À partir de ces constats, la question peut se poser de savoir si l'urgence est suffisamment prise en compte en matière de référé en droit camerounais. En termes concrets, le législateur dans la réglementation tant de la procédure initiale de référé que des procédures sur recours et le juge dans la mise en application de cette réglementation, prennent-ils suffisamment l'urgence en compte ?

La question se justifie dans la mesure où si une chose est de vouloir placer l'urgence au cœur de la procédure de référé, une autre est de la prendre suffisamment en considération aussi bien dans la réglementation de cette

[25] Dans le même sens, A Cossa, « L'urgence en matière de référé », *Gaz. Pal.* 1955, 2, Chron. p. 45 et A. ANABA MBO, *Les procédures rapides au Cameroun*, thèse de Doctorat en Droit privé, Université de Paris X-Nanterre, 2003, p. 43.

[26] Sur la célérité, v. par exemple D. CHOLET, *La célérité de la procédure en droit processuel*, thèse, LGDJ, Paris, 2006, 713 p.

[27] Art.185 du CPCC.

procédure et des procédures qui en sont dérivées que dans leur mise en œuvre.

L'interrogation est intéressante parce qu'elle permet de contribuer non seulement à l'amélioration de la qualité de la justice provisoire, mais aussi à la lutte contre les lenteurs judiciaires et à la protection des droits fondamentaux des justiciables dans les procédures de référé[28]. La qualité de la justice dans un État dépend largement de la qualité de ses procédures d'urgence, car comme l'a relevé un auteur, « *le signe extérieur d'une bonne justice, c'est l'excellence de ses procédures d'urgence* »[29]. En matière de référé, et plus que dans les procédures ordinaires, *« juger bien c'est avant tout, juger vite »*[30]. En cette matière, les lenteurs procédurales constituent des obstacles certains à l'effectivité de la protection des libertés et droits fondamentaux des justiciables ; le référé ne se justifiant que par l'urgence à prendre des mesures afin de sauvegarder ces droits.

Sans être évincée puisqu'elle n'est pas totalement absente de la préoccupation du législateur et des juges, l'urgence est insuffisamment prise en compte par ceux-ci. Elle est, en effet, occultée non seulement par le législateur dans la réglementation de la procédure initiale de référé et des procédures qui en dérivent, mais également par les juges dans la mise en œuvre de cette réglementation. Bien que le référé soit institué en droit camerounais pour parer à *« tous les cas d'urgence »*[31] sans distinction aucune, l'analyse du droit positif permet de se rendre compte de l'éclipse de l'urgence dans l'examen de la recevabilité de la demande en référé (I) et dans le déroulement des instances de référé (II).

---

[28] Sur la qualité de la justice v. par exemple L. Berthier, *La qualité de la justice*, thèse de Doctorat en droit public, Université de Limoge, 2011, 687 p ; J.-C. MAGENDIE, « L'exigence de qualité de la justice civile dans le respect des principes directeurs de l'euro-procès, la démarche parisienne », *Mélanges Jean Buffet*, Paris, Petites Affiches, 2004, p. 319; M. HEINIS, « Le défi de la qualité », *AJDA* 2007, p. 713 ; H. PAULIAT, « Qualité et efficacité des systèmes judiciaires en Europe », *Les cahiers de la justice* 2007, p. 89.

[29]R. CHAPUS, « Rapport de synthèse » du colloque du 30e anniversaire des tribunaux administratifs, in *Actes du colloque sur le 30e anniversaire des tribunaux administratifs*, Grenoble, 1984, éd. du CNRS, 1986 p. 338.

[30] R. CHAPUS, Rapport de synthèse…, *op.cit.*, p. 341.

[31]V. les articles 182 du CPCC et 27 de loi n° 2006/022 du 29 déc. 2006 fixant l'organisation et le fonctionnement des tribunaux administratifs, *op.cit.*

I : L'éclipse de l'urgence dans l'examen de la recevabilité de la demande en référé

L'analyse des règles régissant la recevabilité de la demande en référé et l'examen de la pratique judiciaire relative à cette phase, permettent de réaliser que le législateur et le juge n'ont pas totalement dévoyé l'urgence en matière de référé. Cependant, ils ont provoqué son éclipse, c'est-à-dire sa disparition ou son occultation. Cette occultation de l'urgence résulte du poids du lien entre la demande principale et la demande en référé en matière administrative (A) et des pesanteurs relatives à l'examen des conditions de recevabilité du référé tant administratif que judiciaire (B).

A : Le poids du lien entre la demande principale et la demande en référé administratif

L'on ne peut imaginer une procédure de référé complètement indépendante de la procédure principale, le caractère accessoire de la procédure de référé justifie qu'il en soit ainsi. Cezar-Bru et Hebraud l'expliquaient déjà en ces termes : « *On ne peut pas supposer une juridiction du référé isolée et se suffisant à elle-même, puisqu'elle doit réserver le fond qui sera tranché par le tribunal. C'est pourquoi la compétence du juge des référés se modèle sur celle du tribunal* »[32]. Cependant, l'analyse montre que le lien entre la procédure principale et la demande en référé qui émane du caractère accessoire du référé est de nature à entraîner l'éclipse de l'urgence. Il en est ainsi en droit camerounais où ce lien est marqué, en matière administrative, par l'obligation de justification de l'introduction du recours gracieux (1) et par la subordination de la recevabilité du recours en référé à l'obligation d'introduction de la demande principale (2).

1 : L'obligation de justification de l'introduction du recours gracieux

Le recours gracieux est un recours « *adressé à l'autorité auteur de l'acte attaqué ou à celle statutairement habilitée à représenter la collectivité publique ou l'établissement public en cause* » dont le rejet par l'autorité compétente conditionne la saisine, par un recours contentieux en annulation ou en

[32]CEZAR-BRU et HEBRAUD, *Le traité des référés et des ordonnances*, éd. 1938, t. 1, p. 21, cité par O. DUGRIP, *L'urgence contentieuse devant les juridictions administratives*, thèse, PUF, Paris, 1991, p. 136.

indemnisation, du juge administratif[33]. L'alinéa 1 de l'article 27 de la loi n° 2006/022 du 29 décembre 2006 fixant l'organisation et le fonctionnement des tribunaux administratifs soumet la recevabilité du référé administratif à la justification de l'introduction préalable du recours gracieux. Le juge administratif de référé applique strictement cet article en vérifiant systématiquement, chaque fois qu'il est saisi, si le requérant justifie de l'introduction du recours gracieux préalable[34] et en déclarant irrecevable la demande en référé lorsque cette condition n'est pas satisfaite[35].

En soumettant la recevabilité du référé administratif à l'exercice préalable d'un recours gracieux contre la décision administrative querellée, le législateur et le juge occultent ainsi l'urgence. Même si l'on admet en droit administratif que « *l'existence d'une instance principale, en vue de laquelle sont organisées les procédures d'urgence accessoires, commande les conditions dans lesquelles celles-ci doivent être mises en œuvre* »[36], la recevabilité du recours en référé ne devrait pas être subordonnée à l'accomplissement des formalités qui conditionnent celle du recours principal. Le souci de considération de l'urgence et de la célérité devrait conduire à admettre la recevabilité du recours en référé sans exiger l'introduction préalable d'un recours gracieux. Certes, le recours gracieux préalable se justifie en droit administratif où il vise notamment à éviter le contentieux au fond[37]. Mais, en soumettant la recevabilité du référé administratif à la justification de la preuve de la simple introduction du recours gracieux, le législateur ne cherche pas à éviter le contentieux ; il sacrifie seulement l'urgence.

---

[33] Cf. articles 17 et suivants de la loi n° 2006/022 du 29 décembre 2006, *op.cit.*

[34] Cf. par exemple, TAC, ordon. réf. n°s 01/REF/TA/YDE du 07 mars 2014, Syndicat de la Communication (SYNACOM) c/ *Cameroon Radio and Television(CRTV)* et 06/REF/TA/YDE du 22 août 2014, ONAMBELE ATANGANA c/ État du Cameroun.

[35] V. par exemple, TAC, ordon. réf. n° 05/REF/TA/YDE du 08 août 2014, Journal « LA SCENE » et EMOK Christian c/ État du Cameroun.

[36] O. DUGRIP, *L'urgence contentieuse devant les juridictions administratives*, thèse, Paris, PUF, 1991, p.111.

[37] Le recours gracieux constitue un préalable de conciliation qui permettrait aux particuliers d'éviter le recours au juge, soit parce qu'il amènerait l'Administration à prendre une nouvelle décision faisant droit à leurs prétentions, soit parce que la motivation développée par l'Administration à l'occasion du rejet de leurs recours peut les convaincre du bien-fondé de la décision contestée. Il permet donc, au-delà de l'information de l'Administration, d'éviter la formation de contentieux inutiles devant la juridiction administrative.

Avant la loi n° 2006/022 du 29 décembre 2006 susévoquée, aucun texte n'avait spécifiquement institué l'obligation d'introduction du recours gracieux comme condition de recevabilité de la demande en référé ; cette condition de recevabilité est née de la pratique jurisprudentielle. La position adoptée par le juge administratif n'était pas constante ; ce qui témoignait déjà de la prise en compte vacillante de l'urgence dans les procédures de référé. Dans une ordonnance de référé[38], le juge administratif affirmait, « *(...) que la procédure de référé est indépendante de la saisine préalable de l'administration ; que les parties sont, dans la pratique, dispensées de cette formalité ; que ceci est heureux, car il faut que les mesures prises en référé interviennent rapidement* ». En adoptant une telle position, le juge administratif considérait l'urgence à sauvegarder les intérêts des parties qui risquaient d'être compromis de façon définitive si la demande en référé introduite avant le recours contentieux au fond devait obligatoirement être précédée d'un recours gracieux[39].

On a pensé que la jurisprudence ainsi consacrée allait s'inscrire dans la durée ; il n'en a rien été. Contre toute attente, le juge administratif de référé a, dans une espèce en date du 8 décembre 1998, pris le contre-pied de sa jurisprudence antérieure en décidant que « *La requête de monsieur Sosso Emmanuel est irrecevable pour défaut d'un recours gracieux préalable* »[40]. Si l'on peut légitimement faire des conjectures sur les raisons qui ont amené le juge à prendre une telle décision, la certitude demeure que dans cette affaire, le juge n'a pas entendu préserver l'intérêt du requérant en prenant en compte l'urgence[41].

Il est donc nécessaire d'alléger les conditions de recevabilité de la demande en référé par la suppression de la formalité d'introduction du recours gracieux. En principe, les caractères accessoire et urgent de la

---

[38] CS/CA, ordon. réf. n°12 du 18 juil. 1984, SIGHOKO FOSSI Abraham c/ État du Cameroun.

[39] C. KEUTCHA TCHAPNGA, Note sous l'ordonnance n°12 du 18 juillet 1984, *Juridis Périodique* n°45, janv.-févr.-mars 2000, p. 43.

[40] CS/CA, ordon. réf. n° référé n°06 du 08 déc.1998, SOSSO Emmanuel c/ État du Cameroun.

[41] Un auteur affirme même que le recours gracieux est « *le casse-tête du contentieux administratif camerounais* ». V. M. KAMTO, *Droit administratif processuel du Cameroun*, PUC, Yaoundé, 1990, p.153.

procédure de référé impliquent l'allégement du régime procédural, c'est-à-dire des formalités d'accès au juge et de celles portant sur le déroulement de la procédure ; l'objectif étant de protéger rapidement en attendant l'édiction d'une mesure définitive, les droits des justiciables qui risquent, du fait de l'écoulement du temps, d'être irrémédiablement préjudiciés. La suppression du recours gracieux se justifie davantage en matière de référé administratif où l'intervention du juge des référés ne remet pas en cause la possibilité pour l'Administration de « *revoir sa position sur le litige qui ne peut être examiné par le juge de fond qu'après l'accomplissement de la formalité du recours gracieux préalable* »[42]. La solution ne saurait être efficace que si l'on supprime aussi l'obligation d'introduction de la demande principale imposée par la jurisprudence comme autre condition de recevabilité du recours en référé en matière administrative.

2 : L'obligation d'introduction de la demande principale

À la question de savoir si, en matière administrative, le recours en référé doit précéder le recours au fond, le législateur préfère garder silence et la réponse des juges administratifs montre leur embarras.

Dans certaines ordonnances, le juge administratif des référés considère que les demandes de référé peuvent intervenir avant ou, au plus tard, lors de l'introduction d'un recours au fond. Il admet donc que la demande de référé peut précéder la demande principale, mais qu'elle ne peut pas être introduite après le recours au fond. Cette position est clairement énoncée dans l'affaire Guinness Cameroun du 07 août 1980[43].

Dans d'autres ordonnances, le juge administratif de référé a rejeté la possibilité d'introduire la demande de référé avant le recours contentieux. Établissant de façon stricte le caractère accessoire de la procédure de référé, il a considéré que la demande à ces fins doit être formée au plus tôt en même temps que la demande principale. Ainsi, dans l'affaire Ossongo Eteme

---

[42] Cf. E. KEMFOUET, *Le référé devant le juge administratif camerounais*, Mémoire de maîtrise en Droit public, Université de Dschang, 1998, p.16.

[43] Ordon. réf. n° 10/ORA/CA/79-80 du 07 août 1980, Guinness Cameroon c/ État du Cameroun. La même position est prise par le juge judiciaire. cf. TPI de Douala, ordon. réf. n° 875 du 16 juin 1997, La Société REEMTSMA et autres c/ SITABAC et autres. Cette décision a ultérieurement été annulée par la Cour d'appel du Littoral dans l'arrêt n° 38/REF du 10 févr. 1999 rendu dans la même affaire.

François du 25 juin 1987[44], le juge considère-t-il que « *le référé administratif a le caractère d'une procédure accessoire en ce sens que la demande en référé ne peut ne pas accompagner un recours principal, effectivement exercé en vue de l'annulation de la décision en cause* »[45]. L'on pourrait estimer que la subordination de la recevabilité d'une demande de référé à l'introduction d'un recours principal est une condition utile qui permettrait au juge d'avoir des éléments de fond lui permettant d'apprécier le bien-fondé du référé et d'éviter de la sorte de prendre des mesures provisoires que ne pourra justifier la solution définitive du litige. Cette réflexion est certes pertinente, mais elle remet en cause l'urgence qui est au cœur de la procédure de référé et son utilité est discutable parce que les mesures provisoires prises par le juge des référés peuvent être validées ou invalidées par le juge statuant au fond.

La position législative a évolué vers plus de considération de l'urgence à travers l'interdiction tacite de la soumission du recours en référé à l'exercice préalable d'un recours au fond. En posant que la demande en référé est recevable dès lors que le demandeur *« justifie de l'introduction d'un recours gracieux »* préalable contre la décision administrative litigieuse, l'article 27 de la loi n° 2006/022 du 29 décembre 2006 fixant l'organisation et le fonctionnement des tribunaux administratifs actuellement en vigueur, remet implicitement en cause cette exigence. En effet, il ne soumet pas la recevabilité de la demande en référé au rejet du recours gracieux, mais seulement à l'introduction de ce recours préalable. Or, l'on sait que le rejet du recours gracieux est l'une des conditions de recevabilité du recours contentieux au fond.

En matière judiciaire, aucune évolution législative n'est faite sur la question depuis le Code de procédure civile et commerciale du 16 décembre 1954 applicable au Cameroun dont les articles 182 à 187 consacrés au référé ne traitent pas spécifiquement de l'introduction du recours en référé par rapport au recours principal au fond. Cependant, l'analyse de la jurisprudence judiciaire permet de réaliser que le juge des

---

[44] Ordon. réf. n° 03/ORSE/PCA/CS/86-87 du 25 juin 1987, OSSONGO ÉTÉMÉ François c/ État du Cameroun.

[45] Cette décision est surprenante parce que l'article 122 de la loi n° 75/17 du 8 décembre 1975 fixant la procédure devant la Cour Suprême statuant en matière administrative qui était applicable au moment des faits, n'avait pas prévu une telle exigence.

référés demeure compétent pour recevoir les demandes introduites avant ou après l'exercice du recours au fond[46].

Certes, l'on ne peut pas supposer une juridiction de référé isolée et se suffisant à elle seule, puisqu'elle doit réserver le fond qui sera tranché par le tribunal. Cependant, le souci de considération de l'urgence impose d'admettre que les juridictions de référé soient saisies même avant tout recours au fond. Moins formalistes, plus partisans de l'allégement de la procédure de référé, d'un traitement accéléré des demandes y relatives et, par conséquent, de la prise en compte significative de l'urgence en cette matière, le législateur et le juge devraient donc considérer que l'exigence du recours contentieux est incompatible avec la rapidité qui caractérise la procédure des référés.

Prise en compte de façon insuffisante du fait de la subordination de la recevabilité du référé à l'accomplissement des exigences propres à la recevabilité de la demande au fond, l'urgence l'est également du fait des pesanteurs relatives à l'examen des conditions de recevabilité de la demande en référé.

B : Les pesanteurs relatives à l'examen des conditions de recevabilité de la demande en référé

Plusieurs pesanteurs relatives à l'examen des conditions de recevabilité de la demande en référé sont de nature à relativiser la considération de l'urgence en matière de référé. Certaines sont liées à l'examen des conditions légales (1) alors que d'autres sont relatives à l'examen de la condition jurisprudentielle (2).

1 : Les pesanteurs liées à l'examen des conditions légales

[46] V. notamment TPI de Douala, ordon. réf. n° 468 du 08 mars 2000, Dame JOUMANI née NGANSI Thérèse c/ ELESSA NGOUBO Richard et autres ; TPI de Yaoundé Centre administratif, ordon. réf. n° 886/C du 05 déc. 2013, Laurent ABEDIE c/ Georges KEMEGNI et CA du Littoral, arrêt no 42/RF du 25 janvier 1995, WAKEM KUIMO Gilbert c/ Directeur de l'Hôpital Général de Douala: *« le juge des référés demeure compétent, alors même que le débat principal serait porté devant le juge du fond, pour ordonner les mesures jugées urgentes ».*

La demande en référé est légalement recevable en cas d'urgence et lorsqu'il y a absence de préjudice au principal[47]. Ces deux exigences semblent *a priori* simples, mais à l'analyse, elles sont complexes.

L'interdiction ou, plus exactement l'absence de risque de préjudicier au principal est une condition qui, théoriquement, vise à assurer la considération de l'urgence[48]. Elle impose au juge de ne trancher que des questions provisoires dont la résolution nécessiterait moins de temps parce qu'elles sont, par définition, moins complexes que les questions de fond par principe complexes, dont la résolution nécessiterait un temps incompatible avec toute considération de l'urgence. Cependant, l'opacité de la notion de *« préjudice au principal »* relativise cette considération de l'urgence. Cette opacité se justifie aisément : il est difficile de déterminer, dans la pratique, la ligne de démarcation des mesures préjudiciant au fond, car les mesures prises en matière de référé *« préjudicient »* toujours au fond d'une certaine façon, puisqu'elles ont pour objet d'aménager la situation des parties par ailleurs en litige. En l'absence d'une telle ligne de démarcation, le juge des référés est parfois obligé d'hésiter avant de se décider après un temps de réflexion, d'analyse des pièces versées au dossier et des prétentions des parties au cours duquel il suspend toute considération de l'urgence.

L'urgence est spécifiquement une notion complexe, opaque et ambiguë parce qu'elle est non seulement d'une *« malléabilité déconcertante »*[49], mais aussi variable dans le temps, *« vague »*[50], *« inconstant et contingent »*[51]. La

[47] Cf. notamment les articles 182 du CPCC et 27 de la loi n°2006/022 du 29 décembre 2006 *op.cit.* La pratique confond en cette matière la compétence à la recevabilité. Le juge de référé se déclare incompétent pour défaut d'urgence ou risque de préjudice au principal alors qu'il devrait déclarer la demande irrecevable ; ces conditions ne relevant pas des critères territorial, matériel ou personnel, lesquels fondent la compétence du juge. V. par exemple, TPI de Douala, ordon. réf. n° 875 du 16 juin 1997, La Société REEMTSMA et autres c/ SITABAC et autres ; Tribunal Administratif du Centre (ci-dessous TAC), ordon. réf. n° 03/REF/TA/YDE du 25 avr. 2014, HAMIDOU AMADOU c/ État du Cameroun.

[48] Le législateur parle de l'absence de préjudice au principal (article 182 du CPCC). Mais l'analyse permet de réaliser qu'il s'agit plutôt de l'absence de risque de préjudicier au principal. En effet, l'absence de préjudice au principal n'est pas une condition de recevabilité de la demande en référé, car c'est la décision de référé elle-même qui ne doit pas faire préjudice au principal.

[49] H. SOLUS et R. PERROT, *Droit judiciaire privé*, t. 3, 1991, n° 1274.

[50] G. DUPUIS, *Les privilèges de l'Administration*, thèse Droit, Paris, 1962, p. 484.

jurisprudence elle-même relève le caractère équivoque de la notion d'urgence. L'on a pu lire dans certaines décisions de justice que *« la notion d'urgence est une notion relative empreinte de subjectivité »*[52], *« une notion essentiellement subjective... d'autant plus que tous les acteurs de la vie judiciaire sont animés du désir de plus en plus accentué de rapidité dans la procédure »*[53]. La complexité de la notion d'urgence contribue à alourdir la saisine du juge des référés, notamment lorsque par une requête en contestation, le défendeur conteste l'existence ou le degré de l'urgence. La contestation naît généralement du fait du caractère ambigu de l'urgence ; les parties ne pouvant s'accorder sur son existence réelle. Pratiquement, lorsque le juge des référés est saisi d'une requête en contestation de l'urgence, il prend du temps pour constater et apprécier l'urgence. Parfois, il lui est nécessaire de descendre sur le terrain afin d'asseoir sa conviction alors que les descentes sur le terrain ne se font généralement pas immédiatement, elles sont parfois différées de plusieurs jours[54].

Au moment de la recevabilité de la demande de référé, le juge judiciaire ne doit pas seulement constater l'urgence, il doit l'apprécier en déterminant selon la formule du législateur si *« le cas requiert célérité »*[55], c'est-à-dire s'il s'agit d'un cas d'extrême urgence, ou si l'affaire nécessite une simple urgence. Si l'affaire requiert célérité, le juge autorise le demandeur à le saisir par assignation dans le cadre du référé d'heure à heure[56]. Ici, le juge agit plus vite, au regard de l'urgence de la situation qui lui est soumise. Par

---

[51] R. M. TARCINET, *L'acte conservatoire en droit administratif*, thèse, Grenoble, Paris, LGDJ, 1979, p.95-96.

[52] TPI Yaoundé -Ekounou, ord. réf. n° 102/civ. du 22 avr. 2010, aff. ANGUISSA Alexis c/ BALLA Benoit.

[53] CA de Colmar, 4 juillet 1973, *Dalloz* 1973, somm. p. 18.

[54] Sur ces descentes différées sur le terrain, v. par exemple TPI Yaoundé CA, ordon. réf. n°s 304/ADD du 07 juin 2012, MANGA ABENA Joachim c/ Mme Veuve OLAMA née MANGA Marthe et ayants droit de feu ETOUNDI Pierre et 309/ADD du 08 juin 2010, FEZEU Marcel c/ FOMUSO Marceline.

[55] V. art. 184 du CPCC : *« Si néanmoins le cas requiert célérité, le Président ou celui qui le représentera, pourra permettre d'assigner, soit à l'audience, soit à son hôtel, à l'heure indiquée, même les jours de fête ; et, dans ce cas, l'assignation ne pourra être donnée qu'en vertu de l'ordonnance du juge qui commettra un huissier ou un agent d'exécution à cet effet »*.

[56] V. par exemple, TPI Yaoundé CA, ordon. réf. n° 537/C du 09 août 2012, TCHOUNDJIN Dieudonné c/ NOUKEU MBAKOP Séraphin et PAHO Rose.

conséquent, il applique strictement la loi en permettant d'assigner, soit à l'audience, soit à son hôtel, à une heure précise, même les jours de fête[57]. Le juge agit ainsi avec célérité lorsque, par exemple, un débiteur de mauvaise foi organise son voyage à l'étranger pour échapper à son obligation de payer le créancier qui se rend compte de cette initiative le jour du voyage. S'il s'agit d'une simple urgence, le juge judiciaire est saisi par un référé ordinaire. Dans ce cas, le législateur semble consacrer une certaine lenteur du juge qui lui permet de ne pas prendre effectivement en compte l'urgence. En effet, il est simplement exigé du juge de référé de porter la demande en référé à une audience future *« aux jour et heure »* qu'il doit indiquer, sans autre précision temporelle[58].

Dans l'une et l'autre situations, tout comme dans le cadre du référé administratif, le constat de l'urgence intervient généralement tardivement parce qu'aucune mesure spéciale n'est légalement prise pour accélérer ce constat.

Tout d'abord, aucun délai n'est légalement fixé au juge pour constater l'urgence et aucune modalité n'est établie à cette fin. Il serait nécessaire de fixer un délai avant l'expiration duquel le juge est tenu de constater l'urgence. La solution est importante parce qu'elle permet à la Cour suprême de contribuer à l'accélération de l'accès au juge des référés en contrôlant le respect des exigences légales liées au temps.

Ensuite, le constat tardif de l'urgence est causé par l'absence d'obligation de justification de l'urgence qui devrait peser sur le requérant. De l'analyse des textes régissant l'accès aux juges judiciaire et administratif des référés, il ressort que le législateur n'a pas explicitement prévu, à l'endroit du requérant, l'obligation de motivation de l'urgence. Cette obligation devrait être légalement et expressément prévue. Dans la pratique, la conséquence de l'absence de l'obligation de justification de l'urgence est l'inexistence ou, plus exactement, la rareté des ordonnances de rejet pour défaut d'urgence. Pour matérialiser cette obligation, il serait nécessaire d'une part que le

[57] Cf. art. 184 du CPCC.

[58] C'est du reste ce qui ressort de l'article 183 du CPCC qui dispose : *«La demande sera portée à une audience tenue à cet effet par le Président du tribunal de première instance ou par le juge de paix à compétence étendue, ou par le juge qui les remplace, aux jour et heure indiqués par le tribunal »*.

législateur prenne un texte instituant explicitement l'obligation pour le demandeur d'introduire dans sa demande, non seulement l'exposé au moins sommaire des faits et moyens, mais également la justification de l'urgence de l'affaire. Le législateur devrait, d'autre part, amener le demandeur à y prêter une attention particulière en prévoyant que le juge des référés peut, par une simple ordonnance motivée sans convocation des parties et sans contradiction préalable, rejeter une demande qui se limite à évoquer l'urgence sans la justifier concrètement, notamment en apportant des éléments concrets d'appréciation. L'obligation de justification de l'urgence contribue à accélérer l'accès au juge de référé, spécifiquement le constat de l'urgence parce qu'elle suppose une démarche active du requérant, une justification concrète et effective de l'urgence susceptible de permettre au juge de référé d'opérer un constat et une appréciation à temps de l'urgence de son intervention.

Enfin, le législateur devrait tirer une conséquence de l'obligation de justification de l'urgence en consacrant, à l'endroit du juge, une obligation de motivation de l'urgence[59]. Le juge des référés ne devrait rejeter la demande qui ne présente pas un caractère d'urgence que par une ordonnance motivée. Aucun texte juridique ne soumettant l'action du juge à cette exigence de motivation, celui-ci se limite, dans la pratique, à évoquer l'urgence dans une formule lapidaire peu variable, à savoir *« Vu l'urgence »*[60].

---

[59] Sur ces obligations de motivation et de justification de l'urgence v. en droit administratif français, l'art. R. 522-1-2-3 du Code de justice administrative. L'art. 522-1 prévoit par exemple que la requête présentée au juge administratif de référé, *« doit contenir l'exposé au moins sommaire des faits et moyens et justifier de l'urgence de l'affaire »*. V aussi V. OGIER-BERNAUD, « Le référé-suspension et la condition de l'urgence », *RFDA*, 2002, p. 284 et s.

[60] Cette formule se retrouve, sans autres explications complémentaires, dans plusieurs ordonnances de référé. Cf. par exemple, TPI Yaoundé Centre administratif, ordon. réf. n° 855/C du 06 déc. 2012, Dame OTTOU Marie Thérèse c/ Maître Firmin ADA et MANGA EBANGA Simon Pierre Marie ; 886/C du 05 déc. 2013, Sieur Laurent ABEDIE c/ Sieur Georges KEMEGNI. Le caractère lapidaire de cette formule incite à penser que le juge dispose au regard de l'urgence d'un pouvoir discrétionnaire et non d'un pouvoir souverain. En effet, en usant de son pouvoir discrétionnaire, le juge n'est pas tenu de motiver sa décision alors que lorsqu'il use du pouvoir souverain, il est tenu de motiver sa décision.

Du fait de son caractère opaque, la lenteur serait de l'essence même de la notion d'urgence d'autant plus que non seulement cette opacité donne au juge beaucoup de latitude allant jusqu'à enfreindre l'impératif d'urgence[61], mais elle rend particulièrement difficile l'exercice, par la Cour suprême, de sa fonction uniformisatrice ou, à tout le moins, harmonisatrice des jurisprudences. Bien que le juge civil des référés ait, pratiquement, remplacé l'absence de préjudice au principal par l'absence de contestation sérieuse, rien n'empêche un justiciable d'invoquer le risque de préjuger le fond du litige comme exception d'incompétence du juge des référés. La cohabitation, en droit camerounais, de ces deux conditions opaques d'intervention du juge judiciaire des référés, l'une légale et l'autre jurisprudentielle, contribue à occulter l'urgence, compliquent l'accès au juge du provisoire et témoigne, par conséquent, de la prise en compte limitée de l'urgence dans l'instance initiale de référé.

2 : Les pesanteurs liées à l'examen de la condition jurisprudentielle

Dans le rapport dialectique du juge et de la loi, le référé est le lieu de triomphe du juge qui notamment définit lui-même les conditions de sa saisine. En droit camerounais, le « *vol d'aigle du juge* »[62] judiciaire des référés, « *l'étendue de son imagination, l'élégance de sa plume et la sagacité de sa pensée* »[63] lui ont permis d'ajouter aux conditions légales de recevabilité de la demande en référé, une autre, l'absence de contestation sérieuse[64], dont l'examen entraîne des pesanteurs de nature à compromettre la considération suffisante de l'urgence. En effet, ces pesanteurs résultent de l'absence de critère d'appréciation du caractère sérieux de la contestation et de l'exigence parfois formulée, qu'elle apparaisse fondée pour être sérieuse.

---

[61] Sur l'impact de la terminologie équivoque en matière de référé, v. B. Le BAUT-FERRARÈSE, « Les procédures d'urgence et le langage du droit », *RFDA* 2002, p. 296 et s.

[62] H. Le FOYER de COSTIL, « Le vol d'aigle du juge des référés », in *Études offertes à Pierre Bellet*, Litec, 1991, p. 341 et s.

[63] J.-F. BURGELIN, J.-M. COULON, M.-A. FRISON-ROCHE, *Le juge des référés au regard des principes procéduraux*, D. 1995, p. 67.

[64] V. par exemple TPI de Yaoundé Centre administratif, ordon. réf. n°s 98/C du 26 févr.. 2010, Organisation Nationale de Donneurs de Sang c/ La Croix Rouge Camerounaise et autres ; 534/C du 27 sept. 2011, Syndicat National des Conducteurs des Transports Urbains, Interurbains et Routiers du Cameroun c/ NGANGOUA Augustin.

D'une part, en l'absence d'un critère d'appréciation du caractère sérieux de la contestation, cette appréciation varie en fonction de la personnalité du juge, de *« la conception qu'il a de sa fonction, de sa mission »*[65]. Le juge peut donc agir avec une lenteur incompatible avec toute considération de l'urgence. Dans la pratique, le juge prend assez de temps pour se déclarer incompétent parce qu'il y a contestation sérieuse. Dans l'ordonnance n° 534/C du 27 septembre 2011, le juge des référés du Tribunal de Première Instance de Yaoundé a attendu plus de 10 mois pour se déclarer incompétent pour contestation sérieuse découlant de la qualité du demandeur à représenter en justice un syndicat[66]. Ce cas n'étant pas isolé[67], la notion d'absence de contestation sérieuse ne permet pas au juge de prendre pratiquement en considération l'urgence au moment de la recevabilité de la demande de référé.

D'autre part, pour être considérée comme sérieuse, il ne suffit pas que la contestation touche au fond du litige, il faut encore qu'elle apparaisse évidemment ou incontestablement[68] comme fondée. Or, afin d'établir l'évidence ou l'incontestabilité de la contestation, le juge a besoin d'un temps de recherche, d'analyse, de réflexion, de confrontation de la règle de droit invoquée aux faits et d'interprétation des actes juridiques qui ne saurait être compatible avec le souci de préservation de l'urgence. Dans l'ensemble des ordonnances où le juge des référés se déclare incompétent pour contestation sérieuse, il ne fait plus allusion à l'urgence ; il n'est plus le juge de l'urgence, car il se comporte exclusivement comme le juge de l'évident et de l'incontestable[69].

---

[65] Y. STRICKLER, *Jude des référés, juge du provisoire*, thèse, Université Robert Schuman de Strasbourg III, 1993, p. 101.

[66]aff. Syndicat National des Conducteurs des Transports Urbains, Interurbains et Routiers du Cameroun c/ NGANGOUA Augustin.

[67] V.TPI de Yaoundé CA, ordon. réf. n°s 98/C du 26 févr.. 2010, Organisation Nationale de Donneurs de Sang c/ La Croix-Rouge Camerounaise et autres ; 310/C du 20 juin 2011, Société de Commerce et des Investissements du Nord- SOCINORD Sarl c/ Madame MBIA épouse MESSINA Suzanne Marcelline.

[68] Dans le même sens, v. Ph. BERTIN, « Le référé civil », *Répertoire de procédure civile, D.*, avr. 2003, n° 148.

[69]Cf par exemple TPI de Yaoundé CA, ordon. réf. n°s 98/C du 26 févr.. 2010, 310/C du 20 juin 2011, *op.cit.*

Certes, l'évidence est un facteur facilitant la prise en compte de l'urgence parce qu'elle s'impose par elle-même. Mais, ce serait un argument dangereux, car *« l'évidence est trompeuse »*[70]. Dans la pratique, le juge qui veut agir promptement s'en tient aux apparences, dès l'instant qu'elles ne sont pas sérieusement discutées, faisant ainsi de l'évidence une apparence non encore contestée.

Fort de ces constats, peut-on encore définir le juge des référés comme juge de l'urgence ? L'interrogation garde toute sa pertinence dans la pratique judiciaire camerounaise où, en plus de la complexité de certaines conditions d'accès au juge de référé, l'urgence est davantage éclipsée dans le déroulement des instances de référé.

II : L'éclipse de l'urgence dans le déroulement des instances de référé

L'analyse des règles régissant le déroulement des instances de référé, c'est-à-dire l'instance initiale de référé et les instances sur recours, permet de réaliser que l'urgence est éclipsée aussi bien par le législateur que par le juge. L'urgence n'est donc pas seulement occultée au moment de la recevabilité de la demande en référé ; elle est davantage occultée dans le déroulement de l'instance initiale de référé (A) et dans le déroulement des instances sur recours (B).

A : L'occultation de l'urgence dans le déroulement de l'instance initiale de référé

Le souci de tenir compte de l'urgence a amené le législateur non seulement à confier l'instruction et le jugement des demandes en référé à un juge unique, spécialement le président de la juridiction compétente, mais aussi à reconnaître à celui-ci la possibilité de déléguer ses pouvoirs aux autres juges, notamment lorsque son rôle est encombré[71]. Dans la pratique, le juge

---

[70] J.-F. BURGELIN, J.-M. COULON et M.-A. FRISON-ROCHE, « Le juge des référés au regard des principes procéduraux », *op.cit*, n° 27; B. PETIT, « L'évidence », *RTDCiv.* 1986, p. 485.

[71] Pour le législateur, l'expérience et le juge unique constituent des atouts nécessaires pour préserver l'urgence. L'expérience permet au juge d'agir avec diligence nécessaire à assurer toute considération de l'urgence et le juge unique permet d'arriver à cette fin en évitant le temps de discussion en collégialité.

judiciaire instruit parfois les demandes de référé en différant leur enregistrement[72].

Mais à l'analyse, l'on se rend aisément compte que le législateur et le juge occultent l'urgence dans l'instruction (1) et le jugement (2) des demandes initiales en référé.

1 : L'occultation de l'urgence dans l'instruction des demandes initiales en référé

La prise en compte de l'urgence n'est pas la préoccupation principale du législateur dans la réglementation de l'instruction et du juge dans l'instruction des demandes en référé.

Tout d'abord, si l'instruction des requêtes introductives d'instance des procédures ordinaires est largement organisée par les textes, l'instruction des demandes de référé n'est organisée que laconiquement. Le législateur limite la compétence du juge des référés à l'évident, au provisoire et lui interdit de préjuger le fond des affaires[73]. Cette limitation n'accélère pas pourtant l'instruction des demandes d'autant plus qu'il n'existe pas un délai spécifique d'ajournement entre la demande introductive d'instance et la comparution des parties. En l'absence de ce délai, l'affaire est souvent appelée au-delà des délais d'ajournement de droit commun prévus par l'article 14 du Code de procédure civile et commerciale. C'est ainsi que dans certains cas, l'affaire est appelée pour la première fois après dix[74] ou quinze[75] jours à compter de l'assignation alors qu'elle devrait l'être dans le délai minimum de huit (08) jours prévu par l'article 14 de ce Code.

---

[72] V. par exemple, TPI Yaoundé CA, ordon. réf. n°s 698/C du 30 déc. 2010, Rebecca TAGNE, Adeline Francisca TAGNE et Eugénie Marie Laure TAGNE c/ Daniel DOMCHE SILACHOM ; 886/C du 05 déc. 2013, Laurent ABEDIE c/ Georges KEMEGNI.

[73] V. les articles 185 du CPCC et 27 la loi n° 2006/022 du 29 déc. 2006 fixant l'organisation et le fonctionnement des tribunaux administratifs.

[74] TPI Yaoundé CA, ordon. réf. n° 477/C du 25 août 2011, BIKIE Scholastique, ASSIE Marie, NOAH Jean Jacques, TONO Achille c/ NOAH Zacharie, TCHOUNGUI née BIKIE Henriette et autres.

[75] TPI Yaoundé CA, ordon. réf. n° 25/C du 14 janvier 2010, YINDA MAIPA Julienne c/ *CameroonTelecommunication*.

Ensuite, le législateur ne fixe aucun délai d'échange de mémoires en matière de référé civil. En matière de référé administratif, il se limite à indiquer que la notification de la requête est *« irrémédiablement faite au défendeur »*, sans prévoir avec précision nécessaire à assurer suffisamment la considération de l'urgence, le délai d'une telle notification. D'ailleurs, s'il accélère l'instruction du référé administratif en prévoyant le délai de réponse du demandeur qui ne peut excéder cinq (05) jours, il ne dit mot à propos du délai des conclusions éventuelles en réplique et en duplique[76].

Enfin, l'encombrement des rôles des juges de référé, spécifiquement ceux qui exercent dans les grandes villes à l'instar de Yaoundé et de Douala, explique l'éclipse de l'urgence dans la phase d'instruction des demandes. Cet encombrement s'explique doublement. D'un côté, les juridictions de référé sont fortement sollicitées[77] ; le référé étant devenu le recours miracle de beaucoup de plaideurs qui en attendent sans doute trop et qui, avec la détermination de Sisyphe roulant son rocher, cherchent à tout prix à le détourner de sa fonction traditionnelle. Le juge des référés est un prestataire en perpétuelle pollicitation. De l'autre côté, l'encombrement des rôles des juridictions de référé résulte du laxisme des présidents des tribunaux de première instance et des tribunaux administratifs et du cumul des pouvoirs entre leurs mains.

Le laxisme des présidents des tribunaux de première instance par exemple résulte de la pratique généralisée de renvois incessants qui se matérialisent, dans l'ordonnance de référé, par l'usage constant de la formule *« après plusieurs renvois utiles les débats ont été déclarés clos et l'affaire a été mise en délibéré pour… »*[78].

Les présidents de ces juridictions cumulent les urgences en ce sens qu'ils cumulent les pouvoirs en matière de référé avec d'autres compétences

---

[76] Art. 27 al. 2 de la loi n° 2006/022 du 29 déc. 2006 fixant l'organisation et le fonctionnement des tribunaux administratifs.

[77] Cf. C. NGO ILOGA, *L'état actuel du référé en droit camerounais*, mémoire DEA en Droit privé, Université de Yaoundé II, 2003-2004, p. 8.

[78] Cette formule se retrouve dans la quasi-totalité des ordonnances de référé rendues en matière civile et commerciale.

nécessitant une intervention dans l'urgence[79]. Bien plus, ils cumulent le provisoire et le définitif[80]. Dans la pratique, le juge du référé judiciaire statue souvent à la fois comme juge des référés et juge du contentieux de l'exécution alors que le provisoire et le définitif ne peuvent faire bon ménage que s'il sacrifie l'urgence[81]. Si ce cumul de compétence se justifiait jadis en droit camerounais par le fait que l'article 182 du Code de procédure civile et commerciale le permettait[82] tout en sacrifiant l'urgence, il est de nos jours injustifiable. En effet, bien que vertement critiquée par la doctrine[83], la loi

---

[79] En matière civile, le Président du Tribunal de Première Instance est à la fois juge des référés et juge des requêtes. S'agissant du référé administratif, le Président du Tribunal Administratif est juge de référé et a des compétences en matière de sursis à exécution des décisions administratives.

[80] En plus de ses compétences dans les procédures ordinaires nécessitant une intervention définitive, le juge civil des référés a des compétences en matière de référé, de requête et de contentieux de l'exécution des décisions de justice rendues par le tribunal dont il est le président (loi n° 2007/001 du 19 avril 2007 instituant le juge du contentieux de l'exécution...). En plus du référé et de la procédure de sursis à exécution des décisions administratives, le juge du référé administratif est aussi compétent à connaître des procédures où il peut même trancher le fond du litige, notamment en matière de contentieux de la suspension et de la dissolution des associations (art. 13 de la loi n° 90/053 du 19 déc.1990 portant liberté d'association), du contentieux né du refus de légalisation ou d'autorisation des partis politiques (art. 8.3 de la loi n° 90/056 relative aux partis politiques), du contentieux de la suspension et de la dissolution des organisations non gouvernementales (art. 22.3 de la loi n° 99/014 du 22 déc. 1999 régissant les organisations non gouvernementales).

[81] V. notamment TPI Yaoundé Centre administratif, ordon. réf. n°s 398/C du 05 juil. 2012, TCHUEMBOU Jean Pierre c/ LA TONTINIERE NATIONALE et 433/C du 06 juin 2013, La Société Chantier Moderne du Cameroun Sarl c/ La Société AXA Assurances S.A.

[82] Cet article consacrait la compétence du juge des référés dans *« tous les cas d'urgence, ou lorsqu'il (s'agissait) de statuer provisoirement sur les difficultés relatives à l'exécution d'un titre exécutoire ou d'un jugement »*.

[83] V. par exemple, F. ANOUKAHA, « Le juge du contentieux de l'exécution des titres exécutoires : le législateur camerounais persiste et signe...l'erreur », *Juridis Périodique* n° 70, avril,-mai-juin 2007, p. 33 et s et J. FOMETEU, « Le juge de l'exécution au pluriel ou la parturition au Cameroun de l'article 49 de l'Acte uniforme OHADA sur les voies d'exécution », *RIDC* 1-2008, p. 19-44 et R. NEMEDEU « Le juge camerounais du contentieux de l'exécution ou le clair-obscur entre l'esprit et la lettre de l'article 49 de l'Acte uniforme portant organisation des procédures simplifiées de recouvrement et des voies d'exécution (AUPSRVE) », *Juridis Périodique* n° 83 juil.-août-sept. 2010, p. 91-101.

n° 2007/001 du 19 avril 2007 instituant le juge du contentieux de l'exécution et fixant les conditions de l'exécution au Cameroun des décisions judiciaires et actes publics étrangers ainsi que les sentences arbitrales, institue plusieurs juges des difficultés d'exécution différents du juge des référés.

Pour accroître la considération de l'urgence, il est nécessaire que le législateur institue un juge des urgences au sein des tribunaux de première instance et des tribunaux administratifs qui ne connaîtrait pas des affaires au fond. La solution vise à éviter le cumul de l'urgence et du définitif qui, visiblement, est incompatible avec toute considération de l'urgence.

Plus distinctement, plusieurs raisons justifient les lenteurs généralisées dans l'instruction des demandes reçues.

En matière judiciaire, le juge des référés est un juge qui toujours instruit ; aucun domaine de l'activité humaine n'échappant à son pouvoir. À l'exception du droit pénal, il intervient notamment en droit civil, en droit commercial, en droit de l'arbitrage ou encore en droit du travail. En dépit de l'interdiction légale de préjudicier au principal, son audace, son *« vol d'aigle »*[84], le poussent à sortir de ses limites légales pour se substituer au juge du fond en instruisant au fond des demandes, notamment lorsqu'il y a voie de fait ou en cas de contestation non sérieuse[85]. Par une interprétation audacieuse de l'article 132 du nouvel Acte uniforme portant sur le droit commercial général qui attribue la compétence pour connaître des contestations relatives au bail à usage professionnel à la *« juridiction compétente statuant à bref délai »*, le juge des référés du Tribunal de Première Instance de Yaoundé Centre administratif relève qu'en cette matière, *« le juge des référés est compétent même en cas de contestations sérieuses »*[86]. Cette incursion dans le fond du litige explique pourquoi plusieurs ordonnances de référé ne sont plus, par la suite, attaquées au fond devant le tribunal.

En dehors de toute idée de voie de fait et de contestation sérieuse, le juge judiciaire des référés procède, lors de l'instruction des demandes, à des

---

[84] H. Le FOYER de COSTIL, « Le vol d'aigle du juge des référés », *op. cit.*, p. 341 et s.

[85] v. par exemple TPI de Yaoundé CA, ordon. réf. n°s 98/C du 26 févr.. 2010; 534/C du 27 sept. 2011, *op. cit.*

[86] TPI Yaoundé CA, ordon. réf. n° 269/ADD du 01 juin 2011, Mme NGONGANG née PAYON Marie c/ IKENA MICHAEL IKEZE, Mme BAKOURA née HALIMATOU et autres.

incursions au fond du litige outrepassant ainsi ses compétences. C'est ainsi que dans certaines ordonnances, le juge de référé, juge du provisoire et de l'apparent qui, en principe, ne devrait interpréter, ni analyser ni prononcer la nullité ou la résiliation d'un contrat, prononce pourtant la résiliation du contrat de bail commercial[87], l'expulsion[88] du preneur alors que le contrat ne contient même pas une clause de résiliation de plein droit ou une clause attributive de compétence juridictionnelle au juge de référé.

Si le juge de référé préjudicie ainsi au principal parfois délibérément, force est de réaliser qu'il le fait souvent sous l'impulsion des avocats et de leurs clients qui ont remarqué que ce juge si facile à saisir, si prompt à intervenir avec habileté et sans forme procédurale particulière, pourrait bien non seulement traiter la crise, mais la cause qui l'a provoquée. Les avocats ont donc poussé le juge du référé judiciaire à s'arroger un pouvoir d'instruction qui n'est plus très loin de celui de l'arbitre ou du juge du fond. Cela est regrettable, car le juge des référés ne connaît que du provisoire et ne doit, en aucun cas, préjudicier au principal ; il n'est, au regard de l'urgence, qu'une ambulance judiciaire chargée d'administrer des sédatifs en attendant que le juge du fond intervienne pour apporter la médication appropriée après un diagnostic approfondi. En préjudiciant au principal dans l'instruction des demandes, le juge des référés est obligé de perdre du temps en connaissant des questions de fond dont la résolution nécessite plus de temps parce qu'elles sont, par définition, plus compliquées que les questions provisoires.

Pour ce qui est singulièrement du référé administratif, l'instruction des demandes reçues est ralentie par l'observation de certaines formalités procédurales, notamment la communication de la requête au ministère public. La loi n° 2006/022 du 29 décembre 2006 fixant l'organisation et le fonctionnement des tribunaux administratifs ne dit pas explicitement que la requête aux fins de référé administratif doit être communiquée au ministère public. Elle ne le fait qu'implicitement en énonçant en son article 27 que le juge administratif des référés peut ordonner toutes les mesures provisoires

[87] TIP Douala Bonanjo, ordon. réf. n°s 468 du 08 mars 2000, Dame JOUMANI née NGANSI Thérèse c/ ELESSA NGOUBO RICHARDS et autres ; 349 du 10 juil. 2007, LOTTIN ELIMBI Ernest Adolphe c/ ABWA Bernard Ernest.

[88] TPI Douala Bonanjo, odon. réf. n° 514, 25 sept. 2006, Société CORELIS SARL c/ NGANNE Jacques.

utiles *« après conclusions du ministère public »*. Cette conclusion ne saurait être valablement faite que si cet organe a reçu communication du dossier de l'affaire. La communication au parquet ralentit l'instruction parce qu'à partir du moment où le juge est tenu de communiquer la demande de référé au ministère public pour recevoir ses réquisitions, il ne peut pas statuer tant que ce dernier n'a pas réagi. Dans la pratique, il arrive que les réquisitions soient rédigées et déposées dans les meilleurs délais, et les retards observés ne sont imputables qu'au juge et à ses services. Mais il arrive aussi que les retards à statuer soient le fait du ministère public qui ne prend pas à temps ses réquisitions. Cela a été le cas dans l'affaire Union des Populations du Cameroun du 19 octobre 1993[89]. Dans cette affaire, le parquet a produit ses réquisitions postérieurement à la période prévue pour la tenue du congrès interdit du parti politique *« Union des Populations du Cameroun »* et le juge qui attendait cette réquisition ayant constaté que la date de la tenue de la réunion était dépassée, a été obligé de rejeter la requête du demandeur pour défaut d'objet.

Il importe, pour accroître la considération de l'urgence en matière de référé, d'instituer une instance des référés appropriée ; c'est-à-dire dépouillée de toutes les pesanteurs ci-dessus et marquée par un ensemble d'actes processuels accélérés prévus par le législateur et mis en œuvre par les acteurs de la justice, notamment les juges, les parties et leurs avocats. En l'absence de ces précautions, l'urgence ne serait qu'accessoirement prise en compte dans l'instruction des demandes en référé et dans leur jugement comme il l'est actuellement.

2 : L'occultation de l'urgence dans le jugement des demandes initiales en référé

Comme dans la phase d'instruction, l'urgence est reléguée au second plan dans la phase de jugement, aussi bien par le législateur que par le juge.

D'une part, la plupart des textes juridiques ne réglementent pas la procédure de jugement en matière de référé. C'est de façon prétorienne que le juge a adapté les règles applicables aux instances au fond au règlement des litiges en référé. Il revient donc au juge, en général, de fixer le moment où il

---

[89] Ordon. réf. n°04/OSE/PA/CS/93-94 du 19 oct. 1993, Union des Populations du Cameroun c/État du Cameroun.

convient de rendre son ordonnance. Seule la loi n° 96/04 du 04 janvier 1996 modifiant et complétant certaines dispositions de la loi n° 90/050 du 19 décembre 1990 relative à la liberté de la communication sociale impartit un délai pendant lequel celui-ci doit statuer. Selon l'article 17 (3) de cette loi, en cas d'atteinte par voie de presse à l'honneur, à la dignité, à la considération ou à la vie privée des personnes et en cas d'atteinte à la liberté de la presse par des saisies ou d'interdiction d'un organe de presse, le délai pour statuer est de 24 heures lorsqu'il s'agit d'un hebdomadaire et de 02 heures s'agissant des quotidiens. Si la brièveté de ces délais met en exergue la volonté législative de considération de l'urgence caractérisant le référé, la prise en compte de l'urgence n'est, cependant, pas suffisamment assurée par ce texte. L'article 17 ci-dessus n'évoque même pas l'urgence. L'urgence n'y est que présumée parce qu'elle découle de la brièveté des délais impartis au juge des référés pour statuer. Bien plus, aucune sanction n'est prévue pour réprimer l'inobservation de ces délais. Par conséquent, ils ne sont qu'indicatifs.

D'autre part, parce que les procédures de référé ont été instituées pour parer aux cas d'urgence, les mesures auxquelles elles donnent lieu devraient être prononcées avec la célérité appropriée. Pourtant, dans la pratique, ces mesures sont inappropriées parce que le juge de référé ne tient pas, en général, compte de l'urgence lorsqu'il décide. La liberté reconnue au juge de référé d'apprécier le moment où il peut statuer, laquelle devrait entraîner l'efficacité des procédures de référé si le juge était animé par le souci de considération de l'urgence, perd son intérêt en raison du jugement tardif des demandes en référé.

En tant que procédure d'urgence, le délai de jugement en matière de référé devrait se compter en semaines pour le référé ordinaire et en heures pour le référé d'heure à heure. Cependant, il se compte en mois, voire en années. La tendance générale est que les ordonnances de référé sont rendues avec trop de retard[90].

---

[90] Pour arriver à cette conclusion, il a fallu analyser 300 ordonnances de référé rendues notamment par le Tribunal Administratif du Centre et les juges civils de référé de Douala, Bafoussam, Dschang et Yaoundé. Il ressort de cette analyse que seule une trentaine d'ordonnances sont prises moins d'un mois après la saisine du juge (V. notamment TPI Yaoundé CA, ordon. réf. n°s 683/C du 21/12/2010, NWATCHOC Marie Noëlle et autres

En matière de référé administratif, il importe de relever, à titre d'exemple, que c'est plus de 02 ans que le juge, dans l'ordonnance nº 19/OR/2010 déclare la requête du demandeur *« sans objet »*[91]. Bien plus, dans l'ordonnance de référé nº05/OR/2009, le juge du référé administratif a attendu environ 07 ans, soit plus exactement 06 ans, 11 mois et 24 jours pour déclarer la requête irrecevable pour défaut de paiement de la consignation[92]. Si dans ces ordonnances, le juge des référés de la Chambre administrative de la Cour Suprême siégeait comme juge transitoire en attendant que les tribunaux administratifs créés par la loi nº2006/022 du 29 décembre 2006 fixant l'organisation et le fonctionnement des tribunaux administratifs, soient mis en place et que leurs présidents prennent fonction, force est de réaliser que ces derniers n'ont pas voulu changer la donne ; ils ont continué dans la lenteur incompatible avec l'urgence[93].

En matière judiciaire, l'analyse de plusieurs ordonnances montre que le juge intervient généralement plus d'un an à compter de sa saisine[94]. Plus spécifiquement, dans une ordonnance de référé, le juge du référé civil a attendu 14 mois pour constater la résiliation du bail à usage d'habitation et prononcer l'expulsion du locataire[95] alors qu'il a autorisé le propriétaire à assigner son locataire en référé d'heure à heure.

---

c/ Caisse Nationale pour la Promotion de l'Investissement et MBELLECK François Eudes ; 76/C du 10 févr. 2012, BETCHEM ANDJIKE c/ NGUEUFACK Zacharie, NOTSA Eric et DOUNTSOP Bruno) et les autres ordonnances sont rendues au-delà du mois ou, dans la plupart de cas, plus d'un an après la saisine du juge des référés.

[91] CS/CA, ordon. réf. nº 19/2010 du 15 oct. 20010, Société PANALPINA Cameroun c/ État du Cameroun.

[92] CS/CA, ordon. réf. nº 04/OR/2009 du 24 avril 2009, Les familles Auguste NOAH et autres c/ Communauté Urbaine de Yaoundé.

[93] V. par exemple TAC, ordon. réf. nºs 01/REF/TA/YDE du 07 mars 2014, SYNDICAT National de la Communication (SYNACOM) c/ *Cameroon Radio and Television* et 03/REF/TA/YDE du 25 avr. 2014, HAMIDOU AMADOU c/ État du Cameroun.

[94] V. notamment TPI Yaoundé CA, ordon. réf. nºs 340/C du 02 mai 2013, La société Express Immobilier La Vallée SARL c/ BANDOLO ZOA épse feu OBAMA ESSONO Cyprien et autres; 163/C du 06 mars 2014, Mesdames ZEBAZE Esther épouse ZIZYANDJI, ZEBAZE Cécile épouse DOSSOU et Monsieur ZEBAZE Benjamin c/ Mesdames KAMGA Grâce, NGUIMATSIA Madeleine, NJIKETCHI Técla et autres.

[95] TPI Yaoundé CA, ordon. réf. nº 537/C du 09 août 2012, TCHOUNDJIN Dieudonné c/ NOUKEU MBAKOP Séraphin et PAHO Rose.

Dans l'un et l'autre cas, un délai d'instance de référé qui s'éternise de la sorte enlève à la décision efficacité et crédibilité. Les ordonnances de référé étant ainsi prises tardivement, l'on peut se demander s'il existe, en droit camerounais un véritable droit du citoyen à une protection juridictionnelle provisoire en cas d'urgence. La qualité de la justice au provisoire nécessite donc d'être renforcée. À trop tarder à juger, le juge encourage le défendeur à s'affranchir du respect des droits du demandeur, d'autant plus que le sort réservé aux voies de recours que ce dernier peut exercer est incertain, car à l'analyse, l'urgence est généralement occultée dans le déroulement des instances sur recours.

B : L'occultation de l'urgence dans le déroulement des instances sur recours

Dans un sens strict, l'instance sur recours est celle qui prolonge directement l'instance initiale de référé. Elle met en cause la décision rendue par le juge des référés à travers l'exercice des recours en rétractation et de l'appel, voie de recours de réformation. Dans un sens large, l'instance sur recours englobe ces recours et s'étend au pourvoi en cassation, une autre voie de recours de réformation, mais qui s'exerce plutôt contre les décisions rendues à la suite d'un appel interjeté contre une ordonnance de référé.

La considération de l'urgence dans le déroulement des instances des recours en rétractation (1) et des recours en réformation (2), est une préoccupation accessoire non seulement du législateur, mais aussi des juges camerounais.

1 : L'occultation de l'urgence dans le déroulement des instances des recours en rétractation

En tant que décision de justice, l'ordonnance de référé peut, en règle générale, être attaquée par les voies de recours de rétractation dont la finalité est d'amener le juge qui a statué à retirer, à rectifier matériellement ou à revenir sur sa décision. Elles comprennent l'opposition, la tierce opposition, la révision et le recours en rectification d'erreur matérielle.

Seulement, l'exercice de ces recours est de nature à compromettre l'urgence en matière de référé. Par conséquent, l'on est tenté de chercher à savoir si les ordonnances de référé peuvent faire l'objet de voies de recours de rétractation. Autrement dit, l'exercice des recours en rétractation ne serait-il pas contraire à l'urgence caractérisant la procédure de référé ? *A priori*, la réponse serait positive, parce qu'au regard de l'urgence qui caractérise les procédures de référé et du fait que les ordonnances de référé n'ont pas l'autorité de la chose jugée au principal, l'opportunité et la nécessité des recours en rétractation ne sembleraient pas avérées. En revanche, lorsque l'on s'aperçoit qu'il existe des ordonnances de référé qui ont été rendues sans que le recours au fond ait été introduit et que, par ailleurs, il en est d'autres qui ont été rendues et que l'instance est pendante depuis des années devant le juge du fond, l'on pourrait être plus réservé sur la réponse à donner. En tout cas, les recours en rétractation demeurent utiles en matière de référé parce qu'ils permettent de sauvegarder les intérêts de ceux qui l'exercent. Seulement, pour faire preuve de prise en compte de l'urgence dans les recours en rétractation, le législateur devrait bien assurer sa mission d'encadrement adéquat de ces procédures, et le juge devrait suffisamment remplir sa mission de gestion de l'urgence.

Or, l'exégèse des textes juridiques régissant le référé et l'analyse de la pratique judiciaire permettent de réaliser aisément que la considération de l'urgence n'est ni la préoccupation principale du législateur ni celle du juge camerounais dans le déroulement des recours en rétractation.

En matière civile et commerciale, l'opposition est exclue des voies de recours contre les ordonnances de référé[96]. L'une des raisons plausibles de cette exclusion est la considération de l'urgence. En effet, l'opposition est une voie de recours ordinaire ouverte au défaillant pour faire rétracter un jugement par défaut en remettant en question devant la même juridiction les points déjà jugés afin qu'il soit statué de nouveau en fait et en droit[97]. En supprimant l'opposition, on a voulu empêcher toute personne qui, sachant que sa cause est perdue d'avance, s'abstiendrait de se présenter devant le juge des référés parce qu'elle entend user de l'opposition pour gagner indûment du temps.

Mais il ne faut pas exagérer la considération de l'urgence par le législateur. Le silence qu'il a gardé en ce qui concerne l'institution des autres voies de recours de rétractation (la tierce opposition, les recours en révision

---

[96] Art. 185 du CPCC : les ordonnances de référé « *ne seront pas susceptibles d'opposition* ».
[97] G. CORNU, *Vocabulaire juridique, op.cit.*, p. 708.

et en rectification d'erreurs matérielles), est révélateur de son embarras et témoigne du déficit de considération de l'urgence dans la réglementation des recours en rétractation contre l'ordonnance de référé.

En matière administrative, le législateur a choisi de garder silence sur la question de l'institution des voies de recours de rétractation, même l'opposition[98]. Malgré le silence de la loi, le juge administratif s'est prononcé contre l'exercice de la tierce opposition en matière de référé dans une décision rendue le 28 septembre 1991 dans l'affaire Kankeu Théophile[99], et ce, sans considération de l'urgence. Dans cette décision, en effet, le juge intervient plus de douze mois après avoir été saisi[100]. Cette durée est excessivement longue. L'importance de ce délai ne peut pas simplement s'expliquer par l'engorgement du prétoire. Il y a aussi le fait que le juge traite les demandes en matière de référé comme s'il s'agissait des demandes ordinaires au fond qui n'ont aucun lien avec l'urgence[101]. C'est ainsi qu'il applique généralement, sauf quelques exceptions, les principales règles classiques de l'instruction (échanges de mémoires entre les parties) et du jugement (audience et délibéré).

Cette affaire est instruite selon les règles classiques, son jugement a mobilisé toute la Chambre administrative dans sa composition statutaire, donné lieu à une audience publique avec débats et audition des conclusions (et non des réquisitions comme c'est le cas en matière de référé) du ministère public, suivie d'un délibéré. Bien qu'il s'agisse de la seule espèce ayant été organisée et présentée sous cette forme en matière de référé, elle apporte, tout de même, la preuve que le traitement des affaires urgentes selon les règles et modalités classiques a une influence certaine sur le cadre temporel de l'instance.

---

[98] Cf. l'art. 29 de la loi n°2006/022 du 29 décembre 2006 fixant l'organisation et le fonctionnement des tribunaux administratifs qui se limite à prévoir l'appel contre l'ordonnance de référé.

[99] Jugement n°7/CS/CA/91-92 du 28 novembre 1991, KENKEU Théophile c/ Commune Urbaine de Bafoussam et TAMO PELAP (intervenant volontaire).

[100] Cf. CS/CA, jugement n°7/CS/CA/91-92 du 28 nov. 1991, KANKEU Théophile c/ État du Cameroun, *op.cit.*

[101] Cela est regrettable, car l'exercice d'une voie de recours contre l'ordonnance de référé n'enlève pas la nature urgente de l'affaire.

Dans l'affaire Kankeu Théophile, le juge qui a la charge d'assurer la bonne marche et la célérité de l'instance des référés est très peu diligent ; il ne remplit pas avec efficacité sa mission de gestion de l'urgence. Il utilise à fond son pouvoir inquisitorial à la limite du discrétionnaire en ce qui concerne l'application du contradictoire. La contradiction est, sans doute, l'une des exigences d'une justice véritable, mais en raison de la finalité du référé, il paraît logique que le principe de la contradiction connaisse des limitations. En matière de référé, les demandes devraient, pour tenir compte de l'urgence, être instruites aussi rapidement que possible ; l'instruction devant se caractériser par l'amenuisement, par rapport au régime normal, de la part faite au principe de la contradiction dont le plein respect ralentirait le déroulement de la procédure. Le juge devrait, pour tenir compte de l'urgence, avoir toujours présent à l'esprit qu'en matière de référé, et plus que dans des procédures ordinaires, une justice trop lente dégénère en une véritable injustice. Si le temps est une composante essentielle de toute procédure juridictionnelle, gagner du temps est, spécifiquement en matière de référé, plus important que gagner son procès au fond.

Au demeurant, le silence du législateur camerounais quant à la réglementation des voies de recours de rétractation de l'ordonnance de référé témoigne de son embarras et est révélateur de la déconsidération de l'urgence. Finalement, c'est l'urgence et la préservation des droits et libertés fondamentaux des justiciables qui en sortent perdantes. Par conséquent, ce n'est pas faire preuve de scepticisme, de pessimisme exagéré que de douter quelque peu de la réalité de la considération de l'urgence par le législateur dans la réglementation des recours en rétractation contre l'ordonnance de référé. Ce doute est aussi possible lorsque l'on analyse le déroulement des instances des recours en réformation.

2 : L'occultation de l'urgence dans le déroulement des instances des recours en réformation

La considération de l'urgence n'est pas la préoccupation principale du législateur dans la réglementation des voies de recours de réformation, spécifiquement l'appel et le pourvoi en cassation.

En matière judiciaire, l'analyse de textes régissant l'instance dérivée de l'instance initiale de référé permet de réaliser que les recours en réformation des ordonnances de référé ne bénéficient pas d'un régime spécial d'urgence quant à leur recevabilité, leur instruction et leur jugement. Le législateur se limite à quelques précisions qui, sur le plan pratique, sont sans effet sur la considération de l'urgence. Il ressort des dispositions légales régissant les voies de recours contre l'ordonnance de référé que cette dernière est susceptible d'appel qui doit être interjeté même avant le délai de huitaine, à dater de l'ordonnance ; et ne peut plus être recevable s'il a été interjeté après la quinzaine, à compter du jour de la signification de l'ordonnance[102]. De même, le législateur précise que l'appel doit être *« jugé d'urgence »*[103]. En fixant un bref délai d'appel, en consacrant l'irrecevabilité comme sanction de la violation de ce délai et en précisant que l'appel doit être *« jugé d'urgence »*, le législateur témoigne certainement de sa volonté d'accélération de la procédure d'appel et, par conséquent, de considération de l'urgence. Cependant, il n'est pas allé au bout de sa logique, car en se limitant à annoncer que *« l'appel est jugé d'urgence »* tout en soumettant la procédure d'appel aux exigences de droit commun qui, somme toute, ne visent pas à préserver l'urgence, le législateur prend de la main gauche ce qu'il a donné de la main droite.

En matière administrative, la situation n'est guère différente. Le législateur ne réglemente pas spécialement la procédure d'appel contre les ordonnances de référé. Il n'indique même pas, comme il l'a fait en matière judiciaire, si l'appel doit être jugé d'urgence. S'il réglemente spécialement le pourvoi contre les arrêts rendus en appel en fixant de brefs délais d'exercice des actes de procédure aussi bien par les parties que par les autres acteurs du procès, le juge ou le greffier[104], il n'est pas allé au bout de sa logique. En dehors du délai d'appel qui doit être respecté sous peine de forclusion, aucune sanction n'est prévue pour assurer le respect d'autres délais, notamment le délai de notification de l'arrêt.

L'analyse du contentieux montre qu'en l'absence de réglementation spécifique, les juges interviennent généralement tardivement, rendant ainsi compte de la considération accessoire de l'urgence.

---

[102] Art. 185 du CPCC.

[103] Art. 185 du Code de procédure civile et commerciale.

[104] v. loi n° 2006/016 du 29 déc. 2006, *op.cit.*, art. 108 à 110.

En matière de référé administratif, trois principales affaires rendues par la défunte Assemblée plénière de la Cour suprême jadis juridiction d'appel des ordonnances de référé, peuvent servir d'illustration de cette lenteur. En ce qui concerne d'abord l'affaire Sienche Maurice et autres contre État du Cameroun[105], le juge d'appel a mis plus de trois (03) ans et demi pour rendre son arrêt intervenu le 27 juin 1996. S'agissant ensuite de l'affaire Ngassam Thomas Débonnaire[106], l'arrêt de l'Assemblée plénière de la Cour suprême y relatif est intervenu près de onze (11) ans après sa saisine. En effet, saisie le 21 janvier 1990, elle a statué le 4 janvier 2001. En ce qui concerne enfin l'affaire État du Cameroun contre Collectivité de Maképé II, saisie le 25 février 1994, l'Assemblée plénière a rendu son arrêt le 23 novembre 2000, soit plus de six (06) ans après.

En matière judiciaire, plusieurs arrêts rendus par les Cours d'appel permettent de réaliser que l'urgence n'est, en général, pas la préoccupation du juge d'appel. Dans certains arrêts analysés, la Cour d'appel rend sa décision un an (01), voire plus de deux (02) ans après qu'elle a été saisie par un appel contre une ordonnance de référé[107].

Bien plus, l'examen des arrêts rendus par la Cour suprême montre que la considération de l'urgence ne fait pas l'objet de la préoccupation prépondérante des juges de cassation. Dans l'arrêt n° 47/Civ du 22 mars 2012, la chambre judiciaire de la Cour suprême a attendu plus de neuf (09) ans pour rejeter le pourvoi parce que le moyen de cassation n'est pas *« articulé et développé »*[108]. Dans un autre arrêt, la Cour suprême a mis plus

---

[105] CS/AP, arrêt n°29/A du 27 janvier 1996, SIENCHE Maurice et autres c/ État du Cameroun.

[106] CS/AP, arrêt n° 28/A du 4 janvier 2001, NGASSAM Thomas Débonnaire c/ État du Cameroun.

[107] V. respectivement Douala, arrêts n°s 178 du 27 oct. 2008, LOTTIN ELIMBI Ernest Adolphe c/ ABWA Bernard Ernest, 194 du 17 nov. 2008, Société UTRAS Cameroun SARL c/ Dame Charlotte NDONGO, in OHADA, Jurisprudences nationales n° 2, déc. 2010, p. 35 et 39/REF du 08 janv. 2003, Dame JOUMANI née NGANSI Thérèse c/ ELESSA NGOUBO Richard et autres, OHADA, Jurisprudences nationales n° 1, déc. 2004.

[108] Aff. CCEI Bank c/ Ets OUAMBO & FILS.

de 27 ans pour casser l'arrêt confirmatif d'une ordonnance de référé rétractant une ordonnance sur requête pour *« défaut de motif »*[109].

Si l'analyse de ces arrêts montre que la déconsidération de l'urgence est principalement le fait des juges, force est de réaliser que, sans que les juges ne soient totalement blanchis, les justiciables jouent aussi un rôle non négligeable dans le retardement de l'instruction de certains pourvois. C'est ainsi que dans plusieurs arrêts, la Cour suprême est obligée de rendre tardivement son verdict du fait non seulement de son inertie, mais aussi des requérants qui refusent, soit de payer à temps la taxe de pourvoi et les frais de consignation[110], soit de déposer les mémoires articulant et développant les moyens de droit invoqués à l'appui de leurs pourvois[111].

L'extension excessive de la durée d'appel contre l'ordonnance de référé et de pourvoi en cassation contre l'arrêt d'appel est une prime à l'illégalité. Certes, il ne peut être de bon procès bâclé. De même, en dépit des exigences légales de célérité, tout procès a, pratiquement, *« une durée incompressible »*[112]. Mais, il reste que le plus souvent, un long procès n'est pas non plus un bon procès, surtout lorsque la nature de l'affaire impose une intervention rapide du juge.

C'est le lieu ici d'exhorter les justiciables victimes des lenteurs excessives non seulement devant les juridictions d'appel et de cassation, mais aussi devant la juridiction de référé à saisir la Cour africaine de justice et des droits de l'Homme, plus précisément la Section des droits de l'Homme de cette juridiction panafricaine[113]. Cette juridiction est compétente pour lutter

---

[109] CS, Ch judiciaire, sect. Civ., arrêt n° 04/Civ. du 30 mai 2013, Société GAT et ALHADJI MOHAMADOU BELLO c/ CEFAO (Agence Centrale).

[110]CS, arrêts n°s 227/Civ du 23 sept. 2012, Société *Armement Mediterranean Shipping Company S. A.* c/ AMBASSA Victorine, 205/Civ du 27 sept. 2012, NJOH Philibert c/ MBENKOU Elise et autres.

[111] V. CS/ Ch. jud.arrêts n°s 128/ Civ du 12 déc. 2013, GUEUGANG Bernard et autres c/ Fondation Camerounaise de Gérontologie ; 169/Civ du 02 août 2012, HAMZA BELLO c/ MOHAMADOU ADAMOU BELLO et 152/Civ du 02 août 2012, veuve ESSOMBA née AKONG BIKOULA et BDZANA Célestin.

[112] B. POUJADE, « Le référé précontractuel », *RFDA*, 2002, p. 279.

[113]Cf. art. 30 al. (f) des Statuts de la Cour africaine de justice et des droits de l'Homme. Le Cameroun a ratifié le Protocole à la CADHP par décret présidentiel n° 2014/266 du 22 juillet 2014 portant ratification du Protocole de la Charte Africaine des Droits de l'Homme

contre les atteintes aux droits de l'Homme reconnus par la Charte africaine des droits de l'Homme et des peuples, notamment le droit à un procès dans un délai raisonnable[114], et tout autre instrument relatif à la protection des droits de l'Homme ratifié par l'État mis en cause. Elle peut prendre des mesures provisoires et des mesures définitives. Dans le premier cas, si elle estime que les circonstances l'exigent, la Cour peut prendre à titre provisoire, de sa propre initiative ou à la demande d'une partie, des mesures conservatoires des droits respectifs des parties[115]. Dans le second cas, la Cour peut, lorsqu'elle estime qu'il y a eu violation d'un droit de l'Homme, *« ordonner toutes les mesures appropriées afin de remédier à la situation, entre autres l'octroi d'une juste indemnité »*[116]. Par conséquent, dans les cas d'extrême gravité ou d'urgence et lorsqu'il s'avère nécessaire d'éviter des dommages irréparables à des personnes, elle peut ordonner des mesures provisoires qu'elle juge pertinentes. La Cour dispose donc de moyens efficaces pour imposer aux États de prendre en compte l'urgence en matière de référé à travers la préservation du droit à un procès dans un délai raisonnable.

Cependant, l'apport de la Cour africaine de justice et des droits de l'Homme est à relativiser. En effet, l'accès à la Cour aux personnes physiques et aux organisations non gouvernementales de lutte contre les violations des droits de l'Homme est difficile. Ces personnes ne peuvent accéder à la Cour que si l'État en cause, partie au Protocole portant statut de la Cour africaine de justice et des droits de l'Homme, a fait une déclaration autorisant une telle démarche[117]. La possibilité offerte aux personnes physiques et aux organisations non gouvernementales de saisir indirectement la Cour à travers les institutions nationales de protection des droits de l'Homme et la Commission africaine des droits de l'Homme, ne résout pas cette difficulté[118]. Par conséquent, pour assurer l'efficacité non

---

et des Peuples portant création d'une Cour Africaine des Droits de l'Homme et des Peuples.

[114]Articles 7 al.1 (d) de la Charte africaine des droits de l'Homme et des peuples.

[115] Art. 35 du statut de la Cour africaine de justice et des droits de l'Homme.

[116] Art. 45 du Statut de la Cour africaine de Justice et des droits de l'Homme.

[117] Cf. art. 8 (3) du Protocole portant statut de la Cour africaine de justice et des droits de l'Homme.

[118]Cf. art. 30 (b) du Statut de la Cour africaine de justice et des droits de l'Homme.

seulement de la considération de l'urgence en matière de référé, mais aussi de la Cour africaine de justice et des droits de l'Homme, il importe d'encourager le Cameroun ainsi que tous les États africains qui ont ratifié le Protocole portant statut de la Cour africaine de justice et des droits de l'Homme, à faire la déclaration acceptant la compétence de la Cour pour recevoir les requêtes des individus et des organisations non gouvernementales.

CONCLUSION

Le référé est, en droit camerounais, le théâtre d'apparence de considération de l'urgence. Le législateur n'assure pas bien sa mission d'encadrement adéquat de l'urgence et le juge ne remplit pas suffisamment sa mission de gestion de l'urgence. L'urgence est éclipsée aussi bien dans l'examen de la recevabilité de la demande en référé que dans le déroulement des instances de référé. Au moment de la recevabilité de la demande en référé, l'occultation de l'urgence est la conséquence tant du poids du lien entre la demande en référé et la demande principale que des pesanteurs relatives à la recevabilité de la demande en référé. Dans le déroulement des instances de référé, l'éclipse de l'urgence s'observe dans le déroulement de la procédure initiale de référé et des procédures sur recours.

Pour remédier à cette situation, plusieurs suggestions en termes de modifications législatives et des pratiques judiciaires ont été faites. Tout d'abord, il serait nécessaire que la subordination de la recevabilité de la demande en référé à l'accomplissement des formalités propres aux recours au fond soit supprimée. De même, il est nécessaire que le législateur institue un juge des urgences qui ne connaîtrait pas des affaires au fond. Ensuite, il est nécessaire que le législateur réglemente spécialement l'instance dérivée de l'instance initiale de référé. Enfin, une véritable réforme réside aussi et surtout dans les mentalités, la prise de conscience du danger que court le justiciable du fait de l'écoulement du temps et l'engagement des justiciables à saisir la Cour africaine de justice et des droits de l'Homme sur la base de la violation du droit à un procès dans un délai raisonnable lorsqu'ils sont victimes des lenteurs judiciaires incompatibles à toute considération de l'urgence.

Dans un pays comme le nôtre, tout imprégné qu'il est de la primauté de la loi comme source du droit, mais où le rapport dialectique du juge et de la loi se solde par le triomphe du juge qui notamment préjudicie au principal malgré l'interdiction légale de le faire, méconnaît l'urgence caractérisant la procédure de référé, une question ne peut se poser : ce bel exemple d'existentialisme judiciaire remet-il en cause tout effort de réforme législative ?

LA RÉCEPTION DU PRINCIPE DE PRÉCAUTION DANS LE DROIT CAMEROUNAIS DE LA RESPONSABILITÉ

Alex-François TJOUEN[1]

Résumé

Le droit interne doit être à l'actualité du fait pour être adapté aux réalités locales. Pour cela, il réceptionne quelquefois le droit étranger lorsqu'il apparaît que celui-ci avait déjà prévu des règles dans le domaine concerné. C'est le cas du droit camerounais de la responsabilité à propos du principe de précaution. Le Cameroun ayant engagé de vastes chantiers dans les domaines de la santé, l'environnement et la bioéthique, l'idée sous-jacente à la réception de ce principe est l'évitement des dommages graves et irrésistibles par la prise en compte des risques que ces activités sont susceptibles de créer.

Il convient cependant de s'interroger sur l'opportunité et l'efficacité d'une telle réception dans le système juridique camerounais. À l'épreuve de la réalité sociale et économique du pays, il apparaît que le principe de précaution a été mal réceptionné par le droit camerounais à cause de l'ignorance par le législateur des méthodes exigées pour ladite réception et des effets qui en découlent sur le droit camerounais de la responsabilité. Le juge dont la fonction est de permettre la réalisation du droit aurait pu les prendre en compte. Mais il s'avère lui-même être impuissant à appliquer le principe de précaution.

Summary

Domestic law must be timeliness to be adapted to local realities. For this purpose, it sometimes adapts to foreign law when it appears that the latter had already provided rules in the relevant area. This is the case of the Cameroonian law of responsibility on precautionary principle. Cameroon engaged into vast projects in the areas of health, environment and bioethics, the idea behind this

[1]*Docteur en Droit privé, Chargé de Cours à la Faculté des Sciences Juridiques et Politiques de l'Université de Yaoundé II-SOA.*

principle being the avoidance of irresistible and serious damages by taking into account the risks that these activities are likely to create.

However, the appropriateness and effectiveness of such approvals in the Cameroonian legal system should be questioned. Face to the social and economic reality of the country, it appears that the precautionary principle was poorly received by Cameroonian law due to the ignorance by the legislator of methods required for such reception and effects arising therefore on the Cameroonian law of State responsibility. The judge, whose function is to allow the realization of the law, could catch the shot. But he himself turns out to be powerless to apply the precautionary principle.

Introduction

Les catastrophes naturelles[2], sanitaires[3] ou pour cause humaine[4] ne sont pas rares au Cameroun. À ces occasions, l'émotion est nationale, mais la responsabilité fondée sur le défaut de précaution des acteurs n'est jamais engagée.

Définie comme l'obligation de répondre de ses actes, la responsabilité peut être civile, pénale ou administrative. En matière civile, elle est l'obligation de réparer le dommage causé à autrui par un acte contraire à la norme établie[5]. L'article 1382 du Code civil, qui en est le droit commun,

---

[2] Les éboulements de terrains, les nombreuses inondations dans la partie septentrionale dont la plus récente (fin août 2012) a fait 60.000 victimes, etc. Avant cette date, la pire catastrophe serait l'éruption du lac Nyos du 21 août 1986. Ce jour-là, une explosion due à une accumulation de gaz dans le sous-sol a lieu dans la région volcanique du lac Nyos. Le gaz carbonique qui s'échappe de la faille provoque la mort de plus de 1 700 hommes, de milliers d'animaux et le déplacement des habitants de la région. Il faudra attendre quinze longues années pour qu'en 2001, une équipe internationale de scientifiques procède enfin au dégazage du lac.

[3]C'est le cas par exemple du choléra ou encore de la grippe porcine apparue au Cameroun dans la ville de Yaoundé en 2009 et dans la région de l'Ouest en 2012.

[4] On peut citer les nombreux incendies d'envergure dont le plus tristement célèbre est celui survenu à Nsam le 14 février 1998. Ce jour-là, une explosion de deux wagons-citernes d'un train, suivie d'un violent incendie carbonise environ 200 personnes sur-le-champ. Plus de 250 brûlés à des degrés divers seront plus tard internés dans les différents hôpitaux de la ville.

[5] Philippe Le TOURNEAU et Loïc CADIET, *Droit de la responsabilité civile*, Dalloz, 1997, p. 1 ; Alain BENABENT, *Droit civil, les obligations*, 11e éd., Montchrestien, 2007, p. 365 ;

dispose en effet que « *tout fait quelconque de l'homme, qui cause à autrui un dommage, oblige celui par la faute duquel il est arrivé, à le réparer* ». En droit pénal, est responsable celui qui a commis un acte prévu et défini par la loi pénale[6]. L'article 74(2) du Code pénal, plus précis, retient qu'« *est pénalement responsable celui qui volontairement commet les faits caractérisant les éléments constitutifs d'une infraction avec l'intention que ces faits aient pour conséquence la réalisation de l'infraction* ». La responsabilité administrative, quant à elle, est définie comme l'obligation pour l'administration de réparer le dommage qu'elle cause à autrui. Jusqu'en 1873, elle relevait du Code civil alors considéré comme le droit commun de la responsabilité. En France, c'est le Tribunal des conflits qui, en 1873[7], a posé le principe de la responsabilité administrative dont l'objet est la mise en œuvre de l'obligation qui incombe à l'État de réparer le dommage causé par sa faute. Le droit camerounais a suivi les traces du droit français[8].

Mais la responsabilité n'a pas qu'une fonction curative ou punitive. Elle vise également à prévenir la réalisation des dommages ou la commission des infractions « *par la crainte légitime de la sanction [...] qu'elle engendre* »[9]. L'auteur de l'acte délictueux serait plus réticent à le poser lorsqu'il a conscience qu'il devra ensuite en répondre conformément aux dispositions des articles 1382 du Code civil et 74 du Code pénal ou de la jurisprudence administrative. Certes la prévention peut permettre de contenir les dommages, elle ne suffit cependant pas à apaiser les cœurs et les esprits lorsque le risque de les subir reste avéré[10]. C'est la raison pour laquelle le concept de précaution s'est développé afin de parvenir à une sécurité absolue. Ce concept vise à imposer une plus grande prudence dans toutes les

---

Jacques FLOUR, Jean-Luc AUBERT et Eric SAVAUX, *Droit civil, les obligations. 2- Le fait juridique*, 11e éd., Armand Colin, 2005, p.59.

[6] Bernard BOULOC et Haritini MATSOPOULOU, *Droit pénal général et procédure pénale*, 16e éd., Sirez, 2006, p. 121 ; Bernard BOULOC, *Droit pénal général*, 20e éd., Dalloz, 2007, p. 265.

[7] TC, 8 février 1873, BLANCO, recueil Lebon, n° 00012.

[8] Aff. MOUTOMBI Christophe c/ Etat du Cameroun, jugement n° 43/CS/CA/78-79 du 22 février 1979, inédit.

[9] P. Le TOURNEAU et L. CADIET, *op.cit.*, p. 1.

[10] Le cas du virus Ebola, mondialement répandu, en est un parfait exemple.

activités dont les enjeux sur la santé, l'environnement, voire la bioéthique[11] sont importants.

Le Dictionnaire Larousse définit la précaution comme « *une disposition prise pour éviter un mal ou pour en limiter les conséquences* ». Dans le langage juridique, elle est traditionnellement utilisée « *pour caractériser certains actes matériels nécessaires pour éviter que se produise un dommage* »[12] ou que se commette une infraction. Érigée en principe, elle se manifeste par un comportement extrêmement prudent grâce à des attitudes subjectives et des mesures objectives[13]. Ce concept exprime une idée, celle d'empêcher qu'un risque de dommages simplement suspecté se réalise. C'est du moins ce qui ressort du Vocabulaire juridique lorsqu'il définit le principe de précaution comme « *une règle selon laquelle, même en l'absence de données scientifiques certaines, il convient de prendre des mesures de prévention pour empêcher ou limiter la réalisation d'un risque signalé* ». Inspirée du droit international, cette acception[14] s'est cependant avérée partielle contrairement à celle de la Déclaration de Rio de juin 1992 qui, pour la première fois, semble-t-il[15], en a donné une définition plus complète en ces termes : « *En cas de risque de*

---

[11] Suivant la définition du Dictionnaire Le Robert, *la bioéthique* est la discipline qui traite des problèmes moraux soulevés par la recherche médicale ou biologique.

[12] Mathilde BOUTONNET, *Le principe de précaution en droit de la responsabilité civile*, LGDJ, 2005, p. 4.

[13] La précaution est une notion subjective dans ce sens qu'elle est tournée vers le comportement de l'individu appelé à être prudent dans tout ce qu'il fait : il doit toujours agir avec précaution. Elle est objective, car elle désigne des mesures concrètes prises face au danger. Lire M. BOUTONNET *op.cit.*, p. 4.

[14] La définition précise a été donnée dans la Déclaration ministérielle de la deuxième conférence internationale sur la protection de la mer du Nord de 1987. Les termes étaient les suivants : « *une approche de précaution s'impose afin de protéger la mer du Nord des effets dommageables éventuels des substances les plus dangereuses. Elle peut requérir l'adoption de mesures de contrôle des émissions de ces substances avant même qu'un lien de cause à effet soit formellement établi sur le plan scientifique* ».

[15] Pour certains auteurs, le principe de précaution était déjà en germe dans la Charte mondiale de la nature du 28 octobre 1982 (Anne LAUDON et Christine NOIVILLE, *Le principe de précaution, le droit de l'environnement et l'OMC*, Rapport remis au ministère français de l'Environnement le 16 novembre 1998, p. 4 ; P.-M. DUPUY, « Le principe de précaution, règle émergente du droit international », *in* Ch. LEBEN et J. VERHOEVEN (sous la dir.), *Le principe de précaution, aspects de droit international de droit communautaire*, éd. Panthéon Assas, 2002, p. 95 et s.

dommages graves et irrésistibles, l'absence de certitude scientifique absolue ne doit pas servir de prétexte pour remettre à plus tard l'adoption des mesures effectives visant à prévenir la dégradation de l'environnement ».

Le principe de précaution a une finalité juridique. Au nom des liens entre la morale et le droit[16], il vise à renforcer l'exigence de certains comportements moraux et inciter à se soucier davantage des conséquences immédiates[17] ou à long terme[18]. En plus de prévenir les dommages, il remplit donc une fonction pédagogique dans ce sens qu'il éduque l'être humain, avide de développement, sur l'évitement des risques de dommages que ses ambitions peuvent créer pour la santé de ses semblables et l'environnement. Mais en vérité, peut-on envisager le progrès sans risques ? La réponse est négative, car dans toute activité impliquant l'être humain, il n'existe pas de *risque zéro*. Le principe de précaution semble pourtant l'envisager au point de susciter, dans les pays qui l'ont déjà adopté[19], l'inquiétude d'une partie de la doctrine[20] quant à son application.

---

[16] P. JESTAZ, « Pouvoir juridique et pouvoir moral », *RTDCiv* 1990, p. 625 et s. ; dans le même sens, « Le principe de précaution, de la morale au droit », *La recherche*, décembre 1999, n° 326, p. 86.

[17] En matière sanitaire, on peut citer les contaminations, etc.

[18]Dans le domaine environnemental, il ne s'agit plus seulement de bien se comporter pour protéger l'environnement au présent : « *la morale doit être tournée vers les générations futures* », car, pour emprunter au judaïsme, la nature n'est pas une propriété de l'homme qui n'en est que l'usufruitier. (M. BOUTONNET, *op.cit.*, p. 61 ; Lire aussi D. BIRNBACHER, *La responsabilité envers les générations futures*, PUF, 1994, p. 8). Tout ne lui est donc pas permis sur cette terre qu'il a « au contraire pour mission de garder et de travailler. » (R.-S. SIRAT, « L'homme, la nature, l'environnement : le regard du judaïsme », *in* colloque organisé par le ministère français de l'Environnement, *Éthique et environnement*, La documentation française, 1997, p. 27).

[19] On peut citer entre autres l'Allemagne, l'Australie, la France, les Pays-Bas, le Royaume-Uni, etc.

[20] C'est le cas par exemple de : Jean-Philippe FELDMAN, « Le principe de précaution et ses dangers », in *fr.amiando.com*, consulté le 18 septembre 2014 ; Dominique AUVERLOT, Joël HAMELIN et Jean-Luc PUJOL, *Le principe de précaution : quelques réflexions sur sa mise en œuvre*, Document de travail du Commissariat général français à la stratégie et à la prospective, n°2013-05, septembre 2013, p. 21-22 ; Jean-Marie COULON, « Introduction au principe de précaution en droit », in *La prévention et la protection dans la société du risque : le principe de précaution*, Éditions scientifiques et médicales Elsevier SAS, 2001, p. 39 à 40.

Malgré ces nombreuses hésitations et réserves émises sous d'autres cieux sur ce principe mis à l'épreuve de la pratique, le droit camerounais a opté pour sa réception. Celle-ci est définie comme « *l'action d'entrer en possession de ce qui a été envoyé* ». En droit, elle est à la fois formelle et substantielle. La réception formelle est « *l'opération par laquelle une règle d'origine étrangère est incorporée dans l'ordonnancement juridique interne. Elle est réalisée par les autorités nationales au moment de l'élaboration de la norme considérée* »[21]. Le droit camerounais a ainsi procédé à la réception du principe de précaution par voie normative, considérée comme étant la méthode par excellence. Le législateur n'a cependant pas établi une règle de portée générale. Il s'est limité aux domaines spécifiques de l'environnement et la biotechnologie.

Quant à la réception substantielle, elle renvoie au contenu de la norme et à ses effets dans le système juridique importateur. C'est ainsi que l'article 9(a) de la loi-cadre sur l'environnement de 1996[22] indique que : « *La gestion de l'environnement et des ressources naturelles s'inspire (...) [du] principe de précaution, selon lequel l'absence de certitudes, compte tenu des connaissances scientifiques et techniques du moment, ne doit pas retarder l'adoption des mesures effectives et proportionnées visant à prévenir un risque de dommages graves et irréversibles à l'environnement à un coût économiquement acceptable* ». De même, l'article 18(2) de la loi de 2003 sur la sécurité en matière de biotechnologie moderne[23] dispose que « *l'évaluation des risques dans toute activité en rapport avec les organismes génétiquement modifiés doit tenir compte du principe de précaution, et être menée selon qu'il convient, afin de garantir la sécurité humaine, animale et végétale, ainsi que la protection de la biodiversité et de l'environnement* ». L'on pourrait finalement penser qu'en droit camerounais, il ne se pose pas de difficultés particulières d'incorporation de ce principe. Il s'agit cependant d'une évidence trompe-l'œil au regard du débat houleux qu'il suscite encore aujourd'hui dans tous les pays qui l'ont adopté à cause de ses conséquences sur le régime de la responsabilité. Sa réception exige donc une minutie particulière.

---

21 Magloire ONDOA, « Le droit administratif français en Afrique francophone : Contribution à l'étude de la réception des droits étrangers en droit interne », *RJPIC*, Vol 56, n° 3, 2002, p. 321.

22 Loi n° 96/12 du 5 août 1996 portant loi-cadre relative à la gestion de l'environnement.

23 Loi n° 2003/2006 du 21 avril 2003 portant régime de sécurité en matière de biotechnologie moderne au Cameroun.

La question qui se pose dès lors est celle de savoir si les modalités de réception efficace de ce principe dans le droit camerounais de la responsabilité ont été respectées.

L'interrogation se justifie pour un pays qui fait partie de ceux accusés de mimétisme[24] parce qu'ils copient souvent des lois étrangères sans vraiment y croire ni les comprendre. Sur cette base, l'on peut légitimement se demander si l'inscription du principe de précaution dans la législation camerounaise est le fruit d'un simple phénomène de « contagion »[25] ou bien le législateur y a-t-il mûrement réfléchi suite à la succession de catastrophes qu'a connues le pays[26]. Le silence du législateur sur les fondements de la réception ne permet pas d'y répondre avec certitude. L'on peut cependant constater qu'aujourd'hui plus qu'hier, le Cameroun a engagé de vastes chantiers[27] qui vont inévitablement aggraver les risques de dommages dans les domaines de la santé, la bioéthique et l'environnement. C'est sans doute l'une des raisons qui justifient la mise en place de mécanismes juridiques permettant de les éviter. Le principe de précaution en fait évidemment partie. Mais encore faut-il veiller à ce que sa réception en droit de la responsabilité soit efficace ; cela exige un choix réfléchi des modalités de ladite réception.

La réflexion sur les modalités d'une réception efficace du principe de précaution doit être menée sur deux axes. Le premier concerne les méthodes sans lesquelles une quelconque initiative est vouée à l'échec malgré

---

[24] Djibril ABARCHI, « Problématique des réformes législatives en Afrique : Le mimétisme juridique comme méthode de construction du droit », *Penant* n° 842, janvier-mars 2003, p. 88-105.

[25] Selon l'expression de Mme Jacqueline DUTHEIL de la ROCHERE, « Mondialisation et régionalisation », *in* Eric LOQUIN (sous la dir.), *Mondialisation du droit*, éd. Paris Litec 2000, p. 446.

[26] En France par exemple, ce sont les Scandales du sang contaminé et de l'amiante, la crise de la vache folle, la crise des OGM, des ondes électromagnétiques, des dioxines, des pesticides, la crise des éthers de glycol, la crise légionellose dans le Nord-Pas-de-Calais et autres situations de crises médiatisées qui ont contribué ces dernières années à promouvoir le principe de précaution et à le faire entrer dans la loi d'abord et aujourd'hui dans la Constitution.

[27] Industries extractives, port en eau profonde de Kribi, barrage de Mem'vele, autoroute Yaoundé-Douala, les nombreuses recherches biomédicales, etc.

l'éventuelle solidité des arguments de fond. Du fait d'être indispensables, elles sont exigées (I). Elles demeurent cependant insuffisantes pour une réception efficace du principe de précaution. En effet, la sagesse commande que pour une incorporation réussie dans le système juridique camerounais, les autorités nationales explorent aussi le second axe de réflexion : l'analyse des effets de la réception sur le système camerounais. Concrètement, ces effets devraient pouvoir être adaptés au contexte local et maîtrisés par le droit camerounais. Il semble malheureusement que cet aspect ait été négligé lors de la réception du principe de précaution (II).

I- Les méthodes exigées pour la réception du principe de précaution

Il est de notoriété chez les juristes que le droit ne se crée pas tout seul. Il a des sources[28]. Lorsqu'il s'agit de réceptionner un droit étranger, le système juridique interne active l'une ou plusieurs d'entre elles, généralement la norme ou la jurisprudence. Le droit camerounais de la responsabilité ne s'en est pas détourné. Pour intégrer le principe de précaution dans son corpus juridique, il a opté pour l'approche normative. Mais avec un peu de recul, il apparaît qu'elle a été mal exploitée (A). Certes l'approche prétorienne peut et doit être utilisée en complément. Mais la complexité du principe de précaution fait appréhender cet appui (B).

A- L'approche normative mal exploitée

Le droit interne peut-il intégrer un droit étranger dont il ne connaît ni les tares ni les incompatibilités ? La réponse est certainement négative. Il suffit pour s'en convaincre de le comparer à une maison d'habitation dont le propriétaire est le peuple auquel il s'applique. Comme toute personne ordinaire, ce peuple ne saurait être enclin à accueillir ou héberger chez lui, une personne indésirable. Aussi la réception d'un droit étranger est-elle une initiative qui ne saurait être prise sans respect d'un certain nombre de règles de forme et de fond. Sur la forme, le système juridique récepteur doit suivre une procédure qui vise à permettre que la règle étrangère soit déclarée recevable. Sur le fond, ce système doit se rassurer de maîtriser les contours du concept qu'il se prépare à incorporer. À l'analyse, il semble que lors de la réception du principe de précaution, ces règles n'aient pas été tout à fait

[28] Il s'agit essentiellement de la norme, la coutume, la jurisprudence.

respectées. En effet, parce que ladite réception a été entachée du vice de procédure, le système juridique camerounais ne s'est pas rendu compte de ce que le principe de précaution est truffé d'imprécisions.

1) Une réception entachée du vice de procédure

Le législateur a certes incorporé le principe de précaution dans le corpus juridique. Il est cependant évident que cette réception souffre d'un vice de procédure : le défaut d'un « *examen de compatibilité matérielle* » et d'un contrôle d'adaptation préalables à une réception formelle[29]. Ainsi, « *seules les règles ayant franchi la première phase du contrôle de compatibilité atteignent l'étape de l'adaptation. Celle-ci consiste à vérifier si le contenu de la norme répond aux exigences du contexte importateur* »[30]. Ce n'est qu'à ce moment que les formalités d'une réception du droit étranger peuvent être remplies. On comprend dès lors que l'une des phases essentielles, si ce n'est la plus importante, dans le processus d'incorporation est celle qui précède la réception formelle : c'est la phase de la recevabilité du droit étranger. Elle présuppose « *une œuvre réfléchie et volontaire qui exclut l'hypothèse, véhiculée à travers le concept de mimétisme, d'imitation aveugle* »[31].

À l'évidence, cette phase a été bâclée lors de la réception du principe de précaution, car elle aurait dû permettre de se rendre compte d'une incohérence : l'anticipation du dommage qui en découle est actuellement une utopie en droit camerounais parce qu'elle exige une sécurité absolue là où le minimum vital reste recherché par la plupart des citoyens. La sécurité est certes un besoin si nécessaire à l'être humain qu'elle constitue une obligation juridique. Mais sur le fondement du principe de précaution, elle s'entend comme l'absence totale de risques[32]. Peu importe qu'elle soit de

---

[29] Lire dans ce sens M. ONDOA, *op.cit.*, p. 318 et s.
[30] *Ibid.*, p. 320.
[31] *Ibid..*, p. 321.
[32] G. LACONO, « Contribution à une réflexion sur le thème de l'harmonisation ou/et de l'unification des concepts de sécurité et de qualité des produits dans l'Union européenne », *in* F. OSMAN (sous la dir. de), *Vers un Code européen de la consommation*, colloque de Lyon, 12 et 13 déc. 1997, pp. 219 et s.

moyen ou de résultat[33], elle s'impose à cause de l'augmentation continuelle des risques[34] qui exige un degré plus élevé de prudence : « *ce qui est attendu des responsables aujourd'hui, ce n'est plus seulement d'être prudents (pour eux-mêmes), ce n'est plus seulement de souscrire une police d'assurance, c'est de faire preuve de précaution* »[35]. Désormais, la réalisation du risque n'est plus seulement à éviter, le dommage doit aussi être anticipé dès lors que ce risque n'est encore que suspecté. C'est ce désir de sécurité maximum qui légitime le sens préventif du principe de précaution en droit de la responsabilité, car il n'est pas uniquement motivé par la gravité des risques de dommages. « *Il est aussi dû à l'aspiration sécuritaire résultant de la modification des rapports sociaux et de la perception du progrès* »[36].

Étant fondé sur un excès de prudence, la question se pose alors de savoir s'il est adapté au contexte camerounais. En d'autres termes, au lieu de pousser l'obligation de sécurité à ses extrêmes, ne serait-il pas plus opportun et plus juste d'accentuer plutôt l'application effective de l'obligation classique de sécurité ? Certes au-delà des textes, il existe des structures[37] et des mesures[38] visant à empêcher la réalisation des dommages sur la base de risques avérés, mais cela reste insuffisant, surtout en matière de santé, au regard de la tolérance administrative des nombreuses activités à risques[39]

---

[33] Sur ce point, la doctrine française observe que le domaine de l'obligation de sécurité « *est fait de recul, de stabilité et de progression* ». (Théo HASSLER, « Le point sur l'obligation de sécurité », *Petites affiches*, 12 février 1997 n° 19, p. 17 et s.)

[34] Au 20e siècle, cela est dû en grande partie à l'essor démographique, l'industrialisation, l'urbanisation et le développement des activités économiques. Lire Yvonne LAMBERT-FAIVRE et Laurent LEVENEUR, *Droit des assurances*, 12e éd., Dalloz, 2005, p. 6 et s.

[35] L. ENGEL, « Réguler les comportements », *in* T. Ferenczi (sous la dir.), *De quoi sommes-nous responsables?, Le Monde* 1997, p. 85.

[36] M. BOUTONNET, *op.cit.*, p. 215.

[37] On peut citer l'Agence de la Norme et de la Qualité (ANOR), le Comité National d'Éthique, etc.

[38] C'est le cas des campagnes de vaccination et de dépistage ; l'on peut également citer les initiatives gouvernementales telles que l'initiative du ministère de la Santé de distribuer les moustiquaires imprégnées afin de prévenir le paludisme ou encore la décision du ministre de l'Environnement (bien que controversée dans sa mise en œuvre) d'interdire le commerce des plastiques non biodégradables.

[39] C'est le cas des pharmacies de trottoir, de la médecine traditionnelle, etc.

pratiquées à ciel ouvert sur l'ensemble du territoire national[40]. De plus, malgré la multiplication des bâtiments, l'hôpital public attire moins les patients[41] à cause des moyens technologiques et scientifiques insuffisants pour faire face à certaines maladies[42]. Il fait même peur à cause de l'insécurité qui y règne[43]. Dans ces conditions, comment être extrêmement prudent si le minimum de sécurité attendue n'arrive pas à être assuré ?

À notre avis, les conditions ne sont pas réunies pour une extension de l'obligation de sécurité par le droit camerounais sur le fondement du principe de précaution à moins de considérer celui-ci comme étant une manifestation de l'obligation de moyen. Ainsi, la mise en œuvre de ce principe supposant « *l'adoption de mesures effectives et proportionnées... à un coût économiquement acceptable* », la responsabilité de l'agent ne saurait être engagée si les moyens mis à sa disposition ne permettaient pas d'assurer une sécurité plus accrue.

L'idée d'une sécurité absolue semble cependant avoir été conçue à deux vitesses selon qu'il s'agit de l'appliquer à l'État ou à la population. Au regard des nombreux chantiers lancés sur l'ensemble du territoire national, les autorités publiques camerounaises semblent disposer de moyens importants pour que soit imposé à l'État le principe de précaution. Par contre, la population mérite plus de tolérance à cause des difficultés qui l'accablent, dues à des facteurs socio-économiques. Elle ne semble pas encore prête à s'accommoder d'une telle rigueur à cause de l'attitude généralisée

[40] Quelques rares actions ponctuelles sont parfois initiées pour combattre ces risques. C'est le cas de la vaste opération de saisie et destruction des médicaments du trottoir menée dans la journée du 7 mars 2013 dans la localité d'Ebolowa. Ce type d'actions s'avère cependant inefficace parce qu'éphémère et tardif.

[41] Beaucoup n'y vont que par dépit. Cela explique d'ailleurs l'ascension fulgurante de la médecine traditionnelle.

[42] Lire dans ce sens Alex-François TJOUEN, « Le droit de vivre et celui de mourir dans la dignité », *RASJ*, 2010, vol. 7, n° 1, p. 149 et s.

[43] Les affaires de trafic d'organes humains et de bébés volés y sont légion. Dans le premier cas, le ministre de la Santé publique a dû réagir en limogeant certains responsables dans les hôpitaux. Dans le second cas, l'une des plus récentes et certainement la plus célèbre, mais aussi la plus complexe est l'affaire dite "Vanessa TCHATCHOU" du nom de cette jeune élève qui a mis au monde un bébé à l'hôpital Gynéco-obstétrique de Yaoundé. Après l'accouchement, elle n'aurait jamais revu son enfant.

d'ignorance des règles minimales d'hygiène et de discipline. L'exemple des habitudes sanitaires permet de s'en convaincre. Il suffit pour cela de se rendre compte que d'une part la pratique clandestine de la médecine traditionnelle[44] est très prisée, et d'autre part les règles élémentaires de sécurité sanitaire sont consciemment violées au quotidien. Chacun sait par exemple que les médicaments modernes ou traditionnels vendus sur le trottoir ou à domicile sont dangereux pour la santé[45]. Mais dans un contexte où le prix des médicaments en pharmacie n'est pas à la portée de tous[46], comment faire comprendre à une population qui recherche encore le minimum vital pour se soigner qu'elle doit être privée de médicaments à moindre coût alors qu'elle semble y trouver une certaine satisfaction au moins éphémère ?

Certes le préambule de la Constitution pose la règle de l'égalité des droits parmi lesquels le droit à la santé pour tous. Mais s'il est déjà si difficile de bien se soigner avec les moyens disponibles, alors le principe de précaution ne peut être qu'un « *luxe pour les nantis* »[47] parce qu'il entrave davantage l'accès des pauvres à la santé. Pour reprendre un auteur, « *nous devrions être beaucoup plus respectueux de la pensée et de la parole de ceux qui voient leurs enfants mourir* »[48]. C'est pourquoi nous convenons qu'« *une bonne décision ne saurait être celle qui ne comporte aucun risque, mais celle qui réalise un*

---

[44] Cette médecine, désormais scientifiquement certaine, est encadrée et soutenue par l'État avec une collaboration de plus en plus accrue avec la médecine moderne. Mais certains praticiens continuent d'exercer en violation de toutes les règles médicales, même les plus élémentaires.

[45] Le Directeur Général d'une auto-école réputée a été inculpé en novembre 2013 pour trafic de faux médicaments parce qu'il aurait régulièrement importé des médicaments périmés d'Europe. Selon les enquêtes menées par les forces de police, après avoir falsifié les dates de péremption, il les introduisait dans le circuit du trottoir.

[46] Une grande partie de la population n'a pas la culture de l'assurance parce qu'elle estime à juste titre que celle-ci coûte encore cher.

[47] Daouda TRAORE, « Le principe de précaution : un luxe pour les nantis ? », *in* Institut SERVIER, « La prévention et la protection dans la société du risque : le principe de précaution/Prevention and Protection in the Risk Society : the Precautionary Principle », *Amsterdam-New York-Oxford-Paris-Shannon-Tokyo, Elsevier*, 2001, p. 102-104.

[48] Philippe KOURILSKY, « Vaccinations : quand l'éthique devient immorale », *Pour la science*, 2004, n° 322, p. 8.

heureux compromis entre avantages et inconvénients »[49], car « *le succès est le fruit des risques qu'on a su prendre* »[50]. Mais cela ne signifie pas que la pharmacie informelle et la médecine du trottoir sont à encourager, bien au contraire puisqu'elles sont aussi souvent la cause de nombreuses maladies, voire des décès. À l'heure actuelle, la meilleure précaution face aux risques sanitaires est plutôt de permettre à chaque citoyen, y compris les plus démunis, d'avoir accès aux soins contrôlés. Pour cela, les efforts fournis par l'État doivent être accentués dans deux sens : un meilleur encadrement de la médecine traditionnelle[51] d'une part, une vulgarisation et une diminution du coût de l'assurance-maladie d'autre part. Tant que cette étape ne sera pas franchie, il sera toujours difficile d'appliquer le principe de précaution en matière sanitaire au Cameroun sans dégâts conséquents.

Pourtant, la doctrine rappelle que la réception du droit doit être soutenue par des fondements solides. Sur le plan sociologique par exemple, ce droit « *ne doit pas ignorer la réalité [locale]* »[52]. Comment en effet concevoir un droit inadapté au contexte auquel il doit s'appliquer ? La cible du droit ce sont ceux qui sont appelés à s'en servir ou tenus de le respecter. Il n'est donc pas fait « *pour le seul plaisir des juristes. Sa tâche est de trouver une solution adéquate et juste à des problèmes réels. Ce n'est qu'à ces conditions qu'il sera accepté par la population* »[53]. Pour ce faire, « *l'orientation de politique législative [de la réception d'un droit] doit avoir une cohérence structurelle qui*

---

[49] Jean-Pierre BESANCENOT, « Le principe de précaution devant les risques sanitaires », *in* André LARCENEUX et Marguerite BOUTELET (sous la dir. de) : *Le principe de précaution, débats et enjeux*, Colloque de Dijon, Université de Bourgogne, 4 juin 2004, p. 55.

[50] Claude ALLÈGRE, *Quand on sait tout, on ne prévoit rien... et quand on ne sait rien on prévoit tout*, Paris, Robert Laffont/Fayard, 2004.

[51] Dans ce sens, lire Thérèse ATANGANA-MALONGUE, « La responsabilité civile du médecin à la croisée des chemins : l'exemple du Cameroun », *PUAM*, 2007, p. 384.

[52] T. ATANGANA-MALONGUE, « La réception des institutions traditionnelles dans la codification du droit de la famille au Cameroun. À propos de l'adoption coutumière », *in* Mélanges en l'honneur de Paul-Gérard POUGOUE, *De l'esprit du droit africain*, Les Editions du Centre de Recherches et d'Études en Droit et Institutions Judiciaires en Afrique (CREDIJ), 2014, p. 98.

[53] Barbara DAUNER-LIEB citée en épigraphe dans notre Thèse de Doctorat sur le thème : *Les rapports entre les juridictions suprêmes nationales et la CCJA de l'OHADA*, Université de Paris II, CUJAS, 2006.

favorise le développement social et économique sans que l'adoption des modèles occidentaux soit plus qu'une simple faculté »[54]. Le principe de précaution rame à contre-courant de cette réflexion dans la mesure où il empêche le développement de l'esprit d'initiative dans un environnement qui en a plutôt grandement besoin.

2) Un principe truffé d'imprécisions

La réception du principe de précaution dans le droit camerounais de la responsabilité pose deux problèmes de précision : l'ambiguïté de son statut et le caractère flou de son contenu.

Concernant son statut, il est ambigu, car l'on se demande s'il s'agit d'un principe directeur ou d'une règle contraignante. Pour envisager une réponse à cette question, il convient d'emblée de définir et distinguer les deux notions. Le principe directeur, encore appelé principe fondamental, a été défini comme « *une proposition juridique (...) qui donne des orientations générales, des directives auxquelles le droit positif doit se conformer* »[55]. Il n'est ni précis ni obligatoire. La règle contraignante quant à elle, peut être soit la règle de droit, soit un principe juridique. La règle de droit ou règle juridique s'entend comme une règle de conduite sociale dont le non-respect est sanctionné par l'autorité publique[56]. « *[Elle] énonce une solution précise pour des faits déterminés* »[57]. En droit camerounais de la responsabilité, elle est établie par les dispositions des articles 1382 et suivants du Code civil, et 74 du Code pénal sans oublier les règles spécifiques relatives à la responsabilité administrative. Le principe juridique enfin se définit comme « *une règle juridique établie par un texte en des termes assez généraux destinée à inspirer*

---

[54] T. ATANGANA-MALONGUE, « La réception des institutions traditionnelles... », *op.cit.*, p. 97 ; dans le même sens : Roger GRANGER, « Pour un droit du développement dans les pays sous-développés », *in* Mélanges J. Hamel, Dalloz, 1961 ; Keba M'BAYE, « Droit et développement en Afrique francophone de l'Ouest », *Revue Sénégalaise de Droit (RSD)*, 1967, p. 23-60, *Le droit au développement comme droit de l'homme*, Leçon inaugurale, Strasbourg, 1972, Revue des droits de l'Homme, 1972.

[55] Nicolas de SADELEER, *Les principes du pollueur-payeur, de prévention et de précaution*, Bruylant, Bruxelles, 1999, p. 233.

[56] François CHABAS, *Leçons de droit civil, Introduction à l'étude du droit*, 8e éd., Montchrestien, 1986, p. 14.

[57] N. de SADELEER, *op.cit.*

diverses applications et s'imposant avec une autorité supérieure »[58]. Il est à mi-chemin entre principe directeur et règle de droit. Il est un principe parce qu'il est énoncé en termes généraux et il est juridique compte tenu de son caractère contraignant.

À partir de ces définitions, il est difficile de déterminer le statut du principe de précaution en droit camerounais de la responsabilité à cause de sa nature variable en fonction du texte qui l'a institué. L'article 18(2) précité de la loi de 2003 sur la sécurité en matière de biotechnologie moderne[59] en ferait un principe juridique. Sans en donner une définition précise, il l'imposerait comme règle contraignante. En effet, en utilisant le ton impératif à travers le verbe « *doit* », cet article exige de prendre en compte le principe de précaution ; ce qui laisserait supposer que sa violation engagerait la responsabilité de l'auteur. Il est tout de même prudent d'éviter des conclusions hâtives qui feraient dire au législateur ce qu'il ne dit pas. Il convient plutôt de constater son silence coupable là où une précision sur le statut de ce principe s'imposait.

Le législateur semble s'être mieux comporté dans l'élaboration de la loi-cadre sur l'environnement en précisant à l'article 9(a), le statut du principe de précaution : un principe fondamental[60]. Cette option choisie est cependant critiquable en droit de la responsabilité pour au moins deux raisons. D'une part, l'article 9(d) attribue le même statut au principe de responsabilité. Celui-ci fait pourtant l'objet de véritables dispositions juridiques contraignantes en droit camerounais. Plutôt qu'un principe directeur, c'est une véritable règle de droit. La question est alors de savoir si, comme en France par exemple[61], la combinaison des dispositions des articles 9(a) et 9(d) permet d'affirmer que le principe de précaution est un fondement de la responsabilité.

---

[58] Gérard CORNU, *Vocabulaire juridique*, Paris, PUF, 1987, p. 631.

[59] Rappelons que cet article dispose que « « *l'évaluation des risques dans toute activité en rapport avec les organismes génétiquement modifiés doit tenir compte du principe de précaution, et être menée selon qu'il convient, afin de garantir la sécurité humaine, animale et végétale, ainsi que la protection de la biodiversité et de l'environnement* ».

[60] L'article 9 est l'unique contenu dans le chapitre III intitulé « *Des principes fondamentaux* ».

[61] Dans ce sens, lire entre autres : N. de SADELEER, *op.cit.*, p. 229 et s. ; J. FLOUR, J.-L. AUBERT et E. SAVAUX, *op.cit.*, n° 85.

D'autre part, le principe de précaution est certes présenté comme un principe directeur, mais il devrait plutôt être considéré comme un principe juridique à cause de son lien avec le principe de responsabilité, mais aussi parce que l'article 9(f) dispose que « *la gestion de l'environnement et des ressources naturelles s'inspire (...) [du] principe de subsidiarité selon lequel, en l'absence d'une règle de droit écrit, générale ou spéciale en matière de protection de l'environnement, la norme coutumière identifiée d'un terroir donné et avérée plus efficace pour la protection de l'environnement s'applique* ». Admettre le principe de précaution en droit de la responsabilité revient alors à « *déterminer les conséquences de la violation dommageable d'une norme de comportement relevant du droit de l'environnement, du droit de la santé, en particulier du droit médical et alimentaire, voire du droit de la bioéthique* »[62]. Autrement dit, le dommage causé à autrui par le non-respect dudit principe devrait être sanctionné par le juge. Or, à l'heure actuelle, aucune décision de justice n'existerait sur cette question qui semble pourtant propice à un contentieux[63].

Compte tenu de toutes ces insuffisances, le législateur est interpellé non seulement pour préciser le statut du principe de précaution, mais aussi, et surtout pour l'harmoniser en droit camerounais de la responsabilité : il s'agit là d'une question de sécurité juridique qui ne saurait s'accommoder ni des lois éparses ni de principes au statut ambigu. Plusieurs solutions sont envisageables. La première consiste, par le mécanisme de la ratification, à adopter des règles internationales ou communautaires qui s'imposeraient en droit interne. Elle est cependant de mise en œuvre difficile parce que nécessitant, sur le plan supranational, l'implication de plusieurs États qui n'ont pas forcément le même engouement vis-à-vis d'un principe plus complexe qu'indispensable. La deuxième solution consiste à solliciter le pouvoir constituant afin que ce principe, désormais constitutionnel, s'infiltre et s'impose dans tous les domaines concernés[64]. Mais cette option a l'inconvénient de la procédure, car contrairement aux autres lois, la Constitution est la norme fondamentale dont la modification n'est pas

---

62 M. BOUTONNET, *op.cit.*, p. 144.

63 Il suffit par exemple d'observer les grands chantiers engagés par l'État et déjà susceptibles de créer de nombreux risques de dommages collectifs aux populations.

64 Il s'agit entre autres de l'environnement, la biotechnologie, la santé, la médecine, etc.

élémentaire. La troisième solution, qui emporte notre préférence, consiste à voter une loi spéciale, mais de portée générale sur le régime du principe de précaution. Elle permettrait entre autres de clarifier son contenu qui, pour l'instant, reste imprécis.

Le contenu flou du principe de précaution serait la raison fondamentale qui justifierait l'attitude passive des juges dans la mesure où il n'a été que vaguement défini par la loi sur l'environnement. Certes la présence d'un risque de dommages suppose trois caractères liés : la gravité et l'irrésistibilité du dommage, et surtout, l'incertitude du risque. Mais encore faut-il les définir avec précision et les comprendre. Ainsi, le dommage grave s'entend qualitativement et quantitativement. La gravité qualitative dépend du type de dommage[65]. Elle suppose par exemple l'accumulation et la spécificité[66] du dommage corporel[67]. Sur le plan quantitatif, le dommage se définit comme la somme des préjudices individuels[68]. Comme l'a souligné un auteur[69], « *la gravité quantitative ne désigne pas le fait que les dommages se produisent de plus en plus souvent, mais que, lorsqu'ils se produisent, ils sont susceptibles de concerner un nombre de victimes important. On parle alors de dommage collectif* »[70]. La question qui se pose à ce niveau est de savoir si ces victimes peuvent se regrouper pour agir collectivement contre l'auteur du dommage.

La réponse varie selon le statut du groupe constitué en association. Si celle-ci a acquis la personnalité morale par déclaration ou sur autorisation (s'il s'agit d'une association étrangère ou religieuse) conformément à la loi de 1990 sur la liberté d'association[71], elle peut valablement agir pour obtenir réparation. Pour reprendre la Cour de cassation française, les victimes peuvent ainsi « *faire collectivement ce que chacun ne pouvait faire antérieurement qu'à titre individuel* ». Si par contre, l'association n'existe pas,

---

[65] Le dommage peut être classique (c'est-à-dire corporel, économique ou moral) ou nouveau (c'est le cas du dommage écologique et du dommage génétique).

[66]Ex : La transmission du virus du sida.

[67] Lire dans ce sens Yvonne LAMBERT-FAIVRE, *Droit du dommage corporel. Systèmes d'indemnisation*, 5e éd., Paris, Dalloz, 2004, n° 693 et s.

[68] Rémy CABRILLAC, *Droit des obligations*, 3e éd., Dalloz, 1998, p. 211.

[69] BOUTONNET, *op.cit.*, p. 196.

[70] L. BOY, *L'intérêt collectif en droit français, réflexion sur la collectivisation du dommage*, Thèse de Doctorat, Université de Nice, 1979, p. 608.

[71] Article 5 de loi n° 90/053 du 19 décembre 1990 sur la liberté d'association.

ou bien existant, elle n'est pas déclarée ou autorisée, alors elle est dépourvue de personnalité morale et n'a par conséquent aucune qualité pour défendre collectivement des intérêts individuels comme le ferait le ministère public par exemple. D'ailleurs, ne dit-on pas que « *Nul ne plaide par Procureur* » ?

À cause de sa gravité, le dommage est souvent[72] irrésistible parce que la réalisation du risque qui l'a créé ne peut être empêchée[73]. Le risque incertain, quant à lui, est celui dont l'existence ne peut être scientifiquement démontrée. Certes présumé à cause de l'impossible « *risque nul* », il est cependant imprévisible[74] ; ce qui oblige à distinguer, à la suite de la doctrine, deux formes de rapport aux risques : « les situations *de* risques » ou risques avérés d'une part, et « les situations *à* risques » ou risques suspectés définies comme situations d'incertitude d'autre part. « *La prise en compte des risques suspectés, concernés par l'application du principe de précaution, ne relève justement pas de l'analyse des situations de risque, mais des situations d'incertitude* »[75].

Ces précisions sont certainement utiles à cerner le principe. Elles restent néanmoins insuffisantes, car bien que définis, les trois caractères du risque de dommages demeurent vagues. Malgré que la doctrine ait dû admettre que le contenu du principe de précaution n'est que relativement déterminé[76], le législateur dont c'en est le rôle, ne l'a pas éclairci. Il n'empêche cependant que lorsque le risque de dommages graves et irrésistibles est simplement suspecté, le principe de précaution, désormais

---

[72] Tous les types de dommages ne sont pas concernés au même titre. Il s'agit surtout des dommages écologiques et génétiques.

[73] L'irréversibilité désigne ce qui n'est pas réversible, qui ne peut « *revenir en arrière, en sens inverse* ». Dictionnaire *Le Petit Larousse*. Pour plus de détails sur cette notion, voir *R.J.E.* 1999, n° spécial sur « l'irréversibilité ».

[74] *Ledommage imprévisible* est celui qui n'existe pas et dont les données scientifiques actuelles ne permettent pas de dire qu'il peut ou pourra exister. Il doit être distingué du *dommage éventuel* qui, bien qu'incertain dans sa réalisation future, est cependant certain dans son existence.

[75] Thierry MARTIN, « Le principe de précaution et l'aversion au probable », *in* André LARCENEUX et Marguerite BOUTELET (sous la dir.), *Le principe de précaution, débats et enjeux*, *op.cit.*, p. 14.

[76] Thierry MARTIN, *op.cit.* pp. 12 et s. ; André LARCENEUX, « Incertitude, information et principe de précaution », *in* André LARCENEUX et Marguerite BOUTELET, *op.cit.*, p. 23 et s.

établi par la loi, devrait s'appliquer bon an mal an. À l'inverse, si le risque est avéré et le dommage résistible ou ne porte atteinte qu'à un intérêt individuel, ce principe ne saurait être invoqué.

À défaut pour le législateur camerounais d'avoir respecté ces prolégomènes, le juge peut-il rétablir la situation ? Il y a des raisons d'en douter.

B- L'appui jurisprudentiel appréhendé

« *L'essentiel du droit est son application* »[77] et c'est la fonction du juge d'en permettre la réalisation[78]. Il ne peut et ne doit s'en dérober. L'article 4 du Code civil lui interdit d'ailleurs d'éviter une question dont il est saisi et qui relève de sa compétence « *sous prétexte du silence, de l'obscurité ou de l'insuffisance de la loi* ». En droit comparé, il était exigé du Tribunal de cassation français[79] d'avoir recours au législateur par la procédure du référé législatif[80]. Mais plus tard, elle a été abandonnée à cause des difficultés qu'elle a connues[81]. Aujourd'hui en droits français et camerounais, le juge doit combler lui-même les lacunes de la loi afin de proposer une solution juridique au cas d'espèce. Mais « *est-il toujours la bouche de la loi ?* », s'est justement interrogé le Procureur général près la Cour de cassation française[82]. Plus précisément, le juge peut-il appliquer un principe aux contours à la fois ambigus et flous ? Telle est la question qui se pose à propos du principe de précaution.

Si, *a priori*, la réponse paraît négative en droit interne, les droits étrangers semblent rassurer le juge camerounais puisque certains parmi ses

---

[77] Roger GRANGER, « Problèmes d'application du droit moderne dans les pays en voie de développement », Communication faite au colloque du droit malgache le 21 octobre 1964.

[78] Renaud COLSON, « La fonction de juger », *L'archive Hal*, juillet 2009, p. 121 et s.

[79] Le Tribunal de cassation était l'instance judiciaire suprême créée en France par le décret des 27 novembre et 1er décembre 1790. Il fut remplacé par la Cour de cassation en 1837.

[80] Le référé législatif était la procédure par laquelle le Tribunal de cassation ne statuait plus immédiatement en cas de difficulté sur l'appréciation d'une loi, mais avait pour obligation de demander l'avis du pouvoir législatif pour que celui-ci lui dicte sa décision.

[81] Lire dans ce sens : Ministère français de la Justice et des Libertés, *Histoire de la Cour de cassation*, Justi Memo, www.justice.gouv.fr

[82] Jean-Claude MARIN, « Le juge est-il toujours la bouche de la loi ? », Intervention à l'occasion d'une Conférence débat au « Club du Châtelet » à Paris le 23 novembre 2011.

homologues appliquent déjà ce principe. Mais ce serait illusoire de croire qu'ailleurs[83], ils ne rencontrent pas de difficultés. Leur office leur impose d'appliquer, bon an mal an, des prescriptions même imprécises. Ils sont cependant tenus par la loi qui, bien élaborée, devrait faciliter son interprétation. Mais au sujet du principe de précaution, un auteur met en garde en observant que « *les pays où ces règles n'ont pas été observées, le contentieux se développe parce que les différents acteurs du problème n'ont pas joué le jeu, ce qui entraîne une réaction hostile qui se traduit par une dénaturation du principe de précaution par les juridictions afin de répondre aux attentes légitimes de la population* »[84]. On y croit lorsque l'on se souvient que l'anticipation du dommage est une vue de l'esprit qui s'avère difficilement réalisable. De plus, la preuve du lien de causalité qui aboutirait à établir la responsabilité est une question pratique plus que difficile à trancher par le juge. En effet, peut-on imaginer qu'il déclare responsable l'auteur d'un fait à l'origine d'un éventuel dommage futur et particulièrement grave alors que le lien de causalité n'est encore qu'incertain ? C'est la question de l'applicabilité du principe de précaution. Elle est analysée différemment selon que le juge saisi est répressif ou non.

1) L'applicabilité du principe par le juge répressif

Devant le juge répressif, la responsabilité de la personne poursuivie doit être établie. Il revient alors à ce juge, selon son intime conviction, de la déclarer coupable. Mais peut-il condamner une personne sur la base de son incapacité à prévoir un risque improbable ? En d'autres termes, est-il possible pour le juge de retenir la responsabilité pénale d'une personne parce qu'elle a commis "l'infraction" de n'avoir pas anticipé le dommage au moment où une telle précaution était quasiment impossible à assurer ?

Aux termes de l'article 74(2) du Code pénal, « *est pénalement responsable celui qui volontairement commet les faits caractérisant les éléments constitutifs d'une infraction avec l'intention que ces faits aient pour conséquence la*

---

[83] Exemple en France : TGI de Grasse, 1re ch. A, 17 juin 2003, Juris-Data no 2003-221748, note S. KOWOUVIH ; Cour d'appel d'Aix-en-Provence, 8 juin 2004, D. 2004, n° 37, jurisprudence, p. 2678, note M. BOUTONNET.

[84] E. MATRINGE, « La mise en œuvre du principe de précaution à travers différentes législations relatives aux antennes de téléphonie portable », *Revue des Juristes de Sciences Po*, n° 3, 2011, p. 62-69.

réalisation de l'infraction ». Il ressort de cette disposition une constante et une variante.

Il est constant que l'auteur de l'acte ou l'abstention ne puisse être condamné qu'à condition d'avoir effectivement commis les faits qui lui sont reprochés : c'est l'élément matériel de l'infraction. Il suffit pour cela de prouver que c'est bien cette personne qui avait agi ou s'était abstenue.

La variante concerne l'intention de l'auteur compte tenu de la réserve émise à l'alinéa 4 du même article 74 qui dispose que l'infraction peut être involontaire lorsque la loi l'a prévu. Il en ressort une double déclinaison. D'une part, la personne est responsable que l'infraction soit volontairement commise ou non. D'autre part, il n'est pas indispensable que la personne poursuivie ait eu conscience des effets néfastes (dommage grave et irrésistible) de l'infraction. Or, c'est à ce niveau que l'admission du principe de précaution coince, car il risque de créer au moins trois dérives.

La première serait de poursuivre, voire condamner une personne pour une infraction dont elle ne peut être suspectée. La responsabilité pénale ne saurait être retenue *a priori* parce que toute personne bénéficie du principe constitutionnellement établi de la présomption d'innocence. La personne peut à tout le moins être suspectée, mais à condition qu'il pèse sur elle des indices graves et concordants. Le juge ne peut donc la condamner qu'après avoir forgé son intime conviction à partir de la démonstration, preuves à l'appui, de sa culpabilité. Or, il ne saurait être question de prouver le défaut de précaution à cause de l'incompatibilité entre la responsabilité pénale et le principe de précaution. En effet, ce dernier a ceci de particulier qu'il est limité dans le temps. La personne ne peut être responsable que s'il est prouvé une défaillance de conduite de sa part à l'époque où, à partir de très faibles indices, le risque n'était encore que suspecté par la science. Dès lors que ce risque est avéré, le principe de précaution devient inopérant, car à ce moment, l'incertitude est levée. La responsabilité pénale, par contre, ne s'accommode pas du doute. Bien au contraire, suivant la maxime *in dubio proreo*, il profite à l'accusé. Ainsi, la violation du principe de précaution ne saurait, à notre avis, entraîner une quelconque responsabilité pénale.

La deuxième dérive serait de croire que sur la base de l'article 74 *in fine*, la responsabilité pénale puisse exister en matière conventionnelle alors même que la contravention[85], “légère” infraction, est incompatible avec l’idée de précaution qui suppose un dommage d’une ampleur considérable.

La troisième dérive serait de faire une exploitation abusive du principe de précaution pour soutenir tantôt la responsabilité, tantôt l’irresponsabilité de la personne défaillante. Dans le premier cas, l’infraction qualifiée “activités dangereuses” (prévue à l’article 228 du Code pénal) peut être injustement retenue. En effet, consciente du risque encouru par son activité, la personne suspectée ne pouvait cependant prévoir les dommages graves et irrésistibles qui surviendraient. Logiquement, elle ne pouvait donc pas prendre « *les précautions nécessaires pour éviter à autrui [lesdits] dommages* ».

S’agissant de l’irresponsabilité, le principe de précaution justifierait l’infraction sur le fondement de l’état de nécessité par exemple. Un tel raisonnement soutiendrait cependant un usage du principe contraire à son objet. En droit comparé, la Cour de cassation française a heureusement tenu à repréciser le contenu du principe. Dans son rapport annuel de 2011, elle a rappelé avoir « *approuvé le raisonnement d’une Cour d’appel ayant énoncé que la précaution, par construction, ne s’appliquait pas à un péril réel et imminent, et ne conférait pas de droit à commettre une infraction pénale…* »

Finalement, le principe de précaution aura du mal à s’appliquer devant le juge répressif à cause d’une part du risque d’arbitraire dû à son incompatibilité avec le principe de la légalité et d’autre part des nombreuses zones d’ombre qu’il suscite (qualification et matérialité du risque incertain, établissement et charge de la preuve, modalités de la sanction, etc.).

2) L’applicabilité du principe par le juge non répressif

Il ressort du contentieux camerounais en matière non répressive que les juges rejettent systématiquement l’idée d’une responsabilité fondée sur une causalité encore incertaine. Si en droit administratif la jurisprudence en fait échos[86], en matière civile cela s’explique mieux par les dispositions de l’article 1382 du Code civil où le législateur a employé le passé composé pour conjuguer le verbe dans l’expression « … *par la faute duquel il <u>est</u>*

[85]Aux termes de l’article 21(1)(c) : « *Sont qualifiées contraventions les infractions punies d’un emprisonnement qui ne peut excéder dix jours ou d’une amende qui ne peut excéder 25.000 frs* ».

[86] Aff. MOUTOMBI Christophe c/ État du Cameroun, *op.cit.*

arrivé... ». Le juge statuant en matière non répressive est donc obligé de considérer sinon sa réalisation, du moins la certitude du dommage afin d'établir le lien de causalité. Le principe de précaution lui imposerait cependant une logique différente. Afin d'aller directement à la source des éventuels dommages pour les anticiper, le lien de causalité entre le fait générateur et ces dommages doit être préétabli pour que, suspectés, ceux-ci ne soient jamais avérés. Le droit camerounais admettrait ainsi une finalité prospective du lien de causalité. Baptisée "*risque de causalité*" par la doctrine, sa nouveauté et son originalité posent pourtant quelques difficultés.

S'il est déjà difficile pour le juge d'établir la causalité classique, il est encore moins évident pour lui de concevoir la notion de risque de causalité parce qu'elle réunit un flot d'incertitudes à la fois sur l'existence, la nature, l'étendue du dommage et sur l'existence du rapport causal : « *le dommage n'existant pas encore, le lien de causalité n'a pas pu se réaliser, lui non plus* »[87]. Autrement dit, malgré l'existence du fait, il n'y aurait encore ni dommage ni lien de causalité si bien que la responsabilité ne devrait pas pouvoir être engagée. Alors comment le juge peut-il retenir une notion encadrée par tant de zones d'ombre ? En réalité, l'objectif principal du principe de précaution est la prévention des dommages par des mesures pratiques appropriées. Mais en tant que principe de responsabilité, il ne saurait complètement se départir de la fonction réparatrice. Ce qui voudrait dire que malgré les éventualités, tôt ou tard le dommage futur devra être réparé. Mais en attendant, si l'idée d'une réparation anticipée peut effleurer l'esprit du juge, ne doit-il pas dans ce cas considérer que ce principe de précaution vient enrichir la présomption de causalité plutôt qu'envisager le risque de causalité ?

L'article 1349 du Code civil définit sommairement les présomptions comme étant « *des conséquences que la loi ou le magistrat tire d'un fait connu à un fait inconnu* »[88]. En droit de la responsabilité, la doctrine précise que « *dans des circonstances où la preuve d'un lien certain est difficile à établir et où un degré de probabilité suffisant de relation causale peut être relevé, le droit (...) vient au secours de la victime et admet une présomption de causalité ;*

---

[87] BOUTONNET, *op.cit.*, p. 560 et s.

[88] Lire aussi Roger MEVOUNGOU NSANA, « La présomption ou la preuve méconnue », *RASJ*, vol. 2, n° 2, 2001, p. 53 et s.

présomption tantôt jurisprudentielle et tantôt légale, tantôt de droit et tantôt de fait. Le plus souvent, ces présomptions s'appuient sur une loi générale de causalité scientifiquement établie ou tout simplement sur l'expérience courante »[89]. Est-ce à dire que le risque de causalité renvoie à la présomption de causalité ? Certes dans les deux cas, le rapport causal n'est qu'incertain. Mais en réalité, les deux concepts s'opposent. Le recours à la présomption de causalité suppose que le lien ait atteint un degré de probabilité suffisamment éloquent pour que le dommage puisse être effectivement réparé. Pour cela les juges, « *sans imposer à la victime la preuve d'une certitude scientifique, souvent indémontrable (…) se contentent d'un faisceau d'indices positifs et négatifs rendant hautement probable la relation causale* »[90]. La Cour de cassation française ajoute que le lien de causalité est établi lorsqu'il « *existait des présomptions graves, précises et concordantes* »[91].

Quant au risque de causalité, il s'appuie plus sur l'intuition que sur la démonstration à cause des faibles indices qui l'accompagnent. C'est pour cette raison que la finalité du lien causal dans ce cas ne peut être que prospective, la recherche de ce lien ne permettant pas de réparer le préjudice, mais de l'anticiper. Une tendance doctrinale estime tout de même que « *si le lien de causalité reste incertain, la preuve de la faute de précaution pourrait notamment venir pallier l'incertitude puisqu'elle démontrerait la possible création d'un risque* »[92]. Mais peut-on objectivement prouver une faute alors que le lien de causalité et le dommage ne reposent encore que sur un aléa ? Si une telle preuve, bien que délicate à rapporter du fait de la légèreté des indices, semble pour certains tout de même possible à établir, il est moins sûr qu'elle puisse permettre d'aboutir à réparer le dommage même par anticipation. « *Lors d'une éventuelle action préventive (…) le juge devrait seulement vérifier que tel acte risque bien de causer tel dommage* »[93] et ordonner

---

[89] P. JOURDAIN, « La causalité », in *Le droit français de la responsabilité civile confronté aux projets européens d'harmonisation*, colloque organisé par le Centre de Recherche en Droit Privé à la Cour de cassation française le 13 mai 2011, p. 4.

[90] Patrice JOURDAIN, « Lien de causalité entre produit de santé et maladie. À propos de l'Isoméride et de l'hormone de croissance », note sous Civ. 1re, 24 janvier 2006, Laboratoire Servier c/ X et autre, RTDciv, avril-juin 2006, n° 2, p. 323.

[91] Civ. 1re, 24 janvier 2006, Laboratoire Servier c/ X et autres.

[92] BOUTONNET, *op.cit.*, p. 556.

[93] BOUTONNET, *op.cit.*, p. 563.

des mesures pour en éviter la certitude. Mais doit-on avoir recours au juge pour cela ? Il est clair que non, à moins d'agir en référé ! L'office du juge ordinaire est le contrôle de l'application de la règle de droit. Il revient plutôt au pouvoir exécutif et plus précisément à l'administration de prévenir les risques de dommages graves et irrésistibles. C'est malheureusement l'une des conséquences biaisées lors de la réception du principe de précaution dans le droit camerounais de la responsabilité.

II- Les effets négligés de la réception du principe de précaution

La réception d'un droit étranger ne devrait pas s'opérer à la légère. Elle suppose que le système juridique interne en ait bien mesuré les conséquences avant de prendre la décision de l'incorporer. Son intérêt, son opportunité et sa compatibilité avec les réalités locales devraient guider les autorités nationales chargées de cette délicate tâche. L'idée de la réception serait donc abandonnée s'il s'avérait que le droit étranger pourrait produire des conséquences graves et néfastes pour la population. Celle-ci est cependant tenue de l'appliquer lorsque le droit étranger, réceptionné, est devenu une règle contraignante. Mais si *dura lex sed lex*[94], il faut éviter que *summum jus summa injuria*[95]. Aussi, un droit peut-il être intégré sans qu'il soit d'office appliqué à toutes les espèces. C'est à ce niveau que la raison prétorienne s'avère très utile. Certes lié par la loi, le juge statue aussi selon sa conscience[96] si bien qu'il n'est pas absolument tenu d'appliquer systématiquement la loi : il doit faire preuve de sagesse. Cette qualité est fondamentale lorsqu'il s'agit d'appliquer le principe de précaution, car contrairement à ce qu'ont semblé croire les autorités qui l'ont réceptionné, ses effets sur le droit de la responsabilité ne sont pas du tout négligeables. Non seulement il entraîne une évolution des fondements de ladite responsabilité (A), mais il impose aussi une adaptation de ses fonctions (B).

A- Une évolution des fondements de la responsabilité

Classiquement, la responsabilité a deux fondements : la faute et le risque. Le principe de précaution ne vient pas les écarter, bien au contraire, il les

---

[94] La loi est dure, mais c'est la loi.

[95] Le droit le plus strict est la plus grande injustice.

[96] André AKAM AKAM, « La loi et la conscience dans l'office du juge », *Presses Universitaires d'Aix-Marseille*, 2011, n° 4, p. 1925 et s.

élargit : au risque avéré se joint le risque suspecté et à la faute classique s'ajoute la faute de précaution. Pour établir la responsabilité sur la base de ce principe, la certitude d'une défaillance de conduite et l'aversion du risque semblent devenues l'exception, la suspicion étant la règle. Cela entraîne comme conséquence que le risque est complexifié et la faute plus étendue.

1) La complexification du risque : le risque suspecté

Avec l'avènement du principe de précaution, le risque n'est plus simplement avéré, mais suspecté dans l'optique d'éviter les dommages de grande importance[97]. Cette suspicion est fondée sur une simple probabilité : le dommage est imprévisible, car en l'état actuel des données scientifiques, il n'y a qu'un léger soupçon que l'action ou l'inaction de l'auteur produise le risque[98]. Il faut cependant éviter que l'incertitude se transforme en dogme, car la science est dynamique. Elle évolue et remet constamment en cause les découvertes du passé, soit en les précisant, soit en les rejetant si bien que certains risques de dommages ne peuvent être suspectés d'avance[99].

Le principe de précaution semble pourtant bouleverser cette logique naturelle en imposant que la vérité future soit connue aujourd'hui afin que les dommages graves et irréversibles soient anticipés. Or, la science évoluant à son rythme, certains résultats scientifiques nécessitent du temps pour être objectivement convaincants. C'est pourquoi il est parfois sage d'avoir à l'esprit que « *le temps est un grand maître* ». D'ailleurs, l'incertitude qui fonde

---

[97] Il s'agit des dommages graves et irrésistibles qui varient selon le domaine d'activité. Il peut s'agir, en matière environnementale, de la destruction de la faune, de la flore, du milieu naturel : c'est le préjudice écologique "pur" ; en matière sanitaire, c'est entre autres le cas des contaminations. Au Cameroun, ces dommages peuvent être dus à divers facteurs socio-économiques et médicaux tels que le lancement des grands projets "structurants", l'essor de certaines pratiques scientifiquement incertaines (c'est le cas par exemple de la médecine traditionnelle tolérée par les autorités camerounaises, bien que mal encadrée), ou encore les expériences bioéthiques (l'on peut citer la procréation médicalement assistée, la pratique des mères porteuses, les dons de gamètes, etc.).

[98] A. LARCENEUX, « Incertitude, information et principe de précaution », *op.cit.*, p. 27-28.

[99] Pour tenter un parallèle avec la criminologie, l'on dirait que le crime existe certes. Mais il ne peut être commis tant qu'il n'y a pas de personnalité criminelle ou situation criminogène, « *l'action criminelle étant la réponse d'une personnalité à une situation* ». (Raymond GASSIN, *Criminologie*, 4e éd., Dalloz, 1998, p. 383 et s.).

le principe de précaution oblige à s'interroger sur les moyens de prévention d'un risque dont on ne maîtrise pas les conséquences ? Cette question n'étant pas résolue dans les pays qui l'ont institué[100], à plus forte raison le Cameroun ! Ici ou ailleurs, il est encore aujourd'hui très difficile de prévenir des risques suspectés parce que le doute sur leurs conséquences ne peut susciter que la discussion qui seule pourra, à l'aide du temps, générer la vérité scientifique.

En réalité, le doute scientifique est universellement admis[101]. Le principe de précaution impose même qu'il soit connu. C'est dans ce sens que dans la relation entre le médecin et son patient par exemple, le premier devrait informer le second de l'état des connaissances sur le risque « *malgré la persistance des doutes quant à la véracité de ce risque* »[102]. De plus, le doute scientifique semble être aussi un mode de preuve justifiant l'action ou l'abstention de l'auteur. « *Le législateur souhaite par ce biais éviter au juge de se prononcer sur le débat scientifique. Ce dernier aurait en effet seulement à constater l'existence d'un tel débat pour en déduire l'applicabilité ou non du principe de précaution* »[103]. La preuve par le doute étant démontrée, la responsabilité serait alors engagée. Mais une telle conception est-elle juridiquement concevable ?

En matière civile, la personne qui a subi un dommage doit convaincre le juge, preuve matérielle à l'appui, que sa version des événements a plus de chance d'être vraie que celle présentée par la partie adverse. Il est par conséquent illogique d'instituer un raisonnement par doute dans une

---

[100] En France par exemple, les scientifiques ne semblent toujours pas s'accorder sur les éventuelles conséquences que pourraient produire les ondes des antennes de téléphonie mobile, la dissémination des organismes génétiquement modifiés (OGM) pour l'environnement et la santé ou encore le clonage pour la bioéthique. « *Non seulement les dommages pouvant en résulter sont discutés, mais en plus la possibilité même qu'il en découle des dommages reste incertaine !* » (M. BOUTONNET, *op.cit.*, p. 225).

[101] Claude ALLÈGRE, « Le droit au doute scientifique », *Le monde*, 2006.

[102] M. BOUTONNET, *op.cit.*, p. 452. Lire également C. NOIVILLE, « L'extension du contenu de l'information du médecin », *LPA*, 5 mai 1999, n° 89.

[103] Delphine ALLES, « Le principe de précaution et la philosophie du droit - Évolution certaine, révolution en puissance », Mémoire réalisé dans le cadre du séminaire « *État de droit - L'individu et le droit en France, en Europe et dans le monde* », Institut d'Études Politiques de Grenoble, 2004-2005, p. 109.

matière où ce doute n'est pas admis. Une responsabilité civile fondée sur l'incertitude serait rejetée, car le dommage présent ou futur doit être certain. En matière pénale par contre, le doute est admis, mais il profite à l'accusé (*in dubio proreo*). La personne poursuivie est présumée innocente tant que des preuves décisives de sa culpabilité ne sont pas rapportées[104]. Ainsi, si la preuve présentée par le ministère public est insuffisante ou si l'accusé soulève un doute raisonnable, ce dernier doit obligatoirement être déclaré *non coupable*[105]. Or, le principe de précaution inverse la règle en exigeant d'engager sa responsabilité pénale.

La question devient délicate, car comment sanctionner celui qui ne pouvait savoir qu'il existerait un danger. Si prévenir les risques suspectés suppose des moyens financiers conséquents pour permettre aux chercheurs de mener à bien leurs expériences[106], ces moyens seront toujours insuffisants, voire inefficaces, à suspecter tous les risques. Sur ce point, le principe de précaution apparaît contradictoire. D'une part, il semble juste parce qu'il tient compte des moyens économiques disponibles pour excuser ou non le responsable. D'autre part, il serait impitoyable puisqu'il exige tout de même de suspecter les risques. La difficulté apparaît au niveau de la limite entre l'ignorance et la suspicion. La frontière est malheureusement poreuse !

2) L'extension de la faute : "la faute de précaution"

Si le risque n'a pas été suspecté, alors une faute aurait été commise parce que la précaution n'a pas été assurée : ce serait « la faute de précaution ». Elle pourrait se définir comme la défaillance de conduite d'une personne de droit privé ou d'une administration[107] due à l'ignorance commune d'un risque

---

[104] Il s'agit d'une règle expressément posée par le préambule de la Constitution en ces termes : « *Tout prévenu est présumé innocent jusqu'à ce que sa culpabilité soit établie au cours d'un procès conduit dans le strict respect des droits de la défense* ».

[105]Bernard BOULOC et Haritini MATSOPOULOU, *Droit pénal général et procédure pénale*, *op.cit.*, p. 203 et s.

[106] « *Il faut garder une attitude mesurée en face des certitudes scientifiques et ne pas voir dans les incertitudes une faillite des chercheurs. (...) l'état des connaissances n'est pas indépendant des moyens qui sont consacrés à la recherche et des sources de financement. Il n'y a pas d'un côté une question des risques et de l'autre des scientifiques, présents dans leurs laboratoires, produisant des connaissances qu'une autorité publique pourrait mobiliser pour le bien commun* ». A. LARCENEUX, *op.cit.*, p. 34.

[107] En droit administratif, il existe deux types de fautes imputables à l'administration : la faute de service et la faute du service. Il y a *faute de service* lorsque l'acte est posé par un

incertain. Elle peut être civile, administrative ou pénale, toujours est-il qu'elle est plus difficile à établir selon que l'on se situe avant ou après la réalisation du dommage. La seconde hypothèse est classique, car la faute n'est en principe admise que si l'acte posé a déjà causé un préjudice à autrui. Dans la première hypothèse par contre, la question se pose de savoir si le défaut de précaution peut constituer une faute alors qu'il n'y a pas de dommage. Sur la base des dispositions de l'article 1382 du Code civil, la réponse semble *a priori* négative parce que le dommage, né ou éventuel, doit être certain et lié à la faute. En matière pénale, la répression suppose l'existence d'éléments constitutifs, dont l'élément matériel[108]. L'anticipation du dommage, qui constitue la spécificité du principe de précaution, suscite donc une réflexion différente puisqu'elle oblige à ignorer l'existence du dommage et condamner pour faute celui dont la conduite serait reprochable parce qu'il n'aurait pas eu, plus tôt, une attitude "*précautionneuse*".

La nature d'une telle faute devient alors incertaine : pour défaut de précaution, serait-elle simple ou qualifiée[109] ? La réponse ne nous paraît pas évidente. La faute serait simple si l'on se fondait sur l'incertitude du dommage qui permet d'accorder à son auteur le bénéfice de la bonne foi : à partir des moyens scientifiques disponibles, l'impossibilité de suspecter le risque justifierait assez aisément l'acte ou l'inaction. La faute serait plutôt qualifiée s'il était exigé de l'auteur d'être plus prudent au-delà des limites établies par la science ; limites dont la transgression constitue pourtant, rappelons-le, la violation d'un devoir général de conduite[110]. Ce n'est donc pas la simple imprudence, mais le défaut d'excès de prudence qui fonderait

---

agent dans le service ou à l'occasion du service. Il y a *faute du service* ou *faute anonyme* lorsque le dommage n'est pas imputable à un agent à l'occasion du service, mais à l'ensemble du service. Cette dernière faute est possible dans trois cas : mauvaise organisation ou mauvais fonctionnement du service, fonctionnement tardif du service et enfin absence de service. Pour plus de détails sur ces notions, lire Magloire ONDOUA, Thèse *op.cit.*

[108] Par exemple, l'infraction de meurtre ne peut être retenue s'il n'y a pas de cadavre.

[109] Sur les notions de faute simple et qualifiée, lire Patrice JOURDAIN, *Les principes de la responsabilité civile*, 7e éd., Dalloz 2007, p. 44 et s. À propos de la faute due au défaut de précaution, elle serait aggravée parce que les mesures n'auraient pas été prises en amont d'une part et parce que le dommage éventuel serait grave et irrésistible d'autre part.

[110] P. JOURDAIN, *op.cit.*, p. 44 et s.

l'aggravation de la faute non seulement parce que les mesures de précaution n'auraient pas été prises en amont du risque suspecté, mais aussi parce que le dommage survenu est grave et irrésistible.

Pour soutenir cette idée, un auteur ajoute que « *non seulement l'insuffisance des connaissances n'excuse pas et n'exonère pas la responsabilité, mais elle doit être prise comme une incitation à davantage de prudence : la précaution aurait alors pour effet d'augmenter les responsabilités* »[111]. Concrètement, il ne suffit pas qu'il y ait défaut de précaution pour engager la responsabilité du fautif. Encore faut-il que, suite à son attitude reprochable, le risque soit plus tard avéré ou le dommage réalisé. Il y aurait donc, nous semble-t-il, deux paliers de fautes : la faute de précaution en amont, due au défaut d'excès de prudence qui n'a pas permis d'anticiper le dommage et la faute classique en aval, due à la négligence du risque devenu certain. Ce n'est qu'après la commission de la faute classique que, de manière rétroactive, le juge chercherait à établir les responsabilités. Deux questions se poseraient alors. La première serait de savoir quel est le moment d'appréciation de la faute de précaution ? Sur ce point, il semble logique de considérer l'époque de la commission de l'acte ou de l'abstention, car plus tard, le contexte et la vision de la réalité sont forcément différents : on ne peut objectivement apprécier l'attitude de l'auteur après coup.

La seconde question serait de savoir s'il faut, au nom du principe de précaution, engager la responsabilité sur la base d'un concours de fautes (l'une de précaution et l'autre classique) ou alors n'en retenir qu'une seule ? L'hypothèse du choix d'une seule faute (en l'occurrence la faute classique) serait l'idéal pour plusieurs raisons. D'abord, elle correspond à la causalité rétrospective qui rejette le doute, élément fondamental de la précaution. Ensuite, elle permet d'éviter d'avoir recours à la théorie de la causalité équivalente considérée par la doctrine comme « *difficilement applicable en pratique, car elle aboutirait à reconnaître un rôle causal à des événements n'ayant qu'un rapport très lointain avec le dommage* »[112]. Enfin, tenir compte de la défaillance de conduite en amont, rendrait la tâche du juge plus

---

[111] J.-P. BESANCENOT, *op.cit.*, p. 52.
[112] R. CABRILLAC, *Droit des obligations*, *op.cit.*, p. 214.

difficile, voire impossible, à cause de la nature incertaine de la faute de précaution.

L'admission du principe de précaution oblige pourtant à tenir compte de la faute de précaution et donc d'envisager l'hypothèse d'un concours avec la faute classique sans laquelle celle de précaution n'aurait pas de sens. Dans cette optique, la théorie de la causalité adéquate devrait être retenue, celle de l'équivalence étant écartée pour la raison susévoquée. Ainsi, malgré le reproche négligeable[113] selon lequel sa mise en œuvre « *ouvre la porte au subjectivisme et à l'arbitraire* »[114], la causalité adéquate serait plutôt revalorisée et entraînerait comme conséquence l'adaptation du régime de la preuve du lien de causalité. En effet, si la démonstration de la faute et du lien de causalité incombe traditionnellement à la victime du dommage[115], en cas de faute de précaution, la charge de la preuve devrait être inversée, car logiquement, c'est plutôt à l'auteur de l'acte ou de l'abstention qu'il devrait revenir de démontrer qu'il n'a pas commis de faute. La victime quant à elle n'a rien à faire puisqu'il y a présomption de faute de l'auteur du fait dommageable. Il s'agit cependant d'une présomption simple qui peut être combattue par tous les moyens.

B- Une adaptation des fonctions de la responsabilité

La responsabilité a deux fonctions : l'une, curative, consiste soit à réparer le préjudice subi par la victime en matière civile et administrative, soit à punir la personne coupable en matière pénale ; l'autre, préventive, vise à éviter la réalisation du dommage. Le principe de précaution réceptionné, ces fonctions deviennent insuffisantes à permettre son efficacité. Elles doivent être adaptées à la spécificité de cette nouvelle règle qui vise à atteindre une sécurité totale dans toute initiative humaine relative à l'environnement, la santé et la biotechnologie ou la bioéthique. Pour y parvenir, l'adaptation des fonctions de la responsabilité est une évidence. Mais la question se pose au niveau des modalités : d'une part, faut-il aggraver la sanction du préjudice

---

[113] Chaque théorie emporte son lot de critiques : la causalité équivalente serait trop laxiste tandis que la proximité de la cause paraîtrait très limitée dans le temps.

[114] P. JOURDAIN, *Les principes de la responsabilité civile*, *op.cit.*, p. 62.

[115] Civ., 14 mars 1892. *DP* 92. 1. 523 ; Civ. 6 janvier 1945, *D.* 1945. 117, note TUNC.

pour aboutir à une véritable cure ? D'autre part, les mesures préventives doivent-elles être renforcées ?

1) L'aggravation de la sanction du préjudice ?

Sur la base du principe de précaution, la sanction du préjudice ne serait qu'aggravée à cause du nouveau concept de faute de précaution. Celle-ci obligerait le juge à rechercher, au-delà d'une faute classique, une défaillance supplémentaire qui n'a pas permis de réaliser l'objectif d'une sécurité absolue. À cause de cela, le fautif mériterait-il d'être plus sévèrement condamné aussi bien en matière non répressive que répressive ?

En matière non répressive, la sanction consistant à réparer le préjudice pour défaut de précaution ne pourrait être aggravée qu'en reconsidérant la distinction déjà établie entre la faute de précaution et la faute classique. Deux hypothèses seraient alors possibles. Dans la première, le juge agirait en aval du préjudice en augmentant le montant de sa réparation du fait du concours des fautes classique et de précaution. Mais pourquoi cumuler les fautes plutôt que de n'en retenir que la plus influente en vertu de la théorie de la causalité adéquate[116] retenue par le droit camerounais ?

---

[116]Trois théories de la causalité ont été proposées. La première dite de la causalité adéquate, invite à opérer un tri entre les différents faits ayant conduit au dommage pour ne retenir comme cause que « *l'événement qui portait inéluctablement en lui la probabilité du préjudice* » (Stéphanie PORCHY-SIMON, *Droit civil 2e année, Les obligations*, 5e éd., Dalloz, 2008, p. 396). La deuxième théorie dite de l'équivalence des conditions n'établit aucune hiérarchie entre les faits et admet comme cause juridique tout événement sans lequel le dommage n'aurait pas eu lieu. La troisième théorie est dite de la proximité de la cause. Parce qu'elle ne retient que « *les causes dont le dommage est la conséquence immédiate, celles qui entretiennent avec lui un rapport de proximité temporelle* » (P. JOURDAIN, *Les principes de la responsabilité civile, op.cit.*, p. 61), elle est très rarement retenue. Son inconvénient majeur est de conduire à écarter les causes qui, malgré leur distance temporelle du préjudice, ont tout de même joué un rôle important dans sa réalisation.
La jurisprudence camerounaise n'arrive pas à faire émerger une théorie parmi les deux premières. Elle reste dans le flou longtemps entretenu par la jurisprudence française et dont elle s'inspire fortement. Mais tandis que la Cour de cassation française semble avoir clairement pris position en faveur de la théorie de l'équivalence des conditions (Civ. 2e, 27 janvier 2000, JCP 2000. II. 10363, note Ph. CONTE ; Civ. 2e, 2 juin 2005, Bull. civ. II, n° 146), une préférence voilée demeure accordée à la causalité adéquate par le juge camerounais.

La seconde hypothèse consisterait à réparer le dommage dès le constat de l'action ou l'omission, sans attendre d'en subir le préjudice. Mais peut-on dans ce cas proposer une réparation anticipée, c'est-à-dire la réparation d'un préjudice dont le risque de dommages n'est encore que suspecté ? Il convient, pour y répondre, de préciser d'emblée les notions de dommage et préjudice. L'un assimilé à l'autre, il s'entend généralement comme « *la lésion d'un intérêt légitime juridiquement protégé* »[117] qui peut être réparé dès lors qu'une évaluation sérieuse a pu être faite. Mais dans un sens plus strict, le dommage peut être distingué du préjudice. L'un relevant du fait est la cause de l'autre qui relèverait du droit : « *Une chose est la lésion, l'atteinte, celle des corps (dommage corporel), des choses (dommage matériel), des sentiments (dommage moral) ; autre chose sont les répercussions de la lésion, de l'atteinte, répercussions sur le patrimoine, répercussions sur la personne de la victime, sur ses avoirs (préjudice patrimonial) et sur son être (préjudice extrapatrimonial)* »[118].

Cette distinction théorique n'est pratiquement intéressante que si elle aboutit à une réparation séparée du dommage et du préjudice. Mais si la réparation du préjudice sans le dommage est à la fois illogique et utopique à cause de l'impossibilité d'évaluer son ampleur et sa nature, il n'en est pas tout à fait de même du dommage qui, avant que le préjudice soit établi, est évaluable et serait par conséquent immédiatement réparable. La question est cependant de savoir qui obtiendrait réparation ? À qui serait versée l'indemnité réparatrice ? En matière non répressive, c'est la victime qui est considérée. Suite au dommage causé, elle subit toujours, directement ou indirectement, un préjudice à cause d'une violation de son intégrité ou une

---

[117] Mustapha MEKKI, « La place du préjudice en droit de la responsabilité civile », *Hokkaïdo Journal of New Global Law and Policy*, vol. 5, 2010, p. 156. Dans le même sens Yvonne LAMBERT-FAIVRE (sous la dir.), *Rapport sur l'indemnisation du dommage corporel*, Paris, Ministère de la Justice, juin 2003, note 13 ; J-S BORGHETTI, « Les intérêts protégés et l'étendue des préjudices réparables en droit de la responsabilité civile extra-contractuelle », *in* Études G. VINEY, LGDJ, 2008, p. 155.

[118] P. LETOURNEAU, *Droit de la responsabilité et des contrats*, Dalloz Action, 2006-2007, n° 1309. Dans le même sens Loïc CADIET, « Les métamorphoses du préjudice », in *Les métamorphoses de la responsabilité*, journées René SAVATIER, PUF, 1997, p. 63 ; M. BOUTONNET, « La réparation du préjudice causé à l'environnement en droit français », *Hokkaïdo Journal of New Global Law and Policy*, vol. 5, 2010, p. 67.

atteinte à sa liberté. Techniquement, c'est à la fois le dommage et le préjudice qui, en nature ou en valeur, doivent être concomitamment réparés. Tandis que l'un détermine la cause de la réparation, l'autre désigne le destinataire de l'indemnité : les deux concepts sont donc complémentaires[119].

Appliquée au principe de précaution, cette distinction est encore moins sérieuse pour admettre une réparation anticipée du dommage. En effet, qu'il soit assimilé au préjudice ou non, une évaluation juste du dommage est impossible si le simple risque n'est déjà pas avéré. Retenir une telle réparation reviendrait à soutenir, nous semble-t-il, l'idée d'une réparation sans dommage ; ce qui, convenons-en, n'est juridiquement pas concevable. En définitive, seule la réparation classique (c'est-à-dire subséquente au dommage devenu certain) devrait rester admise, le défaut de précaution ne pouvant qu'entraîner éventuellement et injustement l'augmentation de l'indemnité par l'aggravation de la faute ou du risque[120].

L'aggravation de la sanction civile du préjudice n'est donc pas juridiquement fondée, quelle que soit l'hypothèse retenue. Qu'il s'agisse du concours des fautes ou de la distinction théorique entre le dommage et le préjudice, aucun de ces cas ne saurait justifier une quelconque augmentation du montant de la réparation.

En matière pénale, retenir la responsabilité de l'auteur sur la base d'une faute de précaution ne devrait pas non plus être concevable pour une raison simple déjà évoquée : la présomption d'innocence qui interdit absolument la punition d'une personne suspectée, sur la base de très faibles indices, d'avoir commis une infraction.

---

[119] C. BLOCH, *La cessation de l'illicite. Recherche sur une fonction méconnue de la responsabilité civile extracontractuelle*, Dalloz, 2008, n° 120, p. 127.

[120] La réparation du dommage causé par le défaut de précaution doit être distinguée des "*dommages et intérêts punitifs*" prévus par les articles 191 et suivants de l'avant-projet de Code civil camerounais relatif aux obligations. Aux termes de l'article 193 dudit texte : « *Des dommages et intérêts punitifs peuvent être alloués à la victime lorsque le fait ayant causé le dommage a été entouré de circonstances particulièrement outrageantes ou vexatoires ou, lorsque ce fait a procuré à son auteur un profit dépassant largement les dommages-intérêts compensatoires attribués à la victime* ».

Finalement, l'aggravation de la sanction du préjudice sur la base du défaut de précaution n'est pas évidente. Elle semble même injuste. Aussi ne faudrait-il pas réfléchir plutôt dans le sens d'une meilleure prévention du dommage ?

2) Le renforcement des mesures de prévention du dommage ?

La sanction du préjudice causé à autrui est un moyen de prévenir les dommages afin, si possible, de les éviter. Mais malgré cette règle de prudence, l'être humain ne peut s'empêcher d'engager sa responsabilité dans les faits et gestes qu'il pose et les initiatives qu'il entreprend au quotidien. L'admission du principe de précaution ne saurait donc remettre en cause la règle établie. Elle vise simplement à augmenter la prudence à travers deux obligations dont on peut sérieusement s'interroger sur la mise en œuvre dans le contexte camerounais : l'obligation de mieux informer d'une part et l'obligation de réaliser des dommages minimes d'autre part.

Si elle s'est progressivement imposée dans la vie de l'être humain[121], juridiquement l'information[122] doit être communiquée[123] lorsqu'elle est nécessaire[124], c'est-à-dire « *adéquate à l'essence de la vie intérieure de l'homme* »[125]. À cause du principe de précaution, elle semble même s'être érigée en droit de la responsabilité comme la matière première qui permet d'éviter les dommages.

---

[121] « *L'homme contemporain, qu'il vive en Occident ou en Afrique, est immergé dans les médias. Il a besoin d'information et sa vie repose pour beaucoup sur la communication qui soude son appartenance sociétale* ». (M. TJADE EONE, *L'Afrique dans le temps global de la communication, Du local au planétaire*, éd. Clé, Yaoundé, 2012, p. 65).

[122] Le Professeur CATALA la définit comme tout message formulé pour être transmis à autrui. (CATALA, « Ébauche d'une théorie juridique de l'information », *Dalloz*, 1984, *chron.* p. 98 et s.)

[123] C'est pourquoi lors de la formation du contrat par exemple et contrairement au langage courant, le silence de celui qu'on prétend obligé ne vaut pas acceptation sauf si les circonstances permettent d'admettre le contraire (Civ., 25 mai 1870, DP 1870.1.341).

[124] En matière contractuelle par exemple, toute partie détenant une information pertinente pour le cocontractant a l'obligation de la lui délivrer si celle-ci peut avoir une influence sur son consentement ou si elle est nécessaire à l'exécution du contrat (S. PORCHY-SIMON, *Droit civil 2e année, Les obligations*, 5e éd., Dalloz, 2008, p. 81 et 169).

[125] N. WIENER, *La cybernétique et la société*, éd. de Deux Rives, Paris, 1961, p. 46.

Il y a cependant des limites à cette assertion dans le contexte camerounais à cause de la lente appropriation des nouvelles technologies due à deux principaux facteurs. D'une part, ce mode de communication qui fait déjà plus ou moins partie des habitudes quotidiennes dans les métropoles n'est pas encore accessible sur l'ensemble du territoire national. Pourtant l'information est, pour tous, un droit, dont « *l'accès (...) est de plus en plus considéré comme un élément de la dignité de la personne humaine (...). Sans conteste, il constitue une condition indispensable d'une citoyenneté véritable* »[126]. Mais si elle est un droit pour celui qui en a besoin, l'information ne saurait cependant être un devoir absolu pour celui qui est censé la fournir. Elle ne devrait être communicable que dans la mesure où elle est disponible et sûre. Le principe de précaution exige pourtant de communiquer surtout lorsqu'il n'y a qu'un simple soupçon de risque de dommage. L'ignorance est ici valorisée, car en cas de doute, il faut agir plutôt que s'abstenir et s'abstenir là où l'on aurait dû agir.

D'autre part, des inquiétudes persistent et des doutes surgissent. S'agissant des inquiétudes, elles sont relatives aux possibles révélations collatérales désormais diffuses sur la vie privée. Pourtant « *un média [ou un scientifique] n'a pas le droit de transgresser le domaine privé ni de s'immiscer dans les sentiments intimes d'une personne sans garantie qu'il s'agisse par là de servir l'intérêt public et non de satisfaire la curiosité de ses lecteurs* »[127]. S'agissant des doutes, ils pèsent sur la fiabilité du système moderne de communication dont principalement l'internet. Toutes les informations qui s'y trouvent ne sont pas toujours justes : il faut savoir faire le tri. C'est la raison pour laquelle son utilisateur doit être une personne avertie capable d'en démêler le vrai du faux. Pour cela, à défaut d'éduquer toute la population, au moins les personnes chargées de veiller à la sécurité alimentaire, environnementale et sanitaire doivent obligatoirement subir cette formation à l'entrée de la profession ou alors être recyclées au cours de leur fonction pour celles qui y sont déjà. Cela aurait l'avantage qu'elles peuvent être au courant de manière instantanée des évolutions de la science

---

[126] A. AKAM AKAM, « Libres propos sur l'adage "Nul n'est censé ignorer la loi" », *RASJ*, vol. 4, n° 1, 2007, p. 42 ; dans le même sens, E. Ben MERZOUK, « La fausse considération du "principe de sécurité juridique" », *D.* 2003, jurisp, p. 2722.
[127] M. TJADE EONE, *op.cit.*, p. 64.

et des risques potentiels de dommages qui existeraient déjà ailleurs. Cela permettrait surtout d'échanger en temps réel avec d'autres experts du pays, voire du monde (via les vidéoconférences par exemple) sur une situation soupçonnée d'être à risque afin de prendre les mesures urgentes, de préférence dans la collégialité.

Mais tout cela a un coût qui, il est vrai, doit être « *économiquement acceptable* ». Le principe de précaution n'est cependant pas envisageable dans un environnement où la situation économique n'est pas propice à des initiatives d'une telle envergure. Il s'agit en effet d'une vigilance de tout instant avec une technologie et des intelligences modernes, fiables et promptes. À cause des évolutions technologiques qui nécessitent un investissement économique important et régulier, l'on peut s'interroger sur la réception du principe de précaution en droit camerounais. L'état actuel des infrastructures peut déjà donner une première impression sur la possibilité ou non de mettre en œuvre ce principe. De plus, dans un pays où, officiellement, le chemin du développement semble encore relativement long[128], comment mieux communiquer alors que l'information classique est déjà malmenée[129].

Le principe de précaution vise à ne prévenir que les dommages graves et irrésistibles en permettant, en exigeant éventuellement la réalisation des dommages minimes, c'est-à-dire d'une valeur et d'une ampleur moindre que le dommage futur à éviter. C'est dans ce sens que l'article 9(d) de la loi-

---

[128] D'après le document stratégique de développement publié par le gouvernement camerounais, le pays s'engage à être émergent d'ici 2035. Mais encore faut-il que les mesures prévues soient effectivement prises en temps opportun.

[129] Il suffit par exemple d'analyser le comportement déjà décrié du gouvernement lors des inondations du nord du pays. L'on peut aussi citer le cas des "délestages" (c'est-à-dire les coupures intempestives de courant) sur toute l'étendue du territoire national en fin 2012-début 2013 : ce n'est que le 13 février 2013 (c'est-à-dire plus d'un mois après le début des délestages) que le Directeur général de l'entreprise chargée de distribuer l'électricité (AES SONEL), pourtant au courant depuis la fin de l'année 2012 des désagréments futurs et inévitables, est sorti de son mutisme pour "prévenir" que la situation ne s'apaiserait qu'au plus tôt deux mois après sa déclaration sans qu'aucun calendrier ni emploi de temps de coupures par secteur ne soit établi afin de se prémunir des désagréments. Entre-temps, on a enregistré de nombreux dommages dont des agressions physiques dues à l'insécurité dans la nuit, des décès dus à la manipulation des bougies, etc.

cadre sur l'environnement de 1996[130] dispose que la gestion de l'environnement et des ressources naturelles s'inspire du « *principe de responsabilité, selon lequel toute personne qui, par son action, crée des conditions de nature à porter atteinte à la santé de l'homme et à l'environnement, est tenue d'en assurer ou d'en faire assurer l'élimination dans des conditions propres à éviter lesdits effets* ». Aussi simple que cela puisse paraître, le cas est pourtant complexe, car encore faudrait-il avoir le courage et les moyens d'ordonner de telles mesures.

Le courage suppose que dans une situation de doute ou de tension, une décision impopulaire, mais nécessaire soit prise[131]. L'usage du principe de précaution au Cameroun correspond tout à fait à cette conception, car lorsqu'il concerne directement l'activité de la population, il ne peut être que difficilement accepté par celle-ci encore à la recherche du minimum vital pour vivre, s'éduquer et s'épanouir. Comment demander par exemple à un éleveur que l'État n'accompagnera probablement pas par la prise en charge du préjudice subi, d'éliminer son bétail alors que le risque de contamination n'est pas avéré ? Il faut enfin répéter que le principe de précaution offre en lui-même des arguments favorables à son écartement, car comme déjà expliqué, la notion de dommage grave est un concept au contenu vague.

Conclusion

Finalement, bien que réceptionné, le principe de précaution reste problématique aussi bien dans sa conception que dans sa portée en droit camerounais de la responsabilité. Tout cela le rend si complexe qu'il ressemble aux prédictions de *Nostradamus*[132] : il n'engage que ceux qui y croient. Mais cette difficulté ne doit pas être un prétexte pour l'ignorer. Bien au contraire, il constitue un sujet d'analyses intéressantes dont la présente étude n'aborde que quelques aspects. La question posée et analysée depuis des années demeure donc retentissante. Il s'agit de savoir si le droit

---

[130] Loi n° 96/12 du 5 août 1996 portant loi-cadre relative à la gestion de l'environnement.

[131] D'après le dictionnaire *Le Nouveau Petit Robert de la langue française 2008*, le *courage* peut être entendu comme la fermeté devant le danger, la souffrance physique ou morale.

[132] De son véritable nom Michel de NOSTRE-DAME, Nostradamus était un Français né en 1503 et décédé en 1566. Illustre médecin de formation, il a été rendu célèbre par ses nombreuses prophéties souvent très critiquées bien que parfois réalisées.

réceptionné de l'étranger « *est applicable en Afrique* »[133]. Le thème relatif au principe de précaution en droit camerounais de la responsabilité offre, aujourd'hui, l'occasion de poursuivre la réflexion.

[133] M. ONDOA, *op.cit.*, p. 291.

LES GARANTIES DU CÉDANT DE DROITS SOCIAUX EN DROIT CAMEROUNAIS

Serge-Patrick LEVOA AWONA[1]

Introduction

1. La cession de droits sociaux évoque l'idée d'un transfert de droits détenus par un associé dans une société à un nouvel associé. Ainsi, à la différence du retrait de l'associé qui entraîne la baisse du capital social puisque l'associé qui se retire est remboursé de son apport, dans la cession de droits sociaux, le capital de la société reste intact, car le cessionnaire prend la place du cédant dans la société[2]. Dans la cession de droits sociaux, il est transmis non seulement un droit réel (la propriété des droits sociaux), mais aussi un droit personnel (le droit qu'avait le cédant d'exiger diverses prestations à la société).

2. Opération importante et courante de la vie économique, la cession de droits sociaux n'a pourtant pas encore, au plan théorique, livré tous ses secrets[3]. La nature juridique de cette convention et même celle des droits sociaux[4] demeure entourée d'incertitudes et de mystères, au point d'alimenter la controverse. Si, pour le plus grand nombre, la cession de droits sociaux se coule dans le moule de la vente ou de la cession de créance[5], d'autres auteurs y voient plutôt une cession de contrat[6]. Quant aux

---

[1] Chargé de Cours – Université de Ngaoundéré.

[2] V. H. GUEBEDIANG A TCHOYI-DOUMBE, *La cession de droits sociaux de l'associé minoritaire*, Thèse, Université d'Auvergne-Clermont-Ferrand I, 2010, p. 4.

[3] M.-E. ANCEL, Préface de l'ouvrage de S. LACROIX-DE SOUSA, *La cession de droits sociaux à la lumière de la cession de contrat* (Thèse), Paris, LGDJ, 2010, p. XIV.

[4] Mme CAFFIN-MOI souligne dans ce sens que : « *Les droits sociaux font partie de ces biens (à supposer déjà qu'ils en soient), dont on pourrait débattre à jamais de la nature juridique tant il est difficile de leur trouver une place au sein des catégories connues* ». V. M. CAFFIN-MOI, *Cession de droits sociaux et droit des contrats* (Thèse), Paris, Economica, 2009, n° 387. Dans le même sens, Laurent AYNES constate « *l'irréductibilité des droits sociaux aux catégories romaines* ». V. Avant-propos de l'ouvrage de S. LACROIX-DE SOUSA, *op.cit.*, p. XVI.

[5] V. par exemple, J.-F. BARBIERI, note sous cass. com., 10 mai 1994, n° 1119 D, SARL VIC et autre c/ Neau, Bull. Joly Sociétés, 1er juill. 1994, n°7-8, §215, p. 802.

droits sociaux, s'ils ont été analysés comme un droit de créance[7], les considérer seulement comme tels est réducteur pour beaucoup d'auteurs[8].

Dans un tel contexte, entreprendre une étude sur les garanties du cédant de droits sociaux peut paraître théoriquement prématuré. Comment, en effet, envisager les garanties du cédant à propos d'une opération dont juridiquement on a du mal à cerner la véritable nature ?

Même si théoriquement, la qualification de la cession des droits sociaux est délicate, cela ne remet pas fondamentalement en cause l'intérêt d'une étude sur les garanties du cédant de droits sociaux. Mener une étude sur les garanties du cédant de droits sociaux relève d'abord d'un intérêt d'ordre pratique. En effet, beaucoup de conventions de cession de droits sociaux comportent des clauses de garantie conventionnelle, au point que, dans un pays comme la France, on estime fautif de ne pas en prévoir lors d'une cession de contrôle[9]. Quand bien même les parties auraient omis d'insérer de telles clauses, les importants risques financiers consécutifs à la cession de droits sociaux rendent quasiment inévitable, à un moment ou à un autre, la question de la garantie due par le cédant au regard de la loi[10]. Ensuite, même si logiquement la nature de la cession de droits sociaux précède les garanties du cédant, il faut aussi convenir qu'il est possible qu'abordant premièrement les garanties du cédant, cela éclaire mieux par la suite la nature de la cession des droits sociaux.

3. Les garanties du cédant de droits sociaux sont des mécanismes juridiques à partir desquels le cédant protège le cessionnaire contre d'éventuelles pertes pécuniaires consécutives à la cession de droits sociaux[11]. Il en est ainsi lorsqu'il survient après la cession une dépréciation de la valeur des titres sociaux ou de la société elle-même.

---

[6] S. LACROIX-DE SOUSA, *op.cit.*

[7] V. par exemple, CABINET ERNST &YOUNG INTERNATIONAL, *OHADA Droit des sociétés commerciales et du GIE*, Commentaires, Edicef/Editions FFA, 1998, p.16.

[8] V. infra n° 16.

[9] P. LE CANNU et B. DONDERO, *Droit des sociétés*, Paris, LGDJ, 2013, n° 543.

[10] M.D. PIERRE, « La convention de garantie de passif dans les cessions de bloc de contrôle d'actions ou de parts sociales. Étude critique », Gaz. Pal., 4 déc. 1999, n° 338, p. 2.

[11] Rapp. G. CORNU (dir.), *Vocabulaire juridique*, Paris, PUF, 7e éd., 2005, p. 428.

Les garanties du cédant de droits sociaux sont d'abord celles prévues par la loi. En droit camerounais cependant, les garanties du cédant de droits sociaux n'ont pas spécifiquement retenu l'attention du législateur, qu'il s'agisse de l'Acte uniforme OHADA relatif au droit des sociétés commerciales et du GIE[12] ou du droit produit par le législateur national. Mais, dans la mesure où, comme nous venons de le voir, la cession de droits sociaux est tantôt rapprochée de la vente, tantôt de la cession de créance, légalement, les garanties du cédant de droits sociaux sont aussi celles du vendeur et du cédant de la créance. Le cessionnaire peut ensuite se prémunir d'éventuelles pertes pécuniaires en obtenant de la part du cédant diverses garanties d'ordre conventionnel. Épousant les contours de la volonté des parties, ces différentes conventions de garantie peuvent protéger le cessionnaire, en cas de réalisation des risques les plus divers : apparition de passif, diminution d'actif, diminution de la valeur des titres sociaux, etc.

4. À propos des différentes garanties du cédant de droits sociaux, la question qui mérite d'être posée est celle de leur efficacité. En d'autres termes, les garanties du cédant de droits sociaux offrent-elles une protection efficace contre les risques que comporte la cession des droits sociaux ?

L'efficacité des garanties du cédant de droits sociaux passe par la prise en compte de la spécificité des risques que l'opération de cession des droits sociaux génère. Au regard de ce paramètre, il est difficile de conclure à l'efficacité des garanties légales du cédant de droits sociaux. La difficulté à ce niveau vient essentiellement de ce que la réalité économique de la cession des droits sociaux n'est pas entièrement et parfaitement prise en compte par le droit. Lorsqu'elle prend la forme d'une cession de contrôle, la cession des droits sociaux constitue un moyen offert à une personne physique ou morale d'acquérir une société[13]. Autrement dit, économiquement, la cession de contrôle s'analyse comme une vente d'entreprise. À côté, il existe des cessions dont la conséquence n'est pas le transfert du contrôle de la société parce que portant sur un nombre limité de titres au regard du capital social.

[12] Ceci est vrai autant pour l'ancien (du 17 avril 1997) que pour le nouvel acte uniforme issu de la révision le 30 janvier 2014. Dans la suite des développements, la référence à l'Acte uniforme sur les sociétés commerciales et le GIE, sans autre précision, renverra à l'Acte révisé du 30 janvier 2014.

[13] M.D. PIERRE, *op.cit.*

Dans un cas comme dans l'autre, la rentabilité de l'opération est étroitement liée à la situation patrimoniale de la société. Or, juridiquement, même dans le cadre d'une cession de contrôle (et *a fortiori* dans les autres cessions), le cessionnaire n'acquiert que les droits sociaux qui vont ensuite lui permettre d'exercer le contrôle[14]. En d'autres termes, sur le plan juridique, une cession de contrôle n'est pas une cession de la société[15], car en acquérant la majorité des parts et actions d'une société, le cessionnaire ne devient pas pour autant propriétaire des actifs sociaux eu égard à la personnalité morale de la société[16]. Aussi, la Cour de cassation française décide-t-elle depuis longtemps que la cession de contrôle ne se confond ni avec une cession de fonds de commerce[17] ni avec une fusion-absorption[18]. L'analyse juridique de la cession des droits sociaux a comme conséquence l'inadéquation des garanties légales du cédant de droits sociaux. Car non seulement ces garanties ont été conçues pour des opérations qui ne sont pas strictement identiques à la cession des droits sociaux, la vente et la cession de créance en l'occurrence, mais en plus, le champ de protection de ces garanties devrait se limiter aux titres sociaux, alors qu'économiquement, c'est tout le patrimoine de la société dont les titres sont cédés qui retient l'attention (I). En ce qui concerne les garanties conventionnelles, elles suscitent un réel espoir dans la prise en compte des risques propres à la cession des droits sociaux. Fondées sur la volonté des parties, de telles garanties offrent un début de solution appréciable dans le sens de l'adéquation entre la garantie offerte et les risques encourus. En d'autres termes, il suffirait aux parties de bien identifier les risques de leur opération, de les intégrer ensuite dans le champ de la garantie pour qu'en définitive, le cessionnaire obtienne une protection efficace (II).

I- Des garanties légales inadaptées

5. Les garanties légales actuellement dues par le cédant de droits sociaux se révèlent toutes inadaptées à la cession des droits sociaux. L'assertion se

---

[14] J. GATSI, « Filiale, succursale, groupe de sociétés », *in* P.-G. Pougoué (dir.), *Encyclopédie du droit OHADA*, éd. Lamy, 2011, n° 9.

[15] P. LE CANNU et B. DONDERO, *Droit des sociétés*, *op.cit.*, n° 535.

[16] J. MESTRE et autres, *Droit commercial, Droit interne et aspects de droit international*, Paris, LGDJ, 29e éd., 2012, n° 413.

[17]Cass. com, 6 juin 1990, n°88-15.784, cité par S. BERREBBI, *Les difficultés relatives à la cession de droits sociaux*, Mémoire, Université Panthéon-Assas, 2012-2013, p. 9.

[18]Cass. com, 21 janv. 1990, n° 68-11.085, cité par S. BERREBBI, *ibid.*

vérifie autant pour les garanties issues du contrat de vente (A) que pour celles issues de la cession de créance (B).

A- L'inadéquation des garanties légales de la vente à la cession des droits sociaux

6. Deux principales raisons justifient l'inadéquation des garanties légales de la vente à la cession des droits sociaux. Il s'agit de la conception originaire de la chose objet de la vente comme un bien corporel (1) et de l'obstacle de la personnalité morale de la société (2).

1- La conception originaire de la chose objet de la vente comme un bien corporel

7. Dans la doctrine, le caractère incorporel des droits sociaux semble faire l'unanimité[19]. Ce sont des droits dont dispose l'associé à l'égard de la société et, à ce titre, ils font partie des biens incorporels qui sont définis par le doyen Carbonnier comme *« des biens immatériels, qui ne peuvent être touchés, qui ne tombent pas sous les sens »*[20]. En revanche, au sujet du caractère mobilier des droits sociaux, des doutes ont été émis au moment de la rédaction du Code civil, notamment par ceux qui pensaient qu'on devait reconnaître le caractère immobilier aux droits sociaux lorsque des biens immobiliers figuraient dans le capital de la société. Mais, pareil point de vue qui heurtait de front la personnalité morale de la société n'a pas été logiquement retenu[21]. D'où l'article 529 du Code civil[22] ou même plus récemment l'article 52 de l'Acte uniforme relatif au droit des sociétés commerciales et du GIE[23] qui considèrent tous les deux les droits sociaux comme des meubles.

---

[19] V. par exemple : F. TERRE, Ph. SIMLER, *Droit civil. Les biens*, Paris, Dalloz, 5e éd., 2000, p. 32 ; S. LACROIX-DE SOUSA, *op.cit.*, p. 63 et s. ; M. NGOM, « Titres et valeurs mobilières », *in* P.-G. Pougoué (dir.), *Encyclopédie du droit OHADA*, *op.cit.*, p. 2089 ; etc.

[20] J. CARBONNIER, *Droit civil. Les biens*, Paris, PUF, 1983, p. 77.

[21] Les biens immobiliers de la société sont en effet la propriété de cette dernière et non de l'associé. V. F. TERRE, Ph. SIMLER, *Droit civil. Les biens*, *op.cit.*, p. 32.

[22] Ce texte dispose : *« Sont meubles par la détermination de la loi, les obligations et actions qui ont pour objet des sommes exigibles ou des effets mobiliers, les actions ou intérêts dans les compagnies de finance, de commerce ou d'industrie, encore que des immeubles dépendant de ces entreprises appartiennent aux compagnies »*.

[23] Cet article énonce : *« Les titres sociaux sont des biens meubles »*.

8. L'incorporéité des droits sociaux forme un obstacle non négligeable à l'application du droit de la vente et précisément des garanties du vendeur à la cession des droits sociaux.

Il est vrai, à lire le Code civil, qu'aucun obstacle ne semble s'opposer à l'application des garanties du vendeur au cédant de titres sociaux. L'article 1582 du Code civil applicable au Cameroun énonce que *« la vente est une convention par laquelle l'un s'oblige à livrer une chose, et l'autre à la payer »*. Il est communément enseigné que, pour qu'une chose soit objet d'une vente, il faut seulement qu'elle soit dans le commerce ; peu importe qu'il s'agisse d'une chose mobilière ou immobilière, corporelle ou incorporelle, etc[24]. Certes, il est souvent indiqué que si la chose est incorporelle, on parle de cession ; toutefois, malgré cette dissociation terminologique qui est réelle et récurrente[25], nulle part dans le Code civil il n'est précisé que seules les choses corporelles peuvent faire l'objet d'une vente. En conséquence, l'applicabilité des garanties légales de la vente est parfaitement envisageable au sujet de la cession des droits sociaux qui sont également des choses[26] au sens du droit de la vente.

Sans être fausse, cette vision paraît cependant éloignée de l'opinion qui a prévalu à l'avènement du Code civil. Si, en effet, *« le droit de la vente ne se révèle pas toujours très adapté aux choses incorporelles »*[27], cela est dû en grande partie au fait que dans l'esprit des rédacteurs du Code civil, la chose objet du contrat de vente est une chose corporelle[28]. Mais, dans la mesure où la lettre du Code n'interdit nullement une application du droit de la vente aux choses incorporelles, il a ensuite été facile de concevoir une extension du droit de la vente à la cession des droits sociaux.

Même ainsi admise, la vente de biens incorporels suscite une difficulté particulière liée à l'appropriation de tels biens. Il s'agit là également d'une

---

[24]Ph. MALAURIE, L. AYNES, P.-Y. GAUTIER, *Les contrats spéciaux*, Paris, Defrénois, 5e éd., 2011, p.121 et s.

[25] V. par exemple, F. COLLART DUTILLEUL, Ph. DELEBECQUE, *Contrats civils et commerciaux*, Paris, Dalloz, 7e éd., 2004, n° 120.

[26]*Ibid.*

[27] *Ibid.*, n° 119.

[28] C. FREYRIA, « Réflexions sur la garantie conventionnelle dans les actes de cession de droits sociaux », JCP éd. G., n°29-30, 1992, p. 328.

problématique cruciale, car si la vente entraîne transfert de propriété, elle suppose que le vendeur soit propriétaire de la chose. Or, pendant longtemps, même si *« le Code civil n'a jamais exclu les choses incorporelles de l'assiette de la propriété »*[29], la doctrine a considéré que le droit de propriété a été conçu et réglementé comme portant sur des choses et objets matériels et tangibles[30]. Et aujourd'hui encore, malgré une tendance globale indéniable à la dématérialisation du droit de propriété, nombreux sont encore des auteurs qui pensent qu'*« un droit personnel ne peut être rationnellement l'objet d'un droit réel »*[31]. C'est certainement dans le but de surmonter cet obstacle d'ordre théorique qu'il existe à propos de la cession de biens incorporels de nombreux régimes spéciaux qui dérogent clairement au droit commun de la vente.

9. Au demeurant, le droit de l'OHADA se prononce clairement dans le sens de l'inadéquation du droit de la vente aux cessions des droits sociaux. En effet, dans le Livre VIII qu'il consacre à la vente commerciale, l'Acte uniforme relatif au droit commercial général limite essentiellement son champ d'application à la vente de marchandises, c'est-à-dire selon l'opinion la plus répandue à la vente de meubles corporels[32]. D'un autre côté, le même Acte uniforme sort de son champ d'application les cessions des droits sociaux. C'est ce qui ressort clairement de l'article 236 de ce texte, lorsqu'il cite comme ventes exclues de son champ d'application les ventes de valeurs mobilières et autres opérations sur créance. De telles ventes échappent à l'application de l'Acte uniforme parce que, affirme le législateur communautaire, elles sont soumises à un régime particulier. En d'autres termes, conçu pour les marchandises, le droit de la vente OHADA ne peut être étendu aux droits sociaux. Lorsqu'on sait qu'en général, le législateur adopte une législation particulière ou alors (comme dans le cas d'espèce)

---

[29] G. MEMETEAU, *Droit des biens*, éd. Paradigme, 5e éd., 2012, p. 24.

[30] J. CARBONNIER, *Droit civil. Les biens*, Paris, PUF, 1983, p.361 ; F. TERRE, Ph. SIMLER, *Droit civil. Les biens*, Paris, Dalloz, 5e éd., 2000, p. 35.

[31] J. GHESTIN, M. BILLIAU et G. LOISEAU, *Traité de droit civil. Le régime des créances et des dettes*, Paris, LGDJ, 2005, cité par S. LACROIX-DE SOUSA, *op.cit.*, p. 69.

[32] V. : A. P. SANTOS et J. Y. TOE, *OHADA Droit commercial général*, Bruxelles, Bruylant, 2002, p. 344 et s. ; Ph. MALAURIE, L. AYNES, P.-Y. GAUTIER, *op.cit.*, n° 350 ; G. RAYMOND, *La vente de marchandises*, Paris, Dalloz, coll. Connaissance du droit, 1996, p. 3.

suggère le renvoi à une législation particulière pour tenir compte des spécificités propres à un groupe de personnes, de biens, etc.[33], on comprend aisément que par sa démarche, le législateur OHADA a entendu éviter une inadéquation quasi certaine du droit de la vente à la cession des droits sociaux.

2- L'obstacle de la personnalité morale de la société

10. Dans la mesure où l'Acte uniforme relatif au droit commercial général exclut formellement son application à la vente de droits sociaux, c'est aux dispositions du Code civil qu'il faut se référer pour identifier les garanties dues par le cédant de droits sociaux. Au regard des dispositions du Code civil relatives à la vente, le cédant de droits sociaux est tenu à une garantie d'éviction et à une garantie contre les vices cachés.

11. En matière de cession des droits sociaux, la chose objet de la vente étant constituée par les titres sociaux, c'est normalement en rapport avec ces derniers que les différentes garanties du cédant doivent se déployer[34].

Ainsi, s'agissant de la garantie des vices cachés, celle-ci ne devrait être mise en œuvre que lorsque les vices découverts portent atteinte aux droits sociaux. En revanche, les vices dont serait atteinte la société ou son patrimoine ne peuvent fonder une action en garantie pour vice caché[35]. C'est en tout cas la position affirmée à plusieurs reprises par la Cour de cassation française : *« Mais attendu que la garantie prescrite par l'article 1641 du Code civil ne s'applique qu'à raison des défauts de la chose vendue elle-même »*[36]. *« En matière de cession de titres sociaux, le cédant doit garantir les vices affectant les titres eux-mêmes et non ceux affectant la société ; à moins que l'opération soit requalifiée en une vente du fonds lui-même »*[37], etc.

---

[33] R. GASSIN, « Lois spéciales et droit commun », Rec. Dalloz, Chr., 1961, p.92-93.

[34] V. M.D. PIERRE, *op.cit.*, p. 3.

[35] B. DONDERO, « Les relations entre les garanties contractuelles et les garanties légales pesant sur le cédant de droits sociaux », Gaz. Pal., 22 déc. 2012, n° 357, p. 13.

[36] Cass. Com. 23 janvier 1990 : Rev. Sociétés 1990, p. 248, note Y. Guyon ; D. 1991, jur., p. 333, note G. Virassamy ; Bull. Joly Sociétés, 1990, p. 370, §115, note M. Jeantin ; RTD com., 1990, p. 591, obs. Y. Reinhard.

[37] Cass. Com. 29 nov. 1971.

S'agissant de la garantie d'éviction, elle serait mise en œuvre au cas où l'entrave à la jouissance porterait directement sur les droits sociaux. Tel serait le cas si, dans une société où l'agrément des nouveaux associés est prévu par la loi ou par les statuts, le cédant refuse de voter en faveur de l'agrément du cessionnaire alors qu'il a promis de lui céder ses actions[38].

12. Théoriquement, la limitation de l'assiette de la garantie du cédant aux droits sociaux se justifie par l'écran de la personnalité morale[39]. Dans la mesure où la société forme un être juridique distinct de l'associé et jouissant en conséquence de l'autonomie patrimoniale, si l'associé est titulaire de droits sociaux, il n'est pas pour autant copropriétaire des biens sociaux[40]. Ainsi, parce que la société fait écran, la garantie (des vices cachés) de l'article 1641 du Code civil ne pourrait pas être mise en œuvre en cas de découverte d'un passif social ignoré au moment de la cession ou en cas de disparition d'un actif social consécutive à un vice affectant la société lors de la cession. La raison en est que, même si la révélation d'un passif et la disparition d'un actif ont des conséquences sur la valeur et la rentabilité des droits sociaux, il n'en est ainsi qu'indirectement ; les atteintes directes affectant en premier lieu le patrimoine de la société[41]. Si on transpose le même raisonnement à la garantie d'éviction, on tire la conclusion que la garantie d'éviction instaurée dans la vente de fonds de commerce et qui impose au cédant une obligation de non-concurrence ne peut s'appliquer à la cession des droits sociaux, car ce ne sont pas les parts sociales ou les actions qui subissent la concurrence, mais le fonds de commerce qui lui-même est la propriété de la société et non du cessionnaire[42].

La personnalité morale de la société produit donc un effet inhibiteur ou bloquant sur les garanties du cédant de droits sociaux issues de la vente. À son tour, cet effet bloquant entraîne une inadéquation des garanties de la vente à la cession de titres sociaux. Si on prend l'exemple de la garantie des vices cachés, on se rend compte que, si cette garantie permet de protéger le cessionnaire contre les vices dont seraient atteints les titres sociaux, elle est

---

[38] S. LACROIX-DE SOUSA, *op.cit.*, n° 20.

[39] *Ibid.*, n°15

[40] H. GUEBEDIANG A TCHOYI-DOUMBE, *op. cit.*, p.107

[41] S. LACROIX-DE SOUSA, *ibid.*, n°15

[42] *Ibid.*

cependant sans réponse appropriée pour les vices affectant la société. Or, il se trouve que, dans la pratique, les exemples de vices affectant les titres sociaux sont rares et que dans la jurisprudence, française notamment, le cessionnaire invoque le plus souvent les vices de la société.[43] Cette incapacité de la garantie des vices cachés à procurer une protection satisfaisante au cessionnaire de droits sociaux trouve une illustration éclatante lorsque la cession de droits sociaux prend la forme d'une cession de contrôle dont le propre est de transférer au cessionnaire le pouvoir dans les décisions collectives via une acquisition importante de titres sociaux[44]. Or, en pareille situation, même si on peut comprendre que la cession des droits sociaux n'emporte pas cession de la société elle-même, il devient tout de même difficile pour le cessionnaire d'adhérer à la limitation de la garantie aux droits sociaux sans extension possible aux actifs sociaux ou à l'ensemble du patrimoine de la société.

13. Ainsi, pour sortir de l'impasse causée par l'écran de la personnalité morale de la société, la Cour de cassation a dû imaginer de nouvelles solutions. Se fondant toujours sur l'article 1641 du Code civil, la Chambre commerciale de cette juridiction finit par retenir, au titre des vices cachés, les atteintes portées aux prérogatives auxquelles les parts sociales ou actions donnent droit, notamment le droit de voter et le droit de participer aux bénéfices réalisés par la société. Dans la mesure où les actifs sociaux permettent au cessionnaire de jouir effectivement des prérogatives attachées aux actions et parts sociales, il a alors été facile pour la haute juridiction d'admettre que les atteintes portées aux actifs sociaux ou à l'activité sociale ont effet sur les droits cédés, ce qui justifie l'application de l'article 1641 du Code civil. D'où le fameux critère de l'impossibilité de réaliser l'objet social, qui signifie que le cédant est tenu de garantir le cessionnaire des vices qui empêchent la société d'exercer l'activité économique constituant son objet social[45]. Au regard de ce critère, l'apparition d'un passif ou la disparition d'un actif dont la conséquence est d'empêcher la société de réaliser son objet

[43] Ed. Francis Lefebvre et Anne CHARVERIAT, Cession de parts et actions, Paris, 2006, pp.683-684

[44] P. LE CANNU et B. DONDERO, *op.cit.*, n° 535.

[45]Cass. com., 12 déc. 1995 : RJDA 10/1996, n°120 ; Rev. Sociétés, 1996, p.55, note D. Bureau, etc.

social constitue un vice caché susceptible de déclencher la mise en œuvre de la garantie. Si, en revanche, les atteintes portées au patrimoine social ont seulement pour conséquence une diminution de la valeur des titres, la garantie ne peut être mise en œuvre.

En ce qui concerne la garantie d'éviction, la Cour de cassation s'est d'abord voulue très audacieuse. Elle a ainsi étendu au cessionnaire de droits sociaux la garantie d'éviction de la cession de fonds de commerce dont on sait qu'elle aboutit à l'instauration d'une obligation légale de non-concurrence à la charge du cédant. Aussi affirme-t-elle dans un arrêt du 6 juin 1972 que : *« les vendeurs des parts d'une SARL ayant pour objet l'exploitation d'un fonds de commerce d'hôtel meublé devaient garantir les cessionnaires de ces parts contre l'éviction conformément à l'article 1626 du Code civil et qu'ils n'ont pas rempli cette obligation dès lors que, par l'effet d'une décision judiciaire de fermer totalement l'hôtel, les cessionnaires ont souffert d'une éviction totale, puisque la privation d'exploiter le fonds de commerce que représentaient ces parts a enlevé à celles-ci toutes valeurs »*[46]. Face à l'ampleur des critiques formulées dans la doctrine contre cette solution, la Cour de cassation a par la suite entrepris de la limiter. Elle a alors jugé que la garantie légale d'éviction n'entraînait pour le cédant l'interdiction de se rétablir que si ce rétablissement était de nature à empêcher les cessionnaires des actions de poursuivre l'activité économique de la société et de réaliser l'objet social[47].

En tout état de cause, le critère de l'impossibilité de réalisation de l'objet social, qui finalement s'applique à la garantie d'éviction et à la garantie des vices cachés[48], produit cette conséquence fâcheuse qu'il déplace l'objet de la garantie qui trouve à s'appliquer lorsque le vice ou l'éviction ne touche pas directement les titres sociaux, mais le patrimoine social. En définitive, l'extension des garanties de la vente à la cession des droits sociaux participe

---

[46]Cass. com., 6 juin 1972, Rev. Sociétés, 1973, p. 506, note B. Oppetit.

[47] V. par exemple : CA Paris, 1re Ch. Sect. A 28 juin 1998/07965, Martin de Lagarde et autres c/ SA Grison et Boiry, Bull. Joly Sociétés, 1er déc. 1999, n° 12, p. 1182 et s., §273, note J.-J. Daigre ; cass. com., 9 juill. 2002, n°1395 F-D, SA Brabo distribution et autres c/ Sté Charlier Brabo groupe NV, Bull. Joly Sociétés, 1er déc. 2002, p.1311, §277, note A. Couret, etc.

[48] V. aussi J.-J. Daigre, note sous CA Paris, 1re Ch. Sect. A 28 juin 1998/07965,..., *op.cit.*, p. 1185.

d'un phénomène dénoncé par la doctrine et désigné tantôt sous le vocable de dispersion du droit de la vente, d'hypertrophie de la vente ou encore de l'éclatement du droit de la vente. Pour de nombreux auteurs en effet, ce n'est pas parce que la vente forme indéniablement l'un des contrats fondamentaux en ce qu'il permet la circulation de la richesse qu'il faut considérer tout contrat comportant un effet translatif et un prix comme un contrat de vente[49].

B- L'inadéquation des garanties légales de la cession de créance à la cession des droits sociaux

14. À l'origine de l'inadéquation des garanties légales de la cession de créance à la cession des droits sociaux, il y a l'assimilation discutable de la cession des droits sociaux à une cession de créance (1), ce qui, comme on le verra, aboutit à une application peu satisfaisante des garanties de la cession de créance à la cession des droits sociaux (2).

1- L'assimilation discutable de la cession des droits sociaux à la cession de créance

15. Au premier abord, il semble que la cession des droits sociaux épouse mieux les contours d'une cession de créance.

En premier lieu, comme dans la cession de créance, la cession des droits sociaux met en présence trois protagonistes : le cédant qui est l'associé sortant, le débiteur cédé qui est la société et le cessionnaire qui est l'acquéreur des droits sociaux. Comme en matière de cession de créance, le débiteur cédé dans la cession des droits sociaux n'est pas partie à la cession. Il n'empêche cependant que dans certaines sociétés, les sociétés de personnes en l'occurrence (société en nom collectif, SARL et société en commandite simple), ce dernier doit être informé de la cession des droits sociaux selon les procédés formalistes du droit civil[50] : signification de la cession à la société par exploit d'huissier ou notification par tout moyen permettant d'établir sa réception effective par le destinataire ; acceptation de la cession par la société

[49] S. LACROIX-DE SOUSA, *op.cit.*, n° 9. Adde G. RAYMOND, *La vente de marchandises, op.cit.*, p. 2.

[50] Art.1690 du Code civil. V. E. M. KAMTA FENDOP, « Associés », *in* P.-G. Pougoué (dir.), *Encyclopédie du droit OHADA, op.cit.*, p. 360.

dans un acte authentique[51]. Au cas où l'une de ces formalités ne serait pas accomplie, la sanction est l'inopposabilité de la cession à la société[52]. Car au même titre que la cession de créance, ce qui est transmis dans la cession des droits sociaux, ce n'est pas une chose comme de principe dans le contrat de vente, mais un droit personnel.

En deuxième lieu, dans un cas comme dans l'autre, le bien transmis est un droit de créance, dans la mesure où ce qui est cédé dans la cession des droits sociaux, c'est la créance de l'associé sortant sur la société. Dès lors, en vertu de la cession des droits sociaux, le cessionnaire est fondé, comme tout titulaire d'un droit de créance, à exiger de son débiteur (la société) une certaine prestation pouvant consister en une obligation de donner, de faire ou de ne pas faire[53]. Il en est ainsi du droit de percevoir des bénéfices, de tirer profit de l'économie ou même de la jouissance de droits politiques comme le vote aux assemblées. Au surplus, même lorsqu'au moment de la cession, la société ne réalise pas de dividendes, l'analyse de la cession de droits sociaux en une cession de créance est toujours pertinente, car toute créance, même de service ou simplement éventuelle, peut être cédée[54].

En troisième lieu, si dans la cession de créance, le cessionnaire succède *« aux droits et obligations de son cédant découlant de la créance dont la nature n'a pas été modifiée du fait de la cession »*[55], il en va de même dans la cession des droits sociaux, laquelle emporte transmission d'une créance avec tous ses accessoires telles l'obligation de contribuer aux pertes ou même celle de répondre, parfois indéfiniment, aux dettes sociales. De même, en vertu de la règle de l'opposabilité des exceptions, les sûretés telles un nantissement dont seraient grevés les titres sociaux sont opposables au cessionnaire.

Rien d'étonnant alors qu'abordant la question des garanties dues par le cédant des droits sociaux, la doctrine OHADA se soit référée aux garanties

---

[51] Art.275 pour les SNC, art.317 pour les SARL et art.297 pour les SCS de l'Acte uniforme OHADA relatif au droit des sociétés commerciales et du GIE.

[52]Comp. CA Cotonou, 30 sept. 1999, Société Jos Hansen et Soehne et Société Match Trading Limited c/ François Dossou, ohada. com, Ohadata J-06-94.

[53]M. BRUSORIO-AILLAUD, *Droit des obligations*, Ed. Paradigme, 2011, p. 319.

[54] Ph. MALINVAUD et D. FENOUILLET, *Droit des obligations*, Paris, Litec, 11e éd., 2010, n° 789.

[55] Trib. Confl. 18 oct. 1999, Bull. civ. n° 33, p. 35.

dues par le cédant dans la cession de créance. Comme ce dernier, le cédant des droits sociaux serait tenu de garantir l'existence de la créance qu'il cède, mais ne répond pas de plein droit de la solvabilité de la société, débiteur cédé[56]. En droit comparé, un jugement du Tribunal de grande instance de Tours va dans le même sens en affirmant qu'*« une cession de parts d'une SARL s'analyse comme une cession de créance »*[57].

16. À bien y regarder cependant, on se rend compte que, bien que formant des situations voisines, cession des droits sociaux et cession de créance n'en sont pas moins nettement différentes.

Les droits sociaux ne sauraient se réduire à un droit de créance. Comme on le sait, le droit de créance est un droit personnel en vertu duquel une personne, le créancier, peut exiger d'une autre, le débiteur, l'accomplissement d'une prestation[58]. Or, en acquérant les droits sociaux, le cessionnaire ne se limite pas à devenir créancier de la société, il en devient aussi le débiteur. D'où un dépassement de la qualité de créancier. On ne saurait donc convenablement laisser la nature des droits sociaux être absorbée uniquement par leur côté actif, alors qu'ils comportent aussi une face passive importante et indissociable, ce qui justifie en définitive leur nature hybride[59].

La différence entre la cession de créance et la cession des droits sociaux tient ensuite de ce que la seconde produit des effets nettement plus complexes. Dans la cession de créance, ce qui est transmis au cessionnaire à titre principal c'est la qualité de créancier. La cession de créance, comme son nom l'indique, se borne à transférer au cessionnaire la face active du lien d'obligation unissant le cédant au débiteur cédé. En d'autres termes, le cessionnaire devient titulaire du pouvoir de demander l'exécution d'une obligation initialement due au créancier cédant, mais qui lui est transmise grâce à la technique de la cession de créance. En revanche, l'objet principal dans la cession des droits sociaux est de rendre le cessionnaire membre d'un

---

56 F. ANOUKAHA et autres, *OHADA Sociétés commerciales et GIE*, Bruxelles, Bruylant, 2002, n° 94.

57 9 octobre 1975, Bull. Joly 1976, p. 78.

58 G. CORNU (dir.), *Vocabulaire juridique*, *op.cit.*, p. 249.

59 S. LACROIX-DE SOUSA, *op.cit.*, n° 141.

groupement social. La cession des droits sociaux va donc bien au-delà d'une cession de créance ordinaire. En acquérant les droits sociaux, le cessionnaire entend obtenir la qualité d'associé ce qui va au-delà de la simple qualité de créancier, d'où l'existence en sa faveur de droits politiques et pas seulement de droits financiers ou pécuniaires[60]. Comme l'affirme Mortier : *« l'originalité de la part sociale est qu'elle confère à l'associé ce qu'un créancier n'a jamais : un droit d'intervention, c'est-à-dire une vocation à la vie sociale, dans la personnalité interne de la société »*[61]. Dès lors, si les obligations supportées par l'associé pouvaient peut-être s'analyser comme des accessoires de la créance transmise, il semble surtout que ces obligations constituent des maillons indispensables à l'épanouissement de la vie en commun qu'implique la qualité d'associé. D'où peut-être, à propos de l'obligation de contribuer aux pertes, l'interdiction des clauses léonines sur le fondement justement de leur incompatibilité avec l'*affectio societatis*[62]. Aussi, au lieu d'analyser la cession des droits sociaux en une cession de créance, ce qui est réducteur et trompeur, la doctrine préfère y voir « une cession de position sociétaire »[63] composée d'un ensemble de droits et de devoirs orientés vers la société.

Enfin, sur le plan de la forme, les formalités de l'article 1690 du Code civil sont généralement considérées comme lourdes et inadaptées à la cession des droits sociaux qui, elle, est une opération commerciale requérant célérité. C'est pourquoi, à propos des actions sociales, il est prévu à l'article 57 de l'Acte uniforme relatif au droit des sociétés commerciales du GIE que celles-ci soient cessibles ou négociables. La négociabilité éventuelle des actions[64] implique qu'elles puissent être cédées selon les modes simplifiés du droit commercial, c'est-à-dire, sans qu'une signification de la cession au débiteur cédé ou même son acceptation soit nécessaire. Concrètement, en considération de leur forme, la cession des actions peut se faire par simple

[60] V. dans ce sens l'art.53 de l'Acte uniforme OHADA relatif au droit des sociétés commerciales et du GIE

[61] R. MORTIER, *Le rachat par la société de ses droits sociaux*, préf. J.-J. Daigre, Dalloz, n° 302.

[62] B. MARTOR et autres, *Le droit uniforme africain des affaires issu de l'OHADA*, Paris, Litec, 2006, n° 314.

[63] S. LACROIX-DE SOUSA, *op.cit.*, p. 131 et s.

[64] Par opposition à la cessibilité des parts sociales.

tradition (titres au porteur), par endossement (titres à ordre), par transcription de la cession sur un registre tenu par la société émettrice ou par simple virement de compte à compte (titres nominatifs). Quant aux parts sociales, pour échapper aux lourdes formalités inspirées de l'article 1690 du Code civil, l'Acte uniforme relatif au droit des sociétés commerciales et du GIE a prévu une formalité alternative de publicité de la cession des droits sociaux, sous peine d'opposabilité : le dépôt d'un original de l'acte de cession au siège social contre remise par le gérant d'une attestation de ce dépôt[65].

2- L'application peu satisfaisante des garanties de la cession de créance à la cession des droits sociaux

17. Ce sont les articles 1693 à 1695 du Code civil qui règlent la question de la garantie due par le cédant dans la cession de créance[66]. Le cédant garantit de plein droit l'existence de la créance. Il ne répond toutefois pas de la solvabilité du débiteur-cédé qui constitue alors un risque à la charge du cessionnaire. Si, par convention, le cédant prend en charge le risque d'insolvabilité du débiteur comme l'y autorise la loi, il ne peut le faire qu'à concurrence du prix obtenu de la cession de créance. Par ailleurs, sauf stipulation contraire, la garantie de solvabilité couvre la solvabilité présente et pas future du débiteur-cédé[67].

18. Appliquée à la cession des droits sociaux, la garantie du cédant dans la cession de créance se révèle peu avantageuse pour le cessionnaire. Au regard de la loi, seuls les événements susceptibles de remettre en cause l'existence de la créance du cédant sur la société peuvent occasionner la mise en œuvre de cette garantie. Il en est ainsi si la société a été dissoute ou liquidée, ou encore, si les titres cédés n'appartenaient pas au cédant ou étaient incessibles, ou alors si, bien que cessibles, ils sont assortis d'une

---

[65] Art.275 pour les SNC, art.317 pour les SARL et art.297 pour les SCS.

[66] Art.1693 : « *Celui qui vend une créance ou autre droit incorporel, doit en garantir l'existence au temps du transport, quoi qu'il soit fait sans garantie* ». Art.1694 : « *Il ne répond de la solvabilité du débiteur que lorsqu'il s'y est engagé, et jusqu'à concurrence du prix qu'il a retiré de la créance* ». Art.1695 : « *Lorsqu'il a promis la garantie de la solvabilité du débiteur, cette promesse ne s'entend que de la solvabilité actuelle, et ne s'étend pas au temps à venir, si le cédant ne l'a expressément stipulé* ».

[67] M. BRUSORIO-AILLAUD, op. cit., n°565 ; Ph. MALINVAUD et D. FENOUILLET, *op.cit.*, n° 791.

clause d'agrément qui n'a pas été respectée. En revanche, ne pouvant garantir de plein droit la solvabilité du débiteur cédé (c'est-à-dire la société), le cédant des droits sociaux ne garantit pas la valeur des droits cédés. Il en est de l'apparition, postérieurement à la cession, d'un passif social qui remet en cause la solvabilité de la société ou qui amoindrit considérablement la valeur des titres. Car même en cas d'apparition d'un passif social qui entamerait considérablement les droits pécuniaires attachés aux titres sociaux, ces derniers continueraient cependant d'exister et pourraient d'ailleurs toujours s'analyser comme un droit de créance s'il subsiste au profit du cessionnaire des droits politiques[68]. Enfin, la limitation de la garantie conventionnelle de la solvabilité de la société par le cédant au prix reçu par ce dernier interdit, en principe, toute cession des droits sociaux pour un prix dont la valeur est négative[69]. Or, comme on le verra plus loin[70], la validité de la cession des droits sociaux pour un prix négatif est admise par la jurisprudence française. L'argument qui aurait pu être invoqué contre de telles cessions, à savoir l'absence de cause, se trouvant mis en échec dès lors que le cédant s'est engagé par exemple dans la perspective d'éviter la procédure collective de la société[71].

19. Au regard de ces nombreuses insatisfactions que génère l'application tant des garanties de la cession de créance que de la vente à la cession des droits sociaux, rien d'étonnant alors que les garanties conventionnelles, qui connaissent un succès en droit français[72], suscitent un réel espoir en droit camerounais.

II- L'espoir suscité par les garanties conventionnelles

20. Si les garanties conventionnelles du cédant de titres sociaux suscitent l'espoir en droit camerounais, c'est d'abord en raison de leur domaine plus étendu (A). On peut ensuite espérer que la portée des garanties conventionnelles qui, pour le moment, n'a pas été clairement déterminée

[68] S. BERREBBI, *Les difficultés relatives à la cession de droits sociaux*, *op.cit.*, p. 24.

[69] C. FREYRIA, *op.cit.*, p. 328.

[70] V. infra n° 29.

[71]Cass. com., 22 fév. 1983, Mignot c/ Sté Primistères : Bull. civ. IV, n° 72 ; JCP E 1983, I, 11547.

[72] S. LACROIX-DE SOUSA, *op.cit.*, p. 310 et s.

par le juge ou les arbitres le soit, le moment venu, dans le sens du renforcement de la protection du cessionnaire (B).

A- Le domaine plus étendu des garanties conventionnelles

21. Même si on sait que les garanties légales du cédant portent sur les titres sociaux, on a vu que leur déploiement dans la cession de droits sociaux n'est pas satisfaisant parce qu'il s'agit de garanties qui n'ont pas été spécialement conçues pour ce type d'opérations. D'où la possibilité pour les parties de prévoir aussi des clauses de garantie des titres cédés qui, elles, sont plus susceptibles de convenir aux risques de l'opération de cession de droits sociaux. Ainsi, comme les garanties légales, le domaine d'application des garanties conventionnelles couvre premièrement les titres cédés (1). Mais, dans la cession des droits sociaux, le cessionnaire n'est pas seulement intéressé par les titres acquis, mais bien plus par la société elle-même dont la valeur patrimoniale lui permettra de profiter des avantages financiers attachés aux droits sociaux. Le cessionnaire a par conséquent besoin d'une garantie qui transcende l'obstacle de la personnalité morale de la société. Or, si au regard de l'objet de la cession des droits sociaux, les garanties légales de la vente ou même de la cession de créance ne peuvent permettre de réaliser un tel objectif, il n'en va pas de même pour les garanties conventionnelles. Fondées sur le principe bien connu de la liberté contractuelle, les clauses de garanties ont cette capacité naturelle de franchir l'écran de la personnalité morale de la société et, ce faisant, d'offrir une protection plus adaptée aux risques spécifiques de la cession de créance, parce que portant directement sur le patrimoine de la société (2).

1- Les clauses de garantie des titres cédés

22. Les garanties conventionnelles dans les cessions des droits sociaux sont généralement présentées comme des garanties portant sur le patrimoine social, ce qui justifie peut-être qu'on les désigne fréquemment par l'expression de garantie de passif. C'est ainsi que, définissant les conventions de garantie dans les cessions de titres sociaux, un auteur affirme que ce sont *« des mécanismes contractuels permettant à un acquéreur de droits sociaux de s'assurer de la réalité patrimoniale de la société dont il acquiert ou souscrit les titres et qui le prémunissent contre les conséquences financières d'un événement dont la cause ou l'origine est antérieure à la date de réalisation de son* *investissement, mais qui se révèle postérieurement à cette date »*[73]. Pour autant, même si l'effet des clauses de garantie est d'obliger le cédant à prendre en charge le passif social ou la diminution d'actif qui viendrait à se révéler après la cession, il n'en demeure pas moins que, *stricto sensu,* toutes ces clauses n'ont pas pour objet direct de garantir le patrimoine social.

23. Il existe des clauses dont la finalité première ou directe est de garantir les titres cédés, ce qui, comme on le verra, a des répercussions sur l'étendue de l'indemnisation[74]. La valeur des titres cédés peut être garantie par les parties à la cession au moyen de clauses de révision de prix ou de garantie de valeur. Par ces clauses, le cédant s'engage *« à garantir l'acquéreur de la baisse de valeur des parts ou actions cédées »*[75]. Les clauses de révision de prix ne sont cependant pas entièrement déconnectées de la société, ce qui justifie leur appartenance à la catégorie générale des clauses de garantie du passif. En effet, s'il y a baisse de la valeur des titres, c'est le plus souvent à cause d'événements touchant directement le patrimoine social. Il peut s'agir de l'apparition d'un passif, de la diminution de l'actif, voire les deux, ou encore, de la diminution de l'actif net.

Si la cession a été consentie pour un prix supérieur à la valeur des titres et qu'on se trouve en conséquence devant un prix excessif, la clause de révision de prix ne devrait pas être mise en œuvre[76], car ce qui est garanti dans la clause de révision de prix c'est la baisse de valeur des titres et non l'équilibre financier dans les prestations réciproques au moment de la conclusion du contrat. C'est pourquoi, d'ailleurs, il serait difficile pour le cessionnaire d'obtenir l'annulation d'une cession consentie dans ces conditions, car à moins d'avoir été provoquée par un dol, l'erreur sur la valeur n'est pas cause de nullité[77]. La difficulté pourrait cependant surgir si on a affaire à une baisse de valeur qui trouve sa cause dans des événements antérieurs à la cession, de sorte qu'au moment de la cession, le prix versé par le cessionnaire s'avère déjà excessif. Si on peut relever des manœuvres dolosives de la part

---

[73] O. DEREN, « Les différents types de garanties contractuelles », Gaz. Pal., 20 mai 2010, p. 9.
[74] V. infra n° 29.
[75] Ed. Francis Lefebvre et Anne CHARVERIAT, *op.cit.*, p. 712.
[76] *Ibid.*, p. 415.
[77] M. BRUSORIO-AILLAUD, *op.cit.*, n° 295 et n° 306.

du cédant, le juge pourrait être conduit à faire jouer la clause de révision de prix, ou alors, si cela s'avère inévitable, prononcer la nullité de la convention. Du côté du cessionnaire, s'il est établi qu'il avait connaissance de ces événements et qu'il s'est engagé en connaissance de cause, le jeu de la clause de révision de prix devrait être exclu.

24. Le bénéficiaire de la clause de révision du prix est normalement le cessionnaire. Dans un arrêt en date du 11 mars 2008[78], la Cour de cassation française (chambre commerciale) a jugé que la désignation du cessionnaire, dans une convention de garantie comme en étant le bénéficiaire, est un élément caractéristique de la clause de garantie de valeur et permet en conséquence de la différencier des autres types de clauses de garantie de passif. Dans cette affaire où le cédant s'était engagé, selon les termes de la convention, *« à indemniser M. Y., bénéficiaire de la garantie, du montant de tout passif supplémentaire »*, la Cour affirme en effet qu'*« en l'absence de stipulation pour autrui consentie au profit de la société cédée, une garantie de reprise de passif conclue entre le cédant et le cessionnaire, désigné comme bénéficiaire de cette garantie, est une convention de garantie de prix profitant à ce dernier, indépendamment de la cession de ses titres »*.

Comme le suggère l'arrêt de la Cour de cassation, rien n'interdit cependant que par le truchement d'une stipulation pour autrui, le bénéficiaire de la clause de révision soit plutôt la société, auquel cas le montant de l'indemnisation sera versé à cette dernière. Par ailleurs, si une somme forfaitaire a été négociée au titre de l'indemnisation, il peut être convenu entre les parties que les sommes qui excéderaient le montant du prix pourront être versées à la société. La clause de révision de prix ne profite donc pas toujours directement et exclusivement à l'acquéreur de droits sociaux.

2- Les clauses de garantie du patrimoine social

25. Le patrimoine de la société dont les titres sont cédés peut être garanti au moyen de diverses clauses dont l'objet principal est la reconstitution de la situation financière de la société. Il s'agit par conséquent de clauses à

[78] RTD com 2008, p. 798, obs. B. Dondero ; JCP E 2008, 2400, note M. Dubertret.

vocation indemnitaire et dont le bénéficiaire est la société ou les créanciers de cette dernière[79].

Les atteintes au patrimoine social couvertes par les garanties sont le résultat de l'apparition d'un passif ou de la perte d'actifs dans la société. Par passif, il faut entendre les dettes de la société à l'égard des tiers ; peu importe que celles-ci résultent de la loi (impôt, cotisations sociales) ou d'un contrat. Les actifs de la société sont constitués de l'ensemble des biens matériels et immatériels qui permettent à cette dernière de réaliser son objet social[80]. Si une garantie de la perte ou de la diminution d'actif existe, elle couvre alors toutes les circonstances dont la conséquence est l'amoindrissement des actifs sociaux. Tel est le cas d'un actif technologique tel un brevet qui s'avère en définitive inexploitable ou encore d'une créance sociale de somme d'argent finalement éteinte ou annulée. Il en est encore ainsi d'un contrat d'assurance nécessaire au fonctionnement de la société, mais qui a été résilié.

Pour qu'une diminution du patrimoine social soit prise en charge par le cédant, il faut qu'il s'agisse d'un passif ou d'une diminution d'actif occulte, c'est-à-dire non révélé au jour de la cession. Si le cessionnaire avait connaissance du passif ou de la perte d'actif au moment de la cession, on peut considérer qu'il s'est engagé en toute connaissance de cause. Il n'a pas alors droit, sauf clause contraire, à la garantie du cédant[81].

26. Parmi les clauses de garantie du patrimoine social, les plus connues sont certainement les clauses de garantie de passif *stricto sensu*. Il s'agit de conventions par lesquelles le cédant s'oblige à prendre en charge le passif révélé ou découvert dans la société dont les titres ont été cédés, en considération d'une date de référence arrêtée par les parties[82]. Cette date est généralement celle de la cession, auquel cas, le cédant s'engage à prendre en charge tout passif apparu après la cession, mais dont l'origine ou la cause est antérieure à cette cession. Cette date peut aussi être celle du bilan qui a servi à fixer le prix de cession, auquel cas, le cédant prend en charge tout passif

[79] P. LE CANNU et B. DONDERO, *op.cit.*, n° 543 ; C. FREYRIA, *op.cit.*, p. 325 ; CA Paris, 26 avril 1990 : Bull. Joly, 1990, 633, note Fréchet ; Dr. Sociétés, 1990, n° 276.
[80] Cf. J. MESTRE et autres, *op.cit.*, n° 370.
[81] V. par exemple : cass. com., 28 sept. 2010, n° 09-16261, Sté GL events, Bull. Joly Sociétés, 1er fév. 2011, n° 2, p. 94 et s., note H. Barbier.
[82] Ed. Francis Lefebvre et Anne CHARVERIAT, *op.cit.*, p. 711.

dont la cause est antérieure à ce bilan de référence, mais qui se révèle après son établissement. En cas de silence des parties sur cette question, il y a lieu de penser que c'est la date de la cession qui sera retenue. Pour déterminer la date d'une dette afin de la situer avant ou après la cession ou l'établissement du bilan de référence, on se fonde sur le fait générateur de cette dette qui correspond à la date de l'acte ou du fait juridique qui lui a donné naissance ; peu importe par la suite la date d'exigibilité de la dette. En revanche, pour les contrats à exécution successive, la garantie du cédant se limite aux obligations dont l'exigibilité ou l'échéance remonte à une période antérieure à la cession ou au bilan de référence. Tel est le cas des loyers ou de primes d'assurance échus au jour de la cession. Les obligations à naître à la charge de la société et fondées sur un contrat à exécution successive conclu avant la cession ne relèvent donc pas en principe de la garantie du cédant.

Sous ces différentes réserves, les clauses de garantie de passif peuvent couvrir les passifs les plus divers. Tel est le cas du passif pénal. Ce dernier englobe les sanctions pénales auxquelles la société serait condamnée après la cession, mais pour des infractions commises avant celle-ci. Une telle clause ne peut être souscrite qu'au profit du cessionnaire. Souscrite au profit de la société, elle heurterait de front le principe d'ordre public qui interdit de se décharger d'avance des conséquences de sa responsabilité pénale et le principe de la responsabilité personnelle en matière pénale[83]. La garantie du passif pénal englobe non seulement les sanctions de nature pécuniaire comme la condamnation aux amendes, mais aussi d'autres sanctions, telles la fermeture d'établissement, la déchéance du droit d'exercer certaines activités ou d'émettre des chèques, qui entraînent aussi une dévalorisation de l'actif social[84]. Les clauses de garantie de passif peuvent également couvrir le passif environnemental. Cette catégorie de clause est mise en œuvre pour garantir les conséquences des pollutions qui se révèlent après la cession, mais dont la cause se situe avant cette cession[85].

---

83 Au regard de ce dernier principe, une personne étrangère à la commission d'une infraction ne peut pas en être tenue pour responsable. V. J. PRADEL, *Droit pénal général*, Paris, Cujas, 2000, n° 406.

84 Ed. Francis Lefebvre et Anne CHARVERIAT, *op.cit.*, p. 722-723.

85 *Ibid.*, p. 723.

27. Les clauses de garantie de passif au sens strict sont généralement associées aux clauses de garantie d'actif qui, comme leur dénomination le suggère, portent sur l'existence et la valeur des actifs de la société[86]. Lorsqu'elles figurent dans l'acte de cession, les conventions de garantie d'actif obligent le cédant à prendre en charge toute diminution d'actif dont la cause est antérieure à une date de référence qui peut être celle de la cession ou celle de l'établissement du bilan de référence. Les clauses de garantie d'actif doivent être distinguées des clauses de garantie d'actif net. Ces dernières obligent le cédant, dans les conditions qui viennent d'être décrites, à prendre en charge toute baisse d'actif net, c'est-à-dire la différence entre les postes d'actif du bilan et le passif externe de la société qui est constitué des emprunts et dettes de la société à l'égard des tiers[87].

La garantie du patrimoine de la société peut aussi se faire sous la forme de diverses déclarations sur la société dont les titres sont cédés[88]. Dans ses déclarations, le cédant peut ainsi se porter garant de l'exactitude des comptes sociaux, que le résultat comptable de l'exercice en cours ou d'un nombre limité d'exercices postérieur à la cession sera au moins égal à une somme déterminée. Le cédant peut également être amené à faire des déclarations sur l'existence de contrats nécessaires à l'activité sociale, sur le nombre de salariés de la société, sur l'état des sûretés et des litiges en cours, les différents postes d'actif et de passif, etc.

B- Des précisions attendues sur la portée des garanties conventionnelles

28. S'il est admis que les garanties de passif portent sur le patrimoine social ou même sur les titres sociaux, encore faut-il déterminer les conséquences exactes d'une telle assertion. Or, en la matière, même si on sait que la volonté des parties joue un rôle primordial, la détermination de la force juridique exacte des conventions de garantie reste délicate. Il se pourrait que les parties n'expriment pas de volonté sur la portée de leur

---

[86] O. DEREN, *op.cit.*, p. 13.

[87] Ed. Francis Lefebvre et Anne CHARVERIAT, *op.cit.*, p. 711. Ou encore, ce qui revient à la même chose, l'actif net est la différence entre l'actif total et le passif exigible. V. F.M. SAWADOGO, *OHADA Droit des entreprises en difficulté*, Bruxelles, Bruylant, 2002, p. 102.

[88] M.D. PIERRE, *op.cit.*, p. 6.

convention, ou alors, que la volonté émise suscite des problèmes d'interprétation, ou enfin, que les parties ne s'entendent plus sur les conséquences des clauses qu'elles-mêmes ont voulues. Tout ceci justifie alors la nécessité de règles de portée générale sur le sens et la portée des clauses de garantie et qui ont pour but de suppléer les défaillances qui pourraient se révéler dans l'expression de la volonté des parties. Le législateur n'ayant pas spécialement légiféré sur la question, c'est normalement à la jurisprudence qu'il revient d'apporter d'utiles précisions en s'appuyant essentiellement sur le droit commun des contrats (1). Toutefois, les règles du droit commun des contrats ne produiront des résultats satisfaisants que si, en cas de nécessité, elles sont adaptées aux spécificités de la cession de parts sociales et actions (2).

1- Le rôle fondamental du droit commun des contrats

29. Dans la détermination de la portée des garanties souscrites par le cédant des droits sociaux, le rôle du droit commun des contrats est fondamental. Aussi, lorsque la volonté des parties est clairement exprimée, plutôt que d'interprétation, il est question pour le juge de seulement donner effet à la force obligatoire du contrat, en vertu de l'adage *interpretatio cessat in claris*[89]. C'est ainsi que, par application de l'article 1134, alinéa 1er, du Code civil, le passif et les pertes d'actifs couverts par le cédant sont ceux qui auront été déterminés par les parties dans leur convention. Dans le même sens, il ne saurait être question pour le juge d'étendre le champ d'application de la garantie à des hypothèses qui n'auraient pas été prévues par les parties[90]. Au sujet des déclarations faites par le cédant sur la société, priorité est aussi accordée à la volonté des parties en ce qui concerne les conséquences financières de leur inexactitude. Les parties peuvent, par exemple, assortir les déclarations du cédant d'une véritable garantie

[89] C. DRAND, « Le caractère législatif de l'adage *Interpretatiocessat in claris* en droit français des contrats », *Scientia Juris*, n° 2, 2013, p. 3-4 ; civ., 15 avril 1872, Veuve Foucauld et Coulombe c/ Pringault, *in* H. CAPITANT, F. TERRE, Y. LEQUETTE, *Les grands arrêts de la jurisprudence civile*, t.2, Paris, Dalloz, 11e éd., 2000, p. 111 et s. ; J. GHESTIN, C. JAMIN, M. BILLIAU, *Traité de droit civil. Les effets du contrat*, Paris, LGDJ, 2e éd., 1994, nos 23 et s. ; H. LECUYER « Le contrat, acte de prévision », Mélanges F. Terré, Paris, PUF-Dalloz-éd. du Juris classeur, 1999, p. 651 et s.

[90] C. FREYRIA, « Réflexions sur la garantie conventionnelle dans les actes de cession de droits sociaux », *op.cit.*, p. 324.

d'exactitude, auquel cas, l'inexactitude de l'une d'elles entraîne la mise en jeu de la responsabilité du cédant. Comme pour les diminutions du patrimoine de la société, la détermination du montant de la garantie due par le cédant est aussi tributaire de la volonté des parties. Ces dernières ont ainsi toute latitude pour décider que ce montant correspond à la totalité ou une partie du passif nouveau, la totalité ou une partie de la baisse des actifs, etc., ce qui oblige le juge à en faire application s'il était saisi.

30. En revanche, si la volonté exprimée par les parties est difficile à déceler ou ambiguë, il y a lieu d'interpréter la convention de garantie[91] par la recherche de la volonté ou de la commune intention des parties[92] au regard de l'économie globale du contrat. Et si en définitive la volonté des parties ne peut être identifiée, il sera fait recours à la méthode objective d'interprétation du contrat. Le juge pourra notamment, en s'appuyant par exemple sur l'article 1135 du Code civil, faire recours aux usages[93], à l'équité, ou à d'autres suites que la loi donne à l'obligation selon sa nature[94]. C'est ainsi qu'il est admis que si les conséquences indemnitaires des déclarations inexactes du cédant n'ont pas été prévues par les parties, par application du droit commun, pareille situation serait constitutive d'une manœuvre dolosive[95]. C'est ainsi encore qu'il est considéré que le dol du cédant entraîne, comme en droit commun, la mise à l'écart des clauses limitatives du montant de la garantie ou exclusives de responsabilité[96].

Dans le même sens, en cas de silence des parties sur le montant de la garantie ou si des difficultés d'interprétation se posent au sujet de la volonté exprimée, il est d'usage de déterminer le montant de la garantie du cédant en fonction de la qualification de la garantie consentie.

---

[91] Il faut rappeler que, pour la Cour de cassation française, l'interprétation des actes obscurs et ambigus est une obligation pour les juges du fond. V. cass. com., 7 janvier 1975 : D. 1975, p. 516, note Ph. MALAURIE ; JCP, 1975, II, 18167, note J. Ghestin.

[92]V. par exemple l'art. 1156 du Code civil.

[93] V. par exemple, P. MOUSSERON, « Les usages relatifs aux garanties de passif », Gaz. Pal., 22 déc. 2012, n° 357, p.9 et s.

[94] Cf. L. LEVENEUR, « Le forçage du contrat », *Droit et patrimoine*, n° 58, mars 1998, p. 75.

[95]D. GALLOIS-COCHET, *Le dol et les vices du consentement*, Gaz. Pal., 20 mai 2010, n° 140, p. 23 et s.

[96] *Ibid.*, p. 26.

Si cette garantie est une garantie de valeur des droits sociaux, la diminution d'actif ou l'apparition d'un passif aura pour effet une réduction du prix d'acquisition des titres dans les mêmes proportions, mais jusqu'à concurrence du montant de ce prix d'acquisition pour ne pas aboutir à un prix négatif[97]. En d'autres termes, l'effet de la clause de révision du prix est de réduire le prix de cession à hauteur du passif ou de la diminution de l'actif sans pouvoir excéder ce prix[98]. En conséquence, ne constitue pas une clause de révision la clause qui impose au cédant de garantir le passif social ou la diminution de l'actif pour une somme supérieure au prix de cession[99]. Néanmoins, la question se pose de savoir si, au regard de la réduction opérée du prix, l'acheteur se retrouve en définitive à payer un prix dérisoire ou symbolique, ne peut-on pas alors annuler pareille cession parce que ne comportant pas un prix réel et sérieux ?[100] Cette interrogation semble appeler une réponse négative si l'on se réfère au droit commun des contrats ou de la vente. En effet, l'exigence d'un prix réel et sérieux est écartée lorsque la chose cédée était sans valeur (le cas d'une entreprise criblée de dettes)[101] ou alors si l'acquéreur supporte par ailleurs d'autres obligations importantes, en dehors du prix dérisoire ou symbolique[102]. C'est ainsi que la jurisprudence française admet la validité de cessions de droits sociaux dans lesquelles le versement d'un euro symbolique est complété par l'engagement du cessionnaire à reprendre le passif social[103], à rembourser les comptes courants de l'associé[104], ou encore à opérer une substitution de caution[105].

---

[97] O. DEREN, *op.cit.*, p.12

[98] Cass. com. 18 déc. 2001, Sté Marduel c/ Plantevin, RJDA 4/02 n° 394 ; CA Paris 27 juin 1989, 25e ch. A, Pelfanian c/ Pajon, Bull. Joly 1989, p. 695, note M. Jeantin

[99] Cass. com. 28 janv. 1992, Avenier c/ SALF, Dr. Sociétés 1992, comm. n° 119, note H. Le Nabasque ; CA Paris, 26 avril 1990, Bull. Joly, juill. 1990, §175, p. 633.

[100] F. TERRE, Ph. SIMLER, Y. LEQUETTE, *Droit civil. Les obligations*, Paris, Dalloz, 8e éd., 2002, n° 295.

[101] *Ibid.* D'où la validité, en droit français, de cessions de titres sociaux pour un prix symbolique sans autre contrepartie : cass. com., 3 janv. 1985, Sté des maisons Florilège c/ Dupré, Bull. civ., IV, n° 8.

[102] Ph. MALAURIE, L. AYNES, P.-Y. GAUTIER, *op.cit.*, n° 215.

[103] Cass. com., 3 janv. 1985, Rev. Sociétés 1985, p.826, note J. Hémard ; CA Paris, 9 sept. 1997, Bull. Joly 1998, p. 20, note J.-Ph. Dom ; cass. civ., 3 mars 1993, RTD com 1993, p. 665, obs. Cl. Champaud et D. Danet.

[104] CA Paris, 4 juin 1991, Bull. Joly 1991, p. 906.

Si, en revanche, la clause de garantie revêt la forme d'une clause de garantie de passif *stricto sensu* ou même de garantie d'actif, pareille convention oblige le cédant à indemniser la société ou les créanciers de celle-ci de la totalité de la perte d'actif ou de passif révélé. D'où l'intérêt pour le cédant qui souscrit ce type de garantie de passif de la limiter, non seulement dans le temps, mais également à un montant raisonnable eu égard à ses ressources financières[106]. Quant au cessionnaire, il a intérêt, si la clause de garantie ne comporte pas de limite dans le montant garanti, à solliciter du cédant des garanties de la garantie pour se prémunir des conséquences financières d'une éventuelle défaillance de ce dernier[107]. De la sorte, alors que les clauses de révision de prix sont limitées par le montant du prix de cession, il en va différemment des autres clauses de garantie de passif dans lesquelles le montant de la garantie peut excéder le prix de cession. D'où l'éventualité d'une cession des droits sociaux à prix négatif dans laquelle justement, *« la valeur des obligations imposées au vendeur dépasse le prix de vente convenu, en sorte que tout se passe comme si le prix avait été payé par le vendeur et non point par l'acheteur »*[108].

L'existence d'un important passif social pouvant éventuellement déboucher sur un prix négatif ne remet point en cause la cessibilité ou la négociabilité des droits sociaux. C'est pourquoi dans la jurisprudence française, on observe que l'existence d'un prix négatif est très souvent sans influence sur la validité de la cession[109]. Toutefois, au regard du droit de la vente, la cession de droits sociaux à prix négatif suscite la perplexité. Si, comme nous venons de le voir, la cession de droits sociaux à un prix symbolique ou dérisoire suscite la difficulté au regard du droit de la vente, *a fortiori* en serait-il si la cession des droits sociaux était faite à un prix négatif. Le prix, considéré comme une somme d'argent que l'acheteur verse au vendeur, est un élément essentiel de la vente. *« Pas de prix, pas de vente »*[110]. Si, comme cela est concevable, le prix versé par le cessionnaire est dénué de

---

[105] Cass. com., 18 nov. 1986, Bull. Joly 1986, p. 1147 ; JCP E 1987, II, 14900, note M. Jeantin.

[106] M.D. PIERRE, *op.cit.*, p. 23-24.

[107] A. CERLES, « Les garanties de la garantie », Gaz. Pal., 20 mai 2010, p. 47.

[108] C. FREYRIA, « Le prix de vente symbolique », D. 1997, Chr., n° 2.

[109] V. par exemple : cass. com. 4 juil. 2000, Bull. Joly 2000, p. 1081, note A. Couret.

[110] Ph. MALAURIE, L. AYNES, P.-Y. GAUTIER, *op.cit.*, n° 200.

toute valeur parce qu'il est absorbé par une importante dette sociale garantie par le cédant, faudrait-il continuer de parler de vente alors que l'essentiel de la prestation attendue par le cédant consiste en des obligations diverses et non monétaires assumées par le cessionnaire ? Pareille convention qui ne répond plus tout à fait aux attentes de la vente[111] mériterait certainement d'être requalifiée. C'est encore là une preuve de ce que la qualification de vente est inadaptée à la cession des droits sociaux.

2- La nécessité d'un ajustement du droit commun des contrats aux spécificités de la cession des droits sociaux

31. Dans la mesure où il n'existe pas de législation spécifique sur les garanties conventionnelles du cédant des droits sociaux, il ne saurait être question pour le juge de faire une application mécanique du droit commun des contrats dans les conventions de garantie de passif. Pareille attitude risquerait, en effet, de déboucher sur des solutions inadaptées aux spécificités de la cession des droits sociaux. Heureusement, comme on vient de le voir, le droit commun offre au juge des ressources importantes et diversifiées pour prendre en compte les exigences particulières de la cession des droits sociaux. Toutefois, aussi impressionnantes soient-elles[112], les ressources du droit commun ne sont pas inépuisables de même qu'elles nécessitent parfois d'utiles ajustements.

31-1. Il se pourrait d'abord que le droit commun lui-même soit affecté d'une bonne dose d'incertitude. Le problème pourrait notamment se poser si le juge était confronté à la question de la sanction du dol incident dans une convention de garantie de passif[113]. Il faut rappeler que si le dol principal est celui en l'absence duquel la victime n'aurait pas contracté, le dol incident quant à lui est celui sans lequel la victime aurait contracté, mais

---

[111] Contra F. COLLART DUTILLEUL, Ph. DELEBECQUE, *Contrats civils et commerciaux, op.cit.*, n° 157 : En cas de cession à prix négatif, « *le prix existe bien – symbolique ou non –, mais il se compense avec l'indemnité due par le vendeur, la compensation se soldant au profit de l'acheteur* ».

[112] Cf. L. LEVENEUR, « Le forçage du contrat », *op.cit.*, p. 60 et s. ; J. MESTRE et A. LAUDE, « L'interprétation "active" du contrat par le juge », *in Le juge et l'exécution du contrat*, Colloque IDA, 28 mai 1993, PUAM, 1993, p. 9 et s.

[113] Tout semble d'ailleurs indiquer que le garant sera le plus souvent amené à invoquer ce type de dol. V. dans ce sens, D. GALLOIS-COCHET, *op.cit.*, p. 29.

à des conditions différentes[114]. Il en est ainsi, en matière de convention de garantie de passif, si le cédant qui est en général le garant s'était engagé à garantir une somme moins élevée, en l'absence d'éléments constitutifs du dol incident. Pour la doctrine classique, le dol incident n'autorise pas la victime à obtenir l'annulation du contrat (comme en cas de dol principal), mais seulement des dommages-intérêts, c'est-à-dire une diminution du prix. Ce point de vue n'est pourtant pas celui d'une partie importante de la doctrine contemporaine qui, selon un argument devenu célèbre, considère qu'il est artificiel de *« distinguer entre la volonté de contracter, abstraitement considérée, et la volonté concrète de contracter à telles ou telles conditions »*[115]. En conséquence, le dol incident comme le dol principal seraient sanctionnés par la nullité. La controverse doctrinale observée sur les conséquences du dol incident a d'importantes répercussions sur la jurisprudence. À titre de droit comparé, on peut évoquer sur la question la jurisprudence française qui ne brille pas par sa stabilité et sa clarté. En effet, si dans un premier temps elle a fait prévaloir la doctrine classique[116], il n'empêche qu'on a également noté à cette même période une décision ayant fait prévaloir les vues de la doctrine contemporaine[117]. Ensuite, depuis 2005, la jurisprudence française[118] semble s'être orientée vers une nouvelle solution consistant à étendre la nullité du contrat aux cas de dol incident[119].

Devant l'incertitude et l'hésitation du droit commun des contrats sur les conséquences à tirer du dol incident, il reviendra au juge d'élaborer, à propos de la convention de garantie, la solution adéquate lorsque le cédant garant invoque un dol incident. Si, *a priori*, l'allocation de dommages-intérêts semble être la sanction la plus appropriée puisqu'elle permet un rééquilibrage économique des prestations, rien n'exclut cependant que l'annulation de la garantie puisse aussi être envisagée.

---

[114]J. CARBONNIER, *Droit civil. Les obligations*, Paris, PUF, 1993, p. 100.

[115] J. FLOUR, J.-L. AUBERT et E. SAVAUX, *Droit civil. Les obligations*, T.1, L'acte juridique, par E. SAVAUX, Sirey, 2008, 13e éd., n° 214.

[116] Cass. 3e civ., 5 avril 1968, Bull. civ. III, n°156, p. 124, D. 1968. Som., p. 89 ; cass. com.,11 juill.1977, D. 1978. 155, note C. Larroumet.

[117]Cass. 1re civ., 22 déc. 1954, D. 1955. 254.

[118] Cass. 3e civ., 22 juin 2005, n° 04-10415 : Bull. civ., 2005, III, n° 137 ; RDC, 2005, 1025, note Stoffel-Munck ; JCP N 2006, 1143, note H. Kenfack.

[119] A. BENABENT, *Droit des obligations*, Paris, Montchrestien, 2012, n° 89.

31-2. Il se pourrait ensuite que l'ajustement du droit commun à la cession des droits sociaux consiste pour le juge à choisir, entre plusieurs solutions offertes par le droit commun, celle qui convient le mieux aux exigences de cette opération. On sait, par exemple, qu'il existe plusieurs situations dans lesquelles, au regard du droit commun, l'annulation de la convention de garantie pourrait emporter celle de la convention de cession. Tel est le cas si la garantie conventionnelle résulte d'une clause insérée dans le contrat de cession et que cette garantie constitue par ailleurs la condition impulsive et déterminante de la cession des droits sociaux. Il en serait de même si la convention de cession et la convention de garantie sont liées par un rapport d'indivisibilité subjective[120]. Toutefois, par exception, si l'annulation de la convention de cession et de celle de garantie retire toute efficacité à cette sanction, le juge est autorisé à l'écarter et opter pour une autre plus appropriée[121]. C'est le cas lorsque la nullité des deux conventions se retournerait contre celui que la loi voulait protéger[122].

De ces deux solutions offertes au droit commun par le juge, il lui reviendra d'opérer un choix en fonction de la spécificité de la cession des droits sociaux. Et selon toute vraisemblance, en matière de cession des droits sociaux, le maintien du contrat de cession (éventuellement accompagné de l'allocation de dommages-intérêts) devrait constituer le principe alors que sa nullité devrait être l'exception[123]. En effet, comme souligné par un auteur : *« le prononcé de la nullité de l'opération n'est pas en soi une panacée ; fréquemment, la cession des titres sert de base à la transmission de l'entreprise elle-même dont l'acquéreur doit poursuivre l'exploitation avec ses capitaux, son personnel, sa clientèle, son banquier, dans des conditions telles que la situation devient irréversible sans aucune possibilité de repasser la main au cédant avec reconstitution intégrale de la situation d'origine »*[124]. De plus, la nullité de la convention de cession subséquemment à celle de garantie est de nature à se retourner contre le cédant que pourtant on souhaitait protéger. Car si le cédant peut avoir un intérêt à l'annulation de la garantie, il n'en va pas

[120]D. GALLOIS-COCHET, *op.cit.*, p. 29.

[121] Rapp. A. BENABENT, *op.cit.*, n° 218.

[122] F. TERRE, Ph. SIMLER, Y. LEQUETTE, *op.cit.*, n° 420.

[123] Contrairement à ce que préconise le droit commun des contrats.

[124]C. FREYRIA, « Réflexions sur la garantie conventionnelle dans les actes de cession de droits sociaux », *op.cit.*, p. 323.

toujours de même de la reprise de ses parts et actions qui découlerait de l'annulation de la convention de cession[125].

32. En droit français, de manière générale, on a pu observer un infléchissement de l'application rigoureuse des règles du droit commun des contrats aux garanties conventionnelles. Cela s'est notamment manifesté dans une tendance à privilégier les termes de la garantie et sa force obligatoire sur d'autres considérations habituellement prises en compte dans le droit des contrats. C'est ainsi que dans un arrêt de la Chambre commerciale de la Cour de cassation du 10 juillet 2007[126], un cessionnaire qui demandait l'indemnisation d'un passif fiscal dont il connaissait l'existence à la date de la cession a néanmoins obtenu gain de cause, ceci alors que logiquement sa mauvaise foi aurait dû empêcher la mise en œuvre de la garantie[127]. Il en va de même dans un autre arrêt du 29 janvier 2008[128] dans lequel la haute juridiction décide qu'il n'est pas nécessaire pour le cessionnaire qui réclame l'indemnisation de faire la preuve de l'existence d'un préjudice financier qu'il aurait subi. Tout ceci a conduit la doctrine à s'interroger si, finalement, il ne fallait pas analyser la convention de garantie comme une véritable sûreté conventionnelle obligeant le garant à répondre automatiquement de l'obligation convenue[129].

Conclusion

32. Au bout du compte, de l'étude des garanties du cédant de droits sociaux en droit camerounais, il ressort une omniprésence virtuelle du droit commun. On le voit non seulement à propos des garanties légales qui sont

[125] D. GALLOIS-COCHET, *op.cit.*

[126] Cass. com., 10 juill. 2007, n°06-14768, Sté Les Maréchaux : Bull. Joly Sociétés 2007, p. 1187, §317, note A. Couret ; JCP G 2007, II, 10154, note D. Houtcieff.

[127] « *Attendu qu'en statuant ainsi, alors que si la règle selon laquelle les conventions doivent être exécutées de bonne foi permet au juge de sanctionner l'usage déloyal d'une prérogative contractuelle, elle ne l'autorise pas à porter atteinte à la substance même des droits et obligations légalement convenus entre les parties...* ». Au surplus, la mauvaise foi du cessionnaire au moment de la formation du contrat pouvait également justifier une action en nullité pour dol. V. dans ce sens, D. GALLOIS-COCHET, *op.cit.*, p. 26-27.

[128]Cass. com., 29 janv. 2008, Sté Nord France Boutonnat c/ JLD Holding : Bull. Joly Sociétés 2008, p. 654, §138, note P. Mousseron ; JCP E 2008, 2446, obs. M.-L. Coquelet.

[129] O. DEREN, *op.cit.*, p. 15 et s.

régies par le droit commun de la vente et de la cession de créance, mais également au sujet des garanties conventionnelles dont les difficultés dans l'application devraient se résoudre à l'aune du droit commun des contrats. Mais visiblement, la spécificité de la cession des droits sociaux a du mal à s'accommoder de cette omnipotence du droit commun dans les garanties du cédant des droits sociaux. Pour preuve, l'inadéquation constatée des garanties légales de la vente et de la cession de créance à la cession des droits sociaux. En ce qui concerne les garanties conventionnelles, on pourrait penser *a priori* qu'elles n'ont pas à redouter l'inadéquation du droit commun puisque fondées sur la volonté des parties. Toutefois, même en ce domaine, les difficultés d'application de ces conventions auxquelles les juges seront inévitablement confrontés appellent un ajustement du droit commun aux réalités de la cession de titres sociaux.

Tout ceci amène à penser que le temps est peut-être venu pour le droit camerounais en particulier et la sous-région OHADA en général de se prémunir des inconvénients probables d'une réglementation des garanties du cédant des droits sociaux tributaire du droit commun. En sortant de son champ d'application, la cession des droits sociaux (et partant les garanties du cédant des droits sociaux), l'Acte uniforme OHADA relatif au droit commercial général se situe résolument dans cette perspective. Reste à espérer, à l'avenir, que l'Acte uniforme relatif au droit des sociétés commerciales et du GIE en tire les conséquences par la formulation d'une réglementation spécifique aux garanties du cédant des droits sociaux[130]. Même si en définitive, la sécurité absolue demeure un idéal[131], on peut raisonnablement attendre d'une telle législation l'avènement de garanties du cédant plus adaptées aux risques propres à la cession des droits sociaux.

---

[130]Au demeurant, en attendant une éventuelle législation OHADA sur les garanties du cédant de droits sociaux, le législateur national camerounais pourrait valablement se saisir de la question. Telle est la conséquence qu'on peut tirer de l'avis rendu par la CCJA le 30 avril 2001 (avis n° 001/2001/EP, ohadata D-04-12, p. 19 et s., obs. J. ISSA-SAYEGH) et en vertu duquel la supériorité du droit de l'OHADA sur les lois et règlements nationaux n'interdit pas aux pays de l'OHADA de continuer de légiférer, y compris dans les matières où le législateur communautaire est intervenu, à condition de ne pas édicter des normes contraires ou identiques au droit uniforme. V. S.-P. LEVOA AWONA, « Réflexions sur l'article 10 du Traité de l'OHADA », *Juridis Périodique*, n° 84, 2010, p. 161.

[131] J.-F. BARBIERI, note sous cass. com., 10 mai 1994, n°1119 D, SARL VIC et autre c/ Neau, *op.cit.*, p. 803.

LE CARACTÈRE D'ORDRE PUBLIC DES EXCEPTIONS ET LIMITATIONS AU DROIT D'AUTEUR

(*Une analyse au regard des droits français et camerounais*)

KODJI ZRA DRA[1]

Résumé

Les exceptions et limitations correspondent aux hypothèses où la loi retire – à l'auteur d'une œuvre protégée – le pouvoir d'interdire certaines utilisations de celle-ci. Seulement, parmi ces exceptions et limitations, certaines doivent être consacrées comme des dispositions d'ordre public, c'est-à-dire comme des valeurs fondamentales fondées sur des besoins primordiaux du corps social. Mais, en l'absence de précision législative sur cette particularité, la doctrine est restée dans l'esprit de la confusion entre leur caractère d'ordre public et leur impérativité. Cette situation participe davantage à l'affaissement de la notion d'ordre public dans le domaine du droit d'auteur. Pour relever un tel défi, il est désormais nécessaire de tenir compte de la véritable identité de la notion d'ordre public même si certaines spécificités liées aux exceptions et limitations sont d'un apport considérable.

Mots-clés : Ordre public – exception – limitation – droit d'auteur – impérativité.

Abstract

The exceptions and limitations correspond to cases where the law withdraws – the author of a protected work – the power to prohibit certain uses thereof. But among these exceptions and limitations, some must be dedicated as public policy provisions, that is to say, as fundamental values based on the overriding needs of society. But in the absence of legislative details on this feature, the doctrine remained in the mind of confusion between their public order and imperativity.

[1]Assistant à la Faculté des Sciences Juridiques et Politiques de l'Université de Yaoundé II-Soa (Cameroun), e-mail : zra_kodji@yahoo.fr

This further contributes to the collapse of the concept of public policy in the field of copyright. To meet this challenge, it is now necessary to take into account the true identity of the concept of public policy even if some specificities related to exceptions and limitations are a significant contribution.

Keywords: *Public order – exception – limitation - copyright – imperativity.*

INTRODUCTION

1. La variabilité[2] du contenu de la notion d'ordre public la rend difficilement saisissable[3]. En effet, son approche reste fonction du domaine juridique[4] dans lequel elle est employée. Par exemple, en droit privé[5], l'ordre public correspond à des valeurs fondamentales d'une société dont les individus ne peuvent s'écarter ni dans leur comportement ni dans leurs actes juridiques. Ainsi, elle se fonde sur de nombreuses exigences sociales fondamentales[6] ou des besoins primordiaux du corps social[7]. L'on retrouve également ces exigences ou besoins sociaux dans le droit d'auteur et les droits voisins[8], l'une des composantes de la propriété intellectuelle[9].

---

[2] GHESTIN J., « L'ordre public, notion à contenu variable en droit privé français », *in Les notions à contenu variable en droit*, Bruylant, 1984, p.77 ; KARYDIS G., « L'ordre public dans l'ordre public communautaire : un concept à contenu variable », *KTD eur.* 2002. 1, *spéc.* p.5.

[3] TERRÉ F. et LEQUETTE Y. et SIMLER Ph., *Droit civil, Les obligations*, 9e éd. Dalloz, 2005, p. 378, note n° 2. Pour ces auteurs, les controverses relatives à la notion d'ordre public proviennent non seulement de la multitude des domaines juridiques dans lesquels elle s'applique, mais également du fait de ses multiples définitions.

[4] En dehors de la *summa divisio* Droit public-Droit privé, la notion d'ordre public a des significations particulières selon qu'on se trouve dans telle ou telle autre matière de chacune de ces deux grandes branches du droit. Par exemple, en procédure civile, la notion n'a pas le même contenu qu'en droit commun des contrats.

[5] CABRILLAC R. (dir.), *Dictionnaire du vocabulaire juridique*, 1re éd., Litec, 2002, p. 268 ; CORNU G. (dir.), *Vocabulaire juridique*, Association Henri Capitant, PUF, 2014, p. 718.

[6] Dans ce sens, l'ordre public peut englober les bonnes mœurs, car la sécurité et la moralité publiques peuvent être assurées. v. MALAURIE Ph., *Les contrats contraires à l'ordre public, étude de droit civil comparé*, thèse, Paris 1951, p. 5.

[7] CORNU G., *Droit civil, Introduction, Les personnes, les biens,* 12e éd. Montchrestien, 2005, n° 340, p. 150.

[8] Il est encore qualifié de droit de la propriété littéraire et artistique. Celui-ci a, bien évidemment, pour objet la protection des œuvres littéraires ou artistiques.

2. En droit d'auteur français, il existe non seulement des règles d'ordre public destinées à assurer la protection de l'auteur réputé le plus faible[10], mais également une réglementation impérative des contrats d'exploitation de certaines œuvres[11]. Il n'est donc pas surprenant d'évoquer le caractère d'ordre public des exceptions et limitations, car ces dernières ont été instaurées pour garantir l'équilibre des divers intérêts économiques et socioculturels existants[12].

3. Pour exprimer les exceptions et limitations, les législateurs français et camerounais utilisent cette périphrase : « *Lorsque l'œuvre a été divulguée, l'auteur ne peut interdire : [...]* »[13]. Toutefois, la loi camerounaise emploie la notion de « limitation »[14] de manière incidente même si les traités internationaux, auxquels a adhéré le Cameroun, consacrent expressément les deux termes[15].

4. De manière générale, l'exception s'entend comme l'action d'excepter ou de ne pas comprendre dans un ensemble[16] et la « limitation » comme une action de limiter, c'est-à-dire, fixer un terme à ou s'imposer des limites[17].

---

[9] L'autre composante de cette branche spéciale du droit privé est la propriété industrielle qui organise la protection des brevets, des marques, des noms commerciaux, les appellations d'origines, etc.

[10] LUCAS A. et LUCAS J.-H., *Propriété littéraire et artistique,* 2e éd. Litec, 2001, p. 408.

[11] Il s'agit des contrats d'exploitation des œuvres littéraires qui devront se conformer à la réglementation impérative du prix du livre. Ceci a pour base la loi française n° 81- 766 du 10 août 1981. Pour plus de précision, v. LUCAS A. et LUCAS J.-H., *op.cit.*, p. 408.

[12] La doctrine a pu identifier trois : l'intérêt de l'auteur, l'intérêt de l'investisseur et celui de l'utilisateur de l'œuvre. v. CARRE S., *L'intérêt du public en droit d'auteur,* Thèse, Montpellier, 2004 ; VIVANT M. et BRUGUIERE J.-M., *Droit d'auteur,* 1re éd., Dalloz, 2009, p. 377 et s.

[13] V. l'article L.122-5 du Code de Propriété Intellectuelle (CPI) français et l'article 29 de la loi camerounaise du 19 décembre 2000 relative au droit d'auteur et aux droits voisins.

[14] v. l'al. 3 de l'article 29 de la loi du 19 décembre 2000 précitée. Il ressort de celui-ci que « *la limitation pour copie privée à l'alinéa (1) ci-dessus ne s'applique pas : [...]* ».

[15] v. les articles 10 et 16 des Traités de l'Organisation Mondiale de la Propriété Intellectuelle (OMPI) de 1996 relatifs respectivement au droit d'auteur et aux droits voisins ou l'article 13 des Accords sur les Aspects des Droits de la Propriété Intellectuelle qui touchent au Commerce (ADPIC) de 1995. Ces textes ne donnent, cependant, aucune définition à ces notions.

[16] v. *Dictionnaire universel,* Hachette, 2008, p. 474.

[17] v. *Dictionnaire universel, op.cit.,* p. 728.

Dans le cadre du droit d'auteur et des droits voisins, étant prises comme des formes d'exploitation des droits patrimoniaux, et ce, sans aucune autorisation de leurs titulaires, les notions « exception » et « limitation » devraient revêtir des significations originales. Mais l'on constate que leurs approches divisent encore la doctrine. Dans l'une ses études relatives aux exceptions, Pierre-Yves GAUTIER[18], explique : « *si l'exception soustraite à la règle* », « *la limitation restreint son champ* ». « *Cela revient pratiquement au même* »[19]. Par contre, pour Christophe GEIGER, certes, les deux notions renvoient à la même réalité « *pratiquement peut-être* »[20], mais théoriquement, il semble exister une nuance de taille[21].

5. En faisant fi de certaines subtilités, l'on s'accorde avec la doctrine dominante pour qui, l'« exception » qualifie la situation dans laquelle un acte relevant en principe du droit exclusif du titulaire des droits peut être accompli sans son consentement[22]. Ainsi, l'exception a non seulement des effets sur les profits pécuniaires du titulaire des droits, mais affecte l'existence même du droit[23]. La « limitation », quant à elle, rend compte des situations dans lesquelles le droit exclusif s'efface au profit d'un droit à rémunération.

6. Dans tous les cas, l'exception ou la limitation contribue à la détermination du champ de l'opposabilité de la propriété intellectuelle et partant, des droits exclusifs auxquels elles dérogent. L'on retient ainsi que les deux notions ont des incidences sur le plan juridique. Pour la majorité des auteurs français par exemple, certaines « exceptions » ne peuvent faire l'objet d'une convention entre l'utilisateur des œuvres et le titulaire des droits sur celles-ci. Ils brandissent comme arguments l'impérativité[24] attachée à celles-

---

[18] GAUTIER P.-Y., « De la transposition des exceptions : à propos de la directive. Droit d'auteur dans la société de l'information », *Communication commerce électronique*, 2001, p.10.

[19] *Ibid.*

[20] GEIGER Ch., *Le droit d'auteur et le droit du public à l'information,* Thèse, 2004, n° 221, note n°1.

[21] *Ibid.*

[22] Par exemple la reproduction ou la communication au public d'une œuvre de l'esprit.

[23] LUCAS A. et LUCAS H-J., *op.cit.,* p. 256.

[24] Un tel statut impératif peut être déduit selon ces auteurs de l'expression « l'auteur ne peut interdire » de l'article L.122-5 du CPI.

ci ou le fait qu'elles se fondent – du moins certaines d'entre elles – sur les droits et libertés fondamentaux[25]. Analysant certaines dispositions du Code de Propriété Intellectuelle (CPI) français, un auteur relève que « *si certaines exceptions font effectivement difficulté, trois font douter du caractère d'ordre public de toutes les exceptions* »[26].

Premièrement, le sens à donner à l'expression « l'auteur ne peut interdire » inscrite en début de l'article L 122-5 du CPI peut poser problème. Selon ce dernier, l'auteur « *ne peut interdire* » sauf si son cocontractant est d'accord pour qu'il interdise. Toutefois, bien que cela fasse douter du caractère impératif des exceptions, il faut relever que la possibilité ainsi reconnue ne signifie pas l'admission du contrat dans la modulation des exceptions et limitations, car certains facteurs doivent être pris en compte, en l'occurrence les droits fondamentaux.

En deuxième lieu, les « *besoins primordiaux du corps social* »[27] qui doivent être observés par le juge ne sont pas aisés à identifier. De plus, l'intérêt général attaché aux exceptions ou aux limitations ne peut pas être signe de l'impérativité de la loi, puisque toutes les lois poursuivent l'intérêt général, mais ne sont pas toutes impératives[28].

Troisièmement, il existe néanmoins en droit français quelques dispositions légales qui posent isolément le caractère d'ordre public de certaines dérogations. C'est le cas, par exemple, de l'article L 122-6-1 du CPI. Ceci peut signifier que si les autres exceptions n'ont pas été nommément désignées comme étant impératives, elles ne doivent pas être d'ordre public. Tout ce constat amène à conclure que le caractère d'ordre

---

[25] Les droits fondamentaux sont des « droits qui sont attribués de manière universelle à tous en tant que personnes, ou en tant que citoyens, ou en tant que sujets capables d'agir ». La liberté fondamentale quant à elle, est, dans la plupart des cas, saisie comme un droit fondamental. De ce fait, la liberté d'expression est un droit fondamental en même temps qu'il est difficile de lui refuser la qualification de liberté fondamentale. Dans ce sens, v. FERRAJOLI L., « Théorie des droits fondamentaux », *in Traité international de droit constitutionnel*, Suprématie de la Constitution, tome 3, Dalloz, 2012, p. 211.

[26] ALLEAUME Ch., « La contractualisation des exceptions, la situation en France », Communication d'un colloque, *in Propriété Intellectuelle.*, n° 25, octobre 2007, p. 438.

[27] CORNU G., *Droit civil, Introduction, op.cit.*, n° 334.

[28] ALLEAUME Ch., *op.cit.*, p. 438 ; CARBONNIER J., *Flexible droit*, 10e éd., LGDJ, 2001, p. 107 et s.

public des exceptions et limitations est insuffisamment affirmé au plan textuel.

7. La jurisprudence, quant à elle, a pris des décisions inconstantes. Dans une première décision, la Cour d'Appel de Paris a qualifié d'ordre public les exceptions de copie privée[29]. Par la suite, la Cour de cassation française, dans la célèbre affaire *Mullholland Drive*[30], a écarté le statut impératif de l'exception de copie privée.

8. Au regard de tout ce qui précède, la question reste confuse tant en droit français[31] qu'en droit camerounais[32]. L'on est donc en droit de se demander **sur quoi doit-on réellement se fonder pour apprécier l'ordre public attaché aux exceptions et limitations.**

9. Cette préoccupation témoigne du double intérêt théorique et pratique à préciser clairement le véritable statut des différentes exceptions et limitations. Le premier se justifie par le fait que si ces dernières sont qualifiées d'ordre public, elles forment un rempart contre la liberté individuelle[33]. Plus précisément, le contrat ne doit pas empêcher leur exercice, ni organiser leurs conditions d'exercice ni même envisager une rémunération de l'auteur en contrepartie[34].

---

[29] v. TGI Paris, 10 janvier 2006, *juris Data* n° 2006-292685 ; *Communication commerce électronique*, 2006, communication n° 41, note Christophe CARON ; *Propriétés Intellectuelles*, janvier 2006, n° 19, p.179, note André LUCAS.

[30] Cass. civ 1re, 28 février 2006. 10084 *JCP G*, 2006, note André LUCAS ; obs. Christophe CARON. Dans cette affaire, le juge était appelé à statuer sur la licéité des mesures techniques de protection et d'information face à la copie privée.

[31] Ces dernières années, ces dispositions du CPI français indiquent clairement que certaines exceptions sont d'ordre public. Il s'agit notamment de l'article L.122-6-1 qui dispose que « Toute stipulation contraire aux dispositions prévues aux II, III, IV du présent article est nulle et non avenue ».

[32] Le seul fondement d'être interprété comme reconnaissant le caractère d'ordre public les exceptions et limitations reste et demeure l'expression « l'auteur ne peut interdire » de l'article 29 de la loi de 2000.

[33] Comme l'exige le droit commun, l'acte juridique qui se heurte à l'ordre public est nul et n'a pas d'effet. En ce sens, v. KAYER P., « Les nullités d'ordre public », *RTD civ*, 1933, p. 1115 et s.

[34] COLIN C., « La contractualisation des exceptions en droit d'auteur : Oxymore ou pléonasme ? », *Communication-commerce électronique*, 2010, p. 10.

10. Sur le plan pratique, la définition précise de l'ordre public attaché aux exceptions et limitations permet à coup sûr de résoudre les problèmes liés à l'accès licite et à l'utilisation légitime des œuvres. Ceci étant, la détermination du caractère d'ordre public de ces dernières nécessite, d'une part, la prise en compte des défis actuels tenant à la restauration de l'identité de la notion d'ordre public (I) et d'autre part, il importe de tenir compte de certaines particularités plus ou moins liées aux exceptions et limitations (II).

I- La prise en compte des défis contemporains tenant à la restauration de l'identité de l'ordre public

11. Pendant longtemps, la doctrine française[35] pensait qu'il était inutile de dissocier l'impérativité de la notion d'ordre public. L'ordre public, selon cette doctrine, ne se distinguerait des lois impératives qu'en raison du fait qu'il peut avoir une autre source que la loi. Mais depuis quelques années déjà, une autre doctrine[36] relève qu'il est inadmissible de continuer à appréhender l'ordre public à travers l'impérativité. En principe, ce qui est impératif doit être perçu non seulement comme un simple effet de l'ordre public, mais aussi comme son corollaire indispensable[37]. Ceci justifie la nécessité qu'il y a à restaurer l'identité perdue de l'ordre public trop souvent confondu par facilité avec la règle impérative[38]. De plus, la notion d'ordre public devient de plus en plus communautaire. Elle est fondée sur d'autres valeurs qui dépassent et enrichissent parfois celles défendues dans les ordres publics nationaux.

12. L'on doit enfin souligner que dans le cadre des exceptions et limitations au monopole des auteurs, la dissociation entre l'impérativité et l'ordre public doit être faite (A). Devenues des préoccupations communautaires, il est possible que lesdites exceptions ou limitations soient qualifiées de règles d'ordre public susceptibles d'être intégrées dans l'ordre public national (B).

---

[35] GHESTIN J., *Traité de droit civil, La formation du contrat,* 3e éd., LGDJ, 1993, n° 110.

[36] FAUVARQUE-COSSON B, « L'ordre public », *in Le Code civil. Un passé, Un présent, Un avenir*, Dalloz, 2004, p. 485 et s.

[37] *Ibid.*

[38] FAUVARQUE-COSSON B., *op.cit.,* p. 484.

A- La dissociation entre le statut impératif et le caractère d'ordre public des exceptions et limitations

13. En matière des exceptions et limitations, en l'absence de précision du droit positif, les analyses doctrinales actuelles[39] sont restées dans l'esprit de la confusion entre l'impérativité et l'ordre public. Or, l'actuel défi consiste à dissocier la règle impérative de celle d'ordre public. Ce défi doit inciter à consacrer expressément la notion d'« ordre public » dans les dispositions de loi en la matière (1). Cependant, une telle perspective ne doit pas occulter l'encadrement des pouvoirs d'appréciation du juge dans ce domaine (2).

1- La consécration expresse de la notion « d'ordre public » dans la loi

14. Il s'agit d'un plaidoyer en faveur d'une consécration explicite de la notion « d'ordre public » dans les dispositions relatives aux exceptions et limitations au droit d'auteur. Ceci se justifie aisément, car « *la présentation dichotomique tranchée des règles impératives et supplétives ne correspond plus à la réalité juridique : certaines règles sont plus impératives que d'autres* »[40]. C'est pourquoi prendre pour synonymes la notion d'ordre public et la règle impérative constitue un dérapage en ce sens que « *le caractère impératif d'une règle, s'il sert de révélateur de l'ordre public, n'en constitue pas même un effet systématique* »[41]. D'ailleurs, par règle impérative, l'on entend une règle qui protège un intérêt privé que le législateur ou les juges ont considéré comme méritant d'être défendu par une norme juridique à laquelle on ne peut déroger[42].

15. À cet égard, il ne suffit pas donc d'inscrire dans la *ratio legis* que telles exception ou limitation soient impératives pour faire de l'une ou l'autre une disposition d'ordre public. Certes, l'instruction faite aux auteurs ou aux titulaires des droits voisins de « ne pas interdire » certaines utilisations de leurs œuvres peut être analysée comme une obligation de ne

---

[39] COLIN C., *op.cit.*, p.10 ; ALLEAUME Ch., *op.cit.*, p. 438. Pour d'autres analyses doctrinales, v. *Les frontières du droit d'auteur : ses limites et ses exceptions* : Actes du Congrès de l'Association Littéraire et Artistique Internationale (ALAI) de 1998.

[40] FAUVARQUE-COSSON B., *op.cit.*

[41] *Ibid.*

[42] CARBONNIER J., *Droit civil. Introduction à l'étude du droit civil*, PUF 1997, p. 211.

pas faire[43]. Seulement, cette obligation ne constitue pas un ordre entraînant un effet impératif. D'ailleurs, comme le souligne CORNU, « *le caractère impératif d'une règle n'est pas lié aux verbes contraignants* »[44].

16. Les développements ci-dessus amènent cependant à proposer quelques techniques juridiques afin que l'ordre public attaché aux exceptions et limitations puisse produire des effets escomptés. Le législateur national peut donc indiquer un tel caractère, soit avant d'énumérer une catégorie d'exceptions et de limitations concernées, soit article par article[45]. De ce fait, certaines conséquences sont inévitables.

17. Au chapitre de ces conséquences, l'on relève à l'évidence que les exceptions et limitations concernées deviennent des dispositions impératives. De plus, l'on pourrait assister à l'exclusion de toute convention contractuelle relative à ces exceptions et limitations ou aux rémunérations y afférentes. La doctrine contemporaine nous enseigne qu'en « *droit interne, l'ordre public, étant un rempart contre les libertés individuelles, constitue le socle de la distinction des règles impératives et supplétives* »[46].

18. Le plus souvent, certaines dispositions sont dites d'ordre public en ce sens que « *toute clause contraire est réputée non écrite* »[47] ou « *prescrit à peine de nullité* ». C'est un principe légal du Code civil[48] français auquel se heurte toute convention. Ainsi, cette consécration réconforte les objectifs d'intérêt général qui sous-tendent certaines exceptions et limitations. Mais, il ne faut pas aussi perdre de vue que l'ordre public constitue une technique d'intégration dogmatique du contrat dans l'intérêt général[49]. C'est pourquoi les pouvoirs d'appréciation du juge en la matière doivent être encadrés.

---

[43] Pour une certaine doctrine, la norme qui édicte une obligation de ne pas faire, c'est-à-dire une « norme prohibitive, est nécessairement impérative. En ce sens, v. DEL VICCHIO G., *Philosophie du droit*, Dalloz, 1953, réédité en 2004, *spéc.* p. 187.

[44] CORNU G., *Linguistique juridique*, Montchrestien, 3e éd., 2005, n° 66, p.267

[45] FAUVARQUE-COSSON B., *op.cit.*, n° 7, p. 477.

[46] *Ibid.*, p. 474.

[47] v. l'art. 1388 du Code civil.

[48] Il ressort de l'article 6 dudit Code que : « L'on ne peut déroger, par des conventions particulières, aux lois qui intéressent l'ordre public et les bonnes mœurs ». Cette disposition consacre la suprématie de l'ordre public sur la liberté contractuelle.

[49] MEKKI M., *L'intérêt général et le contrat. Contribution à une étude de la hiérarchie des intérêts en droit privé*, Thèse, Paris I, 2003, p. 203 et s.

2- L'encadrement des pouvoirs d'appréciation de l'ordre public par le juge

19. L'intervention du juge en matière d'ordre public est tout à fait légitime. Ceci se justifie le plus souvent par les nécessités d'adaptation de cette notion aux besoins de l'époque et aux situations particulières[50]. C'est pourquoi, même si la loi impérative[51] est la source première de l'ordre public qui s'impose avec force absolue aux rapports entre particuliers, la jurisprudence a le pouvoir de reconnaître le caractère d'ordre public d'une règle juridique donnée. Ainsi, l'ordre public peut donc être exprès[52] ou implicite[53]. Concernant le caractère d'ordre public des exceptions et limitations, il importe, comme dans toute autre matière, d'encadrer les pouvoirs du juge. Ainsi, s'il existe plusieurs hypothèses dans lesquelles le juge déploie son appréciation sur ce point, l'étendue de ses pouvoirs est à circonscrire.

20. Généralement, il est permis au juge d'annuler, « *au nom de l'ordre public, une convention alors qu'elle ne heurte aucune disposition légale précise* »[54]. Pour cela, il doit rechercher si les intérêts essentiels de la société sont impliqués dans une disposition de la loi. En matière des exceptions et limitations, si la doctrine considère l'expression « l'auteur ne peut interdire » comme signifiant que « *c'est dans le silence de la convention que le juge doit considérer que l'auteur n'a pas interdit* »[55], alors les hypothèses dans lesquelles le juge peut déployer ses pouvoirs doivent nécessairement être précisées.

21. En premier lieu, l'autorité judiciaire peut apporter des éclaircissements sur le flou relatif au caractère d'ordre public des exceptions ou limitations. Ainsi, lorsque la loi ne précise pas clairement le statut d'une dérogation, alors même que les intérêts d'ordre général[56] ou certaines

---

[50] CAPITANT H., TERRÉ F. et LEQUETTE Y., *Les grands arrêts de la jurisprudence civile*, tome 1, 11e éd., Dalloz, 2000, p. 48.
[51] FAUVARQUE-COSSON B., *op.cit.*, p. 476 et s.
[52] CORNU G., *Droit civil, Introduction, Les personnes, les biens, op.cit.*, n° 338, p. 150.
[53] CORNU G., *Droit civil, Introduction, op.cit.*, p. 150 ; TERRÉ F. et LEQUETTE Y. et SIMLER Ph., *op.cit.*, p. 381.
[54] CAPITANT H., TERRÉ F. et LEQUETTE Y., *op.cit.*, p. 48.
[55] ALLEAUME Ch., *op.cit.*, p. 438.
[56] TERRÉ F. et LEQUETTE Y. et SIMLER Ph., *op.cit.*, p. 378.

exigences sociales sont remises en cause, il est possible que le juge la qualifie de disposition d'ordre public.

22. En second lieu, face à la complexité de certaines situations, le juge pourrait être amené à conférer aux exceptions ou limitations en cause, un statut de règles auxquelles il est interdit de déroger conventionnellement. Cependant, ceci ne doit pas être une occasion pour faire du juge un nouveau législateur encore moins d'étendre ses pouvoirs au-delà des limites normales.

23. Concernant les pouvoirs du juge, « *la notion d'ordre public n'étant réductible ni à une définition ni à quelques principes* »[57], il est formellement interdit aux juges d'avoir une interprétation extensive[58]. Étant donné que l'exception ou la limitation peut couvrir un intérêt social mouvant, le pouvoir du juge de révéler l'ordre public serait source d'insécurité faute d'un encadrement au plan légal. Ainsi, « *le juge ne peut avoir une conception personnelle de l'ordre public, fondée sur ses propres convictions, politiques, morales, économiques. C'est de la notion que la loi se fait de l'ordre public qu'il doit s'inspirer ; et à défaut de texte précis, c'est de l'ensemble de la législation actuelle qu'il doit la dégager* »[59]. Ceci étant, le pouvoir du juge se limite à la sanction de la violation d'une règle d'ordre public. Par exemple, l'exception ou la limitation peut être assimilée à une règle interprétative, c'est-à-dire une disposition supplétive alors qu'elle devrait être d'ordre public. Dans ce cas, le juge peut légitimement requalifier la situation.

B- L'intégration nécessaire de l'ordre public communautaire dans l'ordre public national

24. Dans un univers sans frontière, il est possible de voir émerger l'ordre public communautaire inspiré des différents ordres publics nationaux. Celui-ci entre parfois en conflit avec les ordres publics nationaux en ce sens qu'il peut protéger des valeurs différentes de celles défendues au niveau interne. Dans le domaine du droit d'auteur, l'on a assisté depuis quelques années à la construction des espaces juridiques à dimension communautaire dont l'exemple type est celui de l'Union européenne. Ainsi, il est fort probable qu'un ordre public communautaire en matière des exceptions et

---

[57] FAUVARQUE-COSSON B., *op.cit.*, p. 477.

[58] Ceci a été rappelé par les juges d'appel en France. CA Paris, 9 mars 1999, D.IR.107.

[59] CAPITANT H., TERRÉ F. et LEQUETTE Y., *op.cit.*, p. 49.

limitations soit expressément ou implicitement reconnu. Il convient donc d'interroger l'actuel droit communautaire européen en la matière (1). Toute chose qui conduit à examiner les perspectives d'un tel ordre inspiré des ordres publics internes (2).

1- L'état actuel de l'ordre public communautaire susceptible d'être attaché aux exceptions et limitations

25. Le droit communautaire européen, transposé en grande partie dans le droit français, n'a pas expressément qualifié les exceptions et limitations comme des dispositions d'ordre public. En réalité, ni le statut impératif encore moins le statut supplétif de ces dernières n'a été formellement indiqué. Toutefois, la lecture de certaines dispositions permet de constater qu'il est indirectement reconnu un statut supplétif aux différentes exceptions et limitations. Pour s'en convaincre, le considérant n° 45 de la Directive européenne de 2001[60] prévoit que les exceptions et limitations visées à l'article 5 ne doivent pas faire obstacle à la définition des relations contractuelles visant à assurer une compensation équitable aux titulaires des droits. C'est dire que ces dérogations sont des dispositions supplétives et par conséquent, il est possible de les faire plier par contrat[61]. Contrairement à une règle impérative, une règle supplétive laisse libre cours aux parties contractantes[62]. Cette dernière ne s'applique que si les sujets de droit n'ont pas exprimé une volonté différente[63] ou supplée le défaut de volonté affirmée des individus, et ce, en proposant une « solution modèle »[64].

---

[60] Directive n°2001/29/CE du 22 mai 2001 relative à l'harmonisation de certains aspects du droit d'auteur et des droits voisins dans la société de l'information.

[61] ALLEAUME Ch., *op.cit.*, p. 440.

[62] MALAURIE Ph., *Les contrats contraires à l'ordre public, étude de droit comparé*, thèse, 1951, n° 310. L'auteur relève que : « le juge est aux prises avec deux exigences contraires, étant protecteur de la liberté contractuelle, il doit faire produire tous ses effets au contrat, mais devant sauvegarder les intérêts généraux de la société, il doit faire plier le contrat devant l'ordre public ».

[63] CARBONNIER J., *Droit civil, Introduction, Les personnes, La famille, l'enfant, le couple*, PUF, 2004, p. 225.

[64] CORNU G. (dir.), *Vocabulaire juridique, op.cit.*, p. 1000, v. *Supplétif (ive)* : « de volonté individuelle » ; « se dit alors une loi applicable dans le silence des parties, c'est-à-dire en l'absence d'un choix volontaire différent de leur part, fonction de suppléance qui manifeste la valeur éminente du modèle proposé à défaut de volonté contraire (…) ».

26. L'encouragement fait par la Directive européenne susévoquée d'entrer dans les relations contractuelles est le signe que ces exceptions et limitations sont supplétives. Et même si l'ordre public communautaire jaillissait en la matière, il ne sera pas aisé à cerner. D'ailleurs, la Cour de Justice des Communautés européennes a déjà eu à relever l'ambiguïté de la notion d'ordre public communautaire[65]. Mais, il est fort probable qu'un ordre public communautaire attaché à dérogations au monopole puisse émerger à l'avenir. C'est le lieu d'étudier les perspectives d'un tel ordre susceptible d'être intégré dans l'ordre public national.

2- Les perspectives de l'ordre public communautaire susceptible d'être intégré dans l'ordre public national

27. En faisant fi du silence actuel du législateur et du juge communautaire, il est souhaitable que l'ordre public interne attaché aux exceptions et limitations soit bâti dans le respect de l'ordre public communautaire. En réalité, les ordres publics nationaux s'enrichissent énormément des valeurs fondamentales défendues au sein d'une communauté. Seulement, la tâche peut s'avérer délicate, car il n'est pas aisé de discerner le contenu ainsi que les modes d'intervention de l'ordre public communautaire[66].

S'agissant du contenu, l'on s'aperçoit qu'en plus des effets liés au caractère mouvant de l'ordre, les finalités qui sous-tendent les exceptions et limitations peuvent trouver à être mieux exprimées dans les dispositions des textes communautaires. Par exemple, les droits et libertés fondamentaux ou certains principes fondamentaux pourraient être plus affirmés dans ces textes. Ainsi, ils renforceront le caractère d'ordre public des exceptions et limitations concernées.

Concernant les modes d'intervention, il est possible que le législateur communautaire édicte expressément des règles contraignantes ou des lois de police en matière des exceptions et limitations. Tout peut donc être très enrichissant pour l'ordre public national. Toutefois, certaines particularités plus ou moins liées à ces dérogations seront d'un apport aussi important.

---

[65] v. CJCE, 28 octobre 1975, Ruttili, aff. 36/75, Rec.p.1219, référence faite par FAUVARQUE-COSSON B., *op.cit.,* p. 491, note n° 101.
[66] FAUVARQUE-COSSON B., *op.cit.,* p. 492.

II- La prise en compte de certaines particularités plus ou moins liées aux exceptions et limitations

28. En matière des exceptions et limitations, le droit positif a mis en exergue de nombreuses valeurs fondamentales. Généralement, il est exigé, pour être tolérées, que les exceptions et limitations doivent être justifiées. Sur ce point déjà, il convient de noter une forte implication des droits et libertés fondamentaux des utilisateurs couvrant l'intérêt général et certains intérêts particuliers. De plus, il est indispensable que l'accès et les utilisations des œuvres couvertes par ces dernières soient licites. Ceci suppose plus précisément l'exigence de licéité de certaines exceptions et limitations. Pour faire asseoir véritablement ces différents arguments dans le sens de la consolidation de l'ordre public, il convient d'examiner dans un premier temps les caractères d'ordre général et fondamental de certaines justifications de ces exceptions et limitations (A) avant d'étudier dans un second temps, l'impact de leur caractère licite (B).

A- Les caractères d'ordre fondamental et général de certaines justifications des exceptions et limitations

29. Selon Bernt HUGENHOLTZ[67], les exceptions et limitations ont pour principaux fondements les droits et libertés fondamentaux des utilisateurs, les intérêts publics ponctuels et les raisons d'ordre pratique. Laissant de côté ces dernières justifications, les deux premières, vu leurs particularités, participent à la définition du caractère d'ordre public des dérogations. Plus précisément, il y a un réel impact, non seulement des droits et libertés fondamentaux des utilisateurs des œuvres (1), mais également des intérêts publics ponctuels couvrant l'intérêt général et les intérêts particuliers (2).

1- L'impact des droits et libertés fondamentaux des utilisateurs

30. Si « *les exceptions qui ont été édictées en considération de libertés fondamentales devraient être impératives* »[68], l'importance de ces libertés dans

---

[67] HUGENHOLTZ B., "*Fierce creatures. Copyright Exemptions: Towards Extinction?*", *in Right, limitations and exceptions: Striking a proper balance*, Amsterdam, 3031, October 1997, *www.ivir.nl.*

[68] COLIN C., *op.cit.*, p. 10. À analyser profondément le raisonnement de cet auteur, les règles d'ordre public sont au-dessus des dispositions impératives.

la société devrait avoir un caractère d'ordre public si bien qu'il serait interdit de les restreindre contractuellement[69]. Ces explications doctrinales sont précisées par un autre auteur en ces termes : « *en raison du caractère d'ordre public des libertés qui sous-tendent ces exceptions, leur nature ne peut elle-même qu'être également d'ordre public* »[70]. Il importe d'apporter quelques réserves à cette conception en ce qu'elle pose réellement un problème. Ce n'est pas l'impact de ces libertés, mais leur reconnaissance implicite qui fonde la catégorie de ces exceptions et limitations. En d'autres termes, ces libertés ne sont pas expressément mentionnées comme fondements des dérogations qu'elles permettent de doter d'un caractère d'ordre public.

31. À l'heure actuelle, libertés fondamentales et droits fondamentaux sont regroupés sous la rubrique « droits et libertés fondamentaux ». La doctrine les définit comme des « *droits qui sont attribués de manière universelle à tous en tant que personnes, ou en tant que citoyens, ou en tant que sujets capables d'agir* »[71]. Il s'agit par exemple de la liberté d'expression, du droit au respect de sa vie privée. Pris sous cette désignation comme fondements de certaines restrictions à l'exploitation des droits d'auteur, il importe de les identifier clairement. De manière simple, il s'agit des droits et libertés se rapportant non seulement aux intimités des utilisateurs des œuvres, mais ceux qui sont affranchis des telles familiarités.

32. S'agissant des prérogatives liées aux intimités des utilisateurs des œuvres, il convient de citer singulièrement le droit au respect de la vie privée. Comme la quasi-totalité des fondements des exceptions et limitations, cette prérogative individuelle n'a pas expressément eu l'onction du législateur. Par la suite, la doctrine[72] ne l'ayant pas appréhendé comme une liberté fondamentale a beaucoup mis l'accent sur d'autres prérogatives

---

[69] BEYDENS M. et DUSOLLIER S., « Les exceptions au droit d'auteur dans l'environnement numérique : évolutions dangereuses », *Communication-commerce électronique,* septembre 2001. p. 13 et s.

[70]*Ibid.*

[71] FERRAJOLI L., « Théorie des droits fondamentaux », *in Traité international de droit constitutionnel, Suprématie de la Constitution*, t.3, Dalloz. 2012, p. 211.

[72] LUCAS A. « Droits patrimoniaux, Exceptions au droit exclusif », *Jurisclasseur* Propriété littéraire et artistique, Facs. 1248, n° 19, p. 7, cité par COLIN C., « La contractualisation des exceptions en droit d'auteur : Oxymore ou pléonasme ? », *op.cit.,* p. 10, note n° 51 ; BEYDENS M. et DUSOLLIER S., *op.cit.,* p. 11.

telle la liberté d'expression, ou d'information pour justifier ces reproductions des œuvres à usage privé. Admettant le caractère impératif de la copie privée et la représentation des œuvres dans le cercle familial, la doctrine susvisée ne les considère pas comme des exceptions[73]. Prises cependant comme des limites aux droits, il n'est plus important de les justifier, car « *le fait que ces deux utilisations soient étrangères à la sphère patrimoniale de l'auteur suffit pour lever tout doute sur leur statut* »[74].

33. À la faveur du numérique et de l'internet, le droit au respect de la vie privée, fondement de l'exception de copie privée semble être à la croisée des chemins. Ceci participe à sa mise à l'écart ou sa difficile invocation comme fondement des utilisations privées des œuvres. Or, son influence sur l'éventuelle convention qu'imposera l'auteur ou le titulaire de droit voisin à l'utilisateur bénéficiaire de cette exception peut lui faire perdre son efficacité lorsque l'ordre public est bafoué.

34. Les prérogatives affranchies du respect des intimités des utilisateurs des œuvres posent moins de difficultés. Il s'agit de tous les droits et libertés fondamentaux qui n'ont pas trait à la vie privée des bénéficiaires des exceptions et limitations. En premier lieu, l'on cite la liberté d'expression qui confère la possibilité à chaque citoyen d'exprimer librement ses idées. La protection du droit d'auteur et des droits voisins a d'ailleurs pour fondement une telle liberté, car toute personne physique peut librement exprimer ses idées, et ce, à travers des œuvres littéraires ou artistiques. Mais, n'étant pas absolue, elle s'arrête là où commence celle des autres. Par exemple, après l'activité de création, l'auteur ou le titulaire du droit voisin ne peut empêcher d'autres personnes d'exprimer les mêmes idées sous une autre forme. Plus précisément, il est reconnu à toute personne de s'appuyer ou de s'inspirer, si cela est nécessaire, des opinions ou des idées déjà mises en forme et défendues par certains créateurs. Il est donc évident, dans le cadre

---

[73] COLIN C., *op. cit.*, p.10, note n° 30.

[74]V. TGI Paris, 10 janvier 2006, *juris Data* n° 2006-292685 ; *Communication commerce électronique*, 2006, comm. n° 41, note Christophe CARON ; *Propriétés Intellectuelles*, janvier 2006, n° 19, p. 179, note André LUCAS. Cass. civ 1re, 28 février 2006. 10084 *JCP G*, 2006, note André LUCAS ; obs. Christophe CARON. Dans cette affaire, le juge était appelé à statuer sur la licéité des mesures techniques de protection et d'information face à la copie privée.

des exceptions et limitations au monopole, que la liberté d'expression et ses corollaires, en l'occurrence la liberté de création et la liberté d'information[75], soient mises en exergue.

2- L'impact de l'intérêt général et des intérêts particuliers

35. Le plus souvent, l'on distingue l'intérêt public des intérêts privés. L'intérêt public est pris comme l'intérêt général, lequel constitue l'expression de la volonté générale dépassant les intérêts individuels ou particuliers. Plus précisément, la notion d'intérêt peut être envisagée comme « *la volonté de favoriser l'émergence et la vivacité d'une sphère publique littéraire et artistique, élément d'une société démocratique* »[76]. L'octroi des droits de la propriété intellectuelle est orienté essentiellement vers la promotion de l'intérêt public. Un auteur soulignait déjà à juste titre que « *toutes les exceptions sont vouées à être d'intérêt public* »[77]. À cet égard, il constitue l'une des fortes justifications[78] des exceptions et limitations et devrait avoir un statut d'ordre public.

36. Dans la conception actuelle, l'intérêt général couvre aussi les intérêts particuliers. Ainsi, il s'apparente à l'intérêt social, car certaines utilisations non autorisées des œuvres protégées profitent aux personnes souffrant d'un handicap. Ceci leur confère certaines prérogatives pour la défense de leurs intérêts particuliers qui recoupent avec l'intérêt général. Dans tous les cas, même si les personnes handicapées composent « *un public d'un genre particulier* », la société tout entière reste le destinataire privilégié des droits intellectuels. En outre, la licéité de certaines exceptions et limitations peut être aussi un apport considérable dans la définition de leur statut.

---

[75] La liberté d'information se manifeste en liberté de diffusion et en liberté de réception des informations.

[76] COLIN C., *op.cit.,* p. 11, note n° 65.

[77] GENDREAU Y., « Intérêt public », *in Les frontières du droit d'auteur : ses limites et ses exceptions*, Journées d'étude de l'AlAI, Cambridge 1998, *Australian Copyright Council*, 1999, p. 113-114.

[78] HUGENHOLTZ B., "*Fierce creatures. Copyright Exemptions: Towards Extinction*?", *op.cit.,* p. 12 et s; GUIBAULT L. M. C. R., « *Copyright limitations and contracts. An analysis of the contractual Overridability of limitations of Copyright* », *Kluwer International*, 2002, p. 56.

B- Le caractère licite des exceptions et limitations

37. Selon le vocabulaire juridique, est licite, ce qui est conforme au droit ou à la loi ou encore à l'ordre public[79]. Or, l'exigence de l'ordre public est essentielle non seulement pour la protection des intérêts purement privés, mais également pour garantir l'intérêt général. Il n'est pas donc surprenant d'admettre que les exceptions et limitations soient licites et partant, conformes à l'ordre public. Toutefois, certaines insuffisances textuelles peuvent être relevées tenant à l'encadrement d'une telle licéité (1). Mais, vu les conséquences liées à cette situation, il est nécessaire de l'encadrer (2).

1- Les insuffisances textuelles dans l'encadrement de la licéité des exceptions et limitations

38. En France, le bénéfice des exceptions ou limitations est, de plus en plus soumis à l'exigence d'un accès licite aux œuvres protégées. Ceci ressort clairement de l'article L.331-7, al.2 qui indique que les titulaires des droits d'auteur et en dernier recours la Haute autorité[80] peuvent « *subordonner le bénéfice effectif de ces exceptions à un accès licite à l'œuvre ou à un phonogramme, à un vidéogramme ou à un programme* ». En principe, une telle exigence est propre aux exceptions à la décompilation des logiciels ou aux bases des données[81]. Aujourd'hui, elle est d'ordre général, car les exceptions et limitations prévues dans le CPI français sont presque toutes concernées[82].

39. À l'heure actuelle, la loi camerounaise n'a pas clairement posé l'exigence de licéité des exceptions et limitations. Ceci se justifie aisément, car dans l'ensemble, cette loi a très peu traité des questions liées au numérique et à l'internet.

40. En dépit de tout ce qui précède, la doctrine quant à elle se contente de souligner qu'« *à l'exigence d'un accès licite, devrait faire écho la garantie que*

---

[79] CORNU G. (dir.), *Vocabulaire juridique, op.cit.*, p. 614.

[80] Il s'agit de la Haute autorité pour la diffusion des œuvres et la protection des droits sur Internet (HADOPI) instituée en France depuis 2006, mais qui vient de subir des modifications à travers des lois dites Internet ou « Lois HADOPI 1, 2, 3, etc. ».

[81] V. les articles L.342-3, L. 122-5-5° et L.122-6-1 du CPI français qui traitent respectivement « la personne qui y (à la base) a licitement accès aux œuvres », de « l'utilisation prévue au contrat » et de « la personne ayant le droit d'utiliser le logiciel ».

[82] COLIN C., *op.cit.*, p. 8.

les exceptions sont impératives »[83]. Cette idée toujours applicable en matière des exceptions de décompilation des logiciels doit être bien explicite dans le cadre d'autres exceptions ou limitations. Mais, il ne faut pas perdre de vue que l'exigence d'accès licite aux œuvres peut être perçue comme un facteur de réduction du bénéfice des exceptions et limitations. Ceci est d'autant plus vrai que la condition d'utilisation légitime engendre une dilution du public de l'œuvre en autant d'individus autorisés « *qui jouissent des exceptions non en vertu de la loi, mais en raison du rapport qui les lie à l'auteur ou à l'exemplaire de l'œuvre dont ils disposent* »[84]. Cette situation ouvre la voie à la contractualisation des exceptions et limitations. C'est pourquoi, sans négliger la condition d'accès aux œuvres, il paraît judicieux de s'attaquer aux problèmes de la licéité de ces dérogations.

2- Les solutions à l'encadrement de la licéité des exceptions et limitations

41. L'exception de copie privée est l'une des exceptions au droit d'auteur dont la définition du caractère licite reste complexe. En effet, dans l'environnement numérique, une telle exception semble être à la croisée des chemins. Plusieurs raisons peuvent faire douter donc de sa licéité. D'abord, la vie privée est susceptible d'être remise en cause comme son fondement, car il suffit que certaines personnes disposant des ordinateurs, parfois sans liens intimes ou familiaux, soient connectées entre elles, pour que les fichiers à usage privé soient partagés grâce au *peer-to-peer*[85]. Cette situation fait jaillir une autre difficulté, celle de la licéité des sources mêmes de la copie privée. Pourtant sa licéité, la rendant conforme à l'ordre public, ne doit pas avoir des origines douteuses.

42. De plus, les mesures techniques de protection des œuvres engendrent d'autres difficultés. Celles-ci ont trait notamment à l'apposition

---

[83] *Ibid.*

[84] DUSSOLIER S., « L'utilisation légitime de l'œuvre : un nouveau sésame pour bénéficier des exceptions en droit d'auteur ? », *Communication commerce électronique*, 2005, étude 38, n° 5.

[85] Traduit parfois en français par « pair à pair », ce dernier désigne la possibilité offerte aux membres d'un même réseau, qui utilisent un même protocole, d'échanger en ligne des données. V. en ce sens, BERNAULT C. et CLAVIER J.- P., *Dictionnaire de droit de la propriété intellectuelle,* Ed. Ellipses, 2008, p. 323.

et à l'utilisation légitime desdites mesures. Face à ces situations, le législateur est interpellé à préciser les contours de la licéité des exceptions et limitations, car en encourageant la conclusion des contrats, ces mesures peuvent porter atteinte indirectement au caractère d'ordre public de ces dérogations.

43. Le premier pan de solutions consiste à cerner les nouvelles expressions tels l'« accès licite » ou l'« utilisation légitime ». En outre, il paraît judicieux de déterminer les raisons pour lesquelles les exceptions et limitations peuvent être admises comme des dispositions licites.

44. Toutes ces situations complexes confèrent au juge d'importants pouvoirs aux fins d'interpréter pourquoi telle dérogation est licite et donc, conforme à l'ordre public. Ceci est d'autant nécessaire que certaines sources à partir desquelles les reproductions des œuvres couvertes des exceptions et limitations posent de sérieux problèmes.

CONCLUSION

45. Cette réflexion a permis de relever que l'ordre public attaché aux exceptions et limitations n'a pas de fondements suffisants en droits positifs français et camerounais. En effet, ni la formule légale selon laquelle « *l'auteur ne peut interdire* » ni la consécration expresse de l'impérativité de ces dernières ne leur confèrent systématiquement un tel statut. Il ressort des interprétations faites par la doctrine et la jurisprudence, une nette confusion entre l'impérativité et le caractère d'ordre public des exceptions et limitations concernées. Pourtant, il faut tenir compte des défis contemporains tenant à la restauration de l'identité perdue de l'ordre public. De là, l'on retiendra que l'impérativité desdites dérogations doit désormais être prise comme un simple effet de leur éventuelle reconnaissance comme des dispositions d'ordre public. À notre sens, il est plus efficace de consacrer la notion « d'ordre public » dans la loi aux côtés de certaines particularités liées auxdites exceptions et limitations. C'est de la sorte que l'ordre public, rempart contre les libertés individuelles, pourra être invoqué comme une véritable limite à la contractualisation de certaines de ces exceptions ou limitations.

II.

DROIT PUBLIC

JURISPRUDENCE

Aubin DASSI NDE[1]

Cour africaine des Droits de l'Homme et des Peuples – Arrêt Issa Lohé Issa Konaté : une décision perfectible ?

Résumé

L'Arrêt rendu le 5 décembre 2014 par la **Cour africaine** des droits de l'Homme et des peuples dans l'affaire Lohé Issa Konaté contre État du Burkina Faso ordonne, entre autres, l'**abrogation** par cet État des **peines privatives de liberté** en répression du délit de **diffamation**. Décision **difficilement efficace** parce que contraire à l'égalité juridique, aux ordres juridiques internes de la majorité des États et à la promotion de la politesse qui structure les valeurs africaines de civilisation.

Introduction

« Le droit de la diffamation appelle un combat entre liberté d'expression et droit à la réputation, deux droits fondamentaux entre lesquels la Cour doit tracer un juste équilibre »[2]. Le 5 décembre 2014, la Cour Africaine des Droits de l'Homme et des Peuples (en abrégé la Cour ADHP) a prononcé un Arrêt dans l'affaire Lohé Issa Konaté c/ l'État du Burkina Faso (Requête n° 004/2103). Rendu dans un contexte africain de propension à la diffamation

---

[1] Doctorant en Droit international public/Assistant de recherche au CEDIC (Centre d'Étude en Droit International et Communautaire)/Faculté des Sciences Juridiques et Politiques/ Université de Yaoundé II/ Cameroun.
Email : *dassindeaubin@gmail.com*

[2] Marie-Hélène Beaudoin et McCarthy Tétrault, « 10 jugements essentiels en matière de diffamation », article publié le 13 mars 2013, en ligne. Source : *http://www.ajbm.qc.ca* (consulté le 6 mars 2015 à 21 h 54 min).
Selon le juge Senécal (Québec), *« La forme d'expression du libellé importe peu; c'est le résultat obtenu dans l'esprit du lecteur qui crée le délit »*. (Cf. Aff. Beaudoin c. La Presse Ltée [1998] R.J.Q. 204 (C.S.), p. 211, citée par Marie-Hélène Beaudoin et McCarthy Tétrault, ibid.).

par voie de presse[3], cet arrêt novateur semble également présenter une certaine singularité quant aux pouvoirs des mécanismes juridictionnels communautaires de protection des droits de l'Homme[4].

Dans une foulée de rumeurs sociales suspectant des faits de blanchiment d'argent, l'hebdomadaire burkinabé *L'Ouragan* (ayant pour directeur de publication le sieur Lohé Issa Konaté) titra à la une de son numéro 257 du 1er août 2012 : *« Contrefaçon et trafic de faux billets de banque : Le procureur du Faso, 3 policiers et un cadre de banque, parrains des bandits »*. Aux pages 8 et 9 dudit numéro était publié un autre article intitulé : *« Le procureur du Faso : un torpilleur de la justice ? »* Ledit hebdomadaire titra également à la une de son numéro suivant (n° 258 du 8 août 2012) : *« Déni de justice – Le procureur du Faso, un justicier voyou ? »*

Suite à la plainte du Procureur du Burkina Faso Placide Nikiéma pour propos mensongers et diffamatoires, injures publiques et outrage à magistrat, Lohé Issa Konaté fut condamné à douze mois d'emprisonnement ferme, à une amende de 1,5 million de FCFA (environ 3000 $ EU) et à

---

[3] La Cour Européenne des droits de l'Homme, par exemple, face à la violation des dispositions de l'article 10 (liberté d'expression) de la Convention européenne des droits de l'Homme par un État assujetti, se borne jusqu'ici à prononcer le cas échéant des condamnations contre ledit État, sans rentrer dans son ordre juridique interne lui prescrire des éditions normatives (Cf. CEDH, Arrêt n° 25689/10 du 10 oct. 2013, M. c/ France, commenté en ligne le 18 octobre 2013).
Source : *http://web.lexisnexis.fr/depeches-jurisclasseur* (consulté le 17 février 2015 à 16 h 28 min).
Voir également : Cour EDH, 5e Sect. 15 juillet 2010, ***Roland Dumas c. France***; Cour EDH, 5e Sect. 22 avril 2010, *Haguenauer c. France* ; Cour EDH, 5e Sect. 25 février 2010, ***Renaud c. France ;*** Cour EDH, 4e Sect. 2 février 2010, *Kubaszewski c. Pologne* ; Cour EDH, 3e Sect. 20 avril 2010, *Cârlan c. Roumanie ;* Cour EDH, 2e Sect. 16 juillet 2009, *Féret c. Belgique* ; Cour EDH, 5e Sec 16 juillet 2009, *Willem c. France* ; Cour EDH, 5e Sect. Déc. 20 avril 2010,***Jean-Marie Le Pen c. France*** *(Cf.* Nicolas Hervieu, *« Diffamation d'un personnage politique du fait des accusations formulées par des adversaires politiques »* (PDF), in *Lettre « Actualités Droits-Libertés » du CREDOF,* article publié le 14 janvier 2011, en ligne.
Source :*http://revdh.org* (consulté le 29 janvier 2015 à 14h 53 min).

[4] En Algérie par exemple, la diffamation « *constitue 99% des plaintes portées contre les journalistes* » (Cf. Me Khaled Bourayou, Avocat algérien, cité par Edgar C. Mbanza, « *La dépénalisation des délits de presse en Afrique, un marché de dupes?* », article publié le 3 juin 2011, en ligne).
Source: *http://www.youphil.com* (consulté le 13 janvier 2015 à 21h 24 min).

payer à la victime la somme de 4,5 millions de FCFA (environ 9 000 $ EU) au titre de dommages et intérêts, ainsi qu'à 250 000 FCFA de frais de procédure (environ 500 $ EU), condamnations confirmées en appel. Après avoir purgé la peine d'emprisonnement prononcée, le sieur Konaté, estimant avoir été condamné en violation de sa liberté d'expression a, par requête n° 004/2013 du 17 juin 2013, saisi d'une plainte la Cour ADHP. Représenté par Me Yakaré-Oulé (Nani) Jansen de Media Legal Defence Initiative (MLDI) et Me John R.W.D. Jones le plaignant a, sous le moyen tiré de la violation de l'article 9 de la Charte africaine des droits de l'Homme et des peuples (Charte africaine), de l'article 19 du Pacte international relatif aux droits civils et politiques (PIDCP) et de l'article 66 al. 2 (c) du traité révisé de la CEDEAO, demandé à la Cour de :

« 1. Dire pour droit que la condamnation du Requérant, en particulier sa peine de prison ainsi que la condamnation à payer une amende importante, des réparations civiles et les frais de procédure, sont en violation du droit à la liberté d'expression ;

2. Constater que les lois du Burkina Faso sur la diffamation criminelle et l'injure sont contraires au droit à la liberté d'expression ou, à défaut, dire pour droit que la peine d'emprisonnement pour diffamation constitue une violation du droit à la liberté d'expression, et ordonner au Burkina Faso de modifier sa législation en conséquence ;

Ordonner au Burkina Faso d'indemniser le Requérant, notamment pour compenser la perte de ses revenus et de ses profits et lui octroyer une réparation pour souffrance morale ».

Jugée au cours de la 32e Session ordinaire de la Cour ADHP tenue les 20 et 21 mars 2014 à son siège à Arusha, l'affaire fut mise en délibéré pour être vidée le 05 décembre 2014 à travers le prononcé d'un arrêt dont le dispositif est ainsi conçu (Affaire Lohé Issa Konaté c. Burkina Faso, Requête n° 004/2013) :

« La Cour [...]

8) À l'unanimité,

ordonne à l'État défendeur de modifier sa législation sur la diffamation afin de la rendre compatible avec l'article 9 de la Charte, l'article 66 (2) (c) du Traité révisé de la CEDEAO :

- en abrogeant les peines privatives de liberté pour les actes de diffamation ;

- en adaptant sa législation afin de faire en sorte que les autres sanctions pour diffamation soient conformes aux critères de nécessité et de proportionnalité, conformément à ses obligations en vertu de la Charte et des autres instruments internationaux pertinents.

9) À l'unanimité,

ordonne à l'État défendeur de lui soumettre un rapport sur les mesures prévues à l'alinéa 8 ci-avant, dans un délai raisonnable qui dans tous les cas ne doit pas excéder deux ans, à partir du prononcé du présent arrêt.

10) À l'unanimité,

ordonne au Requérant de soumettre à la Cour son Mémoire sur les réparations dans un délai de trente (30) jours à compter de la date du prononcé du présent arrêt ; ordonne également à l'État défendeur de déposer son Mémoire en réponse sur les réparations dans un délai de trente (30) jours à partir de la réception du Mémoire du Requérant.

11) À l'unanimité,

dit que chaque Partie devra supporter ses frais de procédure ».

Cet arrêt a sans doute le mérite d'ordonner l'abrogation de peines privatives de liberté contre le délit de diffamation, eu égard à l'utilisation parfois abusive desdites peines contre les journalistes, pratique qui compromettrait la liberté d'expression[5] et le droit légitime à l'information auquel aspire toute société démocratique[6].

---

[5] Quelques semaines seulement avant le prononcé de l'arrêt Lohé Issa K., précisément le 27 octobre 2014, le journaliste Temesghen Desalegn fut condamné à trois ans de prison en première instance en Éthiopie (où siège paradoxalement l'Union africaine), pour diffamation et incitation à la violence : *« À ce jour, selon le CPJ* [Comité de protection des journalistes], *basé aux États-Unis, au moins 17 journalistes sont derrière les barreaux en Éthiopie. Ce chiffre est le plus élevé du continent, après l'Érythrée, qui compte le plus de journalistes emprisonnés du continent* ». (Cf. Assanatou Baldé, « *Ethiopie : un journaliste condamné à trois ans de prison* », article publié le 28 octobre 2014, en ligne.
Source : *http://www.afrik.com* (consulté le 3 mars 2015 à 9 h 32 min).

[6]*« Partout en Afrique, la quasi-totalité des organisations professionnelles réclame la dépénalisation [...]»* (Cf. Edgar C. Mbanza, *« La dépénalisation des délits de presse en Afrique, un marché de dupes? »*, article publié le 3 juin 2011, en ligne).

Cette décision de la Cour ADHP semble également répondre favorablement aux aspirations qu'expriment certaines organisations de la société civile et des professionnels de la presse ces dernières années à travers le monde pour la *« dépénalisation »*[7] des délits de presse. Mais pour pertinent qu'il soit, il susciterait tout de même un certain nombre de préoccupations.

L'arrêt Lohé Issa K. ne devant être exécuté qu'au Burkina Faso, la Cour ADHP devrait-elle instituer, en effet, des discriminations pénales entre les citoyens ressortissants de son territoire de compétence[8]? Pourquoi le Burkina Faso serait-il le seul État de l'UA auquel la Cour interdit d'édicter des lois réprimant de peine d'emprisonnement le délit de diffamation ? L'État, la société, la famille et le citoyen en Afrique ne devraient-ils pas jouir des mêmes protections contre des infractions commises par voie de presse qu'en France, par exemple, où les délits de presse ne sont pas *« dépénalisés »* ? Cet arrêt amènera-t-il tous les États membres de l'UA à abroger dans leurs ordres juridiques internes respectifs des dispositions réprimant des peines privatives de liberté des délits de diffamation ? La liberté d'expression serait-elle plus importante que les autres libertés que prône l'État de droit et de démocratie (liberté d'association ou de manifestation publique, liberté d'aller et de venir, liberté de conscience et du culte, droit à la réputation, etc.) ?

Ces questionnements pourraient se résumer en deux préoccupations essentielles : l'arrêt prononcé porte-t-il atteinte au principe d'égalité ? Est-il efficace ? La tentative d'y répondre consisterait à montrer en quoi l'arrêt Lohé Issa Konaté insufflerait l'inégalité juridique parmi les citoyens de l'Union africaine (I) et en quoi il serait difficilement efficace (II).

Source: *http://www.youphil.com* (consulté le 13 janvier 2015 à 21h 24 min).

[7]En fait de *« dépénalisation »*, il s'agit de suppression des peines privatives de liberté : lesdits groupes de pression souhaitent que des délits de presse ne soient réprimés que par des condamnations aux réparations civiles ou aux peines d'amende, lesquelles ne constituent pas une *« dépénalisation »*, l'amende étant en elle-même une peine principale.

[8] En l'occurrence tout le territoire du continent africain (hormis celui du Royaume du Maroc qui n'est pas membre de l'Union africaine).

I- Une promotion de l'inégalité juridique[9]

L'arrêt Lohé Issa K. ordonne, entre autres, que l'État du Burkina Faso, en répression du délit de diffamation, abroge les peines privatives de liberté,

[9] La *« dépénalisation »* des délits de presse (c'est-à-dire la suppression des peines d'emprisonnement en répression des infractions commises par des professionnels des médias à travers leurs publications, ou commises par voies de presse) est une revendication d'actualité en Afrique qui pose fondamentalement un problème d'égalité juridique des citoyens : devrait-on, au sein d'un même ordre juridique, instituer des régimes de répression des infractions distincts en fonction des statuts socioprofessionnels de leurs auteurs ? Ce problème préoccupe tant au niveau national qu'au niveau communautaire :
- au niveau national tout d'abord, l'État de droit impliquant l'égale soumission des citoyens à l'observance des normes juridiques, *« dépénaliser »* les délits de presse créerait des distinctions entre citoyens soumis au même au même ordre juridique.
Ces distinctions sont liées aussi bien au statut socioprofessionnel des citoyens (par exemple le pasteur, l'enseignant et le journaliste commettant le même délit de diffamation dans l'exercice de leurs professions respectives auraient des traitements pénaux distincts, les deux premiers étant passibles de peines d'emprisonnement, le dernier pas) qu'aux moyens de commissions des infractions (par exemple le journaliste serait ou pas susceptible de subir des peines d'emprisonnement selon qu'il diffame au quartier ou qu'il le fasse à travers ses publications).
- Au niveau communautaire ensuite, l'égalité juridique des citoyens de l'Union africaine (UA) impliquerait leur égale soumission aux normes communautaires, principe que semble heurter le caractère inter partes de l'arrêt Lohé Issa K., dont la jurisprudence ne s'applique qu'à l'État burkinabé et par ricochet aux seules personnes relevant de son champ de compétence juridictionnelle.
De ce fait, cet arrêt instituerait d'une part au sein de l'UA des ordres publics distincts selon que l'infracteur est soumis ou pas à la compétence juridictionnelle de l'État burkinabé (les atteintes à l'ordre public commises par des professionnels des médias à travers leurs publications seraient plus ou moins durement réprimées selon que l'infracteur est soumis aux lois burkinabé ou à celles d'un autre État de l'UA) ; il instituerait d'autre part des distinctions juridiques entre citoyens de l'UA selon qu'ils ressortissent des États ayant fait la *« déclaration »* ouvrant aux particuliers la saisine de la Cour ADHP face aux atteintes à la liberté d'expression, ou qu'ils ressortissent des États ne l'ayant pas faite.
L'on observe d'ailleurs qu'au sein de l'Union européenne la question de la répression des délits de presse relève des ordres juridiques nationaux, avec des États qui les *« dépénalisent »* (comme la Suède) et des États qui ne les *« dépénalisent »* pas (comme la Grande-Bretagne, la France, l'Allemagne ou la Belgique).
Les juges de la Cour ADHP, probablement écartelés entre les pressions de puissantes organisations de la société civile et le souci d'éviter les critiques que susciterait l'inégalité juridique engendrée par la *« dépénalisation »* des délits de presse, auraient fait le choix de décider d'une *« dépénalisation »* du délit de diffamation apparemment valable pour tous les

et adopte une loi qui réponde aux critères de proportionnalité et de nécessité, dans un délai raisonnable n'excédant pas deux ans. Cet arrêt n'a qu'une portée relative (inter partes), c'est-à-dire qu'il ne s'exécutera qu'au Burkina Faso, pas dans d'autres États de l'UA. En plus, l'ouverture aux citoyens de la saisine de la Cour ADHP par voie de requête est conditionnée par la *« déclaration »*[10] de leur État d'origine les y autorisant.

Cette décision communautaire semble heurter le principe d'égalité des citoyens devant la loi, principe fondateur de l'État de droit et de démocratie que prônent tant des textes internationaux (A) que des instruments communautaires (B).

---

citoyens burkinabés (pas seulement valable pour les professionnels de la presse ou pour la diffamation commise par voie de presse), tout en laissant à la charge des autorités de cet État la disgrâce du sale boulot : celui d'interpréter et d'appliquer cet Arrêt plutôt en termes de *« dépénalisation »* des délits de presse (comme elles sont en train de le faire actuellement, quitte à assumer l'inégalité juridique instituée).

Mais à lire de près cet arrêt, l'esquive savante de la Cour ADHP semble quelque peu trahie par la distance existant entre **les motifs** (toutes les bases légales invoquées sont liées à la protection de la liberté d'expression - Art. 9 de la Charte africaine des droits de l'Homme et des peuples ; 19 du 1er Pacte obligatoire sur les droits civils et politiques ; 66 al. 2 c du Traité révisé de la CEDEOA) et **le dispositif** de la décision (comprenant entre autres la *« dépénalisation »* du délit de diffamation). Aucune base légale invoquée dans les motifs de cet arrêt ne justifie la suppression des peines privatives de prison en répression du délit de diffamation (applicable en principe à toutes les personnes relevant de la compétence juridictionnelle du Burkina Faso, sans égard à leurs statuts socioprofessionnels ni aux moyens usités pour commettre l'infraction, comme aux USA, au Canada, en Suède, etc.).

[10] Cf. Art. 5 al. 3e et Art. 34 al. 6e du Protocole relatif à la Charte africaine des droits de l'Homme et des peuples portant création d'une Cour africaine des droits de l'Homme et des peuples.

L'art. 5 al. 3e dudit Protocole dispose : *« La Cour peut permettre aux individus ainsi qu'aux organisations non gouvernementales (ONG) dotées du statut d'observateur auprès de la Commission d'introduire des requêtes directement devant elle conformément à l'article 34 (6) de ce Protocole ».*

L'art. 34 al. 6e dudit Protocole dispose : *« À tout moment à partir de la ratification du présent Protocole, l'État doit faire une déclaration acceptant la compétence de la Cour pour recevoir les requêtes énoncées à l'article 5(3) du présent Protocole. La Cour ne reçoit aucune requête en application de l'article 5 (3) intéressant un État partie qui n'a pas fait une telle déclaration ».*

A- Violation des instruments internationaux

Les distinctions juridiques que semble établir l'arrêt Lohé Issa K. entre les citoyens de l'UA face à la répression pénale constitueraient une atteinte au principe d'égalité qu'instituent tant la Déclaration universelle des droits de l'Homme (1) que le 1er Pacte international obligatoire sur les libertés civiles et politiques (2), entre autres traités internationaux promouvant les droits de la personne humaine.

1- Atteinte à la Déclaration universelle des droits de l'Homme

La Déclaration universelle des droits de l'Homme du 10 octobre 1948 (ONU), à laquelle ont adhéré tous les États de l'Union africaine dispose :

(Art. 1er) « *Tous les êtres humains naissent libres et égaux en dignité et en droits. Ils sont doués de raison et de conscience et doivent agir les uns envers les autres dans un esprit de fraternité* ».

En ordonnant l'abrogation par l'État du Burkina Faso de peines privatives de liberté réprimant le délit de diffamation, l'arrêt Lohé Issa K. porterait atteinte à l'égalité juridique des citoyens de l'UA, à travers des distinctions tant nationales (b) que sociales et/ou de fortune (a).

a- Distinctions juridiques suivant l'origine nationale entre les citoyens de l'UA

La déclaration sus-évoquée dispose (Art. 2 al. 2e) : « *De plus, il ne sera fait aucune distinction fondée sur le statut politique, juridique ou international du pays ou du territoire dont une personne est ressortissante, que ce pays ou territoire soit indépendant, sous tutelle, non autonome ou soumis à une limitation quelconque de souveraineté* ».

(Article 7) « *Tous sont égaux devant la loi et ont droit sans distinction à une égale protection de la loi. Tous ont droit à une protection égale contre toute discrimination qui violerait la présente Déclaration et contre toute provocation à une telle discrimination* ».

Contrairement aux dispositions de l'article 2, cet arrêt créerait de la « *distinction* » d'« *origine nationale* » entre citoyens de l'UA : auteurs du délit de diffamation, les citoyens de l'UA seraient désormais passibles ou pas de condamnation aux peines privatives de liberté selon qu'ils sont assujettis ou pas à la compétence juridictionnelle du Burkina Faso. Il s'agirait dès lors d'une distinction fondée sur le statut *« juridique ou international »* de leurs États respectifs[11].

De même, en violation des dispositions de l'Art. 7 de la Déclaration universelle des droits de l'Homme, l'arrêt Lohé Issa K. établirait l'inégalité des citoyens de l'UA devant la loi tout comme leur inégale protection par la loi (en fonction des juridictions nationales auxquelles ils sont assujettis).

b- Distinctions juridiques suivant le statut social entre les citoyens de l'UA

La Déclaration universelle des droits de l'Homme dispose (Art. 2 al. 1er) *« Chacun peut se prévaloir de tous les droits et de toutes les libertés proclamés dans la présente Déclaration, sans distinction aucune, notamment de race, de couleur, de sexe, de langue, de religion, d'opinion politique ou de toute autre opinion, d'origine nationale ou sociale, de fortune, de naissance ou de toute autre situation »*.

En fait de distinction d'origine « sociale » ou « de fortune », les justiciables du Burkina Faso seraient désormais autorisés ou pas de diffamer, d'humilier autrui selon qu'ils sont nantis (et peuvent donc payer des amendes) ou pas. Si la peine d'emprisonnement vise entre autres valeurs téléologiques la préservation de l'ordre public par la mise hors d'état de nuire du délinquant, ce but social deviendrait inopérant face au délinquant fortuné. La liberté distinctive de nuire à autrui en fonction de la fortune du délinquant ne rentrerait donc pas dans l'esprit des dispositions de l'Art. 2 al. 1er de la Déclaration universelle des droits de l'Homme. Qu'en est-il des atteintes probablement portées au 1er Pacte international obligatoire par cet arrêt ?

2- Atteintes au 1er Pacte international obligatoire sur les droits civils et politiques

La décision du juge communautaire africain semble heurter ce Pacte quant au respect de l'égalité juridique des citoyens de l'UA (a) et des pouvoirs d'ordre public relevant du domaine de souveraineté des États membres (b).

a- Atteinte à l'égalité juridique des citoyens consacrée par le 1er Pacte

[11] Selon qu'ils sont ressortissants d'un État ayant fait la *« déclaration »* ou pas.

Le 1er Pacte obligatoire sur les droits civils et politiques (ONU, 16 décembre 1966) dispose :

(Premier considérant du Préambule) : « *Considérant que, conformément aux principes énoncés dans la Charte des Nations Unies, la reconnaissance de la dignité inhérente à tous les membres de la famille humaine et de leurs droits égaux et inaliénables constitue le fondement de la liberté, de la justice et de la paix dans le monde* ».

(Art. 2 al. 1er) : « *Les États parties au présent Pacte s'engagent à respecter et à garantir à tous les individus se trouvant sur leur territoire et relevant de leur compétence les droits reconnus dans le présent Pacte, sans distinction aucune, notamment de race, de couleur, de sexe, de langue, de religion, d'opinion politique ou de toute autre opinion, d'origine nationale ou sociale, de fortune, de naissance ou de toute autre situation* ».

S'il est ainsi admis que la reconnaissance de « *droits égaux et inaliénables* » à tous les citoyens « *constitue le fondement de la liberté, de la justice et de la paix* », alors l'arrêt Lohé Issa, en établissant une « *distinction* » pénale entre les citoyens de l'UA, ne semble pas se conformer aux dispositions du 1er Considérant du Préambule du 1er Pacte international obligatoire sur les droits civils et politiques (premier considérant du Préambule).

Cet arrêt ne permettrait pas non plus à l'État burkinabé d'honorer son engagement « *à respecter et à garantir à tous les individus* » se trouvant sur son territoire et relevant de sa compétence les droits reconnus dans ledit Pacte, sans distinction « *d'origine nationale ou sociale* » (Art. 2 al. 1er dudit Pacte).

b- Atteinte au pouvoir étatique de réglementation de l'ordre public interne consacré par le 1er Pacte

Le 1er Pacte obligatoire sur les droits civils et politiques dispose :

(Art. 19) « *1. Nul ne peut être inquiété pour ses opinions.*

2. Toute personne a droit à la liberté d'expression ; ce droit comprend la liberté de rechercher, de recevoir et de répandre des informations et des idées de toute espèce, sans considération de frontières, sous une forme orale, écrite, imprimée ou artistique, ou par tout autre moyen de son choix.

3. L'exercice des libertés prévues au paragraphe 2 du présent article comporte des devoirs spéciaux et des responsabilités spéciales. Il peut en conséquence être soumis à certaines restrictions qui doivent toutefois être expressément fixées par la loi et qui sont nécessaires :

a) Au respect des droits ou de la réputation d'autrui ;

b) À la sauvegarde de la sécurité nationale, de l'ordre public, de la santé ou de la moralité publiques ».

Conformément aux dispositions de l'article 19 alinéa 3e ci-dessus citées, l'exercice de la liberté d'expression comporte « *des devoirs spéciaux et des responsabilités spéciales* », et peut par conséquent faire l'objet de restrictions nécessaires « *au respect des droits ou de la réputation d'autrui* » ou « *à la sauvegarde de la sécurité nationale, de l'ordre public, de la santé ou de la moralité publiques* ».

Ces restrictions doivent être expressément « *fixées par la loi* » nationale, un champ de souveraineté de l'État burkinabé que ne semble pas respecter l'arrêt Lohé Issa K. en lui soustrayant la latitude de fixer librement son ordre public intérieur par la libre fixation de peines en répression du délit de diffamation. Cette décision de la Cour ADHP ne manquerait pas non plus de heurter des textes communautaires.

B-Violation des instruments communautaires

L'arrêt Lohé Issa K. porterait atteinte à certaines dispositions de la Charte africaine des droits de l'Homme et des peuples (A) et du Traité révisé de la CEDEAO (B).

1- Atteintes à la Charte africaine des droits de l'homme et des peuples

L'arrêt Lohé Issa K. semble également remettre en cause aussi bien le respect de l'égalité juridique des citoyens de l'UA (a) que le domaine de souveraineté réservé des États membres (b).

a- Compromission de l'égalité juridique des citoyens

La Charte africaine des droits de l'Homme et des peuples (dite Charte) dispose :

(Art. 3) « *1- Toutes les personnes bénéficient d'une totale égalité devant la loi.*

2- Toutes les personnes ont droit à une égale protection devant la loi ».

(Art. 27 al. 2e) « *Les droits et les libertés de chaque personne s'exercent dans le respect du droit d'autrui, de la sécurité collective, de la morale et de l'intérêt commun* ».

L'arrêt Lohé Issa K., en ordonnant à l'État souverain du Burkina Faso la suppression de peines privatives de liberté contre la diffamation, compromettrait l'égalité des citoyens de l'UA tant « *devant la loi* » que leur « *égale protection devant la loi* », selon qu'ils sont ressortissants de l'État burkinabé ou non, ressortissants d'un État ayant fait la « déclaration » ou non, toutes choses contraires aux dispositions de l'article 3 de la Charte, sus-citées. Cette décision ne semble pas non plus épouser l'esprit des dispositions de l'article 27 al 2 de ladite Charte : en ordonnant sélectivement l'allégement de la répression du délit de diffamation, la Cour ADHP ouvrirait des boulevards à des dérives en tous genres dans l'exercice de la liberté de presse, laquelle se muerait plutôt en libertinage, car ne s'exerçant plus « *dans le respect du droit d'autrui, de la sécurité collective, de la morale et de l'intérêt commun* ».

b- Compromission du domaine de souveraineté étatique

La Charte Africaine des Droits de l'Homme et des Peuples dispose (Art. 9 al 2 de la Charte) : « *2- Toute personne a le droit d'exprimer et de diffuser ses opinions dans le cadre des lois et règlements* ».

Le législateur africain semble ainsi insister sur le devoir d'encadrement de la liberté de la presse par la loi. Ces « *lois et règlements* » qui structurent l'ordre public interne des États au sein desquels s'exerce ladite liberté, devraient échapper au contrôle du juge communautaire. Le Traité révisé de la CEDEAO s'inscrirait également dans cet esprit d'encadrement et de limitation normatifs de la liberté d'expression.

2- Atteintes au Traité révisé de la CEDEAO

L'arrêt Lohé Issa K. semble constituer une atteinte directe (a) et une atteinte dérivée (b) au Traité révisé de la CEDEAO du 24 juillet 1993.

a- Atteintes directes

Ledit Traité en son article 4 dispose que les États parties affirment et déclarent solennellement leur adhésion à des principes fondamentaux dont : « *(a) égalité et interdépendance des États membres [...]* ». L'arrêt Lohé Issa K., une fois dûment exécuté, le Burkina Faso serait le seul État de la CEDEAO où il soit interdit de prévoir ni d'appliquer des peines privatives de liberté en répression du délit de diffamation ; il y aurait en plus vis-à-vis des autres États membres (réprimant de peines privatives de liberté ledit délit) comme une immunité de condamnation auxdites peines quand l'infraction est commise dans le ressort de compétence juridictionnelle du Burkina Faso, toutes choses contraires à l'un des principes fondateurs de la CEDEAO ci-dessus évoqué : « *égalité et interdépendance des États membres* ».

b- Atteintes dérivées

Le Traité révisé de la CEDEAO dispose (Art. 4) : « *PRINCIPES FONDAMENTAUX*

LES HAUTES PARTIES CONTRACTANTES, dans la poursuite des objectifs énoncés à l'Article 3 du présent Traité affirment et déclarent solennellement leur adhésion aux principes fondamentaux suivants :

[...]

(g) Respect, promotion : protection des droits de l'Homme et des peuples conformément aux dispositions de la Charte Africaine des Droits de l'Homme et des Peuples ».

Ledit Traité renvoie au respect des droits de l'Homme et des peuples tel que prévu par la Charte. Or, comme nous l'avons précédemment relevé, le dispositif de cet arrêt heurte un certain nombre de dispositions de ladite Charte (notamment les dispositions des arts. 3, 9 et 27).

En somme, l'arrêt Lohé Issa K., en ordonnant à l'État du Burkina Faso l'abrogation des peines privatives de liberté en répression du délit de diffamation, promouvrait l'inégalité juridique parmi les citoyens de son ressort de compétence juridictionnelle, selon qu'ils ressortissent dudit État ou non, selon qu'ils ressortissent d'un État ayant fait la « *déclaration* » ou non. Cette décision présenterait en plus un certain nombre de facteurs d'inefficacité.

II- Une décision difficilement efficace

Les droits de l'Homme et des peuples ont pour fondements la dignité et l'égalité des Hommes et des peuples. Parce qu'elle est digne de respect, la personne humaine ne doit pas être insultée, diffamée, calomniée ni outragée. Parce qu'ils sont tous égaux en droit, les citoyens assujettis à un ordre juridique doivent jouir des mêmes libertés et des mêmes devoirs, c'est-à-dire, entre autres valeurs, être passibles des mêmes peines quand ils commettent une infraction donnée, sans discriminations inhérentes à leur situation ni aux moyens usités pour la commettre. Le bon ordre social, la nécessaire fraternité communautaire, le vivre-ensemble (ou plutôt le bien-vivre-ensemble durablement) républicain s'accommoderaient dès lors difficilement d'une décision de justice qui semble difficilement efficace tant dans la promotion de la liberté d'expression (A) que dans l'inflexion positive de la dynamique normative (B).

A- Difficultés dans la promotion de la liberté d'expression

La *« dépénalisation »* des délits de presse n'est pas nécessairement synonyme de promotion de la liberté d'expression[12]. Elle ne favoriserait pas non plus la protection des autres libertés individuelles contre les dérives et bavures médiatiques : si en Algérie par exemple la diffamation *« constitue 99 % des plaintes portées contre les journalistes »*[13], cela ne signifierait-il pas que la *« dépénalisation »* des délits de presse sacrifierait d'autant les autres libertés individuelles ? Pour pertinent qu'il semble l'être, l'arrêt Lohé Issa K., en certains de ses aspects, paraît quelque peu équivoque (1) et probablement pernicieux (2) pour l'épanouissement de la liberté d'expression.

---

[12] Des États africains comme la Mauritanie (loi d'octobre 2006), le Togo (2006) ou le Bénin (loi du 22 janvier 2015 portant Code de l'information et de la communication) ont *« dépénalisé »* les délits de presse. Le Tchad dans la même voie est allé plus loin en 2010 en supprimant le délit d'offense au chef de l'État. Devrait-on en conclure que la liberté d'expression est mieux promue et protégée dans lesdits États qu'en France où les délits de presse ne sont pas *« dépénalisés »* ?

[13] Me Khaled Bourayou, Avocat algérien, cité par Edgar C. Mbanza, *« La dépénalisation des délits de presse en Afrique, un marché de dupes? »*, article publié le 3 juin 2011, en ligne). Source: *http://www.youphil.com* (consulté le 13 janvier 2015 à 21h 24 min).

1- Une décision équivoque

L'arrêt Lohé Issa K. semble regorger d'un certain nombre d'incertitudes quant à ses qualités intrinsèques, charriant notamment des non-sens ou des imprécisions liés aussi bien à l'acte matériel du délit de diffamation (a) qu'à la répression dudit délit (b).

a- Non-sens inhérents à l'acte matériel de diffamation

L'arrêt Lohé Issa K. ordonnant à l'État du Burkina Faso l'abrogation des peines privatives de liberté en répression du délit de diffamation, laquelle fait partie du délit d'atteinte à la tranquillité des personnes, au même titre que le chantage, la dénonciation calomnieuse, l'injure publique, les menaces (simples ou sous condition), etc. L'arrêt en cause n'exclut les condamnations aux peines privatives de liberté que contre le délit de diffamation.

Or, l'acte matériel de diffamation (porter atteinte à l'honneur ou à la considération d'autrui en lui imputant un fait dont on ne peut rapporter la preuve) serait en soi plus grave que celui constitutif d'injure publique (expression outrageante ne renfermant l'imputation d'aucun fait), par exemple. Au titre d'illustration, cet arrêt dûment exécuté, le justiciable burkinabé qui traite publiquement son voisin de *« petit voleur ! »* (injure publique) serait passible de peine d'emprisonnement. Mais s'il aggrave son infraction en imputant en plus à sa victime un fait humiliant dont il ne peut rapporter la preuve, c'est-à-dire en le traitant plutôt, par exemple, de *« petit voleur qui a arraché le porte-monnaie d'une veuve hier soir ! »* (diffamation), alors il ne risquerait plus d'être condamné à une peine d'emprisonnement.

L'autre zone d'ombre résiderait dans la question de savoir si l'abrogation des peines privatives de liberté ordonnée par la Cour ADHP en répression du délit de diffamation est extensible au délit d'outrage, quand on sait que l'outrage n'est qu'une variante (ratione personae de la victime) des délits de diffamation, d'injure ou de menace, c'est-à-dire lorsqu'ils sont portés contre une personne dépositaire de l'autorité publique (président de la République, chefs de gouvernements étrangers, ministres des Affaires étrangères des gouvernements étrangers, agents diplomatiques accrédités, corps constitués et fonctionnaires, etc.). Dans l'affirmative, ce qui semble être le cas[14], la

---

[14] La victime en l'espèce, le sieur Placide Nikiéma, était au moment des faits *«Procureur du Faso»*, c'est-à-dire un haut fonctionnaire de l'État du Burkina Faso. En fait de *« diffamation »*, il s'agirait donc plutôt d'un outrage.

confusion serait encore plus profonde, car l'*« outrage »* outrepassant la diffamation en intégrant l'injure et la menace, l'on comprendrait difficilement que l'auteur de ces deux dernières infractions soit passible de condamnations aux peines privatives de liberté, et en soit exempté quand il les commet sous forme d'outrage.

Dans la négative, ce qui semble peu probable, l'on se demanderait comment respecter l'égalité juridique des citoyens tout en établissant entre eux des distinctions pénales face à la protection contre le délit de diffamation, distinction fondée sur le statut social des victimes : la diffamation commise contre un simple citoyen ne serait réprimée que par des condamnations à des peines d'amende, tandis que la même infraction commise au préjudice des autorités (outrage) serait réprimée par des condamnations à des peines d'emprisonnement.

b- Imprécisions inhérentes à la répression du délit de diffamation

Si le droit prend source dans la coutume, la loi, la doctrine et la jurisprudence, ces sources se doivent, pour être efficaces, de répondre aux bonnes qualités minimales de toute règle de droit : sa clarté, sa précision, sa prévisibilité, sa congruité, son adéquation téléologique, etc., tant il est vrai que les défis d'humanisation des hommes et des sociétés par le droit impliquent à la fois la bonne qualité de la norme juridique et l'efficience de son application.

L'arrêt Lohé Issa K., tout en ordonnant que la peine d'amende *« réponde aux critères de proportionnalité et de nécessité »* dans sa fixation par le législateur étatique comme dans sa détermination par le juge étatique, n'offre aucun encadrement formel ou matériel, ni aucune unité de mesure, à l'aune desquels seraient appréciées lesdites proportionnalités et nécessités. Cette décision est par conséquent équivoque et susceptible d'embarrasser aussi bien le législateur que le juge étatique, difficulté que ne résoudrait peut-être pas l'institution de la peine d'amende qui semble être également pernicieuse pour la prospérité de la liberté de la presse.

2- L'amende, une peine pernicieuse pour la liberté d'expression

L'arrêt Lohé Issa K., apparemment rendu dans une perspective de *« dépénalisation »* des délits de presse en Afrique, pourrait plutôt, à certains égards, sinon compromettre l'épanouissement de ladite liberté, du moins ne pas beaucoup contribuer à sa prospérité concrète : la condamnation aux dommages-intérêts en réparation des préjudices causés aux victimes des délits de presse relève exclusivement de la compétence matérielle et des pouvoirs du juge du fond et échappe en principe au contrôle du juge communautaire. L'usage vicieux de cette appréciation souveraine du juge étatique, y compris dans un contexte de *« dépénalisation des délits de presse »*, pourrait servir de voie de contournement muselant ladite liberté.

Au titre d'illustration, la Suède, qui est historiquement pionnière dans la promotion de la liberté de la presse (et dont les lois ne prévoient que des peines d'amende en répression des délits de presse)[15], en répression de la publication d'un article diffamatoire, a condamné le rédacteur en chef du quotidien du soir *Expressen* au versement de SEK 75 000 (environ 8 200 euros, soit environ 5.371.000 FCFA) pour infraction à la *Tryckfrihetsförordningen* (loi relative à la liberté de la presse) : Jugement du tribunal de grande instance de Stockholm du 15 décembre 2006, affaire n° B 11840-06[16]. L'on pourrait bien se demander combien de journaux

[15]La Suède fut le tout premier pays au monde à instituer le droit de la presse dès 1766. L'État de Virginie se plaça en 1776 dans la logique de la Suède : la section 12 du *Virginia's Bill of Rights*, la Loi fondamentale de l'État, indiqua en effet qu'aucun gouvernement ne pouvait empêcher l'expression de la liberté de la presse. (Cf. *« La liberté de la presse »*, document en ligne.
Source: *www.larousse.fr/encyclopedie/divers* (consulté le 22 décembre 2014 à 11h 26 min).
La Constitution des États-Unis reprend à son compte ce principe, car le premier Amendement à la Constitution américaine voté en 1791 dispose que *« le Congrès ne fera aucune loi qui touche l'établissement ou interdise le libre exercice d'une religion, ni qui restreigne la liberté de la parole ou de la presse, ou le droit qu'a le peuple de s'assembler paisiblement et d'adresser des pétitions au gouvernement pour la réparation des torts dont il a à se plaindre »*. (Cf. *« La liberté d'expression aux États-Unis »*, document mis en ligne le 1er mai 2013.
Source: *http://iipdigital.usembassy.gov* (consulté le 28 janvier 2015 à 16h 26 min).
Dans le même sens en France, l'article 11 de la Déclaration des droits de l'Homme et du citoyen (1789) disposait que *« tout citoyen peut parler, écrire, imprimer librement »*, des libertés d'expression que traduisent les dispositions de la loi du 29 juillet 1881, toujours en vigueur en France.
[16] Michael Plogell et Monika Vulin, «Le rédacteur en chef d'un quotidien du soir reconnu coupable d'infraction à la loi relative à la presse», article mis en ligne le 18 mars 2007.
Source : *http://merlin.obs.coe.int/iris*(consulté le 6 janvier 2015 à 23h 13 min).
Cet article a été également publié dans IRIS Observations juridiques de l'Observatoire européen de l'audiovisuel (IRIS 2007-3:18/28).

paraîtraient encore en Afrique si chaque publication diffamatoire devait être sanctionnée pas une condamnation au versement de CFA 5.371.000 en réparation des préjudices subis.

Mais en dehors des condamnations aux dommages-intérêts, la répression des délits de presse à travers des condamnations aux peines d'amende constitue en soi tant une privation potentielle de liberté (a) qu'une asphyxie potentielle de la liberté d'expression (b).

a- Une peine potentiellement privative de liberté

L'arrêt Lohé Issa K. ordonne l'abrogation des peines privatives de liberté en répression du délit de diffamation et prône en lieu et place plutôt l'adoption de la peine d'amende. Si cette décision constitue de prime abord une bouffée d'oxygène pour la prospérité de la liberté d'expression et surtout pour la sûreté individuelle des travailleurs du domaine de la presse, cette amende pourrait se muer en véritable peine d'emprisonnement à travers la contrainte par corps en cas de non-paiement.

En effet, l'égalité des citoyens devant la loi et le bon ordre républicain impliquent que les peines définitives soient dûment exécutées sans distinction. Par conséquent, pour amener les condamnés aux amendes à exécuter leurs peines, les législations nationales prévoient généralement des contraintes par corps qui consistent, à défaut du paiement volontaire, en l'appréhension physique du délinquant et sa détention à due concurrence du quantum de l'amende, pour une durée évaluée suivant un barème légalement prévu. La peine d'amende se mue ainsi en « *peine privative de liberté* »[17], en plus d'être potentiellement asphyxiante pour la liberté de la presse.

b- Une peine potentiellement asphyxiante

Le marché africain de la presse demeure dans un état végétatif, marqué par une rareté en véritables entreprises de presse, des créations spontanées d'organes de presse à gages ou aux ordres, l'intrusion d'aventuriers en tous

---

Expressen avait faussement annoncé sur ses affiches qu'un célèbre acteur (M.P.) avait été admis en clinique pour éthylisme grave.

[17] Il en est ainsi édicté à travers de nombreux Codes de procédure pénale des États africains : au Tchad (Art. 711 et suivants), au Burkina Faso (Art. 699 et suivants), au Cameroun (Art. 557 et suivants), au Sénégal (Art. 710 et suivants), etc.

genres[18] et surtout la carence de ses acteurs en ressources financières. Dans un pareil contexte d'ouverture de la profession au tout-venant et d'indigence financière, la profusion des délits de presse et leur répression par des condamnations aux peines d'amende constitueraient, sous certains angles, un précieux piège efficace pour le musellement de la liberté d'expression.

B- Difficultés dans l'inflexion positive des dynamiques normatives

L'arrêt communautaire Lohé Issa K., comme source de droit, a vocation à influer, plus ou moins directement, sur les édictions et pratiques normatives des États assujettis à la Cour ADHP, voire au-delà. Seulement, la prospérité de cette décision pourrait se trouver confrontée à des facteurs d'inefficacité tant internes (1) qu'externes à l'Union africaine (2).

1- Facteurs d'inefficacité internes à l'Union africaine

Au sein de l'UA la prospérité de l'arrêt Lohé Issa K. pourrait être freinée par des facteurs d'inefficacité à l'échelle tant nationale (a) que communautaire (b).

a- Inefficacité prévisible à l'échelle nationale

Bien que l'arrêt Lohé Issa K. n'ordonne l'abrogation des peines privatives de liberté qu'en répression du délit de diffamation, et bien qu'il ne limite pas ladite abrogation à la seule circonstance où ledit délit est commis par voie de presse, l'interprétation qui en est faite au Burkina Faso le transforme plutôt en une véritable *« dépénalisation des délits de presse »*[19].

Entre l'édiction d'une norme et son efficience s'étale généralement une zone d'incertitude tributaire de nombreux déterminants, dont sa congruité

---

[18] « [...] *Des personnages sans formation, ne maîtrisant aucune règle professionnelle, se sont engouffrés dans le métier, les uns par idéologie, les autres par appât du gain. Beaucoup y sévissent encore, du moins dans la presse privée* », écrivait Serge Hirel en 2004, cité par Vieux Eyike, Juge d'instruction au Tribunal de Première Instance du Wouri (Cameroun), *« La presse au Cameroun : la problématique de la dépénalisation des infractions...»* article en ligne (dernière modification : 09 janvier 2013).
Source : *http://www.njanguipress.com* (consulté le 24 février 2015 à 21 h 57 min).

[19] *« Les autorités de la Transition au Burkina Faso envisagent de soumettre un projet de loi sur la dépénalisation des délits de presse à l'Assemblée nationale provisoire »*. (Cf. Patrick Demaison, « Burkina Faso : vers une dépénalisation des délits de presse », article publié le 23 janvier 2015, en ligne.
Source : *http://www.afriqueactualite.com*(consulté le 27 février 2015 à 14 h 43 min).

et sa justesse, des valeurs que ne semble pas promouvoir la *« dépénalisation des délits de presse »*. La situation socioprofessionnelle et les usages médiatiques deviendraient au Burkina Faso de véritables alibis d'exemption pénale, compromettant l'efficacité de son ordre public intérieur.

Pour ce qui concerne tout d'abord les situations socioprofessionnelles, l'arrêt Lohé Issa K. ordonne à l'État du Burkina Faso l'abrogation des peines privatives de liberté en répression des délits de diffamation, et l'observance de proportionnalité et de nécessité dans la fixation des peines d'amende face à ladite infraction. L'Arrêt Lohé Issa K., interprété et exécuté en termes d'abrogation des peines privatives de liberté en répression des délits de presse (c'est-à-dire y compris l'injure, le chantage, les menaces, l'outrage, etc., commis par voie de presse), le sentiment d'appartenance à la même patrie, la cohésion sociale et la confiance en la justice au Burkina Faso cèderaient tôt le pas aux frustrations et rancœurs en tous genres, ferments de désordre, de violence et de déliquescence de la solidarité républicaine : pour avoir commis le même délit de diffamation l'on serait susceptible de se voir infliger ou pas des peines d'emprisonnement, selon qu'on est un professionnel des médias ou pas.

Pour ce qui concerne ensuite les usages médiatiques comme alibis d'exemption pénale, l'interprétation de l'arrêt Lohé Issa K. en termes de *« dépénalisation des délits de presse »* ne favoriserait pas non plus l'efficacité de l'ordre public interne au Burkina Faso. Rendu dans un contexte africain empreint de flottement du statut de *« journaliste »* et d'ouverture des métiers de la presse au tout-venant, et ainsi interprété, cet arrêt serait source d'anarchie.

En effet, qui est *« journaliste »* et qui ne l'est pas ? Qui est *« responsable d'organe de presse »* et qui ne l'est pas ? Plus généralement, à propos du journaliste, parle-t-on d'une personne qui exerce à titre principal une activité de presse et en tire l'essentiel de ses revenus. Cet arrêt interprété et exécuté en termes de *« dépénalisation des délits de presse »*, l'imprécision du statut du *« journaliste »*[20] ferait de l'usage de la presse un excellent moyen

[20] Dans tous les cas, l'on se trouverait le plus probablement comme pris dans une espèce de cercle vicieux quant à la promotion de la liberté d'expression par la loi: à travers l'encadrement normatif du statut du journaliste (conditionnement de l'accès à ladite

offert au tout-venant pour commettre des délits de diffamation sans risques de condamnations aux peines d'emprisonnement.

b- Inefficacité prévisible à l'échelle communautaire

L'arrêt Lohé Issa K. ordonne l'abrogation des peines privatives de liberté en répression du délit de diffamation. Mais les motivations de ladite décision[21], tout comme son interprétation, laisse plutôt entrevoir un appel à l'abrogation des peines d'emprisonnement face aux délits de presse, dont les plus courants sont l'injure, la diffamation, le chantage, l'outrage, la calomnie, etc. Cette décision, en condamnant l'État du Burkina Faso qui a librement fait la « *déclaration* » préalable autorisant la saisine directe de la Cour ADHP par ses citoyens[22], serait de nature à dissuader les autres États membres de l'UA de le faire. D'autre part, comme source de droit applicable

---

profession et de son exercice), le risque serait grand d'étouffer ladite liberté par des lois trop strictes ou politiquement orientées.

De même, en laissant le champ libre par l'ouverture de ladite profession au tout-venant (en termes d'accès et d'exercice), l'on ne saurait plus qui est « *journaliste* » et qui ne l'est pas, qui devra bénéficier de la « *dépénalisation des délits de presse* » et qui ne le devra pas (n'importe qui pouvant être chasseur, vendeur de tapis ou maçon la veille, « *journaliste* » le lendemain puis charpentier, tailleur ou soudeur le surlendemain), toutes choses compromettant la protection de la liberté de la presse.

[21] La condamnation prononcée contre l'État du Burkina Faso est ainsi justifiée par ledit Arrêt : « *La Cour [...]*

3) À l'unanimité

Dit que l'État défenseur a violé l'article 9 de la Charte, l'article 19 du Pacte et l'article 66 (2) (c) du Traité révisé de la CEDEA du fait de l'existence dans sa législation de sanctions privatives de liberté en matière de diffamation [...].

5) À l'unanimité

Dit que l'État défenseur a violé l'article 9 de la Charte, l'article 19 du Pacte et l'article 66 (2) (c) du Traité révisé de la CEDEA du fait de la condamnation du requérant à une peine d'emprisonnement [...] ».

Rappelons que les trois textes ci-dessus visés ont chacun une portée qui ne se limite pas au délit de diffamation. Par analogie, la dépénalisation du délit de diffamation impliquerait celle du délit d'injure, de chantage, de calomnie, d'outrage, etc.

Au titre d'exemple, l'article 9 de la Charte Africaine des Droits de l'Homme et des peuples, sans spécifier un délit précis, dispose en des termes généraux: « *1. Toute personne a droit à l'information.*

2. Toute personne a le droit d'exprimer et de diffuser ses opinions dans le cadre des lois et règlements ».

[22] Cf. Art. 34 al. 6e du Protocole créant la Cour ADHP.

à l'UA, cet arrêt semble traîner dans ses interstices une incongruité rédhibitoire par rapport tant aux pratiques institutionnelles de l'UA qu'à la préservation des valeurs anthropologiques qui structurent le vivre-ensemble africain, toutes choses qui ne faciliteraient pas son efficacité à l'échelle communautaire.

En ce qui concerne tout d'abord les pratiques institutionnelles de l'UA, le Traité de l'Union africaine (UA) consacre la prééminence de la Conférence des chefs d'État et de gouvernement, laquelle est seule compétente pour [Art 9 al.1 (b)] *« recevoir, examiner et prendre des décisions sur les rapports et les recommandations des autres organes de l'Union et prendre des décisions à ce sujet »*, mais également pour [Art 9 al.1(e)] *« assurer le contrôle de la mise en œuvre des politiques et décisions de l'Union, et veiller à leur application par tous les États membres »*.

Le Protocole portant création de la Cour ADHP s'inscrit logiquement dans ce canevas en disposant que (Art. 30) *« les États parties au présent Protocole s'engagent à se conformer aux décisions rendues par la Cour dans tout litige où ils sont en cause et à en assurer l'exécution dans le délai fixé par la Cour »* et que (Art. 31) *« la Cour soumet à chaque session ordinaire de la Conférence un rapport annuel sur ses activités. Ce rapport fait état en particulier des cas où un État n'aura pas exécuté les décisions de la Cour »*. Mieux encore (Art. 29 al. 2e), *« Les arrêts de la Cour sont aussi notifiés au Conseil des ministres qui veille à leur exécution au nom de la Conférence »*.

Par conséquent, le devenir des arrêts de ladite Cour, faute de sanctions objectives à l'encontre des États en cas d'inexécution, demeure tributaire des orientations de la Conférence dont le fonctionnement, en l'absence de moyens de contraintes directes entre homologues, suivrait davantage des logiques de concertation et de consensus que celles des injonctions juridictionnelles.

En ce qui concerne ensuite les réalités socioculturelles de la plupart des populations africaines, l'on y attache une importance particulière à la politesse[23], à l'honneur et à la considération de la personne humaine[24], avec

[23] Dans les traditions africaines en général, les aînés ne mangent qu'en s'assurant que les cadets se rassasient, ne s'assoupissent qu'en s'assurant que ces derniers s'endorment. En retour, les cadets accordent aux aînés des marques de politesse ; les mêmes égards

des systèmes de valeurs très structurés tant au niveau familial[25] que social : *« le statut social d'un individu, déterminé essentiellement par son appartenance clanique et lignagère (seule susceptible de lui donner accès au pouvoir politique ou religieux), par sa position à l'intérieur d'un groupe de parenté, par son âge et son sexe, détermine pour une grande part son statut économique »*[26].

Cette stratification des statuts sociaux imposant le respect des uns et des autres (toutes choses contraires à la banalisation de la diffamation) est également très présente dans l'anthropologie socioculturelle des Mossi, l'ethnie majoritaire au Burkina Faso : *« au sommet de la société on trouvait le Mogho Naba, les Nabas vassaux, les ministres et les grands fonctionnaires, les seigneurs (aristocratie de cavaliers), les paysans, les artisans libres et les esclaves qui cultivent pour les nobles. Dans la société Mossi, on distingue les détenteurs de la maîtrise de la terre (les Tengsoba) qui sont les représentants des autochtones et*

---

s'observent dans les rapports entre parents et enfants, dirigeants et dirigés, des vertus de respect que ne favoriserait pas le laisser-aller aux atteintes à l'honneur ou à la considération des personnes par la diffamation.

[24] Le magistrat sénégalais de regrettée mémoire Kéba Mbaye en son temps observait déjà à ce sujet que *« la fierté du paysan sénégalais est de pouvoir dire : je n'ai jamais mis les pieds dans un tribunal ou un commissariat de police »*. (Kéba Mbaye, *Le droit en déroute, liberté et ordre social*, Neuchâtel, Ed. De La Banonnière, 1969, p. 38).

Les dispositions de l'article 109 du Code burkinabé de l'information tout comme celles de l'article 361 du Code pénal de cet État définissent fort à propos la diffamation comme étant *« toute allégation ou imputation d'un fait portant atteinte à l'honneur et à la considération d'une personne »*.

[25] Chez les Guiziga du Cameroun septentrional, par exemple, *« au niveau de la famille, les relations sont étroitement conditionnées [...] Au niveau d'une même génération nous avons vu que les hommes avaient autorité sur les femmes et les aînés sur les cadets. »* (Guy Pontié, *Les Guiziga du Cameroun septentrional*, Paris, ORSTOM, 1973, p. 196).

De même, le chef d'une famille dans cette communauté a l'autorité sur tous ses membres, *« à l'encontre desquels il peut exercer son pouvoir de sanction économique et religieuse, s'ils ne s'acquittent pas consciencieusement de leur tâche [...] Membre d'un groupe de parenté et d'une communauté villageoise, il est cependant lui-même tenu de respecter certaines règles fixées par la coutume : il y va de sa renommée dans le village et de sa prospérité économique [...] »* (Guy Pontié, *op.cit.*, p. 142 & 143).

[26] *Ibid.*, p. 159.

« C'est le statut social de l'individu qui détermine sa richesse, et on peut dire qu'à la limite on n'a pas le droit d'être riche (maygida) si on ne possède pas selon les normes traditionnelles un statut élevé. Les personnes de prestige admettent difficilement qu'un inférieur obtienne un revenu supérieur au leur ». (Ibid.).

les détenteurs du pouvoir ou du Naam qui sont les descendants de Ouédraogo »[27].

Balandier ne manque d'ailleurs pas de souligner le prix fort que doivent constamment payer *« les hommes de prestige »* en Afrique pour entretenir leur considération, leur statut social, car observe-t-il, *« certains privilèges économiques (droit éminent sur les terres, droit aux prestations de travail, droit sur les marchés, etc.) et certaines contreparties économiques (obligation de générosité et d'assistance) sont associés à l'exercice du pouvoir et de l'autorité »*[28].

La minimisation de la répression d'une infraction ayant pour corollaire la propension (l'économie de la peine aidant), la dépénalisation du délit de diffamation, de surcroît lorsqu'il est commis par voie de presse, déroulerait le tapis rouge aux perpétrations d'actes d'humiliation, de déshonneur, de rabaissement et de publications dégradantes, d'insolence et d'iconoclasme délirant, voire de déstructuration de nos sociétés[29] : un boulevard de

---

[27] Patrice Kaboré, *« Société et Royaumes au Burkina Faso »*, cours en ligne.
Source : *lewebpedagogique.com* (consulté le 4 février 2015 à 08 h 19 min).
Cette structuration sociale se traduit politiquement par la vénération vouée au Mogho Naba (roi de l'empire des Mossi) et aux 16 ministres qui l'assistent dans l'accomplissement de ses fonctions, les plus importants étant *« le **Baloum Naba**, maître des services du palais (ministre de l'Intérieur), le **Ouidi Naba**, maître de l'infanterie, de la cavalerie, le **PoéNaba** ou grand confesseur (une sorte de grand inquisiteur), le **Larlé Naba** considéré comme l'expert des coutumes, le **Kamsaogho-Naba**, eunuque chargé du harem et de l'exécution des hautes œuvres »* (Patrice Kaboré, *op.cit.*).

[28] G. Balandier, *Anthropologie politique*, Paris, PUF., 1967, p. 41, cité par Pontié, *op.cit.*, p. 198).
Ainsi, chez les Guiziga du Cameroun septentrional, *« le jour de la fête du village [*le chef du village doit] *faire préparer par ses femmes d'importantes quantités de bière de mil qu'il distribuera aux danseurs venus lui rendre hommage [...] il recevra ce jour là de nombreux invités – personnalités du village et même d'autres villages – et devra faire preuve de générosité en offrant une grande quantité de viande ; il y va de son prestige personnel, mais aussi de celui de tout le village »*. (Guy Pontié, *op.cit.*, p. 198-199).

[29] Parlant de la *« dépénalisation »* des délits de presse au Cameroun, par exemple, le Professeur Francis Balle exprime sa circonspection en ces termes : " *au demeurant, ne perdons pas de vue que dans ce pays africain fait de mélanges subtils et d'équilibres fragiles, les efforts de démocratisation de la vie sociale font face à de nombreux défis: la surenchère des partis politiques, petits et grands, victimes de leur surnombre et de leur manque d'expérience, l'exaspération des revendications identitaires plus ou moins irrédentistes, à caractère ethnique, régional ou religieux, la dérive populiste de mécontentements sociaux contemporains des*

déconstruction de ces images et statuts sociaux rentrant dans les interstices des valeurs de civilisation africaine et pour la préservation desquels l'on consacre tant de sacrifices.

À l'opposé de l'incongruité socioculturelle que semble refléter cette décision en compromission des paradigmes africains de civilisation plaçant le respect de la dignité humaine au cœur des préoccupations[30], la Charte conforte cette option en prévoyant expressément que la Commission des

---

mouvements protestataires générés par la libéralisation politique d'une part, une sévère récession économique d'autre part... L'on peut objectivement craindre qu'au nom d'une liberté outrancière et mal située, les vecteurs de la communication en viennent à menacer de désintégration, une démocratisation dont ils sont pourtant à la fois la cause et la conséquence. Il n'est pas rare en effet que certains médias camerounais, éditorialement proches du pouvoir ou de l'opposition, loin de prévenir de tels dangers, soient ouvertement rendus coupables de les exacerber ". (Francis Balle, cité par Vieux Eyiké, Juge d'instruction au Tribunal de Première Instance du Wouri (Cameroun), *« La presse au Cameroun : la problématique de la dépénalisation des infractions »*, article en ligne).
Source : *http://www.njanguipress.com* (consulté le 16 février 2015 à 23 h 29 min).

[30] Les valeurs de civilisation des États-Unis d'Amérique, par exemple, ne sauraient être indifféremment transposables en Afrique : si les canons anthropologiques africains consacrent la sacralité de la personne et de la communauté, l'ultralibéralisme américain semble instituer à l'opposé une sorte de droit de diffamer, d'humilier autrui tant qu'on est capable de payer : aux États-Unis, *« même dans les cas où les tribunaux jugent coupable de diffamation, aucune sanction pénale n'est affligée. En revanche, les tribunaux peuvent exiger que l'orateur publie une correction de ses propos diffamatoires et/ou compense financièrement la victime »*. (Cf. *« La liberté d'expression aux États-Unis »*, document publié le 1er mai 2013, en ligne).
Source: *http://iipdigital.usembassy.gov* (consulté le 21 décembre 2015 à 19 h 48 min).
Mais aux États-Unis même, l'application de ce principe du non-emprisonnement en répression du délit de diffamation ne coule pas toujours sans aspérités, telle une barque sur une mer d'huile : Reporters Sans frontières a par exemple déploré le fait qu'**aux USA le blogueur** *« **Roger Shuler** a obtenu une mise en liberté sous condition le 26 mars 2014, après 5 mois de détention. Le blogueur, avait été arrêté pour "outrage au tribunal", car il avait refusé de retirer de son blog Legal Schnauzer un article jugé diffamatoire contre le fils d'un ancien gouverneur de l'État de l'Alabama. Ne supportant pas ses conditions d'emprisonnement, il a fini par demander à sa femme Carol Shuler de supprimer l'article en question »*. (Cf. Reporters Sans Frontières, *« Le blogueur Roger Shuler forcé de retirer ses articles afin de sortir de prison »*, article publié le 7 avril 2014, en ligne).
Source : *http://fr.rsf.org* (consulté le 14 janvier 2015 à 22h 18 min).

droits de l'Homme de l'UA[31] prenne en considération (art. 61) « *[...] les pratiques africaines conformes aux normes internationales relatives aux droits de l'Homme et des peuples, les coutumes généralement acceptées comme étant le droit, les principes généraux de droit reconnus par les nations africaines ainsi que la jurisprudence et la doctrine* ». Les facteurs de résistance à la dépénalisation de la diffamation, même commise par voie de presse, seraient également perceptibles au-delà de l'envergure territoriale de l'Union africaine.

2- Facteurs d'inefficacité externes à l'Union africaine

L'arrêt Lohé Issa K., dans une perspective de « *dépénalisation des délits de presse* », a ordonné à l'État du Burkina Faso l'abrogation des peines privatives de liberté en répression du délit de diffamation. À l'échelle planétaire, cette décision semble souffrir tant de son déficit d'universalité et de sa relative inclination vers une marginalité normative, dans un environnement de contrariétés tant étatiques (a) que non étatiques (b).

a- Facteurs de résistances étatiques

Presque tous les États prévoient dans leurs ordres juridiques internes des peines d'emprisonnement en répression du délit de diffamation, y compris lorsqu'ils sont commis par des journalistes à travers leurs publications. L'Union Panafricaine des Avocats (UPA) a ainsi relevé en décembre 2014 qu'« *environ 95 % des pays dans le monde sont dotés de lois sur la diffamation. En 2013, 211 journalistes ont été emprisonnés pour avoir fait leur travail* »[32].

Au Maroc par exemple (seul pays africain non membre de l'UA), la loi prévoit des peines privatives de liberté contre des auteurs de délits d'atteinte à l'honneur, à la réputation et à la considération des personnes : peines maximales de « *cinq ans de prison et 100 000 dirhams d'amende (10 000 euros)* »[33] en répression du délit d'outrage. Ainsi, poursuivi entre autres pour « *outrage à la personne du Roi* », le journaliste Ali Lmrabe fut condamné le 21 mai 2003 par le Tribunal de 1re Instance de Rabat à « *quatre ans de prison*

[31] Commission à laquelle la Cour ADHP est tenue de signifier ses Arrêts (Cf. Art. 29 al. 1er du Protocole portant création de ladite Cour).

[32]Cf. Communiqué de l'UPA, en ligne, *op.cit.*

[33] Isabelle Broz, « *Un journaliste condamné à quatre ans de prison* », article en ligne. Source:*http://www1.rfi.fr* (consulté le 7 février 2015 à 20h 51 min).

ferme, interdiction définitive de ses deux publications hebdomadaires et 20 000 Dh (2 000 euros) d'amende »[34].

En Belgique également, bien que le journaliste poursuivi pour délit de presse jouisse du privilège de juridiction[35], ni la diffamation, ni la calomnie, ni l'injure, ni l'outrage ne sont *« dépénalisées »* (Cf. Art. 443 et suivants du Code pénal belge).

Dans le même sens, bien que les dispositions de l'article 5 al. 1er de la Loi fondamentale (Constitution) de la République fédérale d'Allemagne protège formellement la liberté de la presse, le Code pénal allemand punit de peines privatives de liberté l'auteur du délit de diffamation commis par voie de presse, de surcroît quand elle est perpétrée à l'encontre de personnes dépositaires de l'autorité publique[36] (comme ce fut le cas dans les faits de l'Arrêt en cause, le journaliste Lohé Issa K. ayant perpétré une *« diffamation »* – précisément un outrage contre le Procureur du Burkina Faso Placide Nikiéma).

Au Brésil, dans la même logique, le journaliste Roberto Sedinho a été condamné d'urgence au soir du dimanche 13 juillet 2014 (*« après exactement dix-sept minutes de discussions longues et acharnées »*[37]) par la Cour suprême de Brasilia à *« trois ans de prison ferme, trois ans durant lesquels il devra rédiger chaque jour une lettre faisant l'apologie de David Luiz et la Seleçao [...]*

---

[34] *Ibid.*
Ali Lmrabet *« publiait deux hebdomadaires satiriques, Demain magazine et Doumane, très prisés des lecteurs, mais pas du pouvoir »*. (Isabelle Broz, *op.cit.*).

[35]On parle de manifestations délictueuses d'opinion par voie de presse ou plus simplement, de délits de presse. Conformément aux dispositions de l'article 150 de la Constitution, les journalistes poursuivis pour de telles infractions ne peuvent être jugés que par une Cour d'assises, à l'exception des délits de presse à caractère raciste ou xénophobe qui relèvent du tribunal correctionnel. (Cf. *« Part. 4: Le traitement et le compte rendu de l'information à caractère judiciaire > Chap.4: La présomption d'innocence et le droit à l'oubli > Sect. 2: Calomnie, diffamation, injures et autres accusations connexes »*, cours, en ligne.
Source : *http://www.presse-justice.be* (consulté le 22 janvier 2015 à 18 h 53 min).

[36] Conformément aux dispositions des articles 131 et 187 du Code pénal allemand (Cf. Lutz Tillmanns, *« Droit allemand de la presse »*, cours, en ligne.
Source: *http://www.archiv.jura.uni.saarland.de*(consulté le 22 janvier 2015 à 21 h 28 min).

[37] Cf. *« Brésil : Un journaliste condamné à 3 ans ferme pour avoir critiqué David Luiz »*, article mis en ligne le 13 juillet 2014.
Source : *http://www.footballfrance.fr* (consulté le 17 février 2015 à 16 27 min).

Roberto Sedinho ne devrait pas faire appel de cette décision qu'il comprend et mérite selon les dires de ses proches »[38].

La mise en exécution de l'arrêt Lohé Issa K. ne manquerait donc pas de faire de l'ordre juridique interne burkinabé une étrange exception dans le concert des nations, une marginalité normative *from above* qui tranche net avec des facteurs de résistances non étatiques à l'abrogation des peines d'emprisonnement réprimant la diffamation.

b- Facteurs de résistances non étatiques

L'abrogation de la peine d'emprisonnement en répression du délit de diffamation ne semble pas converger avec le souci de professionnalisation de la presse, le respect de la déontologie du journaliste, l'épuration de ce noble métier, condition de sa crédibilité et de son respect dans la société.

Par conséquent, le corps de la presse à travers le monde ne manque le plus souvent pas de prendre ses distances face à l'idée de *« dépénalisation »* des délits de presse. Ainsi *« pour rappel, la France n'a pas encore dépénalisé, mais le débat existe. Le Conseil de l'Europe épingle régulièrement le pays sur ce sujet. Mais dans l'Hexagone, c'est la profession qui s'y oppose – du moins sa composante majoritaire – le Syndicat national des journalistes, qui préfère rester sous la protection de la loi de 1881, du ressort du pénal, tandis que le gouvernement actuel a même proposé de "déjudiciariser" la loi sur la presse… Nicolas Sarkozy avait proposé dans la foulée de l'affaire Vittorio de Filippis, journaliste de Libération poursuivi pour diffamation, en décembre 2008, une nouvelle loi relevant du civil. Le SNJ l'a immédiatement jugée dangereuse pour la liberté de la presse, comme en témoigne cet article intitulé "Dépénalisation de la diffamation : attention danger !" »*[39]

---

[38] *Ibid.*

À l'issue du match opposant en petite finale le Brésil aux Pays-Bas lors de la coupe du monde de Football, Roberto Sedinho, journaliste sportif travaillant pour le spécialisé Gepat Oucheo, *« a en effet rédigé un article qui critiquait de manière virulente la prestation de David Luiz [...] Devant la gravité de l'affaire, la Cour suprême de Brasilia présidée par le juge Alfonso Dredd a réuni ses juges et magistrats en urgence pour statuer sur le sort de Roberto Sedinho, auteur ici d'un crime de lèse-majesté que la justice brésilienne ne pouvait laisser passer »*. (Ibid.).

[39] Edgar C. Mbanza, *« La dépénalisation des délits de presse en Afrique, un marché de dupes? »*, article publié le 3 juin 2011, en ligne.

Source: *http://www.youphil.com* (consulté le 8 février 2015 à 23 h 27 min).

Conclusion

La liberté d'expression, comme toute autre liberté, ne peut être efficacement promue et protégée que par des institutions fortes, dont l'État. Le socle communautariste du bien-vivre-ensemble africain s'accommoderait difficilement de la banalisation de l'humiliation, de l'insolence, de l'injure, du chantage, de la haine ou de l'étiquetage malveillant (préjudices de surcroît diffusés à travers des médias de masse), des dérives que faciliterait la « *dépénalisation* » du délit de diffamation ordonnée à travers l'arrêt Lohé Issa K.

S'« *[...] il importe, dans une société démocratique, de protéger la liberté d'expression sans pour autant lui accorder une prépondérance sur les autres droits garantis par la Charte des droits et libertés [...], dont les droits à la sauvegarde de la réputation et au respect de la vie privée* »[40], cet Arrêt ne manquerait pas de laisser entrevoir une énième tentative de fragilisation des jeunes États africains, leur usage aux fins d'expérimentation de valeurs oscillantes, leur mise en coupe réglée via des groupes de pression et des lobbies aux agendas inavoués, dont notamment le réseau PEN International. Connue jusqu'en 2010 sous la dénomination de « *International PEN* » (Poets, Essayists and Novelists), PEN International est une ONG fondée en 1921 à Londres par Catherine Amy Dawson Scott s'occupant originellement de la promotion de la coopération amicale et intellectuelle entre les écrivains puis, par extension, de la défense de la liberté d'expression, entre autres missions. Comptant actuellement des représentations dans une centaine de pays à travers le monde, elle a son siège à Londres (en Grande-Bretagne, où le délit de diffamation n'est pas « *dépénalisé* »), une ville où le journaliste de WikiLeaks Julien Assange, au risque d'être capturé et extradé vers la Suède et probablement vers les États-Unis (où il pourrait être condamné à la peine de mort pour espionnage), vit reclus dans les locaux de l'Ambassade de la République d'Équateur depuis des années[41].

---

[40]Kathleen Weil, ex-ministre de la Justice du Québec, citée par Marie-Hélène Beaudoin McCarthy Tétrault, « *10 jugements essentiels en matière de diffamation* », article publié le 13 mars 2013, en ligne.
Source : *http://www.ajbm.qc.ca* (consulté le 6 mars 2015 à 21 h 54 min).

[41] Suite à une banale affaire de mœurs, il a d'ailleurs été « *[...] menacé d'en être extrait manu militari par les autorités britanniques au point que l'on a frôlé un incident diplomatique.*

L'activisme de PEN International fut également difficilement perceptible en 2006 quand trois journalistes de l'hebdomadaire zurichois *Sonntags Blick* (le rédacteur en chef Christoph Grenacher et deux journalistes de la rédaction, Sandro Brotz et Beat Jost) furent menacés de prison en Suisse pour avoir révélé l'existence des prisons secrètes de la CIA en Europe[42]. PEN International semble ne pas non plus s'être impliquée avec autant d'audace en Turquie où l'on dénombrait au moins plus de 76 journalistes emprisonnés en 2013, à l'exemple de ***« Sevan Nichanian, emprisonné pour insulte à l'islam »***[43].

L'Équateur, pays où, ironie du sort, on dit que l'on ne respecte pas la liberté d'expression, s'y est fermement opposé et a même reçu à ce sujet le soutien de beaucoup de pays de l'Amérique latine. Il ne viendra à l'idée de personne de dire qu'en Angleterre et aux États-Unis d'Amérique, l'on ne respecte pas la liberté d'expression ou de presse » (Cf. Vieux Eyike, article en ligne, *op.cit.*).

Le CPJ (Comité de protection des journalistes, basé aux États-Unis d'Amérique) déplore d'ailleurs le fait que *« pendant des années, les forces militaires américaines ont détenu pour une durée indéterminée des journalistes en Irak, en Afghanistan et à Guantanamo, sans inculpation ni procès équitable. Tous ces journalistes ont finalement été relâchés faute d'inculpation, mais au moins 14 d'entre eux ont passé des mois, voire des années en détention »*. (Cf. *« Journalistes en prison : L'Iran et la Chine portent le nombre à un total jamais atteint depuis 14 ans »*, document mis en ligne le 8 décembre 2010).

Source : *http://cpj.org* (consulté le 18 février 2015 à 22 h 47 min).

Le CPJ a également relevé que *« le nombre d'emprisonnements* [de journalistes] *en Chine a augmenté de façon significative à partir de 2009, année où le CPJ a documenté 24 journalistes incarcérés dans ce pays […] L'Érythrée est classée troisième sur la liste de 2010, avec 17 journalistes détenus en date du 1er décembre. Onze des journalistes érythréens en prison sont détenus dans des lieux secrets sans inculpation depuis une décennie. Le gouvernement érythréen a refusé de divulguer toute information au sujet de ces 11 détenus, qui ont été arrêtés dans le cadre d'une fermeture brutale des organes de presse indépendants […] Avec 13 journalistes derrière les barreaux, la Birmanie est quatrième sur la liste»* (*Ibid.*).

[42] Cf. *« Trois journalistes risquent la prison pour avoir révélé l'existence de prisons secrètes de la CIA en Europe »*, article publié le 10 février 2006, en ligne.

Source : *http://fr.rsf.org* (consulté le 3 février 2015 à 22 h 37 min).

[43]**Séta Papazian**, Présidente du collectif VAN (Vigilance Arménienne contre le Népotisme), *« TURQUIE. 76 journalistes en prison : il faut soutenir la liberté d'expression »*, article publié en ligne le 5 juin 2013, modifié le 6 juin 2013.

Source : *http://leplus.nouvelobs.com*(consulté le 15 février 2015 à 9 h 41 min).

Par décision du 22 mai 2013 rendue par la 14e chambre du Tribunal de police d'Istanbul, l'intellectuel arménien Sevan Nichanian fut condamné à 13 mois et demi de prison pour avoir, dans l'un de ses articles, estima le juge, *« ouvertement insulté les valeurs religieuses d'une certaine partie de la société »* (*Ibid.*).

Par ailleurs, dans l'affaire Edward Snowden qui demeure d'actualité, cette ONG aurait dû être plus audacieuse pour la défense de la liberté d'expression, notamment en août 2013 : *« L'arrestation le 18 août à l'aéroport de Heathrow du Brésilien David Miranda, petit ami de Glenn Greenwald, journaliste du Guardian, est le point culminant de l'histoire. C'est Glenn Greenwald qui a publié pour la première fois les informations révélées par Snowden. D'après le journal, cette action a été coordonnée avec les USA [...] Le Brésilien a été interpellé en vertu de la loi antiterroriste de 2000, alors qu'il n'avait jamais été soupçonné auparavant d'avoir des liens avec des organisations terroristes. Il a été menacé d'emprisonnement, afin qu'il dévoile les informations sur le lieu où se trouve Snowden »*[44].

Avec la Magna Carta, signée le 15 juin 1215, le Royaume-Uni inaugura pourtant *« [...] une tradition de défense des libertés civiles, renforcée par l'Habeas Corpus (1679), qui influença le reste du monde pendant des siècles »*[45]. Si avec 76 journalistes incarcérés en Turquie l'*« on s'interroge sur l'indifférence générale de l'Europe »*[46], il semble quelque peu curieux d'observer la spontanéité et l'enthousiasme avec lesquels *« 18 organisations de la société civile et organisations non gouvernementales étaient intervenues devant la Cour africaine basée à Arusha en Tanzanie, pour dénoncer les lois burkinabés*

[44] Cf. *« Royaume-Uni : la chasse au Guardian »*, article publié le 20 août 2013, en ligne.
Source : *http://french.ruvr.ru* (consulté le 16 janvier 2015 à 21 h 43 min).

[45] Eric Albert, *« Le Royaume-Uni n'est plus le pays des libertés »*, article publié le 26 août 2013, mis à jour le lendemain, en ligne.
Source : *http://www.lemonde.fr*(consulté le 16 janvier 2015 à 22h 11 min).
À peine un mois avant l'arrestation de *David Miranda*, Reporters Sans Frontières tirait la sonnette d'alarme sur le sort du journaliste d'investigation américain **Barrett Brown**, collaborateur de *The Guardian* et *Vanity Fair* : *«Arrêté le 12 septembre 2012 par le FBI, alors qu'il participait à une discussion en ligne sur le site Tinychat, Barrett Brown s'est vu refuser la liberté sous caution et a été détenu sans charge ni traitement médical approprié pendant plus de deux semaines [...] Le piratage des données de Stratfor avait permis de révéler les liens troubles entre services de renseignements gouvernementaux et officines de sécurité privées. Les mails "incluaient des discussions sur des opportunités d'enlèvements et d'assassinats", selon l'hebdomadaire américain The Nation.»* (Cf. Reporters Sans Frontières-États-Unis, *« Accusé d'être un "hacker", le journaliste Barrett Brown risque 105 ans de prison»*, article publié le 11 juillet 2013, mis à jour le 17 juillet 2013, en ligne.
Source : http://fr.rsf.org (consulté le 16 janvier 2015 à 21h 34 min).

[46] *Ibid.*

taxées de violation de la liberté d'expression et de musellement des médias et des citoyens »[47].

Ainsi rendu suivant manifestement un socle de paradigmes probablement étrangers au bien-vivre-ensemble africain, l'arrêt Lohé Issa K. ne concourrait à terme ni à la promotion de la liberté d'expression ni à leur protection, mais plutôt à labourer des prés fertiles d'anarchie, d'insécurité, de déshumanisation et de misère. De plus, elle ne favoriserait pas les États réticents à vulgariser la Cour ADHP ni à faire la *« déclaration »* requise pour ouvrir à leurs citoyens la saisine directe de ladite Cour qui entreprend pourtant de multiples initiatives à cet effet : en septembre 2012, une

---

[47] Cf. *« La Cour africaine des Droits de l'Homme condamne le Burkina Faso pour violation de la liberté d'expression »*, article mis en ligne le 11 décembre 2014.
Source : *http://www.agenceecofin.com*(consulté le 5 mars 2015 à 22 h 53 min).
Au cours de ce procès sont spontanément et activement intervenues dix-huit organisations non gouvernementales *« en qualité d'amici curiae (amis de la cour) »*.
Parmi lesdites organisations figuraient notamment :
1. Union panafricaine des avocats (UPA/PALU- Donald Deya);
2. Centre for Human Rights (Prof. Frans Viljoen);
3. Malawi PEN (Alfred Msadala);
4. Pan Africa Human Rights Defenders Network (Pan Africa HRD-Net - Joseph Bikanda);
5. PEN Algeria (Mohamed Magani);
6. PEN International (Ann Harrison);
7. PEN Nigeria Centre (Tade Ipadeola);
8. PEN Sierra Leone (Mohamed Sheriff);
9. Media Institute of Southern Africa (Zoé Titus);
10. Southern Africa Litigation Centre (SALC- Nicole Fritz);
11. South African Pen Centre (Deborah Horn-Botha);
12. World Association of Newspapers and News Publishers (WAN-IFRA- Alison Meston).
Plusieurs éminents avocats venus des quatre coins de la planète y sont particulièrement intervenus aux côtés du plaignant Lohé Issa Konaté, dont notamment:
«Donald Deya, Union panafricaine des avocats, Tanzanie;
Simon Delaney, Delaney Attorneys, Afrique du Sud;
Ginna Anderson, American Bar Association, États-Unis;
Alison Meston, World Association of Newspapers and News Publishers, France ».
Voir le Communiqué produit par l'Union panafricaine des avocats (UPA) après le prononcé de l'arrêt et publié en ligne le 09 décembre 2014 au bas de l'article intitulé *« Justice: la Cour africaine des droits de l'Homme ordonne à l'Etat burkinabé d'indemniser le journaliste Lohé Issa Konaté »*.
Source : *http://www.fasozine.com*(consulté le 27 février 2015 à 14 heures 38 min).

délégation conduite par l'Honorable Juge Gérard Niyungeko, Président de la Cour, accompagné des Juges Modibo Tounty Guindo et El Hadji Guisse, ainsi que d'autres membres du Greffe, après avoir effectué des missions pareilles dans onze autres États, a visité le Sénégal en vue d'inciter les dirigeants à *« considérer la possibilité de faire la déclaration spéciale requise par le Protocole de la Cour pour que les Sénégalais et les ONG œuvrant au Sénégal puissent saisir la Cour de violations de droits de l'homme, après épuisement ou tentative d'épuisement des voies de recours internes »*[48].

La liberté d'expression, comme toute liberté, ne saurait être une fin en soit : elle devrait prendre son sens dans sa contribution à l'édification de l'épanouissement individuel et collectif de l'humanité. La fraternité étant le creuset de la liberté, celle-ci ne saurait s'exercer au détriment du meilleur cadre de sa garantie que sont l'État et ses institutions. La déstructuration normative des jeunes États africains, les pressions et raids lobbyistes des organisations de la société civile aidant, ferait à la longue le lit à l'anarchie préjudiciant la prospérité des libertés[49], y compris celle d'expression : la protection effective des libertés s'accommode difficilement du passage en force entre les droits de l'Homme[50] et les libertés publiques. La Cour ADHP

---

[48]Cf. *« Le Sénégal s'engage à soutenir la Cour africaine »*, article publié le 7 septembre 2012, en ligne.
Source : *http://www.african-court.org*(consulté le 2 mars 2015 à 7 h 46 min).

[49] L'on pourrait déplorer l'insolence et la désinvolture avec lesquelles le Sieur Lohé Issa a récidivé en commettant en 2012 deux autres délits de diffamation à travers ses publications, au préjudice de M. Seydou Ouattara (magistrat) et M. Harouna Kéré (agent de banque). Il fut contraint, suite aux plaintes déposées par ses deux victimes, de satisfaire leurs exigences, conditions de leur désistement : « ***Le délibéré du Tribunal correctionnel de Ouagadougou, en sa séance du lundi 31 décembre 2012, a décidé qu'il n'y avait plus de poursuite contre notre confrère, Lohé Issa Konaté, après la publication par SIDWAYA, L'OPINION et LE PAYS dans les délais exigés par les plaignants, des lettres d'excuses et de demande de pardon de notre confrère*** ». (**Cf. le Communiqué de L'Observatoire Burkinabé des Médias, cité par** Abdoulaye Diallo, *« Communiqué de l'OBM sur l'Affaire Lohé Issa KONATE de l'Ourangan »*, article publié le 6 janvier 2013, en ligne.
Source :*http://www.cnpress-zongo.org* (consulté le 19 mars 2015 à 10h 26 min).

[50] Par droits de l'Homme ou *« lois naturelles »*, le dramaturge antique Sophocle (Colone, 496- Athènes 406 avant J.-C.) entendait, à travers les propos de son personnage Antigone, des *« [...] lois non écrites inébranlables, des dieux. Elles ne datent ni d'aujourd'hui, ni d'hier, mais de toujours. Personne ne sait quand elles sont apparues »*. (Sophocle, *Antigone*, v. 450-455, cité par Philippe Malaurie, *Droit & Littérature, Anthologie*, Paris, Cujas, 1997, p. 29).

semble certes être à première vue juge et partie de sa compétence[51], mais elle est loin d'être un Jupiter juridictionnel.

Loin de savoir comme l'avocat algérien Me Khaled Bourayou si « *la dépénalisation du délit de presse est un leurre* »[52], nous pourrions souhaiter que la Cour ADHP prenne en main la pleine mesure de son importance et de ses pouvoirs dans la promotion de l'État de droit en Afrique, et se mette effectivement à l'écoute et au service des intérêts des Africains dans leur quête de dignité, de liberté et de participation à l'édification de l'Universel humaniste.

Reste également à vivement souhaiter des actions fortes tant de la Commission (des droits de l'Homme et de Peuples de l'UA) que de la Conférence des Présidents de l'UA, pour recadrer au besoin la portée de cet arrêt (pour le moins singulier) suivant les réalités, les aspirations et les conditionnements des populations africaines : s'il est vrai que « *Tout homme va à Dieu à travers ses propres dieux* »[53], il est également vrai que, comme le dit Aimé Césaire, « *C'est doucement que la banane mûrit. Et doucement qu'il va au marigot, le ver de terre* »[54]. Ces pensées de Malraux et Césaire semblent être d'autant plus d'actualité que même « *dans les pays démocratiques, la liberté de la presse reste un enjeu [...] plus les médias ont de l'influence, et plus leur responsabilité est forte* »[55].

Ubi societas ibi jus, il reviendrait par conséquent aux entités sociopolitiques souveraines de les moduler, eu égard tant à leurs conditionnements intrinsèques qu'à leurs projections idoines.

[51] Le Protocole créant ladite Cour dispose en son article 3 al. 2 : « *En cas de contestation sur le point de savoir si la Cour est compétente, la Cour décide* ». D'autre part (Art. 28 al. 2) « *L'arrêt de la Cour est pris à la majorité; il est définitif et ne peut faire l'objet d'appel* ».

[52] Me Khaled Bourayou, cité par Edgar C. Mbanza, « *La dépénalisation des délits de presse en Afrique, un marché de dupes?* », article publié le 3 juin 2011, en ligne.
Source: *http://www.youphil.com* (consulté le 13 janvier 2015 à 21h 24 min).

[53] André Malraux (*Le miroir des limbes*, I, *Antimémoires*, II, 5, Pléiade, t. III, p. 146), cité par Philippe Malaurie, Ibid., p. 330.
Dans le même sens, l'on pourrait dire que toute société ne va à l'Universel qu'à travers son propre univers, ses propres paradigmes.

[54] Aimé Césaire, *Une saison au Congo*, Paris, Seuil, 1967, p. 99.

[55] Cf. « *La liberté de la presse* », document en ligne.
Source: *www.larousse.fr/encyclopedie/divers*(consulté le 22 décembre 2014 à 11h 26 min).

Si la liberté de la presse *« [...] ne peut s'affirmer sans la contrepartie d'une responsabilité »*[56], encore faudrait-il que ladite responsabilité soit à la hauteur des dérives et bavures médiatiques[57]. S'il est d'autre part admis qu'*« il n'y a de liberté que dans l'aventure »*[58], alors l'acteur de la liberté face au système, l'aventurier de la liberté d'expression y compris, ici comme ailleurs, esquiverait difficilement son inexorable destinée, pour reprendre Malraux : *« L'échec détruit l'aventurier, le tue ou le rend clochard ; le succès l'intègre à la condition sociale dont il entendait s'affranchir »*[59].

---

[56] *Ibid.*

[57] La liberté d'expression trouve une limite de plus en plus marquée dans la jurisprudence européenne pour ceux qui véhiculent des accusations graves, car « *l'article 10 n'offre sa protection que si les [accusateurs] agissent de bonne foi de manière à fournir des informations exactes et dignes de crédit* » (Cour EDH, 5e Sect. 11 mai 2010, *Fleury c. France*; Cour EDH, 4e Sect. 6 avril 2010, *Ruokanen et autres c. Finlande*; Cour EDH, Déc. 5e Sect. 30 juin 2009, ***Eric Hacquemand c. France*** *;* Cour EDH, 4e Sect. 8 octobre 2009, *Brunet* ***Lecomte et Tanant c. France*** ; Cour EDH, 5e sect., 5 février 2009, ***Brunet-Lecomte et autres c. France*** *(Cf.* Nicolas Hervieu, *« Diffamation d'un personnage politique du fait des accusations formulées par des adversaires politiques »* (PDF), in *Lettre « Actualités Droits-Libertés » du CREDOF*, article publié le 14 janvier 2011, en ligne.
Source :*http://revdh.org* (consulté le 29 janvier 2015 à 14h 53 min).

[58] Philippe Malaurie, *op.cit.*, p. 329.

[59] André Malraux (*Le démon de l'absolu*, dernières lignes de la préface, Pléiade, t. II, p. 840), cité par Philippe Malaurie, *Ibid.*

LE DIALOGUE DES JUGES ET LA SÉCURITÉ JURIDIQUE EN AFRIQUE

Serge François SOBZE[1]

> « *Si la justice gouvernait le monde, il suffirait d'avoir bâti sa maison, et l'on n'aurait pas besoin d'autre protection que de ce droit évident de propriété. Mais parce que l'injustice est à l'ordre du jour, il est nécessaire que celui qui a bâti la maison soit aussi en état de la protéger* ».
> Schopenhauer, *Ethique et politique*, Librairie Générale Française, Paris, 1996. 185 p (spéc.), p. 79. Traduction d'Auguste Dietrich, revue et corrigée par Angèle Kremer-Marietti.

Résumé

Cette contribution qui s'inscrit au prisme du lien juridique pouvant exister entre le dialogue des juges et la sécurité juridique, se propose de rendre compte du rôle que peut jouer le juge dans la « fabrication » et dans la « *dynamique* » des droits en Afrique. Aussi développe-t-elle la thèse selon laquelle si *les forces créatrices du droit du fait de la crise* [constatée] *de la loi* ont progressivement perdu de leur *dépendance légale, la puissance de juger* a *ipso facto* échappé à la *nullité* pour devenir une arme au service de la Jurisprudence. En s'interrogeant sur le rapport qui pourrait exister entre le dialogue des juges et la sécurité juridique, il s'est dégagé une influence réciproque entre les deux ensembles juridiques. Une telle grille de lecture nous renseigne que, pour parer à toute *fracture juridique*, une cohésion doit exister entre le dialogue des juges et la sécurité juridique. À ce titre, le dialogue des juges va contribuer à la révolution du droit, à son universalité qui sont des linéaments de sa sécurité. La sécurité juridique, du fait de sa quête permanente d'universalité, va contribuer à l'harmonisation et à l'élargissement des pouvoirs du juge non sans demeurer fidèle à sa finalité à savoir conserver son indéfectible « teneur indécise » selon l'expression du Professeur Paul Amseleck qu'elle mettra au service du Droit, de l'État de droit et de la Jurisprudence.

Mots clés : Sécurité juridique - Dialogue des juges – Jurisprudence – Révolution - Universalité - finalité - harmonisation-

---

[1] Docteur (Ph./D) en Droit Public, Chargé de Cours à la Faculté des Sciences juridiques et politiques de l'Université de Douala.

Dans son discours préliminaire au Code civil, Portalis déclarait que la *« loi ne peut tout prévoir, et ne le doit pas, sous peine de figer l'évolution des règles »*[2]. Il sera plus tard repris et en des termes plus pragmatiques par François Gény qui recommanderait au législateur de *« laisser des blancs »* dans leurs constructions afin de permettre au juge d'adapter les règles aux situations nouvelles[3]. Selon ce dernier, il n'y a pas de régulation *a priori* absolue possible ni souhaitable, et il appartient au juge de donner forme juridique aux situations concrètes qui lui sont présentées[4]. De cette contribution doctrinale sous-tendue par *la théorie des lacunes positives*[5] naîtra une dynamique : l'office du juge dans la création du droit[6].

---

[2] Portalis, *Discours préliminaire sur le premier projet de Code civil*, 1804. Voici comment l'auteur s'en expliquait dans ledit discours *: « Les besoins de la société sont si variés, la communication des hommes est si active, leurs intérêts sont si multiples, et leurs rapports si étendus, qu'il est impossible au législateur de pourvoir à tout... un Code, quelque complet qu'il puisse paraître, n'est pas plutôt achevé, que mille questions inattendues viennent s'offrir au magistrat. Car les lois, une fois rédigées, demeurent telles qu'elles ont été écrites. Les hommes, au contraire, ne se reposent jamais ; ils agissent toujours : et ce mouvement qui ne s'arrête pas, et dont les effets sont diversement modifiés par les circonstances produit, à chaque instant, quelque combinaison nouvelle, quelque nouveau fait, quelque résultat nouveau. Une foule de choses sont donc nécessairement abandonnées à l'empire de l'usage, à la distinction des hommes instruits, à l'arbitrage des juges »*. in *Écrits et Discours Juridiques et Politiques*, PUAM, 1988, p. 26 et s. V. P.-A. Fenet, *Recueil complet des travaux préparatoires au Code civil*, Paris, 1827-1836, t. 1, p. 469 ; Lire utilement l'arrêt *Mariette* de la Cour de cassation française du 12 janvier 1815 à travers ses deux axiomes demeurés pierre philosophale du droit : « Les lois ne doivent s'entendre que dans un sens raisonnable et suivant un mode d'exécution possible » ; « Il ne faut pas aller contre l'esprit de la loi ».

[3] F. Gény, *Méthode d'interprétation et sources en droit privé positif*, 2e éd., Paris, 1954. La première édition (*Essai critique*) rédigée en 1876. Gény rejoint ainsi Portalis et l'arrêt *Mariette* lorsqu'il enjoignait de s'écarter de la « superstition de la loi écrite ».

[4] J. Krymen et J. Raibaut, Les travaux de l'IFR Mutation des Normes Juridiques n°1, *La légitimité des juges (*dir.), Actes du Colloque des 29-30 octobre 2003, Université de Toulouse I, 213 p.

[5] Notons que le Code civil suisse, dans son article 1, présente en des termes plus explicites la *théorie des lacunes positives* exposée par Portalis : « à défaut d'une disposition applicable, le juge prononce selon le droit coutumier, et, à défaut d'une coutume, selon les règles qu'il établirait s'il avait à faire « acte de législateur ».

[6] Voir F. Zenati, *La jurisprudence*, Dalloz, « Méthodes du droit », 1991 ; D. Darbon et J. du Bois de Gaudusson, (dir.,) *La création du droit en Afrique*, Karthala, 1997 ; F. Terré, *La création du droit par le juge*, Archives de Philosophie du droit, Dalloz, 2007, 471 p. Alors que Robespierre avait sous la révolution programmé son assassinat, la jurisprudence a

En effet, la jurisprudence[7] a toujours difficilement été acceptée comme source du droit[8] en l'occurrence sous la *summa divisio* droit public[9] et droit privé[10]. La doctrine n'a jamais hésité à souligner ses faiblesses, ses insuffisances et maladresses ainsi que ses causes[11] l'empêchant à être considérée comme « *une force créatrice du droit* » selon l'expression de Georges Ripert[12]. Elle ferait partie de la catégorie de norme que Hart qualifie de « secondaires »[13], ou que Kelsen a dénommée « normes de

---

échappé à ce lynchage et est devenue l'égale de la loi, quand elle ne dépasse pas celle-ci. Aucune branche du droit n'échappe à cette révolution. Si le juge ne crée pas le droit, il en fabrique. Et Pierre Avril de dire : « le Conseil constitutionnel est soit un *co-législateur*, soit un *co-constituant* ». P. Avril, « La jurisprudence institutionnelle du Conseil constitutionnel est-elle créatrice de droit ? in *Archive de philosophie de droit, La Création du droit par le juge*, Tome 50, Dalloz, 2007, p. 33-39.

[7] La jurisprudence est l'ensemble des décisions judiciaires et arbitrales. V. article 38 (1.d) du statut de la CIJ. « *La Cour dont la mission est de régler conformément au droit international les différends qui lui sont soumis, applique... sous réserve de la disposition de l'article 59, les décisions judiciaires... comme moyen auxiliaire de détermination des règles de droit...* ».

[8] Lire en ce sens les propos de Robespierre : « Ce mot de jurisprudence *[...]* doit être effacé de notre langue...quand dans un pays il y a la Constitution et la loi, la jurisprudence doit être retirée de votre vocabulaire », intervention de Maximilien Robespierre le 18 novembre 1790, lors de la discussion sur le tribunal de cassation, Arch., Parlem., t. XIX, p. 516.

[9] D. SY, « Le juge sénégalais et la création du droit administratif », in D. Darbon et J. du Bois de Gaudusson, (dir.,) *La création du droit en Afrique, op.cit.* p. 395- 440 ; « Droit administratif et communicabilité en Afrique ». 35 p.

[10] J. Foyer, « La jurisprudence en droit international privé entre création et adaptation de la règle de droit » *in Archive de philosophie de droit*, T. 50, 2006, p. 261-276 ; F. Anoukaha, « L'apport de la jurisprudence à la construction d'un droit de la famille au Cameroun » *in* D. Darbon et J. du Bois de Gaudusson (dir.), *La création du droit en Afrique, op.cit.* p. 409-419.

[11] J.-C. Gautron (dir.), et Rougevin- Bavillem, *Droit public du Sénégal*, Paris, Pedone, 2e éd., 1977 ; A. Bokel, *Droit administratif*, Dakar, NEA, 1978.

[12] G. Ripert, *Les forces créatrices du droit*, Paris, LGDJ, 1955, p. 381-392. V. notamment J. Lenoble, in P. Bouretz (dir.), *La force du droit – Panorama des débats contemporains*, Paris, Le Sseuil, 1991 (spéc.), p. 171.

[13] Par extension, les normes qui ont été qualifiées de « secondaires » désignaient logiquement celles qui ont vocation à s'appliquer lorsque les normes substantielles, imposant des obligations aux citoyens, n'ont pas été observées. L'appellation convenait donc aux normes sur la sanction, selon un rapport de chronologie entre normes primaires et normes secondaires : V. N. Bobbio, « Réflexion sur les normes primaires et secondaires », *in*

structures »[14], par distinction à celles qui régissent les comportements, accordent des droits ou imposent des obligations. La doctrine ira jusqu'à considérer *l'assentiment des juristes* comme la condition sine qua non permettant à la jurisprudence d'être perçue comme source de droit[15].

Aussi, la primeur serait-elle accordée à la loi[16], source principale du droit et la jurisprudence considérée par la doctrine comme un « *simple agent de comblement des lacunes* légales »[17].

Pourtant, face au phénomène de l'enchevêtrement des normes et de la superposition des systèmes de protection, les juges se doivent d'entretenir des relations franches et ouvertes avec leurs homologues[18].

En clair, cette conception qui a pendant longtemps transfiguré les Africains sera progressivement démasquée avec la prolifération de la jurisprudence sous toutes les chapelles du droit. Et M. Villey de le rappeler : « ... *partout s'impose à nous le fait qu'une très grande partie du droit est d'origine jurisprudentielle* »[19].

La règle de droit, Ch. Perelman (dir.), Bruylant, 1971, p. 104 (spéc.), n°2, p. 106 cité par N. Molfessis *op. cit.*, p. 401.

[14] H. Kelsen, *Théorie pure du droit.* 2e éd., Paris, Dalloz, 1962.

[15] J. Maury, « Observation sur la jurisprudence en tant que source du droit », Mél. G. Ripert, L.G.D.J. 1950, t. 1, p. 28.

[16]V. Dereux, *Étude critique de l'adage « Nul n'est censé ignorer la loi »,* RTD, civ. 1907. 513. J. Carbonnier, *La maxime « Nul n'est censé ignorer la loi », en droit français,* Journées de la Société de législation comparée, 1984, p. 321 ; J. Carbonnier, *Essais sur les lois,* 2e édition, 1995, 336 p ; M.-A Frison-Roche, W. Baranès, *Le principe constitutionnel de l'accessibilité et de l'intelligibilité de la loi,* D. 2000. 361 ; A. Akam Akam, « Libre propos sur l'adage " Nul n'est censé ignorer la loi " » in *Revue africaine des sciences juridiques, vol. 4,* n°.1, 2007, p. 31-54.

[17] G. Cornu, « Libre propos sur la jurisprudence », *in* G. Cornu, *L'art du droit en quête de sagesse,* PUF., 1998, p. 174, cité par A. Akam Akam, « Le juge entre la loi et sa conscience » in *Revue de la Faculté des sciences juridiques et politiques, Université de Ngaoundéré,* p. 18.

[18]F. Malhière, « Le contrôle de l'équivalence des protections des droits fondamentaux : les juges et les rapports de systèmes », *Revue du droit public et de la science politique en France et à l'Étranger,* 01 novembre 2013 n° 6, p. 1523.

[19] M. Villey, Préface de l'ouvrage de S. Bélaïd, *Essai sur le pouvoir créateur et normatif du juge,* Paris, LGDJ, 1974, p. 381-382.

Comme toute révolution[20], il a fallu du temps[21]. Toutes choses qui viennent confirmer l'emprise du temps, cet aléa incontournable, sur les relations humaines[22] et sur le droit[23].

Désormais, la validité du système du droit repose non sur ses effets sociaux, mais sur la combinaison adéquate des différentes productions de trois sources du droit : loi, jurisprudence et coutume. Si la loi est première, et considérée comme l'unique source de laquelle devraient découler toutes les décisions juridiques, son application peut, et même doit être guidée par la jurisprudence, qui l'adaptera à l'évolution sociale[24].

C'est d'autant vrai, car à une époque révolue, le juge n'obéissait qu'à la loi et à sa conscience[25]. Au Moyen Âge, l'administration de la justice deviendra une activité professionnelle obligeant les juges de « dire le droit selon la loi en vigueur ou la *coutume*[26] en usage »[27]. Avec la Révolution

---

[20] J. Allard, et A. Garapan, *Les juges dans la mondialisation : la nouvelle révolution du droit*, Paris, Le Seuil, 2005.

[21] P. Hebraud, « Observations sur la notion du temps dans le droit civil », in *Études offertes à Pierre Kayser*, Tome II, PUAM, Aix en Provence, 1979, p. 26 ; Voir utilement N. Elias, *Du temps*, Fayard, 1996.

[22] A. de Lamartine, *Le lac, Méditations poétiques*, 1820. L'auteur est resté célèbre à travers cette formule : *« ô temps, suspends ton vol et vous, heure propice, suspendez votre cours… »*.

[23] Sur l'ensemble de la problématique, lire F. Ost, *Le temps du droit*, Paris, Odile Jacob, 1999, p. 13 ; J. Hauser, *Objectivisme et subjectivisme dans l'acte juridique : contribution à la théorie générale de l'acte juridique, LGDJ*, Bibliothèque de droit privé, Tome 117, Paris, 1971, p. 184 et s ; O. Pfersmann, « Tout système juridique est temporalité », in *Temporalité et conditionnalité des systèmes juridiques*, RRJ, 1994, p. 221- 225. Selon l'auteur, « *les systèmes juridiques sont composés de normes qui n'existent que dans le temps* » ; J. Gaudemet, *Les naissances du droit. Le temps, le pouvoir et la science au service du droit*, Paris, Montchrestien, EJA, 2001, 389 p.

[24] P. Lascoumes et E. Serverin, *« Théories et pratiques de l'effectivité du droit »*, Droit et société 2-1986, p. 131.

[25] V. J-M. Carbasse, « Le juge entre la loi et la justice : approches médiévales », in J.-M Carbasse, L. Depambour-Tarride (dir.), *La conscience du juge dans la tradition juridique européenne*, ouvrage coll., PUF, 1999, p. 67 et s ; N. Dion, « Le juge et le désir du juste », D. 1999, Chron., p. 195 ; A. Akam Akam, « Le juge entre la loi et sa conscience » in *Revue de la Faculté des sciences juridiques et politiques,* Université de Ngaoundéré, p. 9-33 ; J-L Bergel, « La loi du juge : dialogue ou duel ? », in *Mélanges Kayser*, 1979.

[26] A. Allott, « La place des coutumes juridiques africaines dans les systèmes juridiques africains modernes », in *Études de droit africain et de droit malgache*, Jean Poirier (dir.),

française de 1789, le juge deviendra simplement « la bouche qui prononce la parole de la loi » selon l'expression de Montesquieu[28]. Cette période va connaître, malgré la sacralisation de la loi, la *survivance* voire la *renaissance* de la jurisprudence[29]. La fécondité de cette dernière va susciter une collaboration, voire une communicabilité entre les juges à l'effet de garantir une sécurité juridique menacée par le « gouvernement[30] », voire « la guerre

---

Paris, CUJAS, 1985, p. 257-266 ; J. Fometeu, « Nul n'est censé ignorer… la coutume », *Revue Lex Lata*, n°17, 1995, p. 12-15 ; M. Rousset, « La place de la coutume dans l'ordre juridique marocain », *RJPIC*, n° 3, 2001,. 276-283 ; Akomdja Avom, *L'énonciation de la coutume en droit de la famille : leurre ou réalité ?* Rev. Af. Sc. Jur, 2001, vol. 2, n° 2, p. 97; François Narcisse Djame, *Usages et Coutume en Droit administratif camerounais*, Paris, Dianoïa, 2009, 335p ; V. article 38 (1.b) du statut de la CIJ : « *La Cour dont la mission est de régler conformément au droit international les différends qui lui sont soumis, applique… la coutume internationale comme preuve d'une pratique générale, acceptée comme étant le droit…* ».

[27]A. Akam Akam, « Le juge entre la loi et sa conscience », *op cit.*, p. 12. C'est une époque comme le rappelle l'auteur qui sera marquée par le débat entre les canonistes (Cf. P. Ourliac, « L'office du juge dans le droit canonique classique », in *Mélanges Hébraud*, Université des sciences sociales de Toulouse, 1981, p. 635) pour lesquels « au-dessus de la conscience professionnelle, il y a la conscience tout court – *conscientia humana* – qui reste la référence majeure » et les positivistes qui défendaient le « primat » de la loi par rapport à la conscience.

[28] « *Les juges de la nation ne sont … que la bouche qui prononce les paroles de la loi ; des êtres inanimés qui n'en peuvent modérer ni la force ni la rigueur* ». V. C, -S. Montesquieu, *De l'esprit des lois (*Livre XI, Chapitre VI, p. 30- De la Constitution d'Angleterre).

[29] Lire dans cette dynamique ces propos employés par Anatole France pour traduire le rôle joué par le juge dans la société : « *la loi est morte, mais le juge est vivant* » cité par Miche Dran, in *Le contrôle juridictionnel et la garantie des libertés publiques*, Paris, LGDJ, 1968, p. 25.

[30] Sur la question, lire, E. Lambert, *Le gouvernement des juges et la lutte contre la législation sociale aux États-Unis. L'expérience américaine du contrôle judiciaire de la constitutionnalité des lois*, Paris, Ed Dalloz, 2005, 276 p ; Lire la préface de Franck Moderne : l'auteur qualifie le *« gouvernement des juges »* de « *spectre* » d'un débordement incontournable qui vient heurter frontalement le sacro-saint principe de la séparation des pouvoirs associé par la Déclaration des droits de l'Homme et du Citoyen à la notion de Constitution. CF. également, G. Timsit, *Archipel de la norme*, Paris, PUF, 1re éd., 1997, p. 8. « …mais il peut y avoir des juges qui, prétendant se livrer à une activité juridictionnelle, s'abandonnent à l'exercice d'une fonction politique ou administrative : la notion de gouvernement des juges n'est pas totalement dépourvue de signification… » ; P. Pescatore, Avant – propos, in *D Simon, L'interprétation judiciaire des traités d'organisations internationales,* Paris, Pedone, 1981. Selon l'auteur, l'expression « *gouvernement des juges* (…) veut stigmatiser les

des juges »[31]. C'est pour traverser cet éternel « pont aux ânes » [32] que Bruno Genevois proposa une voie conciliante : celle du *dialogue entre les juges*[33].

« À l'échelon de la Communauté européenne, précise l'auteur, *il ne doit y avoir ni gouvernement des juges ni guerre des juges ; il doit y avoir place pour le dialogue des juges* ». Par ces propos, Bruno Genevois dans ses conclusions sur l'arrêt *Cohn-Bendit*[34] invitait les juges communautaires et nationaux à un *minimum de confiance* et partant, à une communicabilité à dessein de

---

empiétements du juge sur le domaine politique, en d'autres termes, la substitution de préférences politiques aux motivations proprement juridiques », cité par B. M. Metou, *Le rôle du juge dans le contentieux international. Cas de la Cour Internationale de Justice*, Thèse de doctorat en droit public, Université de Yaoundé II, 2012, p. 11 ; M. Troper et O. Pfersmann, « Existe-t-il un concept de gouvernement des juges ? », in S. Brondel, N. Foulquier et L. Heuschling (dir.), *Gouvernement des juges et démocratie*, Paris, Publications de la Sorbonne, 2001, p. 21 et s.

[31] L'expression est de B. Genevois dans ses conclusions sur *l'affaire ministère de l'Intérieur c/ Cohn-Bendit* ».

[32] M. Virally, « Sur un pont aux ânes : les rapports entre droit international et droits internes », in Mélanges offerts à H. Rolin, Paris, Pedone, 1964, p. 488 ; P. Daillier, « Monisme et dualisme : un débat dépassé ? », in R. Ben Achour (dir.), et S. Laghmani.

[33]Bien que de façon peu feutrée, mais non moins perceptible, il faut dire que l'expression « *dialogue des juges* » avait déjà fait une apparition dans l'ouvrage du président Lecourt. Voir. R. Lecourt, *L'Europe des juges*, Bruxelles, Bruylant, collection Droit de l'Union européenne, Grands écrits, 2008, (réédition de l'ouvrage publié en 1976), p. 266. Mais c'est M. Bruno Genevois qui lui donnera sa notoriété depuis ses conclusions dans l'arrêt d'Assemblée du Conseil d'État du 6 décembre 1978 « ministère de l'Intérieur c/Cohn-Bendit » en déclarant, à propos des relations entre le juge communautaire et le juge national, qu'il ne devrait y avoir place "ni pour le gouvernement des juges, ni pour la guerre des juges, mais pour le dialogue des juges". Pour une actualité sur la question, lire Debré Jean-Louis, « Le dialogue des juges ». *Les Annonces de la Seine*, 27 mars 2014, n° 15, p. 2-3.

[34] Cette affaire est l'illustration parfaite de ce qu'il convient d'appeler la « guerre des juges ». En l'espèce, le Conseil d'État qui refusait de tirer les conséquences de la jurisprudence communautaire et même parfois de poser une question préjudicielle au juge de l'Union s'est clairement séparé de la position de la Cour de justice en affirmant que les directives non transposées ne pouvaient être invoquées à l'appui d'un recours pour excès de pouvoir, la Cour de justice ayant affirmé le contraire dans sa décision « Van Duyn » de 1974. Par la suite, le dialogue des juges s'est largement renouvelé, notamment sous l'effet des décisions de 2004 du Conseil constitutionnel et de 2006-2007 du Conseil d'État.

« familiariser les solutions de droits et leurs différentes sources de production afin d'assurer une sécurité juridique[35].

En effet, les rapports entre les juges nationaux et communautaires[36], que ce soit dans l'ordre juridique européen, américain ou africain, ont rarement été harmonieux d'où l'option de la doctrine de faire régner en droit communautaire, l'existence d'un principe de sécurité juridique visant à faire intégrer l'idée en droit interne[37].

Dès lors, pour assurer aux justiciables une stabilité minimale des règles de droit et des situations juridiques, un minimum de *courtoisie juridique*, de *confiance légitime*[38] s'imposait entre les juges relevant des différents ordres juridiques[39]. Pour protéger la société contre le désastre d'une justice à

---

[35]Concl. Sur C.E. Ass, 22 décembre 1978 D.1979.J.155 ; *GAJA* n°91, Ed. Dalloz 2005, 15e édition. Cf., communication de M. Régis de Gouttes, Premier Avocat Général à la Cour de cassation française lors du Colloque du Cinquantenaire du Conseil Constitutionnel à Paris le 3 novembre 2008.

[36] E. Akoun, « Juge administratif et juge communautaire : où en est le dialogue des juges ?, compte rendu du colloque organisé par la promotion 2007 du M2 professionnel « contentieux public » de Paris 1 sur le thème « Juge administratif et juge communautaire : où en est le dialogue des juges ? ». Cf site http// www.blogdroitadministratif.net/index.php/2007/06/18/156-juge-administratif-et....

[37] Voir. P. Raimbault, *Recherche sur la sécurité juridique en droit administratif français*, Paris, LGDJ, 2009, p. 20 ; F. Bottini, « Les implications nouvelles du principe de sécurité en droit administratif », *Note sous CE, Ass., 16 juillet 2007, Société Tropic Travaux Signalisation, CRDF*, n° 6, 2007, p. 161-172.

[38] Il s'agit d'un principe emprunté au droit allemand. Bien que dépourvu d'une base constitutionnelle – Cour de justice des communautés européennes (385 DC du 30 décembre 1996) – il contribue à la garantie des droits acquis. V. également, J. P. Puichosset, « Vous avez dit confiance légitime ? », *Mélanges Braibant*, Dalloz, 1996, p. 581.

[39] Pour ce qui est de la notion d'ordre juridique, V. S. Romano, *L'ordre juridique*, Paris, Dalloz, 1975 (spéc.), p. VII et s ; C. Leben, « Ordre juridique », et G. Timsit, « Système juridique », in D. Alland et S. Rials (dir.), *Dictionnaire de la culture juridique*, Paris, PUF, 2003, et la synthèse de F. Ost et M. Van De Kerchove, *Le système juridique. Entre ordre et désordre*, Paris, PUF, 1988 (spéc.), p. 22 et s. Voir notamment Goyard-Fabre, *Les fondements de l'ordre juridique*, PUF, 1er Ed., 1992, 387 p ; G. ISSAC, *Droit communautaire général*, Paris/Milan/Barcelone, Masson, 4e éd., L'ordre juridique est défini par le Professeur comme " *un ensemble organisé et structuré de normes juridiques possédant ses propres sources, doté d'organes et de procédures aptes à les émettre, à les interpréter ainsi qu'à en faire constater et sanctionner, le cas échéant, les violations* ". Voir également J. –L. Bergel, Théorie générale du droit, Paris, Dalloz, 4e éd., 2003, n° 124. Selon l'auteur, " *Un ordre juridique complet est un*

multiples facettes ou à géométrie variable, le dialogue des juges se posait alors comme une thérapie. On parle de l'impérieuse nécessité du dialogue des juges[40], source de sécurité pour le juge d'abord, pour l'État ensuite et pour le citoyen enfin[41]. La prolifération, disait pierre Sargos, tant en France que dans l'Union européenne et aux États-Unis, de lois et règlements d'un

ensemble de règles régissant la vie en société qui dispose de ses sources originaires du droit, dans lesquelles il puise sa propre validité, et de ses appareils de contrôle et d'exécution forcée, si bien qu'il n'est tributaire d'aucun autre pour la création ni pour l'application des normes qui le composent". Dans la présente étude, l'ordre juridique renvoie aux différentes strates de production du droit qui peuvent être internes, régionales ou internationales. À ce titre, l'ordre juridique devient " *une réalité"* pour tous les sujets de droit et dans toutes les orfèvreries juridiques. Lire utilement Ch. Grzegorezyk, "L'ordre juridique comme réalité", Droit, 35, 2002, p. 103-118 ; S. F. Sobzé, *La dignité humaine dans l'ordre juridique africain.* Thèse de doctorat en droit public, avril 2013, Université de Yaoundé II, 583 p. L'auteur soutient la thèse de *l'effectivité* d'un ordre juridique africain. Il s'agit d'un *ordre normatif et institutionnel éclaté*, à la fois national, régional et international garant de la protection des droits et libertés fondamentaux et donc de la sécurité juridique en Afrique (spéc., p. 19-25).

[40]F. Lichère, in F. Lichère, L. Potvin-Solis, A. Raynouard (dir.), *Le dialogue entre les juges européens et nationaux : incantation ou réalité ?,* Bruxelles, Bruylant, *Droit et Justice*, n° 53, Actes de la Journée d'étude organisée le 10 février 2003 à la Faculté de Droit, d'économie et d'administration de l'Université de Metz, 2004, p. 12-13; P. Pescatore, « Rôle et chance du droit et des juges dans la construction de l'Europe », *Revue internationale de droit comparé*, n° 26, 1974, p. 8.

[41] Cette navette protectrice avait déjà été imaginée par W. Saurer pour qui, dans la sphère du droit administratif et du droit international public, « *sécurité juridique = sécurité de l'État* », l'équation se trouvant ensuite relativisée par le fait que *« l'ordre juridique et la sécurité de l'État en tant que tels trouvent en dernière analyse leur légitimation dans la justice et l'augmentation de la civilisation* », in « sécurité juridique et justice », in *Introduction à l'étude du droit comparé. Recueil d'études en l'honneur d'Edouard Lambert,* LGDJ, Tome 3, Paris, 1938, p. 39 ; V également, A.-J. Arnaud, « Sécurité », in A.-J Arnaud (dir.), *Dictionnaire encyclopédique de théorie et de sociologie du droit,* Paris, L..G.D.J., 1993, p. 545. À ce titre, la sécurité, pour ce qui concerne l'État, se rapproche de la sureté. F. Douet, allant dans ce sens, rattache directement la sécurité à l'article 2 de la Déclaration des droits de l'Homme et du citoyen du 26 août 1989 qui présente « la sureté » comme un « droit naturel et imprescriptible de l'homme » au même titre que la liberté, la propriété et la résistance à l'oppression, in *Contribution à l'étude de la sécurité juridique en droit fiscal interne français,* LGDJ, Bibliothèque de droit privé, Tome 280, Paris, 1997, p. 2 ; F. Luchaire, « La sureté : droit de l'Homme ou sabre de M. prudhomme ? », *RDP*, 1989, p. 610 ; A.-J. Arnaud, « Sécurité », *op.cit.* p. 544 : selon l'auteur, « *le but de l'État libéral n'est donc pas d'assurer la sécurité des existences, mais la sureté, c'est-à-dire la garantie des droits* ».

volume démesuré est devenu un facteur de régression de l'État de droit, pour reprendre une expression devenue *truisme*, « trop de loi, tue la loi »[42].

Cette dynamique communicationnelle participe de la prééminence de l'équivalence des droits[43] et de la sécurité juridique, car l'office du juge n'est pas que de trouver une solution miracle au litige qui se présente, mais aussi de garantir l'ordre, d'assurer la stabilité juridique. On ne recherche plus dans le juge, disait Garapon[44], le juriste « *diseur de droit* », mais le conciliateur, le pacificateur, voire l'animateur de la vie politique publique.

Pour la clarté de cette réflexion, une définition des concepts s'impose.

Pour le professeur Georges Wiederkehr[45], deux critères interviennent dans la définition du juge à savoir le critère d'accomplissement d'actes juridictionnels et celui de fixation du droit. Selon l'auteur, « dire qu'est juge celui qui juge » ne suffit pas pour vider le concept. Qu'il juge seul ou en collégialité, un juge c'est aussi et surtout celui qui décide « selon les lois » et fixe le droit. En clair, « *c'est au juge, et à lui seul qu'il appartient de dire quel est pour une situation donnée et concrète le droit. Les autres qui sont appelés à trancher des conflits doivent, certes, le faire en fonction du droit, mais le juge*

---

[42] P. Sargos, « Les sept piliers de la sagesse du droit. », 12 janvier 1815-12 janvier 2015, *La semaine juridique, Ed. Générale* n° 1-2, 12 janvier 2015, doctrine, 34. Dans le même sens, lire R. Denoix de Saint-Marc, « Notre société sécrète la loi comme le foie sécrète la bile » : JCP A 2006, 1011.

[43] Pour régler le dilemme des conflits de droits provenant d'horizons différents, les juges ont inventé un nouveau mode de contrôle limité à la vérification de l'équivalence des protections. Inaugurée dans les années 70 par le fameux arrêt *Solange I* rendu par la Cour constitutionnelle allemande à propos du droit communautaire, la notion de protection équivalente a été reprise par les Cours européennes et introduite dans les jurisprudences constitutionnelles des États membres. F. Malhière, « Le contrôle de l'équivalence des protections des droits fondamentaux : les juges et les rapports de systèmes », *op.cit.*

[44] A. Garapon, « La question du juge », *Pouvoirs,* n° 74, 1995, p.13-26 (spec.) p. 21.

[45] G. Wiederkehr, « Qu'est-ce qu'un juge », in *Mélanges* Perrot, Dalloz, 1996, p. 575-586, cité par A. Akam Akam, « Le juge entre la loi et sa conscience » in *Revue de la Faculté des sciences juridiques et politiques, Université de Ngaoundéré,* p. 9-33 ; V. J-M. Carbasse, « Le juge entre la loi et la justice : approches médiévales », *in* J.-M Carbasse, L. Depambour-Tarride (dir.), *La conscience du juge dans la tradition juridique européenne,* ouvrage coll., PUF, 1999, p. 67 et s.

seul, a pouvoir de fixer ce droit »[46]. La définition la plus objective sera donnée par Marie-Anne Frison-Roche pour qui *« un grand juge est celui qui juge bien, c'est-à-dire celui qui non seulement manie bien les règles de droit qui sont ses instruments, mais encore trouve la solution particulièrement efficace pour éteindre le litige (...) »*[47]. Trouver une définition univoque à la notion de juge est aussi délicat que l'art de juger. Et Guy Rommel de le confirmer : *« pour goûter la saveur de l'art de juger, il faut dépasser la définition de l'acte de juger »*[48].

C'est dire que les attentes à l'égard du juge sont nombreuses, en même temps, il doit pouvoir concilier *justice-urgence* et *célérité*[49]-, il doit être le meilleur garant des droits et libertés fondamentaux[50], il doit manier avec délicatesse le droit et la politique[51], il doit pouvoir concilier *solitude, finitude* et *incertitude*[52]. En fait, il est, en principe, la personne la mieux placée pour

[46]*Ibid.*, p. 582. Dans le même sens, lire D. D'ambra, *L'objet de la juridictionnallisation : dire le droit et trancher les litiges*, LGDJ, 1994 ; M.-A. Frison-Roche, « Les offices du juge », in *Mélanges Foyer*, PUF., 1997, p. 463.

[47]M.-A. Frison-Roche, « Le juge et le sentiment de justice », in *Mélanges Bézard*, 2002, p. 40 ; G. Timsit, *op.cit.* « Le jugement : Guy Braibant, un juge qui gouverne ? », p. 105-143 ; M.-A. Frisson-Roche, « Le droit d'accès à la justice et au droit », *in Libertés et droits fondamentaux*, 12e éd. (dir.), R. Cabrillac, M.-A. Frisson-Roche, Th. Revet, Dalloz, 2006, p. 458-459.

[48] G. Rommel, *L'art de juger. À l'écart de Montesquieu*, Bruylant, 2008, p. 35.

[49] B-R. Guimdo Dongmo, *Le juge administratif camerounais et l'urgence. Recherches sur la place de l'urgence dans le contentieux administratif camerounais,* Thèse de Doctorat en droit public, Université de Yaoundé II, 2003-2004, 610 p ; B-R. Guimdo Dongmo, "Le droit d'accès à la justice administrative au Cameroun. Contribution à l'étude d'un droit fondamental ", in *Revue Africaine de Sciences Juridiques,* vol.4, n° 1, 2007, p. 169-216.

[50]Voir P. Bretton, *L'autorité judiciaire gardienne des libertés essentielles et de la propriété privée.* Thèse de doctorat en droit, extrait, Paris, LGDJ, 1964, 283 p.

[51] F. Bastien, « Le juge, le droit et la politique : éléments d'une analyse politiste », *RFDC,* 1990, n° 1, p. 49-69.

[52] G. Rommel, *L'art de juger. À l'écart de Montesquieu,* Bruylant, 2008, p. 19 et s. Pour l'auteur, l'acceptation de sa propre condition humaine met en œuvre la solidarité, la dignité personnelle et la liberté. En acceptant ma finitude, je conquiers ma dignité personnelle. En acceptant mon incertitude, j'acquiers ma liberté et je cultive la liberté d'autrui.

comprendre et éclairer leurs causes[53] à dessein de garantir l'ordre social[54]. Et Albert Camus de dire de façon péremptoire : « *être homme c'est juger* »[55].

La délicatesse de cette mission témoigne de l'importance du « dialogue des juges » que nous qualifions ici d'« *ombre portée du droit* »[56].

Tantôt vilipendé, tantôt vénéré, le *dialogue des juges* n'a toujours pas connu une définition univoque. Son concept et son contenu ont suscité bien des discussions dont les plus virulentes oscillent entre l'« incantation ou la réalité », un « faux semblant ou succession de monologues », un « enrichissement mutuel ou facteur de cohérence des jurisprudences »[57].

Précisons d'entrée de jeu que le concept dialogue du latin *dialogus* et du grec *dialogos* est avant tout un échange de vues, une discussion, un *« entretien entre deux ou plusieurs personnes »*[58].

L'expression "*dialogue des juges*"[59] qualifiée par Baptiste Bonnet de "fourre-tout"[60] n'a jamais vraiment fait l'objet d'une théorisation suffisante

---

[53] B-R. Guimdo Dongmo, "Le droit d'accès à la justice administrative au Cameroun. Contribution à l'étude d'un droit fondamental ", *op.cit.* p.169.

[54] V. J-F. Burgelin, Préface, in J.Krymen et J. Raibaut, *La légitimité des juges op.cit.* L'auteur remet en cause la malédiction fondamentale qui a longtemps talonné comme une sorte d'épée de Damoclès la légitimité des juges : « *Tu ne jugeras pas, car tu seras jugé* ». En effet, il s'agit non pas de condamner l'action des juges civils, mais de faire comprendre aux hommes qu'étant pécheurs eux-mêmes, ils n'ont pas qualité à se substituer à Dieu pour dire qui sera sauvé et qui sera damné.

[55] A. Camus, *L'homme révolté*, cité par J. Raibaut, « Être juge et légitimité » in J. Krymen et J. Raibaut, Les travaux de l'IFR Mutation des Normes Juridiques n°1, *La légitimité des juges (*dir.), Actes du Colloque des 29-30 octobre 2003, Université de Toulouse I, p. 13.

[56] L'expression est de Ph. Jestaz, « La jurisprudence, ombre portée du contentieux », *D.* 1989, chr, XXIII, p. 149 et s.

[57] Cf. Journée d'Étude de l'Université de Metz du 10 février 2003 sur le thème : « Le dialogue entre juges européens et nationaux : incantation ou réalité » (collection " Droit et Justice" dirigée par Pierre Lambert, Ed., Bruylant, 2004. Dans le même sens, « Dialogue entre juges – Séminaire organisé par la Cour Européenne des droits de l'Homme, Strasbourg 2005, éd., du Conseil de l'Europe. Source : Colloque du Cinquantenaire du Conseil Constitutionnel tenu à Paris le 3 novembre 2008, « Le dialogue des juges », communication de M. Régis de Gouttes.

[58] Cette dernière formule est celle du premier sens délivré par le *Littré* : « *(lat. dialogus)*, entretien entre deux ou plusieurs personnes ».

pour être un instrument de lecture des rapports entre ordres juridiques parfaitement éclairante sur le plan scientifique.

Par-delà ces qualifications, on peut dire que le dialogue des juges qu'il soit *d'autorité*, c'est-à-dire à caractère impératif, de *persuasion* ou *d'adhésion volontaire*, ou de *partage*[61], véhicule la collaboration et l'écoute des juges issus de différents niveaux de juridiction.

La sécurité juridique comme d'ailleurs la plupart des concepts réceptionnés par le droit n'a pas connu de définition qui servirait de « table de loi ». En effet, gravée dans le marbre ou figée sur les papiers, elle est restée une notion « à contenu variable »[62] ou « flexible », un « concept ouvert »[63] ou « clandestin »[64] ou tout simplement une « tautologie »[65].

Dès lors, établir la sécurité juridique à l'intérieur d'un ordre juridique donné reviendrait à instaurer selon les expressions de J-L Atangana

---

[59] Sur le concept, lire L. Burgorgue-Larsen, "Le fait régional dans la juridictionnalisation du droit international", in SFDI *La juridictionnalisation du droit international*, Colloque de Lille, Paris, Pedone, 2003, p. 203-264.

[60]B. Bonnet, "Le paradoxe apparent d'une question prioritaire de constitutionnalité, instrument de l'avènement des rapports de systèmes...", *Revue du droit public et de la science politique en France et à l'Étranger*, 01 septembre 2013 n° 5, p. 1229.

[61] Ces qualificatifs sont empruntés à Bruno Genevois qui aurait « *breveté* » l'expression *dialogue des juges.*

[62] « Les notions à contenu variable en droit », Études publiées par Ch. Perelman et R. Vander Elst, Travaux du centre national de recherches de logique, Bruxelles ,Bruylant, 1984.

[63] G. Cornu, « Le langage du législateur », in *L'art du droit en quête de sagesse*, préc., p. 290 cité par Akam Akam *op.cit.* p. 21-22.

[64] B. Mathieu, « La sécurité juridique, un principe constitutionnel clandestin, mais efficient, *Mélanges Patrice Gélard, Montchrestien*, 2000, p. 301.

[65]J. Boulouis, « Quelques observations à propos de la sécurité juridique. Du droit international au droit de l'intégration », *Liber amicorum,* Pierre Pescatore, Nomos Verlag, 1987, p. 53. Selon l'auteur, « la formule « *sécurité juridique* » sonne en effet comme une sorte de redondance, tant il paraît évident qu'un droit qui n'assurerait pas la sécurité des relations qu'il régit cesserait d'en être un. Imagine-t-on un droit qui organiserait l'insécurité, ou même qui la rendrait possible? »

Amougou, un système cohérent de normes et d'institutions, garantissant *ipso jure* au maximum des risques d'injustice[66].

La sécurité juridique[67] est donc comme *janus*, un concept à double face : une « finalité de droit » et « un droit fondamental »[68]. À ce titre, elle intervient pour réparer sinon la *complexité* du droit[69], du moins le *désordre* de ce dernier. Et Olivier Dutheillet de dire : « *face au désordre du droit, le principe de sécurité juridique apparaît comme la dernière branche à laquelle s'accrochent les juridictions suprêmes pour maintenir un semblant d'ordre et permettre au droit de remplir la mission qui est normalement la sienne* »[70].

Ces exigences ne peuvent pas être ménagées par un seul juge, mais par l'ensemble dans l'exercice de leurs « offices »[71] et dans la dynamique du droit d'où la problématique suivante de notre réflexion : ***Quelle est la nature du lien juridique qui existe entre le dialogue des juges et la sécurité juridique ?***

Cette question nous permet de revisiter les jurisprudences internes, communautaires et régionales africaines en liaison avec l'universalité du droit[72].

Le dialogue des juges et la sécurité juridique deviennent ainsi deux concepts inséparables ayant pour finalité l'harmonie du droit et des systèmes juridiques. C'est dire que si le dialogue des juges perçu comme – une révolution du droit – conditionne la sécurité juridique (**I**), en revanche, cette dernière, du fait qu'elle devienne une finalité du droit, tient le dialogue des juges en l'état (**II**).

---

[66] J.-L. Atangana Amougou, « Multiplication des juridictions internationales et sécurité juridique en Afrique » *in* M. Fau-Nougaret (dir.), *La concurrence des organisations régionales en Afrique*, L'Harmattan, 2012, p. 135-136

[67] Lire le rapport du Conseil d'État, « Sécurité juridique et complexité du droit », EDCE, 2006, n° 58, p. 272.

[68] Voir P-. Gérard Pougoué, « Les Figures de la sécurité juridique », *Revue africaine des sciences juridiques* Vol 4, n° 1, 2007, p.1-8.

[69] J.-M. Pontier, *Le droit administratif et la complexité*, AJDA, 2000, p. 187.

[70] O. Dutheillet de Lamothe, Séminaire franco-brésilien, « Regards croisés sur la sécurité juridique », Cour de cassation, 19 septembre 2005.

[71] M.-A. Frison-Roche, « Le juge et le sentiment de justice » *op.cit.*

[72] M.-Joëlle Redor-Fichot, « L'indivisibilité des droits de l'homme », CRDF, n° 7, 2009, p. 75- 86.

I.- La sécurité juridique saisie par le dialogue des juges

Le Droit de nos jours exerce une influence positive sur certaines notions ou expressions, même celles qui lui ont facilité l'émergence ou qui lui servent de garde-fou à l'instar de la sécurité juridique[73], de l'État[74] d'où l'État de droit[75], de la politique[76]. Le dialogue des juges et la sécurité juridique aujourd'hui et, sous l'onction du droit, semblent prêter au même jeu.

Du fait de l'universalisation du droit[77], ce phénomène n'est plus l'apanage d'un seul État. En effet, de toutes parts en Afrique et dans les différents *ordres et systèmes juridiques*, fleurissent les décisions de justice prenant la forme d'un véritable « dialogue des juges » qui s'internationalise[78].

---

[73] D. Labetoulle, « Principe de légalité et sécurité juridique » in *L'État de droit, Mélanges Guy Braibant,* Dalloz, 1996, p. 403 ; L. Vapaille, « Le principe de sécurité juridique : réalité et avenir en droit administratif français », LP.A0, 10 août 1999, n° 158, p. 18 ; J.-R Pellas « Le principe de sécurité juridique en droit fiscal », in *Études en l'honneur de Georges Dupuis, LGDJ*, Paris, 1997, p. 261 et s ; Y. Gaudemet, « La sécurité juridique »,*Géomètre,* 1996, n° 8/9, p. 26 et s.

[74] R. Carré De Malberg, *Contribution à la théorie générale de l'État,* Sirez, 1920, T. I, p. 489-490. C'est d'ailleurs la conception que se donne l'auteur du droit. Selon ce dernier, le droit est « *une création de l'État qui s'impose à son propre géniteur* ».

[75] J. Chevalier, « L'État de droit », *RDP*, 1988, n° 2, p. 313-380 ; J. Chevalier, « La mondialisation de l'État de droit », *Mélanges Philippe Ardant, LGDJ*, Paris, 1999 ; L. Donfack Sokeng, « L'État de droit en Afrique », *Afrique juridique et politique*, Juillet-Décembre, 2002, p. 87-125 ; C. Emeri, « L'État de droit dans les systèmes polyarchiques européens », *RFDC*, 1992, n° 9, p. 27-41 ; A. Moyrand, « Réflexion sur l'introduction de l'État de droit en Afrique noire francophone », *RIDC*, n° 4, 1991, p, 853-878 ; A. M. Frisson Roche, « Le droit d'accès à la justice et au droit », *in Libertés et droits fondamentaux*, 12e éd. (dir.), R. Cabrillac, M.-A. Frisson Roche, Th. Revet, Dalloz, 2006, p. 458-459 ; A. Soupiot (*Hommo juridicus*. Essai sur la fonction anthropologique du droit, Seuil, 2005, p. 99). L'auteur, en s'inspirant des travaux de Panofsky, observe que « *conçue comme règle générale et abstraite, la loi humaine s'impose également à tous, y compris à l'État de droit qui en est la source vive* », cité par A. Akam Akam, *op.cit.* p. 33.

[76] L. Favoreu, *La politique saisie par le droit,* Paris, Economica, 1988.

[77] V. G. Cohen-Jonathan, « Universalité et singularité des droits de l'Homme », *Revue trimestrielle des droits de l'homme*, 2003, p. 3-13.

[78]L. Burgogue –Larsen, « L'internationalisation du dialogue des juges », *in Le dialogue des juges-Mélanges en hommage à B. Genevois*, Paris, 2008, (spéc.), p. 99.

Cette logorrhée ou mieux cette « obésité normative »[79] et institutionnelle parfois source de désordre est à l'origine de la porosité grandissante des différents ensembles juridiques[80]. À défaut d'un législateur mondial[81] pour sortir la science juridique de cette insécurité, une voie de sortie peut être proposée : la mise sur pied d'un mécanisme de communicabilité entre les droits internationaux, régionaux et nationaux[82]. Cette circularité, cette interchangeabilité, fruit d'un dialogue entre les juges bien qu'encore en quête de juridicité (B) a connu un développement fulgurant au point d'être qualifiée par la doctrine de nouvelle révolution du droit (A).

A.- Le dialogue des juges, une révolution du droit

Comme le soulignait déjà à juste titre B. Frydamn, le dialogue des juges ne sert pas seulement à la production du droit dans un cas d'espèce, mais contribue également à inscrire cette production spéciale dans une construction plus générale[83]. En effet, fruit de la prolifération institutionnelle post Seconde Guerre mondiale et de la fragmentation qui en découle, le dialogue des juges, parfois feutré selon l'expression des auteurs Dubout et Touzé, mais dont l'existence n'est pas discutée, se développe de

---

[79] P. Sargos, « Les sept piliers de la sagesse du droit. », 12 janvier 1815-12 janvier 2015, *La semaine juridique, Ed. Générale* n° 1-2, 12 janvier 2015, doctrine, 34.

[80] L'expression est empruntée à M. Delmas-Marty, « Le pluralisme ordonné et les interactions entre ensembles juridiques », D., 2006, p. 951 citée par E. Dubout et S. Touzé, « La fonction des droits fondamentaux dans les rapports entre ordres et systèmes juridiques », in Edouard Dubout et Sébastien Touzé (dir.), *Les droits fondamentaux : charnière entre ordres et systèmes juridiques*, Ed., A. Pedone, Paris, 2009, p. 11.

[81] Cette expression est empruntée aux auteurs E. Dubout et S. Touzé, « La fonction des droits fondamentaux dans les rapports entre ordres et systèmes juridiques », *op.cit.* p. 11.

[82] F. Delperee, « La communicabilité entre le droit international, le droit européen, le droit constitutionnel et le droit régional » *in Liber Amicorum J-C. Escarras. La communicabilité entre les systèmes juridiques,* Bruxelles, Bruylant, 2005, p. 59.

[83] B. Frydamn, « Le dialogue des juges et la perspective idéale d'une justice universelle », *in Le dialogue des juges, Cahiers de l'Institut d'Études sur la justice,* Bruxelles, Bruylant, 2007 (spéc.), p. 149. *L'auteur soulignait à cette occasion qu'il n'entend pas aborder le dialogue des juges comme un sujet de sociologie judiciaire, mais comme une manière de dire le droit, de le découvrir ou de le fabriquer.*

manière exponentielle au point que certains ont pu y voir une nouvelle *révolution* du droit[84].

Le dialogue des juges participe ainsi à la métamorphose non seulement de sa personne, mais aussi de ses fonctions, de ses objectifs. Le juge prend conscience que la société attend de lui plus que les attributions statutairement définies, et intègre cette considération dans le rôle qui est le sien[85]. Certains auteurs considèrent à cet égard que cette transformation du rôle du juge serait le signe d'une mutation profonde de la rationalité moderne[86].

Nous pensons que cette nouvelle transfiguration pourrait avoir pour effet de conduire le juge à refouler ses dépendances vis-à-vis des normes et des institutions, qu'elles soient étatiques ou internationales. Le juge, s'il est lié aux normes, en vertu de la formule dite de *compétence liée,* n'y est cependant pas ligoté. Il cesse d'être « la *bouche* du législateur », mais devient ses *« pieds »*, ses « *oreilles* », *capable de marcher plus que lui et d'entendre en des distances plus consistantes que lui*[87]. Cette métaphore peut être déduite de la fonction interprétative du juge. À travers la *jurisprudence d'interprétation*[88], le juge fait autre chose que l'actualisation de la volonté de l'auteur. Autrement dit, dans l'interprétation, il y a souvent *création qualitative par approfondissement et enrichissement, d'une règle* (...) et parfois même *création*

---

[84] J. Allard et A. Garapon, Les *juges dans la mondialisation : la nouvelle révolution du droit,* Paris, Le Seuil, 2005.

[85] B. M. Metou, *Le rôle du juge dans le contentieux international. Cas de la Cour Internationale de Justice,* Thèse de doctorat en droit public, Université de Yaoundé II, 2012, p. 12.

[86] A. Garapon, *op.cit.* p. 23.

[87] C'est le lieu de relever que cette conception de Montesquieu du statut, voire du rôle du juge n'est pas la même dans tous les systèmes juridiques. C'est vrai qu'elle a été pendant longtemps ancrée dans le système juridique romano-germanique. Mais dans le système anglo-saxon, les principes du droit résultent principalement de la jurisprudence dont le rôle est de dégager des règles de droit et non spécifiquement d'appliquer des principes préconstitués. Voir B. M. Metou, *Le rôle du juge dans le contentieux international. Cas de la Cour Internationale de Justice, op cit.*, 2012, p. 23.

[88] D. Labetoulle, « Le juge administratif et la jurisprudence », *Rev. Adm.,* n° spécial -5, 1999, p. 623.

quantitative d'une règle absolument sans fondement légal[89]. C'est dire que l'intervention du juge-interprète éclaire d'un jour nouveau le texte interprété. Et Charles De Visscher de dire : « *Il n'est aucune décision interprétative qui, par le point de vue qu'elle dégage, n'enrichisse de quelque trait la face abstraite des normes appliquées* »[90]. On passe du « *juge bouche de la loi* » au juge « *tisseur du système normatif* »[91].

C'est dire *a fortiori* qu'au cœur de la création, et donc de son expression, se trouve l'acte d'interprétation. Qu'il soit saisi pour contrôler l'application du droit par les juges du fond, pour mettre fin à une divergence de jurisprudences ou pour trancher un litige, et, quel que soit son environnement réglementaire ou son statut, le juge est toujours amené à interpréter et, par là, à créer[92]. Dans ce registre, *l'arrêt Ternon* du Conseil d'État est plus que significatif[93].

La loi claire éclaire le droit tout en garantissant sa sécurité et la loi floue ou ambiguë hypothèque le droit et interpelle le juge. Lorsque la loi est claire, il n'y a, en principe, aucune difficulté au regard du principe de sécurité. Le juge doit d'ailleurs l'appliquer telle qu'elle est écrite, sans qu'il y ait lieu de se référer à ses travaux préparatoires[94]. De même, si la loi elle-même est

---

[89] M. Waline, « Le pouvoir normatif de la jurisprudence », *in La technique et les principes du droit public, Études en l'honneur de Georges Scelle*, Paris, *LGDJ*, 1950, p. 622.

[90] Ch. De Visscher, *Problème d'interprétation judiciaire en droit international public*, Paris, Pedone, 1963, p. 28 cité par A. Lally, « Le pouvoir normatif du Conseil d'État sous l'éclairage de Marcel Waline », *RFDA*, 2014, p. 161.

[91] G. Ntono Tsimi, *Le paradigme du crime contre l'humanité et la renaissance du pluralisme juridique dans les droits pénaux africains. Contribution à une théorie sur l'internormativité des systèmes pénaux nationaux en transition,* Université de Yaoundé II-SOA, Thèse de doctorat en droit privé fondamental, Année académique 2011-2012, 711 p.

[92] P. Deumier, « Création du droit et rédaction des arrêts par la Cour de cassation » in *Archive de droit, op.cit.*, p. 50.

[93] Dans cet arrêt, le C.E a jugé que « sous réserve des dispositions législatives ou réglementaires, contraires, et hors le cas où il est satisfait à une demande du bénéficiaire, l'administration ne peut retirer une décision individuelle explicite créatrice de droits, si elle est illégale, que dans un délai de quatre mois suivant la prise de cette décision. C.E, ass. 26 oct. 2001, *Ternon,* n° 197018, Lebon p. 497, *concl. Séners ; AJDA* 2001.1037; F. Zenati, *La jurisprudence*, Dalloz, « Méthodes du droit », 1991

[94] CE, Sect., 27 oct. 1999, n° 188685, Cne Houdan c /Lhemery, Juris Data n° 1999-051124 ; publié au Recueil Lebon). V. Le Rapport d'Alexandre Lallet, Prévisibilité de la loi,

équivoque, mais qu'une jurisprudence, *a fortiori* constante, en a éclairé la portée, le principe de sécurité juridique est respecté pour l'avenir[95].

Par ailleurs, la théorie de l'acte clair contribue sinon à la création, du moins au renforcement du pouvoir *normateur* du juge[96].

À titre d'illustration, l'arrêt du Conseil d'État *Société des Pétroles Shell-Berre et autres*[97] est reconnu comme étant l'arrêt de principe appliquant la théorie de l'acte clair en droit communautaire. La doctrine s'accorde à dire qu'elle permet de faire un distinguo entre l'énoncé et la signification de l'acte[98]. À ce titre, Michel Troper relevait déjà que « la norme supérieure que le juge applique ne lui est pas donnée. C'est à lui qu'il appartient de la créer (...), ce qui préexiste au jugement n'est pas une norme, mais un texte (...). La norme n'est pas ce texte, mais seulement sa signification. Avant d'énoncer un jugement, il appartient au tribunal d'interpréter le texte, c'est-à-dire d'en déterminer la signification (...) « *Interpréter la loi, c'est en réalité la refaire...* »[99]. « *Interpréter, c'est attribuer une signification* »[100]. Et s'il était donné de conclure, on dirait avec Jean Rivero, que l'interprétation du juge va produire ses effets à l'égard des faits ou actes commis avant le jugement, de sorte qu'il a un effet rétroactif[101].

C'est le lieu de rappeler que la notion de « responsabilité civile » est née de l'interprétation faite par le juge de l'article 1382 du Code civil français. Ce dernier ayant bénéficié de l'onction doctrinale notamment celle des

imprévisibilité de la jurisprudence, *Revue juridique de l'économie publique*, n°724, novembre 2014, comm. 49. CE, 2juillet 2014, n° 354365, Sté d'édition et de protection route (SEPR), *Juris Data*, n° 2014-016845.

[95] Rapport Lallet, *op.cit.*, p. 6.

[96]Voir. M. Broberg et N. Fenger, « L'application de la doctrine de l'acte clair par les juridictions des États membres », *RTDE*, n° 46 (4), octobre-décembre 2010.

[97]CE, 19 juin 1964, *Recueil Lebon*, p. 344. Pour la première fois, la Haute juridiction administrative française l'utilise pour ne pas renvoyer de question préjudicielle à la Cour de justice des Communautés européennes.

[98] Séminaire de Droit administratif approfondi, Master 2, Université de Douala, FSJP, Année académique 2013-2014.

[99] M. Troper, *Pour une théorie juridique de l'État*, PUF, 1994 ; *Le droit et la nécessité*, PUF, 2011 ; *Philosophie du droit*, PUF, coll. Que sais-je ?, 2010.

[100] M. Troper, *Actes, publiés par le Sénat d'un colloque sur l'office du juge*, 2006, p. 28 s.

[101]J. Rivero, *Sur la rétroactivité de la règle jurisprudentielle : AJDA*, 1968, p. 15.

auteurs Potier et Domat qui auront joué un rôle non négligeable dans l'aboutissement du Code napoléonien. C'est ainsi que Domat, à travers son ouvrage intitulé *Les lois civiles dans leur ordre naturel*[102], est considéré comme le précurseur de la distinction entre la responsabilité civile et la responsabilité pénale, non sans être celui qui aurait, pour la première fois, exprimé, dans sa généralité, le fameux principe de responsabilité civile qui sera consacré par l'article 1382 du Code civil[103].

C'est dire qu'au bout de l'activité interprétative notamment lorsqu'elle est faite dans le respect des méthodes classiques « interprétation téléologique » et « interprétation conforme »[104], il y a toujours une vision nouvelle, un horizon nouveau pour le juge et surtout pour la science juridique. Pierre Sargos s'inscrit dans ce sens lorsqu'il enseigne que « *le droit ne doit pas être la victime collatérale de l'obésité normative. Sa survie passe à travers le processus capital de son interprétation...* »[105].

En effet, c'est la qualification faite par le juge qui donne une suite logique, une certaine *obligatoriété* aux textes élaborés par le législateur.

À la question de savoir où est-ce que le juge tire sa légitimité, nous dirons à la suite du professeur George Vedel qu'elle provient du fait que le

---

[102] Domat, *Les lois civiles dans leur ordre naturel,* cité par Y. Ranjard, *La responsabilité civile dans Domat,* thèse, Paris, 1943.

[103] Notons tout de même que Grotius, comme nous le reporte le Professeur Grégoire Jiogué, aurait déjà proposé une formule semblable au début du XVIIe siècle. V. G. Viney, « Pour ou contre un " principe général " de responsabilité civile pour faute ? », in *Le Droit privé français à la fin du XXe siècle,* Études offertes à P. Catala, Litec, 2001, n° 1, p. 555, cité par G. Jiogué, « Les sources doctrinales et jurisprudentielles étrangères du droit des suretés personnelles OHADA » in Actes du premier Symposium Juridique de Libreville, Première édition organisée par l'Institut Français du Gabon et la Fondation Raponda Walker les 21 et 22 novembre 2013 sous le thème *« Comment fabrique- t- on le droit en Afrique ?* », 608 p. (spéc.), p. 297- 329.

[104] Ces méthodes décrites par le président genevois dans son article de référence à la RFDA, 2000 (*Le Conseil d'État et l'interprétation de la loi,* p. 877.) sont principalement de deux ordres : le but et l'intention du législateur, tels qu'ils peuvent ressortir des travaux préparatoires de la loi, du contexte dans lequel la loi a été adoptée ; et les normes supérieures desquelles les lois doivent être interprétées.

[105] P. Sargos, « Les sept piliers de la sagesse du droit. », 12 janvier 1815-12 janvier 2015, *La semaine juridique, Ed. Générale,* n° 1-2, 12 janvier 2015, doctrine, 34.

juge ne détient pas le dernier mot[106], la théorie de la « validation législative » reste une arme entre les mains du législateur lui donnant acte de révision de toute position prise par le juge. Le juge détient la légitimité et non la souveraineté, seul le constituant est souverain.

Le dialogue des juges n'est pas simplement organique, il est aussi formel ou processuel. Il se situe dans la logique de rapprochement non pas seulement des organes, mais aussi des droits applicables dans un système juridique. Il permet, à ce titre, de sortir progressivement d'une « *chaine du droit* » temporelle proposée par R. Dworkin[107] pour une « *chaine du droit spatiale* » revendiquée par les auteurs Dubout et Touzé[108].

Le dialogue des juges contribue donc véritablement à *l'évolutivité* du droit. À ce titre, il se doit d'être *libre* et *nécessaire, apaisé et constructif.*

Cependant, pour une grande sécurité de cette dynamique, il faut que la révolution du droit soit équitable et générale, qu'elle n'abandonne pas un pan du droit et surtout qu'elle ne soit pas à l'image d'une révolution à géométrie variable dont susceptible de générer une « *fracture juridique* ». En effet, *« l'inflation et l'instabilité des normes juridiques provoquent parfois chez nos concitoyens, un grand désarroi. Se sentant souvent isolé dans un maquis de procédures contraignantes et souvent incomprises, le citoyen ressent avec amertume la distance qui le sépare des centres de décision* »[109]. Bref la complexité croissante des normes juridiques menace l'État de droit et par ricochet, freine le processus d'universalisation du droit.

B.- Le dialogue des juges, une universalité du droit

Les droits fondamentaux sont, pour reprendre l'expression des auteurs Dubout et Touzé, vecteurs de communication par nature, une nature fondatrice et surtout, une nature universaliste. En effet, le qualificatif de fondamental renvoie également tout comme les droits de l'Homme auxquels les droits fondamentaux tendent à se substituer, à un « universalisme »[110].

---

[106] Il ne s'agit donc pas d'un « gouvernement des juges ».

[107] R. Dworkin, *Prendre les droits au sérieux*, Paris, PUF, chap. II (spéc.), p. 80 et s.

[108] E. Dubout et S. Touzé, « La fonction des droits fondamentaux dans les rapports entre ordres et systèmes juridiques », *op.cit.* p. 18.

[109] Rapport du Médiateur de la République pour l'année 2001.

[110] E. Dubout et S. Touzé, « La fonction des droits fondamentaux dans les rapports entre ordres et systèmes juridiques », *op.cit.* p. 21.

Par ailleurs, c'est au juriste français René Cassin que l'on doit la qualification d'« *universelle* » attribuée à la Déclaration universelle des droits de l'Homme de 1948. Par ce concept, l'auteur voulait souligner que les droits affirmés ne concernaient pas des citoyens, ressortissants d'États, mais des individus appartenant à une même fratrie. À ce titre, R. Cassin fera de l'universalité des droits de l'Homme un principe interrogeable. Aussi dira-t-il : les droits de l'Homme « *sont universels ou ne sont pas* »[111].

Cependant, cette prétention à l'universalité offre une propension au franchissement des barrières juridiques et explique le dialogue des juges en la matière. Toutefois, cette prétention à l'objectivité, à l'universalité, ne peut être que relative et non absolue. L'universalité des droits de l'Homme s'apparente de ce point de vue davantage à une « profession de foi » qu'à une réalité juridique tangible[112]. Que dire, personne ne détient le monopole de l'universalité. Et ce n'est pas un particulier qui, en écrasant les autres, peut s'autoproclamer universel. L'universel, « *c'est ce qu'il y a de plus précieux dans tous les particuliers qui doivent se rencontrer comme les plans latéraux à la pointe d'une pyramide* ». L'universel, « *ce n'est pas le particulier des uns imposé à tous les autres. Ce n'est pas la juxtaposition stérile de tous les particuliers. C'est l'agrégation par interfécondation de ce qu'il y a de meilleur, de plus succulent et de plus grand dans tous les particuliers afin d'en faire une raison de vivre suffisamment puissante...* »[113]. C'est dans ce contexte que l'universalité pourra devenir une arme au service de la sécurité juridique[114].

---

[111] R. Cassin, « La Déclaration universelle et la mise en œuvre des droits de l'Homme », *RCADI*, t. 79, n° II, 1951, p. 241-367 (275).

[112] J. Mourgeon, « L'universalité des droits de l'Homme entre foi et droit », p. 1265-1282, *in Libertés, justice, tolérance, Mélanges en hommage au Doyen G. Cohen-Jonathan*, Bruxelles, Bruylant, 2003, p. 501-537.

[113] J. Ki-Zerbo, « Les droits de l'Homme en Afrique : tradition et modernité », *in Foi et développement*, n° 237-238 - nov/déc 1995.

[114] L'universalité dont il est question ici serait le reflet d'un « *droit inter-civilisationnel* » pour reprendre cette formule d'Onuma Yasuaki, *A Transcivilizational Perspective on International Law, RCADI*, vol. 342, 2009, p. 77-418 ou qui récuse toute « *internationalisation de type hégémonique* », expression empruntée à Mireille Delmas-Marty, « La méthodologie en droit comparé », propos liminaire à la première partie de la Table ronde consacrée à cette thématique, *in* Jean du Bois de Gaudusson (dir.), *Le devenir du droit comparé en France*, Journée d'étude à l'Institut de France, 23 juin 2004, Presses universitaires d'Aix Marseille

De même, l'une des raisons fondamentales de la *scissiparité de l'ordre international* ou de l'émergence d'une *intégration par hystérèse*[115] réside dans le fait que chaque système régional demeure jaloux de sa souveraineté, et cherche à sauvegarder son « pré-carré » normatif, exécutif et judiciaire[116], animé en cela par le désir de constituer seul un ordre judiciaire autonome et indépendant[117]. Seul garant de ses promesses[118], chaque juge est mû en permanence par l'instinct de préservation de son identité et de ses conceptions juridiques.

Cette autosuffisance des ordres juridiques spécialisés[119] participe à la fragmentation de l'ordre juridique régional non sans favoriser l'avènement du *gouvernement voire de la guerre des juges*. Le dialogue apparaîtra comme la *solution magique*[120] permettant de discipliner l'usage de la règle de droit par les juridictions tout en obligeant celles-ci à un « *pluralisme ordonné* » pour

---

(PUAM), 2005, p. 21-23 (spéc., p. 21) et surtout le linéament d'un « pluralisme ordonné ». (spéc., p. 21-22).

[115] D. C. Bach, H. Hveem, "Regionalism, Regionalisation and Globalisation", *Congrès de l'ECPR et de l'International Studies Association*, Vienne, 16-20 septembre 1998, multigr.

[116]V. R. De. Gouttes, « Le dialogue des juges », Communication à l'occasion du colloque du cinquantenaire du Conseil constitutionnel, 3 novembre 2008. V. notamment, L. Burgogue –Larsen, « Le fait régional dans la juridictionnalisation du droit international », *Colloque de Lille sur La juridictionnalisation du droit international, SFDI*, 2003, p. 45.

[117] L. Condorelli, « Jurisdictio et désordre judiciaire en droit international : quelques remarques au sujet de l'arrêt du 2 octobre 1995, de la chambre d'appel du Tribunal pénal international pour l'ex-Yougoslavie dans l'affaire Tadic », in R. J Dupuy (dir.), *Mélanges en l'honneur de Nicolas Valticos : Droit et justice*, 1999, 281-286, cité par S. B. Djoumessi Kenfack, « L'application de la Charte africaine des droits de l'Homme et des peuples par les Juridictions des Communautés économiques régionales », *in* A.-D. Olinga (dir.), *La protection internationale des droits de l'Homme en Afrique. Dynamique, Enjeux et Perspectives trente ans après l'adoption de la Charte africaine des droits de l'Homme et des peuples*, Ed., Clé, Yaoundé, 2012, p. 251-279.

[118] Lire A. Garapon, *in Le gardien des promesses-justice et démocratie,* Paris, Odile Jacob, 1096.

[119] B. Simma, « Self Contained Regime *», NYIL*, 1985, p. 112-136.

[120] Souligné par nous pour magnifier la pertinence du *dialogue des juges* dans un ordre juridique fragmenté, divisé par l'égoïsme, l'ignorance des uns et des autres avec des conséquences fâcheuses tant sur la sécurité juridique que sur les droits et libertés fondamentaux des citoyens. Par exemple, le dialogue inter-religieux ne serait-il pas une solution au désordre que connaît le secteur et qui foncièrement perturbe l'ordre public ?

reprendre Mireille Delmas Marty[121], à une unité dans la différence[122]. Le contexte s'y prête d'ailleurs comme nous le rappelle l'auteur :

> *en dépit des apparences, il n'est plus possible aujourd'hui de méconnaître la superposition de normes nationales, régionales et mondiales ni la surabondance d'institutions et de juges, nationaux et internationaux à compétence élargie. Ces réalités nouvelles font évoluer le droit vers des systèmes interactifs, complexes et fortement instables. Plus que d'une défaite du droit, c'est peut-être d'une mutation qu'il s'agit, une mutation de la conception même de l'ordre juridique*[123].

On peut suggérer que le dialogue des juges viendrait favoriser l'ingéniosité africaine qui consiste en la fusion de la Cour africaine des droits de l'Homme avec la Cour de justice de l'Union africaine pour en faire une Cour unique[124], car la complémentarité des juridictions couplée par la similarité des décisions donnait les allures d'un doublon et donc d'une

---

[121]M. Delmas-Marty, « La méthodologie en droit comparé », propos liminaire à la première partie de la Table ronde consacrée à cette thématique, *in* Jean du Bois de Gaudusson (dir.), *Le devenir du droit comparé en France,* Journée d'étude à l'Institut de France, 23 juin 2004, Presses universitaires d'Aix Marseille (PUAM), 2005, p. 21-23.

[122]S. Denys « Des influences réciproques entre la CJCE et CEDH : "Je t'aime, moi non plus" ? », *Pouvoirs,* 2001/1, n° 96, p. 31-49. Cette idée d'ouverture avait déjà été émise par M. Delmas-Marty à travers ce que l'auteur a appelé « le jeu des nuages ». M. Delmas-Marty, en conclusion de son ouvrage *Pour un droit commun*, Le Seuil, 1994, spéc., p. 284, *« Les rapprocher en une harmonie faite tout à la fois de leur subordination à un ordre supranational et de leur coordination selon des principes communs. Comme autant de nuages qui, portés par un même souffle, s'ordonneraient peu à peu tout en gardant leur propre rythme, leur propre forme ».*

[123] M. Delmas-Marty, Études juridiques comparatives et internationalisation du droit. Leçon inaugurale faite le jeudi 20 mars 2003 au Collège de France, Paris, Librairie Arthème Fayard, 2003, 283.

[124] Doc Assembly/AU/Déc. 45 (III), § 3.Le projet de fusion a été mis en chantier en juillet 2004 lors de la 3e session ordinaire de la Conférence des chefs d'État et de gouvernement de l'UA. Celle-ci avait décidé que « *la Cour africaine des droits de l'Homme et des peuples et la Cour de justice seront fusionnées en une seule Cour* ». Soulignons que ce projet de fusion n'a pas eu d'écho favorable auprès de la doctrine. V M. Kamto," Introduction générale ", *in* Kamto (M.) (dir.), *La Charte africaine des droits de l'Homme et des peuples et le Protocole y relatif portant création de la Cour africaine des droits de l'Homme : commentaire article par article,* Bruxelles, Bruylant, 2011, p. 1-59.

insécurité juridique[125]. Dès lors, un tel dialogue pourrait faciliter la formalisation des rapports entre les juridictions des communautés économiques et la Cour africaine des droits de l'Homme ou la Cour africaine de justice et des droits de l'Homme[126].

Il peut être inspiré des dispositions de la Charte africaine des droits de l'Homme et des peuples en ses articles 60 et 61. Le législateur de 1981 aurait consacré une porosité normative à l'effet de susciter une communicabilité entre les institutions régionales et internationales, les coutumes et pratiques généralement acceptées comme étant le droit d'avec celles d'Afrique.

Le comportement du juge de la CJCEDEAO dans *l'affaire Hissein Habré* est illustratif à plus d'un égard. Dans cette affaire, la Cour a eu recours de façon explicite à la jurisprudence de la CEDH pour préciser la notion de *victime potentielle.*

Ces emprunts sont nombreux dans les jurisprudences de la Commission africaine des droits de l'Homme[127] comme le souligne Alain-Didier Olinga[128]. En clair, l'analyse des différents mécanismes du système africain

---

[125] C'est d'autant vrai parce qu'avec l'avènement d'une Cour unique, il sera possible de conclure un accord prévoyant la mise en place d'une procédure de surveillance de l'évolution des jurisprudences des deux Cours ainsi que la prise de mesures en cas de divergences jurisprudentielles par un organe mixte, la mise en place d'une procédure d'information entre les juges d'Arusha et ceux des CER.

[126] V. Les accords EEE établissant des passerelles procédurales entre les Cours AELE et Benelux et la CJCE. Il s'agit d'un accord établissant une liaison entre deux sous-ensembles et un grand ensemble. V. S. Baker, *op.cit.,* p. 276. S. Dujardin, « Pour une opérationnalisation rapide de la Cour africaine de justice et des droits de l'Homme ", EU, - Africa e-alert—n° 3/ novembre 2006, contribution to editorial ».

[127] Par exemple, dans *l'affaire Curtis Doebbler c. Soudan*, la Commission réitère que les traitements inhumains et dégradants comprennent « *non seulement les actes qui causent de graves souffrances physiques et psychologiques, mais qui humilient également ou forcent l'individu à marcher contre sa volonté ou sa conscience* ». À quelques nuances mineures de formulation près, il s'agit là mot pour mot des formules de *l'arrêt Tyrer c. Royaume-Uni de la Cour de Strasbourg*, explicitement évoqué dans *l'affaire Curtis Doebbler.*

[128] A.- D. Olinga, « Les emprunts normatifs de la Commission africaine des droits de l'Homme et des peuples aux systèmes européen et interaméricain de garantie des droits de l'Homme », *Rev. trim. dr. h. (62/2005*), p. 500-537.V. notamment M. Mubiala, « La Cour

démontre l'interaction entre le système africain et les autres systèmes régionaux de protection des droits de l'Homme, laquelle contribue en particulier à la consolidation du modèle régional juridictionnel de protection des droits de l'Homme.

Le constat a été formulé par Fatsah Ouguergouz, qui souligne que « *le mécanisme de sauvegarde originel de la Charte africaine, c'est-à-dire tel qu'il fonctionne actuellement, emprunte ses principaux caractères à la défunte Commission européenne des droits de l'Homme, à la Commission interaméricaine des droits de l'Homme ainsi qu'au Comité des droits de l'Homme des Nations Unies*[129] ».

C'est dire que les normes africaines de sauvegarde des droits de l'Homme doivent quelques fois, leur formulation et parfois leur application non seulement aux normes universelles, mais aussi et surtout aux organes régionaux étrangers[130]. Ceci n'est pas l'apanage du système juridictionnel africain, car le rayonnement[131] de la Cour européenne des droits de l'Homme s'explique aussi en partie par son recours aux jurisprudences constitutionnelles étrangères[132]. Le dialogue des juges peut donc être horizontal ou vertical, synchronique ou diachronique.

En poussant à l'extrême, nous pouvons dire que le dialogue des juges conforte la position du juge, donne une valeur ajoutée à ses motivations tout en épargnant le justiciable et l'administration de l'arbitraire du juge. D'où l'interrogation suivante des auteurs Jean-Pierre Puissochet et Hubert Legal : « *Où serait la sécurité juridique si, par le fait d'un juge agitant ses principes, la confiance légitime que devraient inspirer la loi et les institutions était réduite à*

africaine des droits de l'Homme et des peuples : mimétisme institutionnel ou avancée judiciaire ? », *RGDIP*, t. 102, 1998/3, p. 765-780.

129 F. Ouguergouz, *Les mécanismes continentaux de protection des droits de la personne en Afrique*, p. 109.

130 V. S. F. Sobzé, *op.cit.*, p. 211.

131 J-F. Flauss (dir.), *L'influence de la CEDH sur les États tiers*, Bruxelles, Bruylant, 2002, 162 p.

132 La Cour s'est référée à la jurisprudence de la Cour constitutionnelle israélienne ; CEDH, 10 avril 2007, *Evans, c /Royaume-Uni*, req. n° 6339/ 05, ou à celle de la Cour suprême américaine, CEDH, 13 novembre 2007, *D. H. c/ République tchèque*, req. n° 57325/00.

néant ? »[133] Dans le même sens, alors qu'il travaillait sur le droit public français, le Professeur Pacteau se posait la question suivante : *l'impératif de sécurité juridique peut-il effectivement enrichir le droit public français* ? Ramenée à notre étude, la sécurité juridique peut-elle enrichir le dialogue des juges dans l'ordre juridique africain ? Si nous partageons la conclusion de l'auteur selon laquelle « *la première sécurité juridique, c'est finalement un droit qui ne laisserait place ni à la fantaisie ni à l'arbitraire* »[134], alors le phénomène de « *buissonnement* »[135] juridictionnel qui caractérise l'ordre juridique communautaire africain[136] nécessite une forte intervention de la sécurité juridique.

II.- Le dialogue des juges saisis par la sécurité juridique

« *Le déclin de la sécurité juridique signe celui du droit et rend compte d'une transplantation des modes de régulation sociale* »[137]. Peut-on envisager un dialogue des juges en l'absence du droit ou dans une société « *ajuridique* » ? Cette interrogation nous renseigne sur le fait selon lequel la sécurité juridique à certains égards, tient le dialogue des juges en l'état. La sécurité juridique participe non seulement à la protection des institutions, à la promotion de l'État de droit, à la sauvegarde des droits fondamentaux, mais aussi à l'amélioration du droit et au renforcement des pouvoirs du juge.

A.- La sécurité juridique, une finalité du droit

S'agit-il d'une finalité singulière ou plurielle ? La doctrine[138] s'accorde pour dire que la sécurité est sans nul doute une des finalités du droit, et ce

---

133 « Le principe de sécurité juridique dans la jurisprudence de la Cour de justice des Communautés européennes », *op.cit.*, p. 210.

134 B. Pacteau, « La sécurité juridique, un principe qui nous manque ? », *L'Actualité juridique Droit constitutionnel*, 20 juin 1995, spécial, p. 151.

135 L'expression « *buissonnement* » tirée du « *buissonnement organique* » du Pr Réné-Jean Dupuy renvoie à la prolifération des institutions économiques. Cf. Conclusion du colloque de la SFDI sur la thématique *Les Nations Unies et le droit international économique*, 1986, p. 376.

136 Voir S. F. Sobzé, *La dignité humaine dans l'ordre juridique africain*, Thèse de droit public, Université de Yaoundé II, avril 2013, 589 p.

137 N. Molfessis, « Combattre l'insécurité juridique ou la lutte du système juridique contre lui-même », *op.cit.* p. 392.

138 Au temps de l'arrêt *Cachet*, le Doyen Hauriou qualifiait l'idée de sécurité de « sureté des relations sociales » (S. 1925. 3. 9).

doit être plus précisément, d'un point de vue fonctionnel, parmi ses premières qualités. Il s'agit d'un *« besoin juridique élémentaire »*[139] voire *« animal »*[140].

C'est le lieu de préciser que *l'avis de Tilsit* de 1807 reste l'une des rares décisions à avoir reconnu l'exigence de sécurité juridique par « invention » de l'idée de modulation des effets dans le temps de l'annulation d'un acte afin de limiter les effets dévastateurs pour la sécurité juridique d'une annulation rétroactive[141]. C'est alors que sous la plume de R. Demogue, la sécurité juridique va connaître de plus amples développements.

En effet, l'auteur va consacrer à la sécurité juridique deux chapitres de son ouvrage *Les notions fondamentales du droit civil*[142] où il soulignera que le besoin de sécurité est le « *plus grand des desiderata de la vie juridique et sociale, son moteur central* » et que « *donner de la sécurité aux individus, cette idée, si simple, a dans le droit de nos jours une importance colossale* ». Depuis la jurisprudence *Bosch* de la Cour de Justice des Communautés européennes, la sécurité juridique se présente comme « *l'épine dorsale* » du droit. Elle est comme *Janus*, c'est-à-dire à deux figures ; elle est – en principe – une « finalité de droit » et –exceptionnellement – « un droit fondamental »[143]. Parce qu'elle nécessite des règles qui donnent à l'individu l'assurance qu'il pourra faire valoir ses droits dans les meilleures conditions, elle devient par cette occasion même, une composante de l'État de droit. La jurisprudence *Bosphorus*[144] dans le cadre européen constitue une illustration parfaite, même

---

139 B. Pacteau, « La sécurité juridique, un principe qui nous manque ? », *L'Actualité juridique. Droit constitutionnel*, 20 juin 1995, spécial, p. 151.

140 J. Carbonnier, *Flexible droit*, LGDJ, 7e éd. 1992, p. 172.

141 En décidant, en effet, que jusqu'au jour de la publication de son avis les errements antérieurs étaient « couverts » par l'effet de la bonne foi et de l'erreur commune, le Conseil d'État décide que l'annulation prendrait effet seulement à partir de cette publication.

142 R. Demogue, *Les notions fondamentales du droit civil, essai critique*, 1991 *: La mémoire du droit*, 2001 ; chap. II, *La sécurité*, p. 63- 87 ; chap. III, *L'évolution et la sécurité*, p.88-110.

143 P-. G. Pougoué, « Les Figures de la sécurité juridique ».*Revue africaine des sciences juridiques* Vol. 4, n° 1, 2007, p. 1-8.

144 P. Tavernier, « De la protection équivalente. La jurisprudence *Bosphorus* à l'heure de l'adhésion de l'Union européenne à la Convention européenne des droits de l'Homme », in *La Constitution, l'Europe et le droit, Mélanges en l'honneur de Jean-Pierre Masclet*, Publications de la Sorbonne, 2013.

si la volonté commune d'étendre cette jurisprudence dans les contrôles des juges nationaux[145] n'arrange pas toujours la Cour de justice de l'Union[146].

Ainsi, la sécurité juridique existe comme principe autonome du droit constitutionnel dans certains États comme l'Allemagne. C'est pourquoi la Cour constitutionnelle déduit du principe de sécurité juridique des exigences de stabilité de l'ordre juridique et de prévisibilité de l'action de l'État. Elle innerve pour reprendre l'expression du Professeur Pougoué tout le droit[147]. L'auteur fait sienne cette conception de Georges Ripert extraite des « *forces créatrices du droit* » et selon laquelle la sécurité est liée à l'idée même du droit. Le droit serait donc avant tout un instrument de sécurité et par conséquent de liberté. Sa mission est de garantir la sécurité, de sorte que l'on puisse prévoir la solution des situations juridiques et compter sur elle grâce à des moyens de contraintes garantissant la réalisation des droits[148].

La sécurité est donc partagée entre le respect du formalisme juridique qui la rapproche des sources formelles du droit et aussi *le conformisme à l'idéal de justice* qui met le juge face à son pouvoir d'appréciation, d'interprétation voire de création. À cette étape, il a besoin du concours des autres pour éviter toute contradiction, c'est l'utilité du dialogue des juges.

Il est vrai, l'existence du dialogue des juges est la source d'une plus grande sécurité juridique et d'un progrès du droit. Cependant, accepter qu'il

---

[145] S. Platon, « Le contrôle de constitutionnalité des actes nationaux d'application du droit de l'Union européenne. L'avenir des jurisprudences *Économie numérique* et *Arcelor* », *in La Constitution, l'Europe et le droit, Mélanges en l'honneur de Jean-Claude Masclet, op cit.*

[146] La Cour de justice de l'Union par un arrêt *(CJUE, GC, C-399/11, 26 février 2013, Stephano Melloni c/ Ministerio Fiscal)*, donnait un coup d'arrêt au développement des jurisprudences constitutionnelles qui assurent une protection élevée des droits fondamentaux. C'est le lieu de souligner que bien qu'énoncée depuis 1961 par la CJCE (CJCE, 22 mars 1961, *aff. 42, 49/59, SNUPAT c/ Haute Autorité de la CECA*), l'exigence de sécurité juridique n'a pas connu diverses qualifications jurisprudentielles et n'est considérée comme ayant rang de principe général de droit communautaire qu'en 1969 avec *l'aff. Portelange c./ Smith Corona Marchant international* du 9 juillet 1969. Par la suite, elle est élevée à la qualité *d'exigence fondamentale* (CJCE, 14 juillet 1972, *aff.* 57/69, *Azienda Colori Nazionali c./ Commission*, Rec. p. 34 et depuis 2006 (*aff. KPMG, en principe général de droit*).

[147] P-. G. Pougoué, « Les Figures de la sécurité juridique », *op.cit.* p. 2.

[148] *Ibid.*, p. 4.

existe un dialogue entre les juges dans l'application des normes suppose que ces derniers participent à la « *création* » de ces normes selon le dualisme *kelsenien création/application*[149].

Sans toutefois revenir sur le débat doctrinal sur la création[150] ou non[151] du droit par le juge, nous dirons que la décision du juge de dire ou de ne pas dire le droit impacte sur la sécurité juridique.

De même, il faut dire que si le dialogue des juges est une nécessité pour l'harmonie des juridictions et l'évolution du droit, il ne s'impose pas aux juges. Et Aubry et Rau de dire : *« quelle que soit l'autorité qui s'y attache, et alors même qu'elle serait constante sur tel ou tel point de droit, la jurisprudence ne forme jamais une règle juridiquement obligatoire pour les citoyens et les tribunaux »*[152]. Le dialogue entre les ensembles juridiques connaît une inflation, notamment par la voix des juges et plus particulièrement en matière de respect des droits fondamentaux.

Le principe de sécurité juridique est, pour ainsi dire, polysémique, ambivalent. Il traduit à l'égard du juge le droit et le non-droit. S'il ne constitue qu'un acte de valeur morale sans une quelconque *obligatoriété* juridique, il assure néanmoins la protection contre la rétroactivité, la consolidation des situations individuelles, le respect des engagements, la promesse d'une relative stabilité de l'environnement juridique, la clarté et la

---

[149] H. Kelsen, *Théorie pure du droit*, *op.cit.*, p. 315.

[150] A. Blanchot, « Le droit et le bon sens », *in Mélanges* A. Decoq, Litec 2004, p. 30. Contrairement à Montesquieu qui pense que le juge n'est que la bouche du législateur, l'auteur soutient qu'il ne saurait se réduire à n'être qu'un serviteur de la loi : *« Le juge ne peut être un arbitre passif »*.

[151] V. Montesquieu, *De l'esprit des lois*, Paris, GF-Flammarion (Liv. XI, Chap. VI, p. 301 ; R. Dworkin, *Prendre les droits au sérieux*, Paris, PUF, chap. II, (spéc.), p. 80 et s. Selon J.-L Aubert, le juge ne saurait créer le droit, car il est sous la dépendance du législateur, ce qui l'oblige toujours à se référer à la loi pour décider. Lire également les observations du Professeur Akam Akam sur la question du pouvoir *normateur* du juge. Le magistrat, souligne l'auteur, a le pouvoir et le devoir d'appliquer le droit et non de le créer. En tout cas, si le juge peut être amené à créer du droit, ce ne peut être qu'à titre exceptionnel. La participation du juge à la création ne constitue qu'une part infime de son activité et qui n'est véritablement favorisé que par les lacunes ou le silence de la loi, *op.cit.*, p. 18 ; B. Oppetit, « L'affirmation d'un droit jurisprudentiel », *in* B. Oppetit, *Droit et modernité*, PUF, 1998.

[152] Aubry et Rau, *Cours de droit civil français*, 4e éd., t. 1, Paris, 1869, p. 129, note 76.

cohérence de la règle de droit. En fait, si la sécurité juridique pour reprendre Bertrand Mathieu, ne conduit pas nécessairement à figer les situations juridiques au profit d'intérêts individuels, elle prend également au moins en compte les conditions d'intérêt général[153] notamment celui des justiciables et des juges eux-mêmes.

B.- La sécurité juridique, un moyen d'accroissement et d'harmonisation des pouvoirs du juge

Le dialogue des juges, loin de constituer un pourvoir de modulation, impose à ces derniers une justice de qualité dont les décisions sont stables et imprévisibles. Il y va de la sécurité juridique des justiciables qui doivent pouvoir compter sur la stabilité de la jurisprudence afin d'adapter en conséquence leurs comportements.

C'est dire que le pouvoir de modulation du juge loin de constituer un *obiter dictum,* est aussi la manifestation de sa *juris dictio* qui lui impose la vérification des règles applicables au litige avant tout jugement. Le juge comme le disait si bien Marcel Waline au temps de l'arrêt *Barel* alors qu'il s'adressait à l'administration, n'a le droit d'être « *ni fantaisiste* ni *capricieux* »[154].

Au nom de la sécurité juridique, toutes les initiatives du juge que ce soit dans l'élaboration ou dans l'interprétation de la norme participent à la création. La prise en compte de l'intégralité du mouvement d'élaboration du droit s'avère d'autant plus indispensable que depuis que Kelsen a révélé que « *l'application du droit est en même temps création du droit (...), [qu'il] n'est pas juste de distinguer et opposer des actes créateurs de droits et des actes applicateurs de droit* »[155]. Aussi faut-il considérer cet enchaînement comme un tout. Cette complémentarité tirée de la fusion création/application

[153] B. Mathieu, « La sécurité juridique : un principe constitutionnel clandestin, mais efficient », *Droit constitutionnel, Mélanges P. Gélard,* Montchrestien, 1999, p. 301 ; V. B. Mathieu, *La sécurité juridique : un produit d'importation « made in France »* (à propos des décisions 99-421-DC et 99-422DC du Conseil constitutionnel) : D. 2000, chron., p. VII.- *Le juge et la sécurité juridique : vues du Palais-Royal et du quai de l'Horloge* : D. 2004, p. 1603.

[154] *RDP*, 1950, p. 509.

[155] H. Kelsen, *Théorie pure du droit, op.cit.* p. 315, cité par P. Raimbault, *Recherche sur la sécurité juridique en droit administratif français*, Paris, *LGDJ*, 2009, p. 361.

participe de l'accroissement des pouvoirs du juge. La sécurité juridique contribue ainsi à l'unité du droit et des fonctions du juge. Et Philippe Raimbault de dire : « *la sécurité juridique contribue au renouvellement des méthodes d'élaboration des normes* »[156]. À ce titre, la Cour de justice de l'Union européenne a déjà accepté d'examiner si une directive, telle qu'interprétée par l'un de ses arrêts, méconnaissait le principe de sécurité juridique[157]. De même que la Cour européenne des droits de l'Homme a eu à juger qu'une ingérence était prévue par la loi dans la mesure où l'interprétation qu'en a donnée le Conseil d'État était « *suffisamment prévisible* »[158].

Le dialogue des juges favorise la prise en compte des décisions rendues par les juridictions communautaires et internationales à l'échelle interne des États et réduit par conséquent le champ des revirements parfois « spectaculaires » de certaines jurisprudences[159].

Par ailleurs, face à la complexité du droit[160] et à la difficulté d'interprétation, c'est le dialogue des juges qui devient le dernier rempart. C'est dire que l'absence de communication peut être cause d'instabilité des normes et d'absence de lisibilité. Face à cet imbroglio, c'est la sécurité du justiciable qui se trouve *menacée*. Le souci majeur dans la présente réflexion est donc l'intérêt du justiciable. Ce dernier a besoin, pour sa sécurité, d'un juge proche de lui et résolvant rapidement ses problèmes ; il sera contraire à cet intérêt qu'un seul juge accapare comme la défense ou la conquête d'un *précarré*.

C'est dans ce sens qu'il faut comprendre ces propos de Nicolas Molfesis : « *l'insécurité juridique se nourrit de l'inflation normative comme de l'instabilité des règles ou encore du déclin de l'art de légiférer… l'insécurité juridique, c'est la règle qui se dérobe* »[161]. Bref, la sécurité juridique joue un rôle essentiel dans

---

[156]P. Raimbault, *Recherche sur la sécurité juridique en droit administratif français*, Paris, *LGDJ*, 2009, p. 363.

[157] CJUE, grande chambre 23 octobre 2012, aff. C-581 / 10 et C / 629/10.

[158] (CEDH, 7 juin 2007, no 71251/ 01 *Parti nationaliste Basque c/ France*).

[159] C. Atias, *Sur les revirements de jurisprudences, RTD*, civ. 2005 ; R. Colson, *Genèse du concept de revirement de jurisprudence*, RRJ, 2000, 991.

[160]D. de Bechillon, « L'ordre juridique est-il complexe ? », *in Les défis de la complexité*, D. de Bechillon (dir.), L'Harmattan, 1993.

[161]N. Molfessis, « Combattre l'insécurité juridique ou la lutte du système juridique contre lui-même », EDCE, 2006, n° 58, p. 391-406 (spéc.), p. 391.

la jurisprudence de nombreux organes juridictionnels puisqu'elle est à l'origine à la fois de ses principaux infléchissements et des principales contraintes qu'elle fait peser sur le législateur. C'est elle qui détermine aujourd'hui, en certains points, l'évolution de la jurisprudence des juridictions régionales et communautaires africaines. Les jurisprudences rendues par la Commission africaine des droits de l'Homme et des peuples[162] ainsi que celles rendues par la Cour de Justice de la Communauté économique et monétaire de l'Afrique de l'Ouest[163] sont à cet égard illustratives.

Le dialogue des juges participe à l'harmonisation des compétences des juges. À ce titre, il permet d'éviter le *forum shopping*[164] sorte de *crise du droit* constitutive pour le juge comme pour le justiciable de *passerelle juridique*. En clair, le dialogue des juges interdit à ces derniers de fonctionner en « *vases clos* »[165] mais plutôt en « *vases communicants* »[166] dans l'espoir de fédérer une « galaxie juridique » universelle selon l'expression de J-P. Jacque[167].

---

[162] Com.241/01, *Purohit et Moore/Gambie*. « *Bien que le droit au logement ou à l'abri ne soit pas explicitement prévu aux termes de la Charte africaine, le corollaire de la combinaison des dispositions protégeant le droit de jouir du meilleur état de santé physique et mentale qu'une personne soit capable d'atteindre (…), le droit à la propriété et la protection accordée à la famille empêche la destruction gratuite d'abri, car, lorsqu'une maison est détruite, la propriété, la santé et la vie de famille sont négativement affectées en conséquence* ». Une décision au service de la sécurité juridique.

[163] Lire les décisions de la Cour de justice de la CEDEAO, affaires Dame *Hadijatou Mani Koraou* du 27 octobre 2008 en matière de protection des droits des esclaves et *Chief Ebrimah Manneh d'avril* 2007 pour détention arbitraire.

[164] Cette expression est de Fatsa Ouguergouz *in Entretien avec le juge* Ouguergouz, *Propos recueillis par* Le Toulec Germain, *Centre d'analyses et publications de l'Institut Amadeus,* septembre 2010.

[165] Cette expression est empruntée au Professeur F. Anoukaha, « L'épistémologie des réformes de droit privé en Afrique » in Acte de colloque organisé par l'Université de Dschang et le Laboratoire d'Études et de Recherches sur le Droit et les Affaires en Afrique (LERDA) sur la thématique : *Les réformes de droit privé en Afrique*, du 13 au 14 novembre 2014.

[166] C'est nous qui le soulignons

[167] J. P. Jacque, « Droit constitutionnel national, Droit communautaire, CEDH, Charte des Nations Unies : L'instabilité des rapports de systèmes entre ordres juridiques », *RFDC*, 2007, n° 69, spéc., p. 6 : « *La galaxie juridique contemporaine est constituée de planètes qui évoluent les unes par rapport aux autres et dont la course se croise à de multiples reprises. Ce*

Le dialogue des juges et la sécurité juridique sont loin d'être de « *faux frères* »[168], mais plutôt les facettes d'une même réalité ou encore *l'alpha et l'oméga* de tout système juridique qui entend apporter une pierre à la construction non plus exclusivement de l'*archipel de la norme*[169], mais plutôt à la réalisation de *l'archipel du droit*[170] *et de l'État de droit*[171].

ballet devrait être réglé par les lois de la mécanique céleste, mais le Grand Architecte ne semble guère s'en être soucié ».

168 W. Shabas, « Droit pénal international et droit international des droits de l'Homme : faux frères ?, *in M. Henzelin et R. Roth (dir.), Le droit pénal à l'épreuve de l'internationalisation*, Georg Editeur, Genève, 2002, p. 165-182.

169 G. Timsit, *Archipel de la norme*, PUF, 1re éd., Paris, 1997, 252 p.

170 N. Rouland, « L'archipel des droits de l'Homme », Communication au Colloque de la Commission des droits de la personne du Québec, l'actualité de la Déclaration des droits de l'Homme, 10 déc. 1999, Montréal, R*evue québécoise de droit international.*

171 J.-Y. Morin, *L'État de droit: émergence d'un principe du droit international,* Académie de droit international, R*ecueil des cours,* tome 254, 1995, 462 p (spéc., p. 21).

LE CADRE JURIDIQUE ET INSTITUTIONNEL DES DROITS CULTURELS AU CAMEROUN

Joseph Serge EKANI EBO'O[1]

Résumé

L'arrimage du Cameroun aux principes d'universalité, d'indissociabilité, d'interdépendance de tous les droits de l'Homme énoncés par le paragraphe 5 de la Déclaration et du programme d'action de Vienne du 25 juin 1993 ne laisse présager aucun doute quant à la prise en compte des droits culturels par ce pays. À la question de savoir comment s'articule le cadre juridique et institutionnel des droits culturels au Cameroun, il est apparu au regard du dispositif normatif applicable dans son ordre juridique interne et au regard de la structuration du paysage légal au sein duquel s'émancipe cette catégorie sous-développée des droits de l'Homme, que le cadre juridique desdits droits au Cameroun est harmonisé du fait de sa cohérence, tandis que le cadre institutionnel pour sa part est composite compte tenu de la nature diversifiée et variée des différents acteurs qui l'animent.

Mots-clés : Droits culturels, cadre juridique, cadre institutionnel, droits de l'Homme.

Abstract

The docking of Cameroon to the principles of universality, indivisibility, interdependence of all human rights set out in paragraph 5 of the Declaration and Programme of Action of Vienna of 25 June 1993 no sign no doubt as to the recognition of cultural rights by this country. Asked how articulates the legal and institutional framework of cultural rights in Cameroon ? It appeared under the applicable normative system in its

---

[1] Docteur Ph.D, Assistant à la faculté des sciences juridiques et politiques de l'Université de Yaoundé 2, département de droit public international.

domestic legal order and in view of the structure of the legal landscape in which emancipates search underdeveloped human rights. The legal framework of such rights in Cameroon is harmonized because of its consistency, while the institutional framework for its part is a composite given the diverse and varied nature of the different actors that drive.

Keywords: Cultural rights, legal framework, institutional framework, human rights.

Introduction

L'analyse du cadre juridique et institutionnel des droits culturels au Cameroun, loin d'être une panacée, apparaît plutôt comme une entreprise complexe sur une catégorie des droits de l'Homme qualifiée de sous-développée[2], de marginalisée[3], de bafouée[4] et de négligée[5]. Droits de la seconde génération d'après la classification jadis faite par Vasak Karel[6], les droits culturels dont la normativité sur le plan universel, international et plus ou moins régional, est avérée[7], ne bénéficient pas au regard de la doctrine juridique relative aux droits de l'Homme, du même intérêt et du même aménagement que ceux des droits de la première génération que sont les droits civils et politiques.

---

[2] MEYER BISCH (P), *Les droits culturels, une catégorie sous-développée des droits de l'Homme*, coll. interdisciplinaire, droits de l'Homme, Fribourg, Éditions universitaires, 1993, 362 p.

[3] BIDAULT (M), *La protection internationale des droits culturels*, Coll. du centre des droits de l'Homme de l'université catholique de Louvain, Bruxelles, Bruylant, 2009, p. 11.

[4] EKANI EBO'O (J-S), « La problématique de la juridicité des droits culturels en Afrique », thèse de Doctorat Ph.D en droit public, université de Yaoundé II-Soa, 2014, p.332.

[5] JANUSZ (S), « Les droits culturels : une catégorie négligée des droits de l'Homme », in *Revue internationale des sciences sociales*, n° 158, 1998, p. 619-632.

[6] C'est Vasak Karel qui a élaboré et présenté pour la première fois la théorie des trois générations des droits de l'Homme à l'occasion d'une leçon inaugurale donnée à l'Institut international des droits de l'Homme à Strasbourg en 1979. Pour lui, la première génération est composée des droits civils et politiques, la deuxième, des droits économiques, sociaux et culturels et la troisième génération, des droits de solidarité.

[7] Il convient de préciser ici que le système européen de protection des droits de l'Homme à travers la Convention européenne de sauvegarde des libertés individuelles ne consacre aucune disposition relative à la protection des droits culturels.

Ces droits qui sont à la fois individuels et collectifs constituent avec les droits économiques et sociaux, la quintessence du pacte international relatif aux droits économiques, sociaux et culturels de 1966. Considérée à juste titre comme des droits créances par opposition aux droits liberté qu'englobent les droits civils et politiques, cette catégorie de prérogatives soulève plusieurs problématiques qui tournent généralement autour de la capacité de leur protection par les différents États auxquels ils sont supposés être opposables, quant à leur réalisation et leur satisfaction. Car il est avéré que la mise en œuvre des droits culturels suppose *in fine* que ces derniers créent des conditions favorables à leur expression. Ces conditions qui peuvent prendre plusieurs formes se résument pour la plupart des cas, à l'obligation pour ces États d'entreprendre d'énormes investissements qui entraîneraient inéluctablement des engagements financiers considérables.

Comprendre les différentes problématiques liées aux droits culturels reviendrait tout d'abord à pouvoir identifier ces derniers. Malheureusement, le droit international ne définit pas cette catégorie de droits. De même, il n'existe aucun texte international au sein duquel est énoncé de façon exhaustive l'ensemble des droits culturels existants au-delà de leur présence remarquée au sein de certains instruments universels, internationaux, régionaux, sous-régionaux et nationaux de protection des droits de l'Homme.

Ainsi, compte tenu des différentes définitions données à ces droits par la doctrine, nous avons retenu dans cette analyse que les droits culturels s'entendent comme une catégorie des droits de l'Homme qui sont à la fois des droits individuels et des droits collectifs ayant pour objet principal, la culture dans ses deux composantes à savoir : le droit à la culture et le droit de la culture. Ces droits qui sont parfois des libertés, parfois des responsabilités ou encore des droits proprement dits, posent des défis iniques à la réflexion et à l'analyse. Si leurs fondements juridiques sont multiples, il faut cependant reconnaître qu'ils sont en effet une catégorie carrefour où convergent parfois des droits civils, politiques, sociaux et bien entendu culturels. Ainsi, du fait de cette variété, il est difficile et sans doute chimérique de vouloir donner un sens univoque à la notion de droits culturels au sein desquels on retrouve : le droit à l'éducation, le droit de participer à la vie culturelle de sa communauté, le droit au développement culturel, le droit à la protection de son patrimoine culturel et le droit d'auteur et les droits voisins au droit d'auteur pour ne citer que ceux-là.

Le Cameroun, considéré à juste titre comme un État de droit[8] a, au regard de ses multiples adhésions aux instruments juridiques liés à la protection des droits de l'Homme en général et à ceux liés à la protection des droits culturels en particulier, marqué sa ferme volonté de protéger ces derniers. **Leur protection étant avérée, il sera question pour nous ici de voir comment s'articule au regard de leurs différents contenants, le cadre juridique et institutionnel des droits culturels au Cameroun.** Cette étude a prioritairement pour finalité de faire prendre conscience de l'existence et de l'importance des droits culturels qui au même titre que les droits civils et politiques, participent à l'émancipation et au bien-être de l'individu en société. Par ailleurs, au-delà de la marginalité dont ils souffrent, il faut reconnaître que l'importance de ces droits pour l'humanité est incommensurable. À ce propos, le Professeur Patrice Meyer Bisch déclarait en substance que : « *Les violations des droits culturels empêchent le respect de tous les autres droits, car elles atteignent directement l'intégrité de la personne en ce qu'elle a de propre : son identité* »[9]. Dans le même sillage, Mylène Bidault affirmait que : « *Les Droits culturels sont la condition inéluctable de l'émancipation et de la réalisation de l'Homme, aussi nécessaires que les droits économiques, politiques et sociaux* »[10].

Afin de mettre en exergue les développements liés à l'analyse du cadre juridique et institutionnel des droits culturels au Cameroun, nos propos s'articuleront dans un premier temps autour de l'exposé d'un cadre juridique harmonisé des droits culturels au Cameroun (**I**) que suivra inéluctablement dans un second autre temps, les développements d'un cadre institutionnel composite desdits droits au Cameroun (**II**).

---

[8] CARRE DE MALBERG (R), *Contribution à la théorie générale de l'État*, CNRS Editions, Paris, 1985, 1530 p.

[9] MEYER BISCH (P), « La centralité des droits culturels : points de contact entre diversité et droits de l'homme », in *Annuaire international des droits de l'Homme*, T. 3, p. 31-46, p. 44.

[10] BIDAULT (M), *La protection internationale des droits culturels*, *op.cit.*, p. 11.

I- UN CADRE JURIDIQUE HARMONISÉ

Pays appartenant à la fois à la communauté économique des États de l'Afrique centrale (CEEAC)[11] et à la communauté économique et monétaire de l'Afrique centrale (CEMAC)[12], le Cameroun, au même titre que la plupart des États de ces entités juridiques, protège, comme nous l'avons mentionné en sus, les droits culturels.

À cet effet, l'opportunité que nous offre l'étude du cadre juridique harmonisé des droits culturels au Cameroun nous permettra tout d'abord de mettre en évidence l'existence d'un cadre normatif certain desdits droits (**A**), avant de réaliser *in fine* que leur protection est également confirmée (**B**).

A- L'existence d'un cadre normatif certain

Il sera question pour nous ici de mettre en exergue l'ensemble des instruments juridiques internationaux (**1**) et nationaux (**2**) de protection des droits culturels en vigueur au Cameroun.

1- Les instruments juridiques internationaux de protection des droits culturels ratifiés par le Cameroun

Sur la base du principe énoncé par la Déclaration et du programme d'action de Vienne du 25 juin 1993 qui dispose à cet effet que : « *Tous les droits de l'Homme sont universels, indissociables, interdépendants et intimement liés (…)* »[13], le Cameroun sur le plan international, a ratifié plusieurs instruments de protection des droits de l'Homme en général et des droits culturels en particulier.

Cet engagement international qu'il a pris de : « *traiter des motifs des droits de l'Homme globalement de manière équitable et équilibrée, sur le même pied en leur accordant la même importance (…)* »[14], confirme à suffisance son

[11] Composé de dix (10) États dont le Cameroun, la Communauté des États de l'Afrique Centrale a été créée le 18 octobre 1983 à Libreville. Le traité instituant cette communauté est entré en vigueur le 18 décembre 1984.

[12] C'est le 16 mars 1994 que le traité instituant la Communauté Economique et Monétaire de l'Afrique Centrale (CEMAC) a été signé à N'Djamena au Tchad, le Cameroun était présent.

[13] Cf. paragraphe 5 de la Déclaration et du Programme d'action de Vienne du 25 juin 1993.

[14]Cf. paragraphe 5 de la Déclaration et du Programme d'action de Vienne du 25 juin 1993.

arrimage aux exigences de la communauté des nations relatives au respect et à la protection de tous les droits fondamentaux.

Une énonciation non exhaustive des textes de protection des droits culturels applicables au Cameroun, nous permet de classifier ainsi ces derniers autour de trois catégories à savoir : universels (**a**), internationaux (**b**) et régionaux (**c**).

a. l'instrument universel

L'unique instrument juridique universel de protection des droits de l'Homme en général et des droits culturels en particulier au Cameroun, est bel et bien la Déclaration universelle des droits de l'Homme du 10 décembre 1948[15]. Applicable dans ce pays, l'article 22 du texte universel sur lequel tous les autres textes internationaux s'inspirent[16], expose avec l'article 27, la quintessence de ces droits. À côté de ces deux dictums, nous avons l'article 26 qui fait également l'économie d'un autre droit culturel par excellence à savoir, le droit à l'éducation dont la présence est effective au sein des textes internationaux (**b**) ratifiés par le Cameroun.

b. Les instruments internationaux

Six (6) textes internationaux ratifiés par le Cameroun seront mis en exergue à ce niveau. Parce qu'ils protègent à des degrés divers les droits culturels, nous avons jugé opportun de les citer ici par le biais d'un ordre chronologique lié à la date de ratification. Il s'agit entre autres de : la Convention pour la protection des biens culturels en cas de conflit armé avec règlement d'exécution, de La Haye du 14 mai 1954[17] ; de l'Accord pour l'élimination d'objets à caractère éducatif, scientifique ou culturel avec annexes A, B, C,D et du protocole annexe fait à Florence le 17 juin 1950[18] ; de la Convention internationale sur l'élimination de toutes les formes de

---

[15] C'est à la suite de la Résolution 217 A (III) du 10 décembre 1948 que les 58 États membres qui constituaient alors l'Assemblée Générale des Nations Unies ont adopté la Déclaration universelle des droits de l'Homme à Paris au palais de Chaillot.

[16] ROTA (M), « La Déclaration universelle des droits de l'Homme : source des droits garantis par la convention américaine relative aux droits de l'Homme », in *l'universalisme des droits en questions* (s) : la Déclaration universelle des droits de l'Homme, 60 ans après, 2010, p. 63-71.

[17] Cette convention a été ratifiée par le Cameroun le 12 octobre 1961.

[18] La ratification dudit Accord par le Cameroun a été faite le 15 mai 1964.

discrimination raciale[19] ; du Pacte international relatif aux droits économiques, sociaux et culturels[20] ; de la Convention internationale relative aux droits de l'enfant[21] et enfin, de la Convention internationale sur l'élimination de toutes les formes de discrimination à l'égard des femmes[22]. À côté de ces textes internationaux, force est de constater, l'existence de quelques textes régionaux africains de protection des droits de l'Homme en général, et des droits culturels en particulier (**c**).

c. Les instruments régionaux africains

Au niveau régional africain, le Cameroun, huit années après l'adoption par l'organisation de l'unité africaine de la Charte africaine des droits de l'Homme et des peuples, a fini par ratifier le principal instrument juridique de protection des droits de l'Homme et des peuples en Afrique[23]. Quelques années plus tard : « *The entry into force on 21 october 1986 (hereinafter "the Charter") marked the point of departure of the African regional human rights system* »[24].

Accordant une place de choix non seulement aux droits culturels universels[25], mais également aux droits culturels des peuples[26] à travers certaines de ses dispositions et au regard d'une certaine doctrine[27], la Charte

---

[19] Issue de la Résolution no. 2106 (XX) de l'Assemblée Générale des Nations Unies du 21 décembre 1965, ladite Convention a été ratifiée par le Cameroun le 24 juin 1971.

[20] Le Cameroun ratifie le PIDESC en date du 27 septembre 1984.

[21] C'est le 11 janvier 1993 que le Cameroun ratifiera la Convention relative aux droits de l'enfant.

[22] Le 23 août 1994 marque la date anniversaire de la ratification par le Cameroun dudit instrument catégoriel.

[23] EKANI EBO'O (J-S), « *La problématique de la juridicité des droits culturels en Afrique* », thèse de Doctorat Ph.D en droit public, *op.cit.* p. 172.

[24] ANYANGUE (C), « Obligations of states parties to the African Charter on human and people's rights », in *African journal of international and comparative law*, vol. 10 published by the african society of international law, 1998, p. 625-657, p. 625.

[25] Pour ce qui est du contenu des droits culturels universels présents dans ladite Charte, se référer à l'article 17 dans ses alinéas. 1 et 2.

[26] Voir article 22 alinéa 1 de la Charte africaine des droits de l'Homme et des peuples.

[27] ABIE O (M), « Les droits des peuples dans la Charte africaine des droits de l'Homme et des peuples : quelle réalité dans le contexte africain ? », in *Congrès annuel*, numéro. 10, p. 226-236.

africaine qui est un instrument juridique à portée régionale[28], « *marque la victoire du droit contre la peur et le changement d'attitude des chefs d'État africains désormais contraints à la nécessité d'avoir à gouverner sous l'épée de Damoclès, qui est celle de l'État de droit, et où l'espace des libertés individuelles est le plus réduit* »[29].

À côté de ce texte, nous avons aussi un autre instrument régional catégoriel et complémentaire à la Charte africaine des droits de l'homme et des peuples qui est le protocole de Maputo relatif aux droits des femmes en Afrique. Objet d'une étude faite en 2011[30], le texte de juillet 2003[31] qui a été ratifié par le Cameroun[32], concerne la gent féminine africaine. Il énonce en plus des dispositions qui protègent pour la plupart leurs droits primaires, mais aussi, ceux de leurs droits culturels[33] tels que voulu également par les textes juridiques nationaux (**2**).

---

[28] KAMTO (M), « La Charte africaine des droits de l'Homme et des peuples et les perspectives de la protection des droits de l'homme en Afrique », in *La Charte africaine des droits de l'homme et des peuples* et le protocole y relatif portant création de la Cour africaine des droits de l'Homme, commentaire article par article, sous la direction de Maurice Kamto, coll. de droit international, p. 1-59, p.3.

[29] KAPET DE BANA, Exposé sur le thème : « Présentation et analyse de la Charte africaine des droits de l'Homme et des peuples : contribution à la formation, l'éducation et à la promotion des droits de l'Homme des militants des ligues des mouvements de défense des libertés en Afrique. », centre des droits de l'Homme de l'université de Paris X – Nanterre, p. 5/18, palais de la mutualité, 21 février 1989, disponible en ligne in http://africa.smol.org/file/ense05.pdf.

[30] SIM BOUMA (C-A), « Regard sur la protection des droits de la femme en Afrique à la lumière du protocole de la Charte africaine des droits de l'Homme et des peuples relatif aux droits de la femme », in *Droits de l'homme, libertés et justice sociale en Afrique centrale*, Yaoundé, Presses de l' UCAC, 2011, p. 75-95.

[31] Le Protocole à la Charte africaine des droits de l'Homme et des peuples relatif aux droits de la femme en Afrique a été adopté par la deuxième session ordinaire de la conférence de l'Union africaine à Maputo le 11 juillet 2003 et est entré en vigueur le 25 novembre 2005.

[32] Le Cameroun a ratifié le Protocole à la Charte africaine des droits de l'Homme et des peuples relatifs aux droits de la femme en Afrique le 13 septembre 2012.

[33] À propos du contenu des droits culturels présents dans le protocole de Maputo, voir les articles 12 et17 alinéa 1.

2- Les textes juridiques nationaux applicables aux droits culturels

Sur la base de la hiérarchie des normes juridiques telle qu'exposée par la célèbre théorie de Hans Kelsen[34], le tout premier texte camerounais de protection des droits culturels est la Constitution (**a**). À côté de cette dernière, nous avons également une législation assez étoffée (**b**) applicable à cette catégorie de droits.

a. Les droits culturels dans la constitution camerounaise

En parcourant la loi constitutionnelle de la République du Cameroun du 18 janvier 1996 avec toutes ses modifications[35], on se rend rapidement compte que tout son dispositif normatif relatif à la protection des droits culturels se trouve au niveau de son préambule qui, il faut le mentionner ici, « *fait partie intégrante de la Constitution* »[36]. Ainsi, dès le tout premier paragraphe dudit préambule, la Constitution camerounaise annonce le choix décisif qu'elle a opéré dans le processus de protection des droits de l'Homme en général et des droits culturels en particulier[37] en proclamant clairement que : « *L'être humain, sans discrimination de race, de religion, de sexe, de croyance, possède des droits inaliénables et sacrés…* »[38].

Droit culturel par excellence, le droit à l'éducation est protégé et garanti dans toutes ses sphères par ladite loi en ces termes : « *L'État assure à l'enfant, le droit à l'instruction. L'enseignement primaire est obligatoire. L'organisation et le contrôle de l'enseignement à tous les degrés sont les devoirs impérieux de l'État* »[39].

Dans le même sillage, les libertés qui sont protégées au niveau du paragraphe 17 du préambule du texte fondamental camerounais contiennent en elles les germes des droits culturels. Car la liberté

---

[34] KELSEN (H), *Théorie pure du droit*, 2e traduction par Ch. Eisenmann, coll. philosophie du droit, Dalloz, Paris, 1962, 496 p.

[35] La Constitution en vigueur au Cameroun est la loi n° 2008/001 du 14 avril 2008 modifiant et complétant certaines dispositions de la loi n° 96/06 du 18 janvier 1996 portant révision de la Constitution du 02 juin 1972 de la République du Cameroun.

[36] Cf. article 65 de la Constitution de la République du Cameroun.

[37] EKANI EBO'O (J-S), « La problématique de la juridicité des droits culturels en Afrique », *op.cit.*, p. 271.

[38] Voir paragraphe 4 du préambule de la Constitution de la République du Cameroun.

[39] Voir paragraphe 19 de la Constitution de la République du Cameroun.

d'association n'exclut aucun domaine du droit et peut également s'appliquer aux corporations d'artistes ou d'artisans qui font de la promotion de la culture, leur cheval de bataille.

L'analyse qui vient d'être faite sur la protection des droits culturels par la Constitution camerounaise démontre avec aisance que ce pays s'est résolument engagé à protéger tous les droits de l'Homme sans discrimination et de la même façon. Cette volonté s'est par la suite matérialisée à l'issue du travail du législateur, par leur introduction au niveau de la législation de ce pays (**b**).

b. La législation camerounaise sur les droits culturels

Nous voulons préciser ici que cette législation n'est que sommaire et ne saurait être considérée comme exhaustive sur la question. L'enjeu pour nous étant simplement de faire comprendre que ces droits ont été pris en compte par le législateur camerounais dans son œuvre de codification nationale des normes relatives aux droits de l'Homme. À cet effet, nous avons comme textes applicables aux droits culturels :

- la loi n° 2000 /011 du 19 décembre 2000 relative aux droits d'auteur et aux droits voisins ;

- le décret n° 2001/956/PM du 1er novembre 2001 fixant les modalités d'application de la loi n° 2000/011 du 19 décembre 2000 relative aux droits d'auteur et aux droits voisins ;

- le décret n° 73/1 du 3 janvier 1998 réorganisant le ministère de la Culture créant la bibliothèque nationale comme établissement public sous la responsabilité du service central du livre et des bibliothèques ;

- la loi n° 93-53 du 19 décembre 1990 portant sur la liberté d'association ;

- la loi n° 2004/016 du 22 juillet 2004 portant création, organisation et fonctionnement de la commission nationale des droits de l'Homme et des libertés ;

- la loi n° 2004/017 du 22 juillet 2004 portant orientation de la décentralisation.

- la loi n° 2004/018 du 22 juillet 2004 fixant les lois applicables aux régions.

- la loi n° 2004/019 du 22 juillet 2004 fixant les lois applicables aux communes.

- le décret n° 2005/254 du 07 juillet 2005 fixant les modalités d'application de la loi n° 2004/016 du 22 juillet 2004 portant création, organisation et fonctionnement de la commission nationale des droits de l'Homme et des libertés.

L'étude du cadre normatif des droits culturels nous a donné l'occasion de démontrer que ces derniers sont consacrés à la fois par des textes internationaux et nationaux qui leur sont applicables. La quintessence desdites normativités étant mise en exergue, l'exercice qui suivra consistera à faire l'économie des différents mécanismes de la protection confirmée de ces droits au Cameroun (**B**).

B- Une protection des droits culturels confirmée

Les développements relatifs à une protection juridictionnelle effective des droits culturels (**1**) seront suivis par ceux relatifs à une protection non juridictionnelle évidente (**2**).

1. Une protection juridictionnelle effective

Du point de vue du droit international, la protection juridictionnelle apparaît à plusieurs égards comme la meilleure des protections des droits de l'Homme. À cet effet, le Professeur Frédéric Surdre déclarait en substance que : « *La justiciabilité de la règle conditionne l'efficacité de la garantie et de la sanction. Aucune protection internationale des droits de l'Homme ne peut être sérieusement mise en œuvre si elle ne s'accompagne pas des mécanismes juridictionnels appropriés* »[40]. Une telle assertion vaut également son pesant d'or quant à la protection des droits de l'Homme au niveau national.

Le Cameroun, conscient des enjeux liés à la protection juridictionnelle des droits de l'Homme en général et des droits culturels en particulier, a aménagé des mécanismes inhérents à ladite protection. La possibilité de porter un cas de violation d'un ou de plusieurs droits culturels devant les

[40] SURDRE (F), *Droit international et droit européen des droits de l'Homme, op cit.*,, p. 19.

juridictions nationales compétentes est reconnue dans ce pays. De même, la Cour suprême qui statue en dernier ressort dans des cas aussi variés que ceux des droits de l'Homme, peut également, quand le demandeur a jugé ne pas avoir été satisfait en appel, saisir cette juridiction. À cet effet, deux décisions de la chambre administrative de la Cour suprême font de façon explicite allusion aux droits culturels[41].

La première décision, ***le jugement n° 66ADO/CS-CA du 31 mai 1979, Kouang Guillaume Charles contre État du Cameroun*** est relatif au contentieux de la désignation des chefs traditionnels au Cameroun[42]. Ainsi, en ramenant à juste titre la décision de désignation du chef au rang d'acte administratif pris dans le cadre des attributions dévolues à l'autorité investie du pouvoir de nomination, le juge camerounais reconnaissait ainsi au premier chef, le rôle capital que jouent au Cameroun les chefs traditionnels dans l'implémentation des politiques culturelles nationales, et dans la préservation des réalités culturelles qui appartiennent tous au droit de participer aux activités culturelles de sa communauté, supervisé par ailleurs par les chefs traditionnels[43].

La deuxième décision, ***le jugement n° 48/CS/CA du 25 juin 1989, Aigle royal de Dschang (El pacha)*** qui consacre la qualité d'acte administratif aux décisions prises par les personnes morales de droit privé[44], reconnaît par la même occasion, le dénominatif "*d'actes administratifs*", aux décisions prises par des dirigeants de fédérations sportives.

Les fédérations sportives étant des entités culturelles œuvrant dans le champ du droit de participer à la vie culturelle de sa communauté, ont bénéficié d'un bras séculier. Ce bras séculier a été mis à leur disposition par le juge administratif dans cette décision qui nous informe à suffisance sur les raisons de l'introduction de cette jurisprudence à ce niveau. Car il faut le

---

[41] Il s'agit du ***jugement n° 66ADO/CS-CA du 31 mai 1979, Kouang Guillaume Charles contre État du Cameroun et du jugement no.48/CS/CA du 25 juin 1989, Aigle Royal de Dschang (El pacha)***

[42] OWONA (J), *Le contentieux de la République du Cameroun*, L'Harmattan Cameroun, 2011, p.46.

[43] EKANI EBO'O (J-S), « La problématique de la juridicité des droits culturels en Afrique », *op.cit.*, p. 412.

[44] NGOLE NGWESE (P), BINYOUM (J), *Éléments de contentieux administratif camerounais*, Préface du Professeur Maurice Kamto, L'Harmattan Cameroun, 2010, p. 53.

redire ici, elle est liée à la protection d'un droit culturel à savoir, le droit de participer à la vie culturelle de sa communauté[45] qui fait aussi l'objet d'une protection non juridictionnelle effective (2).

2- Une protection non juridictionnelle effective

La protection non juridictionnelle des droits de l'Homme est encadrée au Cameroun par la commission nationale des droits de l'Homme et des libertés. C'est la loi n° 2004/016 du 22 juillet 2004 portant création, organisation et fonctionnement de la commission nationale des droits de l'Homme et des libertés du Cameroun qui crée cette institution nationale de protection des droits de l'Homme. La loi de 2004 précitée est venue remplacer le décret du chef de l'État de 1990[46] qui créa un comité national des droits de l'Homme et des libertés.

La Commission nationale des droits de l'Homme et des libertés est une institution indépendante de consultation, d'observation, d'évaluation, de dialogue, de concertation, de promotion et de protection des droits de l'homme[47]. Pour ce qui est de ses missions de protection des droits culturels au Cameroun, cette institution, à travers ses activités, n'a pas lésiné sur les moyens.

Pour preuve, son rapport pour l'année 2007 mentionne pour ce qui est des droits culturels, toute une série de recommandations qui ont en fait trait au droit à l'éducation. À cet effet, la CNDHL a entrepris des actions qui visent dans un premier temps à braver les obstacles liés au déficit infrastructurel au Cameroun. Il est question de se doter d'écoles dans des zones où elles sont quasi inexistantes. À côté du problème des infrastructures à créer, il est aussi question de revoir à la baisse le coût des manuels scolaires.

Par ailleurs, la CNDHL propose comme remède à la raréfaction des enseignants dans des zones *« dites sensibles »*[48] comme Bakassi, des mesures incitatives afin que ceux ou celles des enseignants affectés dans ces localités

[45] *Ibid.*

[46] Il s'agit du décret n° 90-1459 du 08 novembre 1990 portant création du comité national des droits de l'Homme et des libertés.

[47] Voir, article 1(2) de la loi de 2004 portant création, organisation et fonctionnement de la commission nationale des droits de l'Homme et des libertés du Cameroun.

[48] Voir, Rapport 2007 de la commission nationale des droits de l'Homme et des libertés du Cameroun, p. 3.

puissent s'y rendre sans trop de difficultés. Enfin, toujours pour ce qui est du droit à l'éducation, recommandation est donnée aux parents d'envoyer leurs progénitures à l'école et à l'État camerounais, d'élever le niveau de vie de ses populations[49] afin que ce droit soit préservé dans tout le triangle national.

L'analyse du cadre juridique que précèdera celle d'un cadre institutionnel composite des droits culturels au Cameroun (**II**) nous a permis dans un premier temps de rendre compte du cadre normatif assez varié applicable à cette catégorie spécifique des droits de l'Homme. Par la suite, la présentation des éléments liés à une protection effective desdits droits nous a mené à conclure sur la base d'éléments concrets que cette protection est effective tant du point de vue juridictionnel que du point de vue non juridictionnel.

II- UN CADRE INSTITUTIONNEL COMPOSITE

L'étude du cadre institutionnel composite des droits culturels au Cameroun consistera à mettre en exergue les institutions nationales en charge des droits culturels (**A**), mais également, les corporations de promotion de ces droits (**B**).

A- Les institutions nationales en charge des droits culturels

Les institutions nationales en charge des droits culturels sont en général les ministères (**1**) et les entités juridiques à vocation locale (**2**) en charge de la vulgarisation de certains droits culturels. Ces dernières sont chargées de l'implémentation des différentes politiques inhérentes à la promotion des différentes activités appartenant aux deux grandes catégories auxquelles se greffe l'ensemble des droits culturels à savoir : le droit à la culture et le droit de la culture.

1- Les ministères

Entités juridiques que l'on nomme généralement "*départements ministériels*", les ministères sont chargés de la mise en œuvre des politiques gouvernementales dans des domaines aussi variés que peuvent être : l'enseignement supérieur, les finances, l'éducation de base, etc.

---

49 *Ibid.*

Pour ce qui concerne les départements ministériels en charge de la promotion des droits culturels au Cameroun, nous avons dénombré plusieurs dont les principales missions s'orientent vers cette fin. Il s'agit en fait du ministère des Arts et de la Culture (**a**) ; du ministère de l'Éducation de base (**b**) ; du ministère des Enseignements secondaires (**c**) ; du ministère de l'Enseignement supérieur (**d**) ; du ministère de la Jeunesse et de l'Éducation civique (**e**) ; du ministère des Sports et de l'Éducation physique (**f**).

a. Le ministère des Arts et de la Culture

Le 09 décembre 2011, à la suite du décret présidentiel portant organisation du gouvernement de la République du Cameroun[50], le ministère de la Culture devint, le ministère des Arts et de la Culture. Il vit à travers les manifestations du pouvoir réglementaire du président de la République, s'élargir considérablement son champ de compétence en matière de protection du droit à la culture et du droit de la culture.

À cet effet, le décret portant organisation dudit ministère[51] dispose qu'« *il est responsable de l'élaboration et de la mise en œuvre de la politique du gouvernement en matière de promotion et de développement artistique et culturel* (...) »[52]. À ce titre, il est chargé entre autres du développement et de la diffusion des arts et de la culture ; de la préservation des sites et des monuments historiques ; de la protection, de la conservation, de l'enrichissement et de la promotion du patrimoine culturel, artistique et cinématographique[53].

À côté de ces missions, le ministère des Arts et de la Culture est également chargé de la promotion et du suivi de la diffusion des œuvres d'art et cinématographiques en relation avec les administrations concernées. Par ailleurs, le ministère de l'Éducation de base (**b**) dont les missions

[50] Voir, le décret n° 2011/408 du 09 décembre 2011 portant organisation du gouvernement.

[51] Il s'agit du décret n° 2012/381 du 14 septembre 2012 portant organisation du ministère des Arts et de la Culture.

[52] Cf. article 1 alinéa 2 du décret n° 2012/381 du 14 septembre 2012 portant organisation du ministère des Arts et de la Culture.

[53] *Ibid.*

essentielles gravitent autour du droit à l'éducation est une institution qui mérite qu'on s'y attarde.

b. Le ministère de l'Éducation de base

Le ministère de l'Éducation de base est « *responsable de l'élaboration et de la mise en œuvre de la politique du gouvernement en matière d'éducation de base* »[54] telle que le confirme la lecture du décret qui l'organise[55]. Dans son cahier des charges, dont l'essentiel des articulations vise à promouvoir le droit à l'éducation à ce niveau, le ministère de l'Éducation de base détient plusieurs missions.

Ces missions gravitent autour : de l'organisation et du fonctionnement de l'enseignement maternel et primaire ; des études et de la recherche sur les méthodes les plus appropriées pour l'éducation de base ; de la lutte contre l'analphabétisme ; du suivi des constructions des bâtiments et infrastructures scolaires de ce niveau d'enseignement. Par ailleurs, le ministère de l'Éducation de base dont des missions ont un identifiant commun avec celles du ministère des Enseignements secondaires (**c**), dans son souci de vulgariser et de faire profiter au maximum d'enfants en âge de scolarisation des bienfaits du droit à l'éducation, s'occupe également, de la formation morale civique et intellectuelle de ces derniers en liaison avec le ministère de la Jeunesse et de l'Éducation civique[56].

c. Le ministère des Enseignements secondaires

Institution nationale en charge d'un pan de la grande famille du droit à l'éducation, le ministère des Enseignements secondaires, dont le décret d'organisation vit le jour en 2005[57], est placé sous la responsabilité d'un ministre[58].

---

[54] Cf. article 1 alinéa 2 du décret n° 2012/268 du 11 juin 2012 portant organisation du ministère de l'Éducation de base.

[55] Le décret n° 2012/268 du 11 juin 2012 est celui qui porte organisation du ministère de l'Éducation de base.

[56] Voir article 1 alinéa 2 du décret n° 2012/268 du 11 juin 2012 portant organisation du ministère de l'Éducation de base.

[57] C'est le décret n° 2005/135 du 25 avril 2005 portant organisation du ministère des Enseignements secondaires qui énonce les missions et l'organisation dudit ministère.

[58] Voir article 1 alinéa 1 du décret n° 2005/135 du 25 avril 2005 portant organisation du ministère des Enseignements secondaires.

Pour ce qui est de ses missions en relation avec la protection, la promotion et la garantie de la catégorie des droits culturels dont il a la charge, le décret du 25 avril 2005, énonce dans l'un de ses dictums que le ministère des Enseignements secondaires est chargé de « *l'élaboration de la mise en œuvre et de l'évaluation de la politique du gouvernement en matière d'enseignement secondaire général et technique et d'enseignement normal* »[59].

Ainsi, l'enseignement qui est le corollaire de l'éducation est valorisé tant par ce département ministériel que par celui de l'enseignement supérieur (**d**). À ce titre, il est responsable « *du fonctionnement de l'enseignement secondaire général et technique et de l'enseignement normal, de la conception des programmes d'étude et de la recherche des méthodes de l'enseignement secondaire général et du contrôle de leur mise en œuvre* »[60].

d. Le ministère de l'Enseignement supérieur

Au même titre que les ministères de l'Éducation de base et des Enseignements secondaires, le ministère de l'Enseignement supérieur dont les missions et l'organisation sont énoncées par un décret[61], assure l'effectivité du droit à l'éducation qui est un droit culturel par excellence au niveau supérieur.

Avec pour responsabilités certaines, « *l'élaboration et la mise en œuvre de la politique du gouvernement en matière d'enseignement supérieur* »[62], le ministère de l'Enseignement supérieur est chargé entre autres de l'organisation, du fonctionnement et du contrôle pédagogique de l'enseignement supérieur ; de la pérennisation des missions traditionnelles de l'enseignement supérieur ; de la promotion, la diffusion de la recherche universitaire ainsi que de la garantie de la qualité de la formation de l'enseignement supérieur[63]. Si les missions dudit ministère tournent autour de la promotion

---

[59] Cf. article 1 alinéa 2 du décret n° 2005/135 du 25 avril 2005 portant organisation du ministère des Enseignements secondaires.

[60] *Ibid.*

[61] Il s'agit du décret n° 2012/433 du 01 octobre 2012 portant organisation du ministère de l'Enseignement supérieur.

[62] Cf. titre I : dispositions générales, article 1 alinéa 2 du décret n° 2012/433 du 01 octobre 2012 portant organisation du ministère de l'Enseignement supérieur.

[63] Voir article 1 alinéa 2 du décret n° 2012/433 du 01 octobre 2012 portant organisation du ministère de l'Enseignement supérieur.

du droit à l'éducation au niveau supérieur, force est aussi de constater que le ministère de la Jeunesse et de l'Éducation civique (e) assure également la promotion des droits culturels au Cameroun.

e. Le ministère de la Jeunesse et de l'Éducation civique

La plénitude des missions qui incombent au ministère de la Jeunesse et de l'Éducation civique est contenue dans le décret[64] qui porte sur son organisation. Ces missions sont d'ordre général et se cristallisent autour de « *l'élaboration et de la mise en œuvre de la politique du gouvernement dans le domaine de la jeunesse, de l'éducation civique et de la promotion de l'intégration nationale* »[65].

Mettant de côté les autres aspects majeurs des missions qui lui sont réservées, nous voulons simplement insister sur celles relatives à l'éducation civique qui cadrent le mieux avec la problématique des droits culturels objet de notre étude. Ces dernières qui vont de l'élaboration et du suivi des programmes d'éducation civique en milieux scolaire et extrascolaire, en liaison avec les administrations concernées, s'étendent également à la coordination et au contrôle des activités relatives à l'action civique, à l'éducation citoyenne et à l'éducation populaire[66].

In fine, s'il est confirmé que le ministère de la Jeunesse et de l'Éducation civique participe à l'entreprise de promotion des droits culturels au Cameroun, il faudrait aussi reconnaître que celui des Sports et de l'Éducation physique (f) dont la majorité des missions contribue à l'épanouissement de l'être humain, en fait également autant.

f. Le ministère des Sports et de l'Éducation physique

Placé sous l'autorité d'un ministre[67], le ministère des Sports et de l'Éducation physique est responsable de la politique du gouvernement dans

---

[64] Le décret n° 2012/565 du 28 novembre 2012 est le texte juridique qui porte organisation du ministère de la Jeunesse et de l'Éducation civique.

[65] Cf. article 1er alinéa 2 du décret n° 2012/565 du 28 novembre 2012 portant organisation du ministère de la Jeunesse et de l'Éducation civique.

[66] Voir article 43 du décret n° 2012/565 du 28 novembre 2012 portant organisation du ministère de la Jeunesse et de l'Éducation civique.

[67] Voir article 1er alinéa 1 du décret n° 2012/436 du 1er octobre 2012 portant organisation du ministère des Sports et de l'Éducation physique.

le domaine des sports et de l'éducation physique[68]. Appartenant au grand ensemble du droit de prendre part aux activités culturelles, l'élaboration des projets de textes relatifs au secteur du sport et de l'éducation physique ainsi que de la mise sur pied des programmes d'enseignement de l'éducation physique des sports dans les établissements d'enseignement de base, secondaire et supérieur publics et privés et d'en suivre l'exécution relèvent de ses missions[69].

Plusieurs autres missions en relation avec la promotion du droit de participer aux activités culturelles de sa communauté sont également encadrées par ce département ministériel. Il s'agit entre autres de l'élaboration des projets de coopération avec les organismes nationaux et internationaux, ou les pays partenaires dans les domaines de l'éducation physique et des sports[70] ; de leur mise en œuvre, ainsi que de leur évaluation en liaison avec le ministère des Relations extérieures[71].

Le ministère des Sports et de l'Éducation physique apparaît ainsi au regard de ses missions qui tournent autour de la promotion de certains droits culturels, comme l'un des cadres institutionnels par excellence, de garantie desdits droits au Cameroun au même titre que les institutions à vocation locale en charge de la vulgarisation de ces derniers (**2**).

2- Les institutions à vocation locale en charge de la vulgarisation des droits culturels

Il s'agira en effet ici, de mettre en exergue le rôle prépondérant que jouent la région (**a**) et la commune (**b**) qui sont aux termes de la loi portant orientation de la décentralisation, les collectivités territoriales de la République[72], dans le processus de promotion, de garantie et de vulgarisation des droits culturels au Cameroun.

---

[68] Voir article 1er alinéa 2 du décret no. 2012/436 du 1er octobre 2012portant organisation du ministère des Sports et de l'Éducation physique.
[69] *Op cit.*
[70] *Op.cit.*
[71] *Ibid.*
[72] Voir article 3 alinéa 1 de la loi n° 2004/017 du 22 juillet 2004 portant orientation de la décentralisation.

a. La région

La loi de 2004 fixant les règles applicables aux régions fait de cette entité administrative : « *(...) une collectivité territoriale décentralisée constituée de plusieurs départements* »[73]. Le législateur camerounais de 2004, dans son souci de rendre plus dynamique le transfert des compétences tel que l'exige la décentralisation, a du point de vue de la promotion, de la garantie et de la vulgarisation des droits culturels, accordé plusieurs responsabilités à la région dans ce domaine.

Dans un premier temps, pour ce qui est du développement éducatif, sportif et culturel, plusieurs compétences lui ont été transférées. En matière d'éducation par exemple, il s'agit de la création et de l'équipement des établissements scolaires ; du recrutement et de la prise en charge du personnel d'appoint des lycées et collèges ainsi que de la répartition, de l'allocation de bourses et d'aides scolaires[74].

Dans un second temps, la section deuxième intitulée : de la jeunesse, des sports et des loisirs, énonce toute une série de compétences inhérentes à ces domaines, désormais détenues par la région[75].

Enfin, la section trois intitulée : de la culture et de la promotion des langues nationales fait l'économie des compétences nouvellement accordées à la région en relation avec ces différents objets. À cet effet, il apparaît de façon expresse que cette collectivité territoriale qui est différente de la commune (**b**) a pour mission, la mise en œuvre de certaines activités qui cadrent avec les grands ensembles relatifs dans un premier temps : à la promotion et au développement des activités culturelles et dans un second autre : à la maîtrise fonctionnelle des langues nationales et à la mise au point de la carte linguistique régionale[76].

---

[73] Cf. titre 1er : dispositions générales, article 2 alinéa 1 de la loi no. 2004/019 du 22 juillet 2004 fixant les règles applicables aux régions.

[74] Voir article 22 de la loi n° 2004/019 du 22 juillet 2004 fixant les règles applicables aux régions.

[75] Voir article 23 de la loi n° 2004/019 du 22 juillet 2004 fixant les règles applicables aux régions.

[76] Voir article 24 de la loi n° 2004/019 du 22 juillet 2004 fixant les règles applicables aux régions.

b. La commune

La loi n° 2004/018 du 22 juillet 2004 fixant les règles applicables aux communes, dispose dans l'un de ses dictums que : « *La commune est la collectivité territoriale de base* »[77]. Œuvrant au même titre que la région en faveur de la promotion du développement économique, social, sanitaire, éducatif, culturel et sportif par le biais de son conseil de collectivité[78], la commune apparaît de ce fait comme une entité indispensable à la promotion des droits culturels au Cameroun.

L'importance des missions qui lui ont été accordées par la loi de 2004 en matière de promotion et de vulgarisation des droits culturels s'articule autour de deux axes forts à savoir : la promotion et l'animation des activités sportives et de jeunesse ; la promotion de la culture et celle des langues nationales.

Pour ce qui concerne la promotion des activités sportives, plusieurs articulations qui vont de l'animation des activités sportives et de jeunesse à l'appui aux associations sportives en passant par la création et la gestion des stades municipaux, centres et parcours sportifs, ponctuent ce grand ensemble[79].

À propos de la promotion de la culture et celle des langues nationales, plusieurs missions ont également été assignées à la commune dans le cadre du transfert des compétences.

Il s'agit entre autres de : l'organisation au niveau local des journées culturelles ; de manifestations culturelles traditionnelles et concours littéraires et artistiques ; de la création et la gestion au niveau d'orchestres, ensembles lyriques traditionnels, corps de ballet et troupes de théâtre ; de la création et la gestion de centres socioculturels et de

---

[77] Cf. article 2 alinéa 1 de la loi n° 2004/018 du 22 juillet 2004 fixant les règles applicables aux communes.

[78] Voir article 4 al. 4 de la loi n° 2004/017 du 22 juillet 2004 portant orientation de la décentralisation.

[79] Voir article 21 de la loi n° 2004/018 du 22 juillet 2004 fixant les règles applicables aux communes.

bibliothèques de lecture publique, ainsi que de l'appui aux associations culturelles[80].

Pour ce qui est de la promotion des langues nationales, la participation aux programmes régionaux et la participation à la mise en place et à l'entretien d'infrastructures et d'équipements[81], relèvent également des missions de la commune.

Les développements qui ont été faits sur la région et sur la commune nous montrent à suffisance que ces collectivités territoriales décentralisées[82] sont des acteurs majeurs dans le processus de vulgarisation, de promotion et de garantie des droits culturels au Cameroun. À côté de celles-ci, il existe également d'autres institutions majeures en charge de la promotion des droits culturels (**B**) qui méritent également d'être analysées.

B- Les autres institutions majeures en charge de la promotion des droits culturels au Cameroun

Plusieurs institutions majeures en charge de la protection, de la garantie et de la promotion du droit de jouir des bienfaits de la culture font partie du paysage juridique camerounais. Il s'agit pour la plupart des cas, de la Commission permanente de médiation, et de contrôle des organismes de gestion collective du droit d'auteur et des droits voisins (CPMC) (1), des organismes de gestion collective du droit d'auteur et des droits voisins (**2**) et enfin, des institutions subsidiaires en charge de l'expression des droits culturels (**3**).

1- la Commission permanente de médiation, et de contrôle des organismes de gestion collective du droit d'auteur et des droits voisins

Les droits d'auteur au Cameroun sont encadrés tout d'abord par un instrument juridique[83] ayant par la même occasion fait l'objet d'une étude[84] et ensuite, par un décret d'application[85] institué à cet effet.

---

[80] Voir article 21 de la loi n° 2004/018 du 22 juillet 2004, *op.cit.*

[81] Voir article 21, *op cit.*

[82] Voir article 55 de la loi n° 2008/001 du 14 avril 2008 modifiant et complétant certaines dispositions de la loi n° 96/06 du 18 janvier 1996 portant révision de la Constitution du 02 juin 1972 de la République du Cameroun.

[83] Nous faisons allusion ici à la loi n° 2000/011 du 19 décembre 2000 relative aux droits d'auteur.

Créée en juin 2004[86], la Commission permanente de médiation, et de contrôle des organismes de gestion collective du droit d'auteur et des droits voisins, qui est une structure autonome et indépendante « *assure au nom et pour le compte du ministère chargé de la Culture, le contrôle général des organismes de gestion collective et notamment le respect des normes en matière de perception et de répartition* »[87]. Par ailleurs, elle « *adresse semestriellement au ministre chargé de la Culture un rapport sur le fonctionnement des organismes de gestion collective du droit d'auteur et des droits voisins, et lui propose des solutions aux problèmes constatés ainsi que des sanctions aux défaillances observées…* »[88].

La lecture des missions assignées à cette instance par son acte constitutif nous édifie à suffisance sur le rôle prépondérant qu'elle est supposée jouer avec les organismes de gestion collective du droit d'auteur et des droits voisins (2). Afin que le processus de mise en œuvre d'une politique saine et idoine de gestion du droit de jouir des bienfaits de la culture, qui a vu le jour en 2004 au Cameroun, puisse trouver ses lettres de noblesse.

2- Les organismes de gestion collective du droit d'auteur et des droits voisins

Au regard du dispositif normatif en notre possession, les organismes de gestion du droit d'auteur et des droits voisins[89] au Cameroun sont au nombre de quatre (4). Ces derniers se cristallisent autour de la Société civile de droit d'auteur et droits voisins des arts plastiques et graphiques

---

[84] SEUNA (Ch.), « La nouvelle loi camerounaise relative aux droits d'auteur et aux droits voisins », *in RIDA*, n° 192, avril 2002, p. 394.

[85] Il s'agit du décret n° 2001/956/PM du 1er novembre 2001 fixant les modalités d'application de la loi n° 2000/011 du 19 décembre 2000 relative aux droits d'auteur et aux droits voisins du droit d'auteur.

[86] C'est la Décision n° 004/017/MINCULT/CAB du 03 juin 2004 qui porte création, organisation et fonctionnement de la Commission Permanente de Médiation, et de Contrôle des Organismes de gestion collective du droit d'auteur et des droits voisins.

[87] Cf. article 1 (a) de la Décision n° 004/017/MINCULT/CAB du 03 juin 2004.

[88] Cf. article 1 (b) de la Décision n° 004/017/MINCULT/CAB du 03 juin 2004.

[89] DESURMONT (Th.), « *Réflexions sur le devenir de la gestion collective des droits d'auteurs : ombres et lumières* », *in Mélanges A. Françon*, Paris, Dalloz, 1995, p. 98.

(SOCADAP)[90]; de la Société civile des arts audiovisuels et photographiques (SCAAP)[91] ; de la Société civile des droits de la littérature et des arts dramatiques (SOCILADRA)[92] et enfin, autour de la SOCAM[93] qui vit le jour après le retrait de l'agrément de la CMC[94] suite à une décision du ministère de la Culture[95].

Toutes ces instances de gestion du droit d'auteur et des droits voisins militent, chacune en fonction de son objet, pour une prise en compte effective desdits droits sur la base du texte de 2000[96] les régissant. À côté de ces organismes, il existe cependant d'autres acteurs non négligeables (3) qui participent à la promotion et à la garantie des droits culturels au Cameroun.

3- Les autres acteurs non négligeables en matière de promotion et de garantie des droits culturels

Les acteurs non négligeables dont nous parlons ici en matière de promotion et de garantie des droits culturels sont pour la plupart des cas : les syndicats des artistes[97], les associations[98] ; les clubs culturels présents à la

---

[90] Depuis son institution en juillet 2003, la SOCADAP a vu son agrément expiré en juillet 2008 sur la base des dispositions de l'article 22 alinéa 1 de la loi de 2000. À ce jour, son agrément n'a toujours pas été renouvelé.

[91] La SCAAP est née des cendres de la SOCILADRAP le 30 juillet 2005.

[92] L'instrument juridique qui autorise le fonctionnement de la SOCILADRA est la Décision d'agrément n° 0091/MINCULT/CAB du 26 juillet 2011.

[93] Le 03 juillet 2008, la SOCAM reçut son tout premier agrément. En décembre 2013, le ministre des Arts et de la Culture n'a pas renouvelé ledit agrément à la suite de l'invalidation de l'élection de Monsieur Ndedi Eyango.

[94] La Cameroon Music Corporation était une société de gestion collective de droit d'auteur créée le 03 septembre 2003.

[95] C'est la Décision n° 0088/MINCULT/CAB du 12 mai 2008 portant retrait d'agrément de la CMC qui est l'acte juridique mettant fin à l'exercice de ladite société.

[96] Voir à cet effet, DOMJIE (N.C), « *Les organismes de gestion collective dans la loi n° 2000/11 du 19 décembre 2000 relative au droit d'auteur et aux droits voisins* », Mémoire de DEA, Université de Yaoundé II-Soa, 100 p.

[97] Plusieurs syndicats en relation avec la culture existent au Cameroun. Nous pouvons citer à titre non exhaustif : le Syndicat Camerounais des Artistes Compositeurs de la Musique (SCACOM), le Syndicat Camerounais des Artistes du Spectacle (SCAS) et le Syndicat National des Artistes interprètes du Cameroun (SYNARI).

[98] Voir à cet effet, l'Association des Éditeurs du Cameroun, la Coalition camerounaise pour la diversité culturelle et la Collective resources for the Arts Talents Enrichment (CREATE).

fois dans les établissements secondaires et universitaires[99] ; les événements culturels[100]. Tous participent, chacun à sa manière, au rayonnement de la culture camerounaise et par ricochet, à l'affirmation *ex cathedra*, de la prise en compte par ce pays, de cette catégorie peu développée des droits de l'Homme que sont les droits culturels.

Conclusion

L'analyse du cadre juridique et institutionnel des droits culturels au Cameroun ne laisse présager aucun doute quant à l'effectivité de leur prise en compte par ce pays. Le contenu de l'arsenal juridique applicable en la matière et la possibilité de saisir les juridictions compétentes pour des cas de violation desdits droits, sont autant d'éléments qui attestent de l'importance qui leur est accordée. L'option d'un cadre dual à savoir : juridique et institutionnel devant implémenter la gestion des droits culturels faite par le Cameroun, hisse ce dernier au niveau des pays reconnus sur le plan international, comme des archétypes en matière de protection globale de tous les droits fondamentaux comme le recommande d'ailleurs, la Déclaration et le Plan d'action de Vienne du 25 juin 1993[101].

Droits de la seconde génération, les droits culturels dont les repères juridiques[102] sont pour la plupart des cas encore ignorés du point de vue de leur contenu matériel, devraient bénéficier de la même diffusion que ceux des droits civils et politiques. Importants à maints égards, ces derniers, au regard de leurs bienfaits sur l'individu et au regard de l'épanouissement

---

[99] Il s'agit généralement des clubs UNESCO, des clubs danse et des clubs théâtre pour ne citer que ceux-là.

[100] Pour ce qui est des événements culturels, le Cameroun regorge d'une multitude dont nous ne saurions énoncer la totalité ici. Cependant, nous pouvons à titre indicatif citer : le Festival de la caricature et de l'humour de Yaoundé (FESCARHY) ; le Festival international des Musiques Bantu Festi-Bikutsi ; le Festival international Soa-Banlieue Artistique et Culturelle (FEST-SOBAC) ; Rencontres Musicales de Yaoundé (REMY) ; Rencontres théâtrales internationales de Yaoundé (RETIC) ; le KANDA ; le NGONDO et le NGOUON.

[101] Voir supra.

[102] BOSSU (M), « Les droits culturels : quelques repères juridiques », Centre International de formation pour l'enseignement des droits de l'Homme et de la paix (CIFEDHOP), vues d'Afrique, n° 2, 2009, p. 1-22.

qu'ils procurent au commun des mortels, devraient faire l'objet d'une promotion particulière. À titre d'exemple, le droit à l'éducation qui est explicitement énoncé par la loi constitutionnelle du 18 janvier 1996, participe du processus de maturation de l'être humain. De même, le droit de participer à la vie culturelle de sa communauté à travers la multitude d'activités et le droit d'auteur et les droits voisins aux droits d'auteur favorisent également l'accomplissement de l'individu.

De même, la panoplie d'instances telles que les ministères, les collectivités territoriales et les organismes de gestion de certains droits culturels, confirme à suffisance la maturation institutionnelle du Cameroun vers cet idéal qui est celui de l'existence d'un cadre institutionnel avéré de gestion de ces derniers. Cependant, au regard de la pratique sur le terrain, il apparaît à plusieurs égards que l'existence de ces différents cadres, juridique d'une part et institutionnel d'une autre part, ne permet pas à ces droits de jouer le rôle qui leur est dévolu. Compte tenu du fait que ces droits sont tout d'abord des droits créances par excellence, l'État du Cameroun devrait pour ce qui est du droit à l'éducation, montrer plus de volonté politique. Cette faculté permettrait ainsi de densifier par exemple ses infrastructures d'accueil à travers le triangle national afin de permettre au plus grand nombre d'enfants, d'adolescents, de jeunes et moins jeunes, de bénéficier de l'instruction, ceci à plusieurs niveaux.

Par ailleurs, le droit de participer à la vie culturelle de sa communauté exigeant aussi des préalables infrastructurels et sécuritaires, il apparaît une fois de plus que l'action de l'État est également nécessaire à ce niveau. Aussi, pour ce qui concerne le droit d'auteur et les droits voisins aux droits d'auteur qui sont en fait des droits culturels découlant du grand ensemble du droit de bénéficier des bienfaits de la culture. Il faut préciser ici que ces derniers au Cameroun sont ceux des droits culturels dont la gestion est la moins sereine[103]. Repenser fondamentalement l'esprit et la gestion de ces droits s'impose avec acuité afin de permettre aux artistes de bénéficier du fruit de leur labeur.

[103] Au regard de l'actualité médiatique et au regard des multiples violations des textes liés à la gestion des droits d'auteur et des droits voisins aux droits d'auteur au Cameroun, nous pouvons affirmer sans ambages que ces derniers ne sont pas gérés avec rigueur et objectivité.

De même, au regard des exigences qu'impose le nouvel ordre du monde[104], le cadre juridique et institutionnel des droits culturels au Cameroun devrait s'arrimer à ses impératifs afin de rendre plus dynamiques les différentes instances en charge de ces derniers et de rendre plus accessible à tous, cette catégorie de droits fondamentaux indispensables à l'être humain[105].

ÉLÉMENTS BIBLIOGRAPHIQUES

<u>OUVRAGES</u>

- BIDAULT (M), *La protection internationale des droits culturels*, Coll. du centre des droits de l'homme de l'université catholique de Louvain, Bruxelles, Bruylant, 2009, 559 p.

- CARRE DE MALBERG (R), *Contribution à la théorie générale de l'État*, Paris, CNRS Editions, 1985, 1530 p.

- CHALIARD (G) avec la participation de JAN (M), *Vers un nouvel ordre du monde*, Seuil, 2013, 299 p.

- KELSEN (H), *Théorie pure du droit*, 2e traduction par Ch. Eisenmann, coll. philosophie du droit, Paris, Dalloz, 1962, 496 p.

- MEYER BISCH (P), *Les droits culturels, une catégorie sous-développée des droits de l'Homme*, coll. interdisciplinaire, droits de l'homme, Fribourg, éditions universitaires, 1993, 362 p.

- NGOLE NGWESE (P), BINYOUM (J), *Éléments de contentieux administratif camerounais*, Préface du Professeur Maurice Kamto, L'Harmattan, Cameroun, 2010, p.53.

- OWONA (J), *Le contentieux de la République du Cameroun*, L'Harmattan, Cameroun, 2011.

---

[104] CHALIARD (G) avec la participation de JAN (M), *Vers un nouvel ordre du monde, op cit.*

[105] BIDAULT (M), « Protection des droits culturels, quelles actions pour l'UNESCO ? », *Document de travail de l'IIEDH*, n° 5, octobre 2002, 54 p.

- SURDRE (F), *Droit international et droit européen des droits de l'Homme*, 3e édition, Paris, PUF, 1989.

ARTICLES

- ABIE O (M), « Les droits des peuples dans la Charte africaine des droits de l'Homme et des peuples : quelle réalité dans le contexte africain ? », *in Congrès annuel*, n° 10, p. 226-236.

- ANYANGUE (C), « Obligations of states parties to the African Charter on human and people's rights. », *in African journal of international and comparative law*, vol. 10 published by the African society of international law, 1998, p. 625-657.

- BIDAULT (M), « Protection des droits culturels, quelles actions pour l'UNESCO ? » *in Document de travail de l'IIEDH*, n° 5, octobre 2002, 54 p.

- BOSSU (M), « Les droits culturels : quelques repères juridiques », Centre International de formation pour l'enseignement des droits de l'homme et de la paix (CIFEDHOP), vues d'Afrique, n° 2, 2009, p. 1-22.

- DESURMONT (Th.), « Réflexions sur le devenir de la gestion collective des droits d'auteur : ombres et lumières », *in Mélanges A. Françon*, Paris, Dalloz, 1995.

- JANUSZ (S), « Les droits culturels : une catégorie négligée des droits de l'Homme », *in Revue internationale des sciences sociales*, n° 158, 1998, p. 619-632.

- KAMTO (M), « La Charte africaine des droits de l'Homme et des peuples et les perspectives de la protection des droits de l'Homme en Afrique », *in La Charte africaine des droits de l'Homme et des peuples et le protocole y relatif portant création de la Cour africaine des droits de l'Homme, commentaire article par article*, sous la direction de Maurice Kamto, coll. de droit international, p. 1-59.

- KAPET DE BANA, Exposé sur le thème : « *Présentation et analyse de la Charte africaine des droits de l'homme et des peuples : contribution à la formation, l'éducation et à la promotion des droits de l'homme des militants des ligues des mouvements de défense des libertés en Afrique.* », Centre des droits de l'Homme de l'université de Paris X – Nanterre, P. 5/18, palais de la mutualité, 21 février 1989, disponible en ligne in http://africa.smol.org/file/ense05.pdf.

- MEYER BISCH (P), « La centralité des droits culturels : points de contact entre diversité et droits de l'Homme », *in Annuaire international des droits de l'Homme*, T. 3, p. 31-46.

- ROTA (M), « La Déclaration universelle des droits de l'Homme : source des droits garantis par la convention américaine relative aux droits de l'Homme », *in L'universalisme des droits en questions (s) : la Déclaration universelle des droits de l'Homme, 60 ans après*, 2010, p. 63-71.

- SEUNA (Ch.), « La nouvelle loi camerounaise relative au droit d'auteur et aux droits voisins », *in RIDA*, n° 192, avril 2002.

- SIM BOUMA (C-A), « Regard sur la protection des droits de la femme en Afrique à la lumière du protocole de la Charte africaine des droits de l'Homme et des peuples relatif aux droits de la femme », *in Droits de l'Homme, libertés et justice sociale en Afrique centrale,* Yaoundé, Presses de l'UCAC, 2011, p. 75-95.

<u>THÈSE</u>

- EKANI EBO'O (J-S), « *La problématique de la juridicité des droits culturels en Afrique* », thèse de Doctorat Ph.D en droit public, université de Yaoundé II-Soa, 2014, 697 p.

<u>MÉMOIRE</u>

- DOMJIE (N.C), « *Les organismes de gestion collective dans la loi no 2000/11 du 19 décembre 2000 relative au droit d'auteur et aux droits voisins* », Mémoire de DEA, Université de Yaoundé II- Soa, 100 p.

<u>INSTRUMENTS JURIDIQUES</u>

-Accord pour l'élimination d'objets à caractère éducatif, scientifique ou culturel avec annexes A, B, C, D et du protocole annexe fait à Florence le 17 juin 1950.

- Charte africaine des droits de l'Homme et des peuples de 1981.

- Convention internationale sur l'élimination de toutes les formes de discrimination raciale.

- Convention internationale relative aux droits de l'enfant de 1990.

- Convention internationale sur l'élimination de toutes les formes de discrimination à l'égard des femmes du 18 décembre 1979.

- Convention pour la protection des biens culturels en cas de conflit armé avec règlement d'exécution, de La Haye du 14 mai 1954.

- Décision d'agrément n° 0091/MINCULT/CAB du 26 juillet 2011 de la SOCILADRA.

- Décision n° 004/017/MINCULT/CAB du 03 juin 2004 qui porte création, organisation et fonctionnement de la Commission permanente de Médiation, et de Contrôle des Organismes de gestion collective du droit d'auteur et des droits voisins.

- Décision n° 0088/MINCULT/CAB du 12 mai 2008 portant retrait d'agrément de la CMC

- Décret n° 2001/956/PM du 1er novembre 2001 fixant les modalités d'application de la loi n° 2000/011 du 19 décembre 2000 relative aux droits d'auteur et aux droits voisins du droit d'auteur.

- Décret n° 2005/135 du 25 avril 2005 portant organisation du ministère des Enseignements secondaires.

- Décret n° 2012/436 du 1er octobre 2012 portant organisation du ministère des Sports et de l'Éducation physique.

- Décret n° 2012/565 du 28 novembre 2012 portant organisation du ministère de la Jeunesse et de l'Éducation civique.

- La loi n° 2004/019 du 22 juillet 2004 fixant les règles applicables aux régions.

- Loi n° 2000/011 du 19 décembre 2000 relative au droit d'auteur.

- Loi n° 2004/017 du 22 juillet 2004 portant orientation de la décentralisation.

- Loi n° 2004/018 du 22 juillet 2004 fixant les règles applicables aux communes

- Déclaration et Programme d'action de Vienne du 25 juin 1993.

- Déclaration universelle des droits de l'Homme du 10 décembre 1948.

- Décret n° 73/1 du 3 janvier 1998, réorganisant le ministère Culture créant la bibliothèque nationale comme établissement public sous la responsabilité du service central du livre et des bibliothèques.

- Décret n° 2001/956/PM du 1er novembre 2001 fixant les modalités d'application de la loi n° 2000/011 du 19 décembre 2000 relative aux droits d'auteur et aux droits voisins.

- Décret n° 2005/254 du 07 juillet 2005 fixant les modalités d'application de la loi n° 2004/016 du 22 juillet 2004 portant création, organisation et fonctionnement de la commission nationale des droits de l'Homme et des libertés.

- Décret n° 2011/408 du 09 décembre 2011 portant organisation du gouvernement.

- Décret n° 2012/268 du 11 juin 2012 portant organisation du ministère de l'Éducation de base.

- Décret n° 2012/381 du 14 septembre 2012 portant organisation du ministère des Arts et de la Culture.

- Décret n° 2012/433 du 01 octobre 2012 portant organisation du ministère de l'Enseignement supérieur.

- Loi n° 2000 /011 du 19 décembre 2000 relative aux droits d'auteur et aux droits voisins.

- Loi n° 2004/016 du 22 juillet 2004 portant création, organisation et fonctionnement de la commission nationale des droits de l'Homme et des libertés.

- Loi n° 2004/017 du 22 juillet 2004 portant orientation de la décentralisation.

- Loi n° 2004/018 du 22 juillet 2004 fixant les lois applicables aux régions.

- Loi n° 2004/019 du 22 juillet 2004 fixant les lois applicables aux communes.

- Loi n° 2008/001 du 14 avril 2008 modifiant et complétant certaines dispositions de la loi n° 96/06 du 18 janvier 1996 portant révision de la Constitution du 02 juin 1972 de la République du Cameroun.

- Loi n° 93-53 du 19 décembre 1990 portant sur la liberté d'association.

- Pacte international relatif aux droits économiques, sociaux et culturels de 1966.

- Protocole à la Charte africaine des droits de l'Homme et des peuples relatif aux droits de la femme en Afrique du 11 juillet 2003.

PROTOCOLE DE RÉDACTION DES ARTICLES

L'envoi des articles au Comité éditorial se fait exclusivement par courrier électronique à l'adresse suivante : rasj.soa@gmail.com. La Revue n'endosse aucune responsabilité pour tout article envoyé à une autre adresse.

Le comité éditorial de la revue attache un prix particulier au respect des normes et standards ci-dessous indiqués :

1. La taille des contributions ne doit pas excéder 20 pages au format de la revue pour les articles proprement dits et 15 pages pour toute autre contribution.

2. Tout article soumis pour publication doit être envoyé sous le format Word, interligne simple, police d'écriture Times New Roman, taille de police 12, paragraphe aligné, marges de 2,5 cm.

3. Les articles sont accompagnés d'une biographie succincte de l'auteur, incluant sa qualité (grade, responsabilité académique, ou statut professionnel), son adresse e-mail dans une première note de bas de page, et d'un résumé de dix lignes maximum en français et en anglais avec quatre à six mots-clés.

4. Les citations dans le corps du texte doivent être transcrites entre guillemets doubles, avec le même type et la même taille de la lettre du texte.

5. L'appel de note est continu et se place après le mot ou le groupe de mots auquel il se rapporte, séparé par un espace insécable.

6. Les références bibliographiques des articles sont citées comme suit :

a) Pour les articles des revues : Nom (intégral) et Prénom (initial) de l'auteur, Titre de l'article entre guillemets doubles, *Titre de la revue en italique*, Numéro du volume, Numéro du fascicule, Année de la publication, Pages initiale et finale de l'article ou Page (s) exacte (s) de la citation.

Exemple : LECA J., « Pour une analyse comparative des systèmes politiques méditerranéens », *Revue française de science politique ou RFSP*, vol. 27, n° 4, 1977, p. 557-581.

b) Pour les livres : Nom (intégral) et Prénom (initial) de l'auteur, *Titre du livre en italique,* Lieu de publication, Maison d'édition, Année de publication, Pages initiale et finale de l'article ou Page (s) exacte (s) de la citation.

Exemple : MBAYE K., *Les droits de l'homme en Afrique*, Paris, Pedone, 2002, p. 180.

c) Pour les ouvrages collectifs : Nom (intégral) et Prénom (initial) de l'auteur, Titre de l'article entre guillemets doubles, Mention « in » en italique, Nom du directeur de l'ouvrage, nom de l'ouvrage en italique, Lieu d'édition, Maison d'édition, Année d'édition, Pages initiale et finale de l'article ou Page (s) exacte (s) de la citation.

Exemple : MAZERES J.-A., « Qu'est-ce que la puissance publique ? », *in* Raimbault P. (dir.), *La puissance publique à l'heure européenne*, Paris, Dalloz, 2006, p. 9 à 20.

NB : Les articles expertisés (selon le principe de *Peer Review)*, retenus et publiés dans la *RASJ* deviennent la propriété de celle-ci. Leur reproduction partielle ou intégrale est soumise à l'autorisation expresse de la direction de la Revue.

PROTOCOL FOR SUBMITTING ARTICLES

Contributions can only be submitted through electronic mailing to the following address : rasj.soa@gmail.com. The editorial board of AJL shall not be liable for any contribution which is not sent to above address. The editorial policy of the Journal requires strict adherence to the following guidelines and standards :

1. Articles must not exceed 20 pages and other contributions (Case Law, Legislation and Bibliographic Surveys) 15 pages.

2. All contributions must be sent in Word format (.doc or. docx), single line spacing, Times New Roman font, size - 12, aligned paragraphs, and margins of 2.5 cm.

3. All contributions must include a brief biography of the author in an opening footnote, their academic or professional status, email address and, for articles, a short abstract written in French and English of not more than 200 words each followed by four to six key words ;

4. Citations in the body of the paper should be in single smart quotes, with the same font as the text but smaller in size (10).

5. Footnoting should be continuous and must appear after the relevant word or group of words, separated by normal spacing.

6. Bibliographic references of articles should be quoted as follows :

a) For articles of a Journal : Author's name and surname, Title of the article in inverted commas, *Title of the Journal in italics*, Volume Number, Fascicle Number, Year of publication, first and last pages of the article or exact page(s) of the quotation.

Example : Flemming P., "The Justiciability of Socio-Economic Rights in Africa", *International Human Rights Law Review* or *IHLR*, vol.vol. 27, n° 4, 1977, p. 557-581.

b) For books : Author's name and surname, *Title of the book in italics*, Place of publication, Publishing house, Year of publication, First and last pages of the article or Exact page(s) of the quotation.

Example : Raz J., *Authority of the Law*, London, Stevens, 2002, p.180.

c) For collective works : Author's name and surname, Title of the article in inverted commas, *"in"* in italics, Name of the director of the book, *Title of the book in italics*, Place of publication, Publishing house, Year of publication, First and last pages of the article or Exact page(s) of the quotation.

Example : Ingelman,J. "Foreign Direct Investments in Africa ?" *in* Craig P.(Ed.), *Foreign Capital Flows in Developing Countries : Incidence on Development*, Cincinnati, Butterworths, 2006, p. 9-20.

NB: Articles reviewed (following the Peer Review principle), validated and published by the AJOL become the property of the Journal. Any partial or complete reproduction is subject to the prior authorization from the Editors of the Journal.

Questions juridiques aux éditions L'Harmattan

Dernières parutions

DIVORCE (LE) DU CHEF D'ENTREPRISE
Artiste, libéral, artisan, commerçant, actionnaire – Se marier, payer, divorcer
Rond Patrice
Patrice Rond, expert financier auprès des tribunaux, donne dans cet ouvrage les clés incontournables qui permettent à un entrepreneur, quel qu'il soit, d'anticiper sur ses droits et ses risques en cas de divorce. Prendre les bonnes décisions de protection de son patrimoine en choisissant les bons contrats de mariage, savoir changer de régime matrimonial quand il s'avère inadapté est tout à fait possible et souhaitable.
(16.50 euros, 158 p.)
ISBN : 978-2-343-05282-3, ISBN EBOOK : 978-2-336-36540-4

L'EXPERTISE NON JUDICIAIRE À L'AUNE DES DROITS FONDAMENTAUX
Goujon-Bethan Thibault
L'expertise déjudiciarisée est en plein essor, d'une part parce que l'avis d'experts se révèle indispensable dans un nombre croissant de matières juridiques irriguées par la technique (construction, dommage corporel), et d'autre part, car la recherche d'une efficacité économique conduit à minimiser le recours au juge. Cet ouvrage est conçu comme un mode d'emploi pour aider à la décision.
(Coll. Droit privé et sciences criminelles, 21.00 euros, 196 p.)
ISBN : 978-2-343-05335-6, ISBN EBOOK : 978-2-336-36778-1

TRANSPARENCE (LA) FINANCIÈRE DES ÉLUS POLITIQUES FRANÇAIS
Les conséquences des mesures législatives de 2013
Cael Céline - Préface de Sébastien Jakubowski ; postface de Pierre-Yves Néron
Cet ouvrage veut étudier les apports des lois et dispositifs mis en œuvre pour lutter contre la corruption depuis l'affaire Cahuzac, avec notamment la mise en place d'une haute Autorité pour la Transparence de la Vie Publique, le durcissement des conditions d'éligibilité, l'encadrement du *lobbying*, la naissance d'un procureur financier,... L'auteur analyse les conséquences de ces mesures et rend compte à l'aide d'entretiens d'élus politiques, des résistances de ces derniers à une publicité financière envers les citoyens.
(Coll. Logiques sociales, 21.00 euros, 214 p.)
ISBN : 978-2-343-05013-3, ISBN EBOOK : 978-2-336-36817-7

QUI A PEUR DE LA NOUVELLE PEINE SANS PRISON ?
Ajouter du «lien» et non du «rang» pour réussir la contrainte pénale et en finir avec la récidive
Delamotte Danielle
La contrainte pénale, nouvelle peine sans prison, fait peur. Car, ce qu'on retient d'elle, c'est qu'elle évite la prison. Le sujet est pourtant plus complexe et plus nuancé. Les psychologues et les criminologues s'accordent à dire que la délinquance est la maladie du lien. Pour soigner cette maladie, il faut s'intéresser à la personne et la placer au centre de la réflexion pour envisager la «contrainte pénale» sous un autre angle.
(11.50 euros, 86 p.)
ISBN : 978-2-343-04717-1, ISBN EBOOK : 978-2-336-36487-2

JUSTICE (LA) PÉNALE INTERNATIONALE EN AFRIQUE
Aspects juridiques, défis et perspectives
Diakité Kémoko - Préface du professeur Alioune Sall
Cet ouvrage met en exergue le contexte de création ainsi que les aspects juridiques et judiciaires des juridictions pénales internationales en Afrique, notamment le TPIR (Tribunal Pénal International pour le Rwanda), la CPI (Cour Pénale Internationale)... Il montre également les défis et les perspectives de la Justice pénale internationale en Afrique.
(23.00 euros, 234 p.)
ISBN : 978-2-343-05050-8, ISBN EBOOK : 978-2-336-36705-7

GOUVERNANCE, ENJEUX ET MONDIALISATION
Recherche sur les politiques environnementales de zonage maritime
Le challenge maritime de la France de Méditerranée et d'Outre-mer
Sous la direction de François Féral et Bernard Salvat
Dans le Pacifique et l'Océan Indien, la France ne participe pas très activement au mouvement de création d'aires marines protégées géantes alors que les possibilités y sont grandes. En métropole et Outre-mer, la mise en place des parcs naturels marins apparaît laborieuse. Le programme Gouvernance des Grandes Aires Marines Protégées a donné l'occasion à deux équipes de se pencher sur ce phénomène institutionnel majeur dans la conduite globale des politiques de protection des mers et des océans.
(23.00 euros, 218 p.)
ISBN : 978-2-343-04160-5, ISBN EBOOK : 978-2-336-36489-6

COLLECTIVITÉS TERRITORIALES ET ORGANISATIONS RÉGIONALES
De l'indifférence à l'interaction
Sous la direction de Danielle Perrot
Cet ouvrage traite des modes d'insertion des collectivités territoriales dans des organisations internationales conçues par leurs États de rattachement dans diverses régions du monde. Ces collectivités, ou «entités infra-étatiques» selon le droit international, sont souvent oubliées lors des débuts de ces constructions régionales. Elles tentent d'obtenir d'être représentées, et leur participation peut générer une interaction moins inégalitaire.
(Coll. Grale, 47.00 euros, 488 p.)
ISBN : 978-2-343-05111-6, ISBN EBOOK : 978-2-336-36639-5

ÉTHIQUE (L') DE L'AVOCAT PÉNALISTE
Rude-Antoine Edwige - Préface de Jean Danet
L'avocat est représenté, dans la fiction, sous les traits d'un être ambigu, sans cesse sur le fil... ce livre tente d'en approcher la réalité, qui est tout autre. Quelles relations d'ordre éthique l'avocat entretient-il avec lui-même mais aussi avec l'autre : son client, qu'il soit prévenu ou accusé, les jurés, les magistrats ? Peut-on parler du rapport de l'avocat à la vérité ? Comment peut-il construire des lignes de défense tout en restant partenaire de justice ?
(Coll. Éthique en contextes, 21.00 euros, 208 p.)
ISBN : 978-2-343-05222-9, ISBN EBOOK : 978-2-336-36460-5

NAISSANCE DE L'OBSERVATOIRE DE LA RÉCIDIVE ET DE LA DÉSISTANCE
Un long processus inachevé
Tournier Pierre V.
L'analyse de la récidive aurait logiquement dû relever de la compétence de l'Observatoire national de la délinquance et des réponses pénales placé sous l'autorité du Premier ministre. Mais sous l'impulsion de Christiane Taubira le choix s'est porté sur la création d'un observatoire *ad hoc* de plus, dépendant du ministère de la Justice : l'Observatoire de la récidive et de la désistance (août 2014). Ne s'est-on pas ainsi privé des outils d'une évaluation indépendante de la loi du 15 août 2014 sur la contrainte pénale et la libération sous contrainte ?
(Coll. Criminologie, 19.00 euros, 184 p.)
ISBN : 978-2-343-05118-5, ISBN EBOOK : 978-2-336-36387-5

ÉLÉMENTS DE PRÉVENTION DU CRIME
Lemaître André
Cet ouvrage montre la diversité des modèles de prévention de la délinquance, leur spécificité mais aussi leur nécessaire complémentarité. Il insiste également sur l'obligation de veiller aux aspects éthiques des politiques de prévention mises en place. En effet, l'utopie d'une société débarrassée de toute forme de criminalité contient la disparition de toute liberté.
(Coll. Sciences criminelles, série Controverses, 15.50 euros, 160 p.)
ISBN : 978-2-343-04666-2, ISBN EBOOK : 978-2-336-36324-0

SEXUALITÉ (LA) À L'ÉPREUVE DU COUPLE
Les révélations d'une avocate
Dalbin Agnès
Dans la majorité des divorces, les difficultés d'ordre sexuel sont souvent pointées du doigt comme une cause majeure de la rupture. S'appuyant sur les confidences recueillies lors de ses entretiens avec les couples qui divorcent, l'avocate Agnès Dalbin tente d'apporter son éclairage personnel sur cette problématique. Ce livre évolue comme une véritable histoire humaine, du mariage au divorce, en passant par la parentalité et l'après-divorce.
(Coll. La justice au quotidien, 13.50 euros, 118 p.)
ISBN : 978-2-343-04938-0, ISBN EBOOK : 978-2-336-36399-8

DROIT (LE) DU HANDICAP ET LA GESTION DU PATRIMOINE CULTUREL
Vers un modèle européen ?
B. Degros Eric
La rencontre entre le droit du handicap et le droit du patrimoine peut conduire à une confrontation d'intérêts contradictoires, nécessitant de trouver un équilibre entre le principe de l'accessibilité et le respect de l'authenticité, en faveur d'une conservation durable du patrimoine culturel. Il apparaît essentiel de trouver un équilibre entre «le droit des gens» et celui «des pierres».
(40.00 euros, 424 p.)
ISBN : 978-2-343-04418-7, ISBN EBOOK : 978-2-336-36269-4

DROIT BANCAIRE ISLAMIQUE
Notions, mécanismes et protections pénales
Jafari Amin
Conçu comme un manuel de droit, l'ouvrage étudie trois thèmes principaux : la notion de finance islamique et son fonctionnement, les instruments bancaires islamiques et enfin la protection du système bancaire dans l'ensemble de ses instruments et fonctionnements. La 3e partie propose un regard classique de droit pénal des affaires en matière de droit bancaire de finance islamique. Les branches chiite et sunnite de la finance islamique ont été distinguées dès le départ, permettant ainsi une comparaison tout au long du livre.
(Coll. Sciences criminelles, 33.00 euros, 326 p.)
ISBN : 978-2-343-04637-2, ISBN EBOOK : 978-2-336-36380-6

DROIT (LE) INTERNATIONAL. ASPECTS POLITIQUES (Volume 1)
Sous la direction de Jacques Bouineau – Textes réunis par Burt Kasparian
Ces contributions invitent à réfléchir sur la recomposition contemporaine de l'espace méditerranéen et sur le droit international qui s'y applique, à partir d'exemples tirés des plus grandes civilisations méditerranéennes aux époques antique et médiévale. Elles invitent le lecteur à s'interroger sur les piliers de la Méditerranée dans le jeu des relations entre les hommes et les institutions, et à découvrir l'essence des réponses juridiques et politiques.
(Coll. Méditerranées, 16.50 euros, 158 p.)
ISBN : 978-2-343-04661-7, ISBN EBOOK : 978-2-336-36366-0

DROIT (LE) INTERNATIONAL. ASPECTS POLITIQUES (Volume 2)
Sous la direction de Jacques Bouineau – Textes réunis par Burt Kasparian
Ce volume offre une réflexion sur la recomposition de l'espace méditerranéen contemporain à partir de l'histoire ou de l'actualité. L'histoire est traitée de la période qui s'étend de la Renaissance

à la fin du XIXe siècle. En ce qui concerne l'actualité, le jeu des emprunts et des modèles juridiques transparaît aussi bien dans la fiscalité internationale actuelle que dans les transpositions constitutionnelles du droit français en Égypte ou dans l'observation du fonctionnement de l'Europe.
(Coll. Méditerranées, 19.00 euros, 184 p.)
ISBN : 978-2-336-30904-0, ISBN EBOOK : 978-2-336-36367-7

SECRETS (LES) DU DROIT
Secret, droit et cinéma
Sous la direction de Stéphane Boiron, Nathalie Goedert et Ninon Maillard
Notre société du visible, pour savoir, exige de tout voir et tout montrer, sans délai, au risque de confondre espaces privés et espaces publics. Parce qu'on l'accusait de dissimuler les abus, de servir l'arbitraire, de diviser les hommes entre initiés et profanes, le secret a été condamné comme contraire au pacte démocratique. Pourtant, c'est aussi au nom de la liberté que, face à une transparence érigée en dogme, certains osent faire l'éloge du secret. C'est pourquoi, il appartient au droit d'orchestrer l'équilibre et de distinguer le bon du mauvais secret.
(Coll. Presses Universitaires de Sceaux, 24.00 euros, 248 p.)
ISBN : 978-2-343-04670-9, ISBN EBOOK : 978-2-336-36326-4

TABLES (LES) DE LA LOI : DE L'ARGILE AU NUMÉRIQUE
La diffusion de la règle de droit à travers les âges
Evrard Sébastien
On parle aujourd'hui de «culture digitale» ou culture numérique et de diminution du papier. Est-ce un bien ou un mal ? Comment les textes, la jurisprudence et toutes les normes juridiques sont-ils diffusés aujourd'hui ? Enfin, quelles sont les spécificités de l'édition dite juridique par rapport à l'édition générale ? Répondre à ces questions nécessite d'envisager l'histoire de la connaissance puis de la diffusion de la règle de droit, ce qui fait l'objet de ce livre.
(Coll. Logiques Juridiques, 13.00 euros, 122 p.)
ISBN : 978-2-343-04478-1, ISBN EBOOK : 978-2-336-36201-4

ARTICULATION (L') DES VOIES DE DROIT DANS LE CONTENTIEUX DE LA COMMANDE PUBLIQUE À L'INITIATIVE DES TIERS AU CONTRAT
Tallet-Preud'homme Laura - Préface de Paul Cassia
Parallèlement à la formation progressive d'un «droit de la commande publique», le contentieux à l'initiative des tiers au contrat a muté, à tel point que le changement de paradigme opéré tend à faire émerger un «contentieux de la commande publique». Diverses voies de droit ont été instituées, engendrant «l'embarras du choix» voire «l'embarras tout court» du tiers concurrent évincé. La complexité de ce contentieux est telle qu'il faut détruire pour reconstruire ce paysage contentieux.
(Coll. Logiques Juridiques, 49.50 euros, 536 p.)
ISBN : 978-2-343-04827-7, ISBN EBOOK : 978-2-336-36265-6

APPRÉHENSION (L') DES PRATIQUES RESTRICTIVES PAR LES AUTORITÉS FRANÇAISES ET EUROPÉENNES DE LA CONCURRENCE
Analyse des pratiques contractuelles abusives entre professionnels à l'épreuve du droit des pratiques anticoncurrentielles
Mallen Guillaume - Préface de Linda Arcelin-Lécuyer
Définies au sens de l'étude comme des comportements contractuels unilatéraux et abusifs dans les rapports commerciaux entre professionnels, les « pratiques restrictives » peuvent être réprimées au titre du droit des pratiques anticoncurrentielles (abus de domination et entente). L'ouvrage permet d'exposer l'office des autorités de concurrence lorsqu'elles sont confrontées à ces pratiques contractuelles abusives et d'envisager des solutions concrètes en vue de perfectionner le droit positif actuel.
(Coll. Logiques Juridiques, 65.00 euros, 874 p.)
ISBN : 978-2-343-04739-3, ISBN EBOOK : 978-2-336-36189-5

L'HARMATTAN ITALIA
Via Degli Artisti 15; 10124 Torino

L'HARMATTAN HONGRIE
Könyvesbolt ; Kossuth L. u. 14-16
1053 Budapest

L'HARMATTAN KINSHASA
185, avenue Nyangwe
Commune de Lingwala
Kinshasa, R.D. Congo
(00243) 998697603 ou (00243) 999229662

L'HARMATTAN CONGO
67, av. E. P. Lumumba
Bât. – Congo Pharmacie (Bib. Nat.)
BP2874 Brazzaville
harmattan.congo@yahoo.fr

L'HARMATTAN GUINÉE
Almamya Rue KA 028, en face
du restaurant Le Cèdre
OKB agency BP 3470 Conakry
(00224) 657 20 85 08 / 664 28 91 96
harmattanguinee@yahoo.fr

L'HARMATTAN MALI
Rue 73, Porte 536, Niamakoro,
Cité Unicef, Bamako
Tél. 00 (223) 20205724 / +(223) 76378082
poudiougopaul@yahoo.fr
pp.harmattan@gmail.com

L'HARMATTAN CAMEROUN
BP 11486
Face à la SNI, immeuble Don Bosco
Yaoundé
(00237) 99 76 61 66
harmattancam@yahoo.fr

L'HARMATTAN CÔTE D'IVOIRE
Résidence Karl / cité des arts
Abidjan-Cocody 03 BP 1588 Abidjan 03
(00225) 05 77 87 31
etien_nda@yahoo.fr

L'HARMATTAN BURKINA
Penou Achille Some
Ouagadougou
(+226) 70 26 88 27

L'HARMATTAN SÉNÉGAL
10 VDN en face Mermoz, après le pont de Fann
BP 45034 Dakar Fann
33 825 98 58 / 33 860 9858
senharmattan@gmail.com / senlibraire@gmail.com
www.harmattansenegal.com

L'HARMATTAN BÉNIN
ISOR-BENIN
01 BP 359 COTONOU-RP
Quartier Gbèdjromèdé,
Rue Agbélenco, Lot 1247 I
Tél : 00 229 21 32 53 79
christian_dablaka123@yahoo.fr

Achevé d'imprimer par Corlet Numérique - 14110 Condé-sur-Noireau
N° d'Imprimeur : 122108 - Dépôt légal : octobre 2015 - *Imprimé en France*

www.ingramcontent.com/pod-product-compliance
Lightning Source LLC
LaVergne TN
LVHW011441061026
849535LV00004BA/900